Wilhelm Dehn (Hrsg.)
Ästhetische Erfahrung und literarisches Lernen

D1673435

Fischer Athenäum Taschenbücher
Erziehungswissenschaft

Ästhetische Erfahrung und literarisches Lernen

Herausgegeben von
Wilhelm Dehn

Athenäum Fischer Taschenbuch Verlag

Athenäum Fischer Taschenbuch Verlag GmbH & Co., Frankfurt am Main
Alle Rechte vorbehalten
© 1974 Fischer Taschenbuch Verlag GmbH, Frankfurt am Main
Umschlagentwurf Endrikat + Wenn
Satz Hans Hoffmann, Darmstadt
Druck und Einband Clausen & Bosse, Leck (Schleswig)
Printed in Germany
ISBN 3-8072-3008-4

Inhaltsverzeichnis

Vorwort

Dieser Band ist kein »Reader« im gewohnten Sinn. Mit ihm wird versucht, unter den Titelbegriffen einen Problembereich abzustecken und Erkenntnisfelder einander zuzuordnen. Das geschieht in der Absicht, den sozialen Charakter eines Verhaltens bestimmen zu helfen: nach Motiven, denen es folgt, nach Bedingungen, unter denen es sich darstellt, im Hinblick auf ein pädagogisches Interesse, das ihm zugewendet wird, d. h. im Hinblick auf die Legitimation von Erwartungen und Zielen. Infolge wissenschaftlicher Spezialisierung ist eine solche Aufgabe bisher nicht wahrgenommen worden. Andererseits scheint es erst jetzt möglich, Ergebnisse verschiedener Disziplinen zur Formulierung eines Zusammenhangs heranzuziehen.

In einer Phase lebhafter didaktischer Diskussion um den Literaturunterricht antwortet ein solches Vorhaben zwangsläufig auf Fragen, die dort vornehmlich erörtert werden, bzw. wirft andere auf, die sie bisher vernachlässigt hat. Der Band setzt voraus, daß der Umgang mit Literatur in Studium und Unterricht zunehmend auf Wissenschaftstheorie und Gesellschaftskunde gegründet, vor allem aber entschieden von Ideologiekritik begleitet ist und daß damit unverzichtbare *Aufklärungsprozesse* initiiert werden. Er geht zugleich davon aus, daß eine Klasse von *Erfahrungsprozessen,* für die das Literarische zum Anlaß wird, in unseren Erziehungs- und Ausbildungseinrichtungen kaum einen Ort hat: Die vorherrschende Lernorganisation erschwert es, solche Vorgänge anzubahnen und auszuarbeiten. Die mit ihnen verfolgte soziale Qualität wird in der Schule nicht belohnt und kann mit den üblichen Mitteln nicht bewertet werden. Insofern sollte *Aufklärung über Möglichkeiten* des Lernens ästhetische Erfahrung zu einem ihrer Themen machen und zur *Verwirklichung dieser Möglichkeit* beitragen. Wie denn Aufklärung selbst als eine Möglichkeit des Lernens gegenüber *Gewohnheiten* und vermeintlichen *Gewißheiten* in den Institutionen erst nach und nach zur Geltung kommt. Die Literaturpädagogik wäre anzuregen, sich in *dem* Sinne als Instanz politischer Erziehung zu begreifen, daß sie auf das Ästhetische als Erfahrung »überindividueller Subjektivität« hinarbeitet. Der vorliegende Band sammelt Wissen und Argumente im Hinblick auf eine solche Lernmöglichkeit.

Sein Inhalt bereitet der Vermittlung Schwierigkeiten, und zwar vor allem deshalb, weil die Teile erst aus der Kenntnis des Ganzen als Beiträge dazu verständlich werden können. Demjenigen, dem das Thema noch weitgehend fremd ist, fällt der Zugang vom letzten Kapitel her vermutlich am leichtesten. Er wird hier gewahr, wie viele Vorentscheidungen bereits in die Frage eingehen, auf welche Weise denn aus Anlaß von Literatur gelernt werde; und er sieht sich auf die Arbeiten verwiesen, welche Theorie darbieten. Mit dem dritten Kapitel wird die Frage angeregt, wie das aktuelle literaturwissenschaftliche Interesse am Leser als einem Strukturmoment des Werkes zu nutzen sei für die Beschreibung von Rezeptionsvorgängen. Unter den Arbeiten der ersten drei Kapitel sind einige in dem Sinne grundlegend, daß sie die gesellschaftliche Natur des Menschen auf Züge hin formulieren, auf die sich alle Rede von ästhetischer Erfahrung bezieht. Das gilt insbesondere für die Texte unter I 1, I 2 und II 1—3. Von Grundlagen handeln auch die Abhandlungen unter I 5 und III 1: Die eine verfolgt Entstehung und Konsequenzen einer Wirkungstheorie, die andere begründet in einem forschungskritischen Abriß ein wirkungsanalytisches Verfahren.

Die Einleitung stellt das Problem an zwei Positionen dar, die in dem Band sonst nicht vertreten sind. Sie schlägt Lesarten für die Teilthemen und für einzelne Beiträge vor. Mit Bezug auf Theorien über symbolische Interaktion und über das Verhältnis von Emotionalität und kognitiven Akten lege ich die Ansicht von ästhetischer Erfahrung dar, welche die Auswahl der Arbeiten bestimmt hat.

Beiträge mit vornehmlich fordernder oder erklärt progressiver Geste habe ich nicht aufgenommen. Auf ein Pathos, das die Alternative kulturbewahrender und kulturrevolutionärer Haltung vorträgt, kritisch zu antworten, regen die beiden ersten Arbeiten an.

Kiel, im Dezember 1973   Wilhelm Dehn

Einleitung

Das als ästhetische Erfahrung und literarisches Lernen zu Bezeichnende ist sowohl der Theoriebildung wie der Empirie schwer zugänglich. Deshalb gelingt in der didaktischen Diskussion eine Verständigung darüber bisher nicht. Einerseits wird der Vorwurf erhoben, die Rede davon sei spekulativ; andererseits wird eingewendet, diese Bezeichnungen dienten lediglich der Anmaßung und Erhaltung gesellschaftlichen Vorrechts. Die Auseinandersetzung um Konzeptionen ästhetischer Erziehung im Bereich des Literaturunterrichts hat darin ihr derzeit größtes Problem.

Ästhetische Erfahrung sei hier vorläufig gekennzeichnet als eine Beziehung zur Umwelt in zeichenhaftem Entwurf, bei der das Subjekt sich als spontanes »Ich« artikuliert. Erfahrung meint ein in erster Linie produktives Verhalten, ästhetisch immer einen Vorgang, nicht die Eigenschaft eines Objekts. Demgemäß wird literarisches Lernen zwar aufgefaßt als eine Form ästhetischer Erfahrung, die durch bestimmte Anlässe gekennzeichnet ist; aber es wird nicht der Anlaß als entscheidend dafür angesehen, ob ästhetische Erfahrung sich vollzieht: Was als ihr Anlaß gelten kann, darüber entscheidet erst das Produkt der Auseinandersetzung mit ihm. Sie wird also nicht mit Kunstwahrnehmung gleichgesetzt, vielmehr als Ausdruck eines Verlangens verstanden, das dem elementaren Bedürfnis nach Äußerung verwandt ist, einer Erwartung von Übereinkunft auf der Ebene der Imagination.

Was damit angedeutet ist, wird im folgenden ausgeführt. Die Texte des Bandes dienen als Beleg dafür. Ich versuche zu zeigen,

wie die hier wiedergegebenen anthropologischen Entwürfe einzuholen sind durch sozialwissenschaftliche Forschungsergebnisse,

inwiefern diese Entwürfe geeignet sind zur Bestimmung ästhetischer Vorgänge,

wie damit ein Ansatz weiterzuführen ist – der des Symbolischen Interaktionismus –, der diese Vorgänge zu erklären vermag als in elementaren sozialen Formen gründend.

Das Begriffsfeld um ästhetische Erfahrung und literarisches Lernen soll zunächst geklärt werden mit Hilfe von zwei Konzepten, die unterschiedliche, aber einander nicht ausschließende Sichtweisen darstellen: Das eine betrifft die gesellschaftliche Dimension – unter der Frage, wie

Kunst als ein System sozial wirksamer Produkte genutzt wird —, das andere die personale Dimension — im Hinblick auf Fragen danach, wie sich das ästhetische Verhalten des Menschen von anderem unterscheidet, welches die Bedingungen dafür sind.

Ästhetische Kompetenz und ästhetische Funktion

Im Bezugsrahmen einer »Soziologie der symbolischen Formen« trifft Pierre Bourdieu folgende Feststellungen:

»Der Grad der ästhetischen Kompetenz eines Subjekts bemißt sich danach, inwieweit es die zu einem gegebenen Augenblick verfügbaren und zur Aneignung des Kunstwerks erforderlichen Instrumente, d. h. die Interpretationsschemata beherrscht, die die Bedingung der Appropriation des künstlerischen Kapitals, m. a. W. die Bedingung der Entschlüsselung von Kunstwerken bilden, wie sie einer gegebenen Gesellschaft zu einem gegebenen Zeitpunkt offeriert werden.

Die ästhetische Kompetenz kann vorerst als die unerläßliche Kenntnis der möglichen Unterteilungen eines Universums von Vorstellungen in komplementäre Klassen bezeichnet werden. Die Beherrschung dieser Art von Gliederungssystem gestattet es, jedem Element innerhalb einer Klasse, die sich notwendig in Beziehung zu einer anderen Klasse definiert, seinen Ort zuzuweisen. (...)

Der künstlerische Code als ein System der möglichen Unterteilungsprinzipien in komplementäre Klassen der gesamten Darstellungen, die einer bestimmten Gesellschaft zu einem bestimmten Zeitpunkt offeriert werden, hat den Charakter einer gesellschaftlichen Institution.

Als ein historisch entstandenes und in der sozialen Realität verwurzeltes System hängt die Gesamtheit dieser Wahrnehmungsinstrumente, die die Art der Appropriation der Kunst- (und allgemeiner der Kultur-)Güter in einer bestimmten Gesellschaft zu einem bestimmten Zeitpunkt bedingt, nicht von individuellem Willen und Bewußtsein ab.«[1]

Hier ist ausschließlich von Voraussetzungen der *Kunst*wahrnehmung die Rede. Wer über sie verfügt, hat bereits Anteil an einer Wissenstradition. Wer sie erwirbt, gewinnt Anteil an ihr. Die Zugehörigkeit zu traditionsbildenden Instanzen wird belohnt durch erhöhten Status und gehobenes Selbstgefühl als sozial unterscheidende Merkmale. Dieser Begriff der ästhetischen Kompetenz setzt voraus, daß Regeln der Wahrnehmung festgelegt sind und daß es Institutionen gibt, über Beherrschung oder Verfehlung solcher Regeln öffentlich zu befinden. Das

[1] Pierre Bourdieu, Elemente zu einer Theorie der Kunstwahrnehmung, in: P. B., Soziologie der symbolischen Formen, Frankfurt 1970 (S. 159—201), S. 169 f. und S. 173 f.

Gliederungssystem für ästhetische Elemente und ihre Klassen verweist auf ein anderes für die Ränge sozialer Identität. Der einzelne sieht sich eingeordnet und ordnet sich selbst ein auch nach dem Grad der Verfügung über diese »Sprache«.

Die Erziehungseinrichtungen begünstigen derartiges Regelwissen, weil sie unter dem Einfluß der traditionsbildenden Instanzen stehen und weil sie selbst Normierung und Schematisierung von Erkenntnis betreiben. Bourdieu analysiert Verhältnisse — für Frankreich vor 1968 —, die dadurch charakterisiert sind, daß Schule von den Heranwachsenden Grade der ästhetischen Kompetenz verlangt, deren Vermittlung sie nicht ausdrücklich selbst betreibt. Konsequent i. S. seiner Beschreibung muß er eine kompensatorische Erziehung für dringlich halten, die zunächst diese Kompetenz wenigstens allen gleichermaßen zugänglich macht. Wo Didaktik hier und heute in kritischer Absicht Folgerungen aus solcher Analyse zieht, geschieht das meistens in zwei Richtungen: Einerseits geht sie auf Ideologiekritik aus; dann lehrt sie, das Ästhetische als Attribut von Herrschaft zu interpretieren, und untersucht, wieweit die Wirkungsgeschichte der Gegenstände das bestätigt — sofern sie dem Unterricht solche Lernanlässe nicht gänzlich entzieht. Andererseits entwickelt sie ein Gegenprogramm gerade mit Hilfe literarischer Anlässe; dann hält sie dazu an, diese als Erzeugnisse einer Widerspiegelung von Wirklichkeit zu betrachten, und versucht die Identifikation mit Figuren einzuüben, welche einer bestimmten politischen Moral entsprechen. Einerseits also zielt die Entlarvung einer fragwürdigen Praxis auf theoretisch-kritisches Wissen als neuen Lerninhalt; andererseits leitet dieses Wissen darüber hinaus eine veränderte, jedoch ihrerseits normierte Praxis der Kunstwahrnehmung an, die über Identifikationsprozesse zu Einstellungsänderungen führen soll. Didaktische Entwürfe, die auf Veränderungen der von Bourdieu gekennzeichneten Voraussetzungen und Vorgänge gegenwärtiger Kunstrezeption gerichtet sind, übernehmen also zugleich seine Auffassung von ästhetischer Erfahrung, ohne sie etwa im Hinblick auf die personale Dimension zu relativieren.

Als ästhetischer Anlaß[2] ist bei Bourdieu immerhin ein »Universum von Vorstellungen« bezeichnet. Nur auf seine *Unterteilungen* aber richtet sich die standardisierte und kontrollierbare Tätigkeit der Wahrnehmung. Solche Vermittlungs- und Aneignungsformen ermöglichen

---

[2] Nur in dieser Formel (»ästhetischer Anlaß«) verwende ich auch weiterhin den Begriff ästhetisch als Attribut eines Objekts, sonst immer zur Bezeichnung einer bestimmten Erfahrungsweise. Damit wird angegeben, daß etwas, das ästhetischer Erfahrung zugrunde liegt, seinerseits schon Produkt ästhetischer Erfahrung ist. Insofern scheint dieser Sprachgebrauch konsequent zu sein, auch im Hinblick auf den Terminus »ästhetischer Gegenstand« (s. u. S. 24 ff.).

also, daß das zweifellos starke Bedürfnis des Individuums, mit seinem Verhalten soziale Anerkennung zu finden, befriedigt wird, ohne daß es das »Universum von Vorstellungen« als Herausforderung an seine Einbildungskraft anzunehmen braucht.

Daß der Anlaß für ästhetische Erfahrung immer eine Vorstellungszumutung darstellt, daß gerade sie ihn auf eine ihm eigentümliche Weise zur Geltung kommen läßt, die unter Umständen auch eine andere Art sozialer Wirksamkeit hervorrufen kann, das wird bei der Beschreibung ästhetischer Kompetenz nicht berücksichtigt. Voraussetzung für eine solche andere Art der Wirksamkeit ist, daß jenes Regelwissen nicht mehr uneingeschränkt als belohnend empfunden wird, die Kritik an derart schematisierter Bewertung bereits zu einem Bestandteil der Erziehung geworden ist und Erfahrungsformen gesellschaftlich geduldet werden, die nicht der Reproduktion dienen. Hier geht es nicht darum, solche Bedingungen näher zu kennzeichnen bzw. zu untersuchen, ob und inwiefern sie gegenwärtig in der Bundesrepublik als gegeben gelten können. Ich frage vielmehr nach *den* Bedingungen dieser Art der Wirksamkeit, die in Grundformen der Verständigung anzutreffen sind. Der sozialwissenschaftliche Befund Bourdieus verbietet solche weitere Nachfrage keineswegs. Er kann sie jedoch vor Illusionen schützen.

Der zweite Ansatz soll die Annahme präzisieren helfen, daß es ein elementares Bedürfnis nach Äußerung und Austausch gibt, dessen Artikulation als ästhetisch zu bezeichnen ist, auch wenn es nicht in erster Linie Regeln der Kunstwahrnehmung folgt:

Jan Mukařovský handelt von der »ästhetischen Funktion«, Funktion definierend als Art und Weise, wie sich ein Subjekt gegenüber der Außenwelt geltend macht. Er schlägt eine Typologie der Funktionen vor und kommt zu der

»Feststellung, daß das Sich-geltend-Machen des Menschen gegenüber der Wirklichkeit grundsätzlich und ausschließlich auf zwei Wegen erfolgen kann, mit anderen Worten, daß wir unmittelbare und zeichenhafte Funktionen kennen. Gibt es noch eine zusätzliche zwingende Gliederung dieser beiden Gruppen? Es gibt sie, und sie ist durch das Begriffspaar Subjekt — Objekt gegeben: vom Subjekt geht das Sich-geltend-Machen aus; es zielt auf das Objekt hin. Wenden wir diese Dichotomie auf die Gruppe der unmittelbaren Funktionen an, so können wir eine weitere Aufteilung in die Untergruppen des praktischen und des theoretischen Sich-geltend-Machens vornehmen. Bei den praktischen Funktionen steht im Vordergrund das Objekt, denn das Sich-geltend-Machen des Subjekts gilt hier der Umgestaltung des Objekts, d. i. der Wirklichkeit. Bei der theoretischen Funktion dagegen steht im Vordergrund das Subjekt, denn sein allgemeines und letztes Ziel ist eine Projektion der Wirklichkeit in das Bewußtsein des Subjekts ... (...) Wie verhält es sich nun mit den zeichenhaften Funktionen? Auch sie gliedern sich in zwei Gruppen, wenn wir die Dichotomie in den Zielrichtungen auf das Subjekt und das Objekt auf sie anwenden. Die Funktion, bei der das Objekt im Vordergrund steht, ist die symbolische. Die Aufmerksamkeit wird hier konzentriert auf die Wirksamkeit der Beziehung zwischen dem symbolisierten Gegenstand und dem symbolisierenden Zeichen. (...)

Aus welchem Grunde setzen wir voraus, daß bei der ästhetischen Funktion das Subjekt dominiert? Besteht hier nicht die Gefahr, daß wir uns in die Theorie der Gefühls-Expressivität verirren, gegen die wir oft mit guten Gründen Stellung bezogen haben? Wir dürfen hier vor allem nicht vergessen, daß das Subjekt, von dem wir hier sprechen, nicht das Individuum ist, sondern die menschliche Gattung; die Gefühlsreaktion aber gehört — man müßte sagen ›ex definitione‹ — in die individuelle Sphäre. Auf der anderen Seite jedoch ist gerade die Wirklichkeit, von der die ästhetische Funktion Besitz ergreift, ein Zeichen, also die Angelegenheit eines überindividuellen Einverständnisses. Dieser Umstand müßte freilich noch nicht der Expressivität im Wege stehen, denn wir wissen aus der Sprachwissenschaft, daß auch das Gefühl Zeichen benutzt, um sich auszudrücken. Nur sind in diesem Falle die Zeichen Instrument, das dem Ausdruck des Gefühls *dient* — und so gehört die emotionale Funktion in den Bereich der praktischen Funktionen. Das ästhetische Zeichen dient nicht, es ist kein Instrument, sondern gehört — ähnlich dem symbolischen Zeichen — zum Objekt, ja es ist eigentlich das einzig sichtbare Objekt, da es selbst den Endzweck darstellt, unabhängig davon, ob sich die ästhetische Funktion seiner im fertigen Zustand bemächtigt oder ob sie es erst erschafft.«[3]

Diese Typologie läßt sich so abbilden:

Funktionen	objektgerichtet	subjektbezogen
unmittelbar	praktisch (a)	theoretisch (b)
zeichenhaft	symbolisch (c)	ästhetisch (d)

(Im folgenden beziehe ich mich nicht nur auf die hier zitierte Passage, sondern auf die Abhandlung insgesamt.) Mukařovský geht es vor allem um die Frage, in welcher Beziehung die ästhetische Funktion zu den übrigen steht. Er legt dar, inwiefern die funktionale Betrachtung, die das Ästhetische als Teil menschlichen Handelns auffaßt, die überkommene Trennung von Natur und Kunst überwindet und damit einen Begriff vom Schönen als einer statischen Eigenschaft der Dinge aufgibt. Die ästhetische Funktion dominiert die anderen Funktionen

[3] Jan Mukařovský, Der Standort der ästhetischen Funktion unter den übrigen Funktionen (tschech. 1942), in: J. M., Kapitel aus der Ästhetik, Frankfurt 1970 (S. 113—137), S. 126 ff.

nur in der Kunst, während sie sonst zusammen mit einer oder mehreren von ihnen auftritt: Sie ist unerläßliches Element außerkünstlerischer Bereiche wie z. B. des Wohnens, der Kleidung, der gesellschaftlichen Kommunikation; entsprechend kann u. a. in Sprache, Handwerk und Volkskunst nicht eindeutig bestimmt werden, was der ästhetischen Funktion zuzuschreiben ist.

Zur Unterscheidung der ästhetischen Funktion von den anderen stelle ich in Anlehnung an Formulierungen des Textes Sätze einander gegenüber, die die jeweils besondere Leistung angeben (vgl. dazu die Tabelle):

(a) Umgestaltung eines Teils der Wirklichkeit
(d) Projektion einer umfassenden Einstellung zu ihr

(b) Aneignung eines strukturierten Bildes der Wirklichkeit
(d) Erzeugung einer einheitlichen Verhaltensweise ihr gegenüber

(c) Bedeutungszuweisung für ein Moment der Wirklichkeit
(d) Vergegenwärtigung einer Gesamtansicht von ihr

Die Beziehung zwischen den Funktionen stellt sich nun nicht bloß innerhalb der beiden Kategorienpaare dar, wie die obige Tabelle anzunehmen nahelegt. Auch die theoretische und die symbolische bzw. die ästhetische und praktische sind Funktionspaare. Das gilt für das erste, sofern Symbolik und Erkenntnis zusammengehören. Das zweite ist gerade durch seine Gegensätzlichkeit verknüpft: Phänomenologisch stehen die beiden Funktionen einander fern, tatsächlich erscheinen sie häufig vermischt (z. B. im Theater).

Dieses Verhältnis ist zum einen dadurch erklärlich, daß die »praktische Funktion grundlegende Existenzbedingungen des Menschen sicherstellt« und daher im Unterschied zu den übrigen Funktionen in vielen Ausprägungen vorkommt, zum andern dadurch, daß auch sie sich der Zeichen bedienen muß. Die praktische Funktion verwendet (wie auch die theoretische) das Zeichen als Mittel zu bestimmten Zwecken, während die ästhetische sich auf das Zeichen selbst richtet, für das die Wirklichkeit nur mittelbar Objekt ist. Insofern ist es zwar verständlich, wenn Mukařovský die emotionale Äußerung in den Bereich der praktischen Funktionen verweist, weil für sie das Zeichen nur Instrument wird.[4] Er macht aber selbst darauf aufmerksam, daß die Durchdringung und Wechselbeziehung der Funktionen auch im Hinblick auf ihren Zeichengebrauch gilt: Damit das Wort als Mittel fungieren kann, muß es Symbol bzw. ästhetisches Zeichen bleiben, andern-

---

[4] Im folgenden ist die Beziehung von Emotionalität und ästhetischer Funktion bzw. ästhetischer Erfahrung noch deutlicher herauszuarbeiten, auch in bezug auf Mukařovskýs Begriff vom Subjekt.

falls würde es schließlich völlig eindeutig, automatisiert, damit semantisch indifferent und als bloße Chiffre gebraucht.

Im Hinblick auf diese Typologie wäre, was Bourdieu beschreibt, zu interpretieren als die Verdrängung der ästhetischen Funktion durch eine Spielart der theoretischen oder auch der symbolischen. Die oben erwähnte didaktische Folgerung stellt sich dar als Aufhebung des Ästhetischen im Namen von Praxis oder Theorie. — Ich arbeite mit Mukařovskýs Begriff des Ästhetischen, ohne jedoch seinen Terminus »ästhetische Funktion« ausschließlich zu verwenden. Ich bevorzuge das gebräuchlichere Synonym »ästhetische Erfahrung«. — Welches sind denn aber die Bedingungen dafür, daß es zu den unter (d) genannten Akten überhaupt kommt? Welches also ist der Ort, wo normierte Schemata der Interpretation nicht mehr verbindlich und nicht mehr anziehend sind, wo zeichengelenkter Austausch über eingespielte symbolische Verständigung hinausgeht?

Eine nähere Bestimmung des Ästhetischen fehlt bei Mukařovský. Seine Abgrenzungen konzentrieren das Ästhetische auf einen Begriff vom menschlichen Subjekt, welcher nicht das Individuum, sondern das »Gattungswesen«, eine überindividuelle Instanz, meint.[5] Ein solches Konstrukt hat noch keinen operativen Wert. Es ist dieses Konstrukt, welches anhand mehrerer der im vorliegenden Band versammelten Beiträge zu erörtern und einer Anwendung näherzubringen ist. Die folgenden Abschnitte dieser Einleitung geben dafür Gesichtspunkte an.

[5] Darin macht sich eine Ästhetiktheorie geltend, welche insbesondere in Prag eine bedeutende Tradition hat: die von Herbart (Über die ästhetische Darstellung der Welt als das Hauptgeschäft der Erziehung, 1804, sowie grundlegende Abschnitte der philosophischen und psychologischen Werke). Wie Kant (Kritik der ästhetischen Urteilskraft, 1790) und Schiller (Über die ästhetische Erziehung des Menschen, 1795, vgl. I 5), jedoch in »realistischer« Abweichung von ihnen, begreift Herbart das Ästhetische als eine Bedingung des Ethischen — nicht der jeweils aktuellen Moral — und kann es gleichzeitig als Formmoment darstellen, als »leeres Prinzip« (Mukařovský), dessen Funktion es ist, außerästhetische Werte produktiv zu organisieren. Diese Überlieferung geht in der Zwischenkriegszeit mit ein in den Versuch, auch Mukařovskýs, eine Synthese von struktualer Methode und marxistischer Dialektik anzubahnen. Dieser Versuch wird in der Nachkriegszeit — wie die psychologische Ästhetik Wygotskis (vgl. III 1) in der Sowjetunion schon seit den dreißiger Jahren — unterm Stalinismus unterdrückt, erst in der Dubček-Ära neu aufgenommen. (Vgl. Robert Kalivoda, Der Marxismus und die moderne geistige Wirklichkeit, tschech. 1968, Frankfurt 1970.) Seither ist jene *tschechische* Richtung einer Philosophie der Praxis, welche das Problem ästhetischer Erfahrung neu anzugehen im Begriff war (vgl. Kosik I 2), wiederum der Gewalt des politischen Apparats erlegen und ihre Thematik zumindest öffentlich nicht mehr vertreten. Die *jugoslawische* Richtung entbehrt in diesem Bereich der Tradition und ist bisher zu stark mit dem Problem der Selbstverwaltung beschäftigt, als daß sie solchem Vermächtnis sich hätte zuwenden können.

Symbolischer Austausch

In den Ausführungen zu Mukařovský ist die ästhetische Funktion als eine zeichenhafte Form des Handelns vorgestellt worden: Mit ihr artikuliert das Subjekt seine Auffassung der Wirklichkeit. Aus der sehr allgemeinen Kennzeichnung der Funktion als einer, die das Subjekt als *Subjekt* zur Geltung bringt, können einige besondere Merkmale dieses Aktes immerhin erschlossen werden. Dabei ist zu vergegenwärtigen, daß das Ästhetische, wie dargelegt wurde, nur in einem Wirkungszusammenhang mit anderen Äußerungsweisen in Erscheinung tritt. Nach den oben getroffenen Abgrenzungen handelt es sich um folgende Merkmale:

(1) Die ästhetische Funktion hat keinen spezifischen Adressaten. Es muß nicht angegeben werden, mit wem das Subjekt eine Beziehung aufnimmt. Das heißt: Diese Äußerung hat wie jede andere einen konkreten Anlaß, ist aber nicht zwangsläufig darauf angelegt, Erwiderung durch eine bestimmte Instanz zu erfahren.

(2) Mit der Wahrnehmung der ästhetischen Funktion drückt das Subjekt kein akutes, eindeutig gerichtetes Verlangen aus, das befriedigt sein wollte. Es folgt einem Antrieb, der zwar ständig vorhanden ist, sich aber nicht immer artikulieren kann.

(3) Das Subjekt nimmt in diesem Akt eine Bewertung vor. Wenn sie als umfassend erscheint, dann heißt das nicht, daß die Wirklichkeit in besonders weitem Horizont zur Sprache käme, sondern daß das Subjekt grundlegende Erfahrung und Erwartung in zeichenhafter Handlung konzentriert.

(4) Solche Bewertung wird dem Subjekt nicht abverlangt. Und weil sie für den praktischen Lebensvollzug nicht unerläßlich ist, kann über sie auch nicht im Sinne von Handlungsnormen geurteilt und entschieden werden. Die ihr gemäße Antwort, die Resonanz, an der dem Subjekt gelegen sein muß, erfolgt gleichfalls auf der Ebene ästhetischen Zeichengebrauchs.

Diese Merkmale habe ich formuliert in Gegenüberstellung zu denen einer anderen Form zeichenvermittelten Handelns. Ich meine das Erzählen sogenannter Geschichten, welches das Thema des zweiten Kapitels ist.

> »... im symbolischen Austausch auf dem Alltagsniveau erzählt der Mensch Geschichten, die zu gleicher Zeit über die Wirklichkeit berichten, andeuten, wie sie erkennbar wird, und sie mit einer Wertung versehen.«[6]

[6] Jerome S. Bruner, Über die »Unreife« in unserer Zeit, ZfPäd 18, 1972, Heft 6 (S. 789—802), S. 791.

Geschichten in diesem Sinne sind Einheiten der Rede im Ausmaß mindestens *einer* Äußerung und mit einem eigenen Geschehenskontext. Unter denselben Gesichtspunkten betrachtet wie die ästhetische Äußerung, stellt sich diese Handlungsform folgendermaßen dar:

(1) Derjenige, der eine Geschichte erzählt, hat einen bestimmten Adressaten.

(2) Er folgt mit seinem Erzählakt einem augenblicklichen praktischen Bedürfnis, die Reaktion seines Gegenüber auf die Geschichte zu erfahren.

(3) Er bezieht sich mit seiner Geschichte wertend auf ein bestimmtes Objekt, von dem er meint, daß es auch für den Adressaten von Interesse ist.

(4) Über den zur Sprache gebrachten Sachverhalt bzw. über seinen Kontext existieren Wertansichten. Zu ihnen setzt sich der Erzähler mit seiner Geschichte in ein Verhältnis unter der Annahme, daß der andere bei seiner Antwort auf sie Bezug nimmt.

Mit dieser Gegenüberstellung von zwei zeichenhaften Handlungsformen, der ästhetischen und einer Ausprägung zugleich der symbolischen wie der praktischen, sind schon für die Bestimmung der einen gewisse Erkenntnisse über die andere herangezogen. Ich beziehe mich dabei auf ein anthropologisch-sozialpsychologisches Beschreibungsmodell und gehe davon aus, daß beide Handlungsformen dafür gleichermaßen zugänglich sind.

Mit seiner oben zitierten Kennzeichnung weist auch Bruner dieses Thema der Theorie des symbolischen Interagierens zu. Diese Theorie sieht jeglichen sozialen Verkehr auf den Austausch sogenannter »signifikanter Symbole« gegründet. Die Sprachzeichen, deren Bedeutung von den Interagierenden geteilt wird, vergegenwärtigen die Gemeinsamkeiten der Lebenswelt und machen ihre Normen für den einzelnen verbindlich. Indem das Individuum sie sich aneignet, vollzieht es seine Einordnung. Dadurch daß es sie fortwährend verwendet, kann es seine Position immer neu bestimmen. Im elementaren Akt der Rollenübernahme teilt das Individuum in momenthafter Vorstellung auch den sozialen Ort des anderen und damit dessen Perspektive auf den eigenen. Es befähigt sich auf diese Weise zu einer Handlung, die vorgreifend zugleich Reaktion auf die des Gegenüber ist. Das Normengefüge seiner gesellschaftlichen Umgebung respektiert es als »verallgemeinerten Anderen«. In dem Maße, wie es ihm gelingt, alle Austauschprozesse, die willkürlich eingegangenen und die auferlegten Beziehungen, miteinander vereinbar zu machen, erreicht es soziale Identität (s. II 1: Die Identität und das Subjektive).

Dieser Begriff ist in unserem Zusammenhang so bedeutsam wie problematisch. Mead, der eine elementare Bedingung sozialer Wechselseitigkeit beschreibt, spricht im Vertrauen auf die Geltung demokratischer Ideale von Identität nur als einer erreichten. Die von der Interaktionstheorie angeleitete Sozialwissenschaft zeigt demgegenüber in erster Linie, wie sie unter gesellschaftlichem und ökonomischem Druck verfehlt bzw. wie dem einzelnen ein Selbstbild gewaltsam zugeschrieben wird. Sie kennzeichnet den symbolischen Austausch vornehmlich als Versuch der Aneignung von »Techniken zur Bewältigung beschädigter Identität« (Goffman). Die Instanz, die diesen Versuch unternimmt, nennt Mead das Ich (»I«) im Unterschied zum Selbst (»Me«). Wir werden seiner immer erst nachträglich ansichtig, wenn es — als das Antriebsmoment sozialen Austauschs — im Akt der Rollenübernahme ein Teil des Selbst geworden ist. Das Ich bleibt sogar für Mead ein wegen seiner Verborgenheit beunruhigendes Moment. Es in die Erfahrung hereinzubekommen, erkennt er als ein entscheidendes Problem für jeden menschlichen Lebensvollzug. Dieses Problem gewinnt an Dringlichkeit, sobald die elementare Figur symbolischen Austauschs nicht mehr einfach zu einer utopischen Vorstellung von zwischenmenschlichem Verkehr verallgemeinert, sondern erst hinter ihren Verzerrungen erkannt wird.

Der Austausch bzw. die Mitteilung von Geschichten nutzt die Erfahrung mit signifikanter Symbolik in einem weiteren Bereich: Die Symbole sind hier Entwürfe von Verhalten, Konstruktionen von Geschehen, Verlautbarungen über erwartete Ereignisse. Sie werden vorgebracht entweder in der Gewißheit, daß sie Zustimmung finden, oder in der Absicht, ihre Geltung zu erproben, gelegentlich auch mit dem Anspruch, Bedeutungen neu zu setzen, d. h. Signifikanzen zu schaffen. Dieser Begriff von Geschichten umfaßt so unterschiedliche Formen wie den lediglich handlungsbegleitenden Kommentar als ein Stück umgangssprachlicher Kommunikation und das fabulierende Erzählen.

Die Geschichten sind zu kennzeichnen nach ihrer Funktion: Wo es mehr um das Verlangen nach Bestätigung für eine persönliche Ansicht oder um die Bekräftigung von fraglos Geltendem geht — vgl. den Beitrag von Stromberger (II 3) —, hat die instrumentell-praktische oder die symbolische den Vorrang. Wo Wirklichkeit dargestellt wird unter dem vereinheitlichenden Prinzip der Einstellung des Subjekts zu ihr, dominiert die ästhetische. Frisch handelt in erster Linie von solcher *ästhetischen* Äußerung, wenn er auf die Frage antwortet, wie sich Erfahrung in Geschichten lesbar zu machen sucht. Die Geschichten, die er charakterisiert, sind sowohl im Hinblick auf das Bedürfnis, aus welchem sie hervorgehen, als auch in bezug auf das Verfahren, in dem sie ausgearbeitet werden, ästhetischer Natur: Sie stehen paradigmatisch für einen Versuch, das Subjekt in der Erfahrung des »Ich« zur Geltung zu bringen. Was hier als der für Geschichten konstitutive Einfall, als imaginierter Vorfall beschrieben wird, ist Teil des ästhetischen Zeichens, in dem sich eine Ansicht der Wirklichkeit ausprägt. Die ästhetisch sich ausformende Erfahrung wäre demnach eine, die jedermann produziert, nur daß sie längst nicht immer auch in Gestalt von Geschichten sich verlautbart. Der literarische Erzähler unterschiede sich demnach von jedem anderen nur dadurch, daß er sich des Erfindungscharakters verarbeiteter Vorfälle bewußt ist, daß er solche Erfindung in ungewöhnlichem Ausmaß betreibt — und daß er sie ausdrücklich verbreitet. Für jegliches Erzählen, das ästhetische Erfahrung artikuliert, gilt der Satz: »Erfahrung bewährt sich daran, daß sie die Geschichte, die sie erzählt, glaubhaft macht.« — Als Beispiel für die Bemühung um Glaubhaftigkeit und für die Integration verschiedener Arten von Geschichten in einer Äußerung vergleiche die Erzählung von Bichsel (II 4). — Der Satz könnte als entschiedene Anwendung der Interaktionstheorie auf das Problem ästhetischer Vergegenwärtigung erscheinen. Die Qualität »glaubhaft« bezeichnet eine bestimmte Stufe in der Rangfolge der Wahrheitsprädikate, nämlich die Geltung dessen, wofür (nur) das Subjekt einsteht. Sie bezeichnet außerdem Zustimmungsfähigkeit und zielt damit auf ein Austauschverhältnis, in dem der andere als Instanz einer überindividuellen Erwartung auftritt.

Der sich Mitteilende gibt eine Ansicht von Wirklichkeit, bei Frisch eine Art biographisches Modell. Daran ist sowohl das Selbst wie das »Ich« beteiligt. Auf die Intensität der Beteiligung des »Ich« an solchen Produktionen zielt Halbwachs, wenn er feststellt, die am schwersten zu weckenden Erinnerungen seien unsere eigenen. Denn jedes individuelle Gedächtnis enthalte zunächst kollektive Elemente, d. h. die Erinnerung tradiere vor allem *das* am Erlebnis, was dort das Bild durch andere war. Wie das Selbst sich verständlich macht, ist mit Meads Konstrukt des verallgemeinerten Anderen zu erklären; um die Mitteilbarkeit des »Ich« zu erklären, nämlich daß das, was äußerst individuell ist, aufgenommen, erwidert und bestätigt werden kann, bedarf es ebenfalls eines Konstrukts. Auch hier muß ein »Überindividuelles« angenommen werden. Wenn Mukařovský vom Subjekt als vom Gattungswesen spricht, meint er beide Dimensionen. *Hier* dagegen bezeichnet das »überindividuelle Subjekt« die Verallgemeinerung des »Ich«. Wenn Halbwachs vom kollektiven Gedächtnis sagt, daß es das individuelle überdeckt, so ist der Begriff des Kollektiven dem des verallgemeinerten Anderen bei Mead zuzuordnen, allerdings im Hinblick auf kleinere Gruppen.

Formen »ungezielter Kommunikation« (Stromberger) beziehen sich also entweder stärker auf Instanzen sozialer Kontrolle, oder sie offenbaren die Gewißheit des Subjekts, noch in der Äußerung des ihm Eigentümlichen für den anderen sprechen zu können. Der Unterschied beider Pole ungezielter Kommunikation liegt in der Art und Weise, wie sich der Sprecher zu verallgemeinern vermag.

Sowohl für literarische Geschichten wie für sogenannte Alltagsgeschichten gilt, daß sie Produkte ästhetischer Erfahrung sein können. Die Merkmale, die es erlauben, sie dieser Kategorie zuzuweisen, sind angegeben worden. Damit haben wir die *eine* Form der Artikulation ästhetischer Erfahrung kennengelernt. Wir wenden uns in den nächsten Abschnitten auch der zweiten zu. Hier interessiert wiederum nicht nur die Äußerung, also ihr *Produkt,* sondern ebenso der Vorgang der Aufnahme solcher Artikulation, also die Form des *Austauschs* über ästhetische Erfahrung.

Emotionalität

Geschichtenerzählen als praktisch-symbolische Funktion zielt, davon dürfen wir ausgehen, immer auf eine Art Bestätigung. Man will Übereinstimmung anbahnen bzw. einer Übereinstimmung sich vergewissern. Derjenige, der erzählt, ist eingeübt in die Interpretation von Zeichen, die Bestätigung erkennen lassen. Für denjenigen aber, der Bestätigung gewährt, wird dieser Akt ebenfalls zum Anlaß einer Vergewisserung, auch wenn er selbst diesen Anlaß nicht gesucht hat. Dergleichen Vorgänge lassen sich auf die Merkmale gemeinsamer Wertansicht und gemeinsamen Zeichenverständnisses, also geteilter Bedeutung, hin beobachten.

Auch für Geschichtenerzählen in ästhetischer Funktion ist dargelegt worden, inwiefern dabei Bewertung erfolgt. Und mit der Kategorie »glaubhaft« ist angedeutet, in welchem Sinne *hier* das Moment der Bestätigung im Spiel ist. Schließlich gilt für jegliche ästhetische Äußerung, daß sie als eine Ansicht der Wirklichkeit einen Vorgang umfassender Bewertung darstellt. In dem Maße, wie diese Bewertungsform als eine spezifisch ästhetische von anderen Formen zu unterscheiden ist, muß auch die Weise der Bestätigung eine ihr eigentümliche sein. Daß wir aber überhaupt Bestätigung auch im Ästhetischen annehmen, scheint konsequent und unerläßlich: Denn alle Bewertung setzt entweder — als Einschätzung von etwas — einen Maßstab voraus, der bereits sozial vereinbart ist, oder sie bringt — in der vereinheitlichenden Verhaltensweise — selbst eine Form hervor, die sich zu bewähren sucht; in jedem Fall muß es eine Instanz geben, die darauf Antwort erteilt oder doch zugänglich macht. Man darf voraussetzen, daß die Eigentümlichkeit von Bewertung und Bestätigung im Vorgang ästhetischer Erfahrung an ein umstrittenes Merkmal dieses Vorgangs gebunden ist: seinen Anteil an Emotionalität. Wie problematisch diese Beziehung ist, wurde bereits bei Mukařovský deutlich, der Gefühlsäußerung charakterisiert sieht durch instrumentellen Zeichengebrauch und deshalb die emotionale — als eine praktische — und die ästhetische Funktion streng voneinander getrennt wissen wollte. Die Rolle des Emotionalen ist in hohem Maße problematisch auch für ästhetische Erziehung heute und zumal für Literaturdidaktik. Die energische Abkehr von einer pädagogischen Praxis, welche den Unterschied von Gefühlsausdruck und ästhetischer Äußerung nicht respektiert, hat zu einer Art Sprachregelung geführt: Die Frage nach dem Emotionalen ist leicht dem Argwohn ausgesetzt, sie verrate bereits ein Bekenntnis zu wirkungsästhetischen Auffassungen, für die »Einfühlung« (Hans Lipps) oder »Ergriffensein« (Emil Staiger) als grundlegend gilt.

Bemerkenswerterweise wurde sogar in der hier (s. u.) zitierten sozialpsychologischen Theorie[7] der Begriff Emotion zeitweilig gemieden und statt dessen der des »stress« aufgenommen,[8] als er durch Kulturkritik gängig geworden war. Inzwischen sind die Sachverhalte offenbar so weit erforscht, daß von Emotion mit Selbstverständlichkeit gesprochen und im Hinblick auf ästhetische Erfahrung jener prinzipielle Ideologieverdacht aufgegeben werden kann.

Ich verwende durchweg den Begriff der Emotion, bei folgender Unterscheidung: Gefühl meint einen ungerichteten psychischen Zustand, Emotion eher die Einstellung gegenüber einem Objekt. Gefühl bezeichnet eine Bewegung von vergleichsweise größerer Dauer, Emotion eine solche von stärkerer Intensität.[9]

Von den Arbeiten in Kapitel I tragen insbesondere die von Plessner, Kosík und Wygotski zur Verständigung über das Emotionale bei. Plessner und Kosík kritisieren — beide unter polemisch gemeintem Titel (»Trieb und Leidenschaft«, »Kunst und gesellschaftliches Äquivalent«) — wirkungsreiche Doktrinen, Plessner eine sozialanthropologische, Kosík eine gesellschaftstheoretische. Sie zeigen Ursachen bzw. Symptome dafür, daß die dort herrschende Auffassung gerade in bezug auf Antriebs- und Äußerungsformen jeweils von einem mechanischen Materialismus bestimmt ist. Plessner grenzt sein eigenes anthropologisches Konzept gegen eine, wie er sagt, zoologische Auffassung der menschlichen Antriebsstruktur ab. Er erörtert die ethisch-politische Be-

[7] Richard S. Lazarus, Emotions and Adaptation, in: W. J. Arnold (ed.), Nebraska Symposion on Motivation, Lincoln: University of Nebraska Press 1968, S. 175—270.
[8] Lazarus, Psychological Stress and the Coping Process, New York 1966, S. 10 ff.
[9] Nach: Magda B. Arnold, Emotion and Personality, I, New York 1960.

deutung des Emotionalen am Begriff der Passion als seiner radikalsten Erscheinung.

Kosík argumentiert auf dem Boden marxistischer Philosophie der Praxis gegen die Auffassung von Ökonomie als einer nicht weiter ableitbaren Triebkraft der Geschichte. Wie für materielle Güter einerseits, gesellschaftliche Einrichtungen andererseits gilt für Emotionen und Vorstellungen, daß sie ausdrücklich hervorgebracht werden können. Es sind Gebilde auch bewußter Entäußerung, nicht notwendig — wie häufig angenommen wird — Heimsuchungen eines in dieser Hinsicht ohnmächtigen Organismus. Plessner kommt zu dem Schluß, daß die Passion als spezifisch menschliche Antriebsform nicht theoretisch, sondern ausschließlich poetisch zugänglich sei. Nach dieser Erkenntnis wäre das Literarische hervorragendes Medium jener von Kosík betonten Gestaltbarkeit von Gefühl und Vorstellung.

Wygotski entwickelt in der Studie über »Kunst als Katharsis« eine Auffassung von Emotionalität, die das Verständnis der hier anschließend geltend gemachten Theorie wesentlich erleichtern kann. Er bestimmt ästhetische Erfahrung als Abfolge von Akten, in denen Emotion in Produkte der Vorstellung überführt, genauer: ein *Konflikt* von Emotionen imaginativ gelöst wird. Diese Darstellung setzt allerdings kunstliterarische Gebilde als Anlässe ästhetischer Erfahrung voraus, betrifft also eine spezifische Form. Und sie nimmt den ästhetischen Anlaß selbst als Struktur von Gegensätzen an. Daß Wygotski, um Erfahrungsabläufe zu entwerfen, die Struktur der Anlässe aufzudecken sucht, darin liegt sein Beitrag zur Theorie der Rezeptionsanalyse (vgl. III 1). Gegen dieses Konzept von ästhetischer Erfahrung kann eingewendet werden, daß der Autor es nur an literarisch-fiktionalen Werken erläutert hat, an Anlässen also, die jene Dialektik des Emotionalen begünstigen, weil sie sich in einem Zeitverlauf darbieten. In der Tat scheint es nicht erforderlich, einen Gegensatz von Emotionen schon als Strukturmoment im ästhetischen Anlaß nachzuweisen. Es werden nicht — wie das Aristoteles im Blick auf die Wirkung der Tragödie annahm — einander widerstreitende Affekte erst ästhetisch erzeugt. Denn das Subjekt der Erfahrung ist nicht in diesem Sinne verfügbar für Wirkungspotenzen, sondern bringt gegenüber dem Anlaß sich von seinem sozialen Ort her zur Geltung. Wygotski räumt das indirekt ein, wenn er zweierlei Imagination unterscheidet: diejenige, die Emotion verarbeitet, und eine andere, die als intensive *Wertvorstellung* selbst Emotion hervorruft.

Ästhetische Erfahrung vollzöge sich demnach, abstrahierend gesprochen, im Übergang von einer Bewußtseinstätigkeit zu einer anderen. Dabei erscheint die Emotion bereits als eine intelligente bzw. kontemplative, ganz im Sinne von Wygotskis späterem Forschungsergebnis,

»daß ein dynamisches Bedeutungssystem existiert, welches eine Einheit der affektiven und der intellektuellen Prozesse darstellt, und daß in jedem Gedanken das affektive Verhältnis des Menschen zu der in diesem Gedanken dargestellten Wirklichkeit verarbeitet ist«.[10]

Mit dem von Wygotski bevorzugten Begriff der Aristotelischen Poetik, Katharsis, arbeitet ausdrücklich auch die sozialpsychologische Forschungsrichtung, der ich hier folge (vgl. Fußnote 7 und 8). Sie bezeichnet mit ihm die Abschwächung der Motivation zu aggressivem Verhalten und ermöglicht wiederum der Ästhetik, Anschluß zu gewinnen an eine in diesem Zusammenhang entwickelte Theorie emotionaler Akte.

Diese empirisch begründete Theorie spricht in gleicher Bedeutung von kognitiven Akten und Bewertungsvorgängen, wenn sie deren Zusammenhang mit dem Emotionalen betont. Als ihre entscheidenden Sätze kann man die folgenden formulieren:

(1) Kognitive Bewertung von Geschehen ist die Grundlage aller emotionalen Erregung und im weiteren des Verhaltens.

(2) Es ist abermals ein Akt kognitiver Einordnung der Situation, welcher über den emotional bestimmten Zustand hinausführt.

(3) Eine Emotion ist die notwendige Qualität, die zwischen der spontanen Bewertung eines Geschehens, einer entsprechenden Handlung und seiner neuerlichen Einschätzung wirksam wird.

(4) Die Einbettung der Emotionen in Bewertungsprozesse erlaubt es dem Individuum, seine Beziehung zum ungebenden Geschehen auf selbsterzeugte kognitive Akte zu gründen.

Je nachdem, welcher Schwerpunkt gesetzt wird, kann

(a) die Bedeutung der Emotion für die Akte kognitiver Bewertung oder

(b) die Bedeutsamkeit kognitiver Prozesse für Entstehung und Umformung des Emotionalen hervorgehoben werden.

Damit sind Bewertung und Emotionalität als eine Einheit erkannt. Die Unterscheidung von Phasen im Sinne des Satzes (3) kann im sozialpsychologischen Experiment gesichert und auch in der Beobachtung von Bewertungsprozessen bei ästhetischer Äußerung unmittelbar beobachtet werden. Das bedeutet aber nicht, daß zwischen diesen Phasen ein deutlicher Einschnitt bestünde. In der Emotion setzt sich das Subjekt augenblickhaft in ein Verhältnis zur Wirklichkeit und vollzieht, wozu es sich aufgefordert sieht, die Veränderung bzw. Produktion einer

[10] Lew. Semjonowitsch Wygotski, Denken und Sprechen (russ. 1934), Frankfurt 1969, S. 15.

Wertansicht. Eine Einschätzung verlangt am ehesten dann nach Anerkennung eines andern Werts, wenn das Subjekt sie nicht ertragen kann. Aber die hier herangezogene Theorie deckt freilich nicht nur die Akte negativer Bewertung und ihre Folgen, sondern auch die positiver. In diesen Fällen erklärt sich der Anstoß zur Änderung so, daß das Subjekt seine Wertung nicht aufrechterhalten kann, weil sie sozial nicht geduldet wird, weil es — das kann dasselbe sein — einer Selbsttäuschung erlegen ist und das entdeckt oder aber weil der Zustand emotionaler Erregung sich abschwächt.

Von ästhetischer Erfahrung ist nicht sicher, ob sie häufiger einem Gefühl der Lust oder einem der Unlust (Kant) folgt. Ihre Äußerung aber ist ein *Vorgang* der Bewertung, nicht etwa die Auskunft über das Ergebnis bereits *vollzogener* Interpretation. Aufgefaßt als Prozeß, stellt sie sich dar als eine Reihe von Bewertungsakten, zwischen denen Emotionalität vermittelt. Mukařovskýs Unterscheidung von ästhetischer und emotional-praktischer Funktion erweist sich aus dieser Sicht gerade nicht als Einwand, vielmehr als Präzisierungshilfe. Sofern sie es verwehrt, ästhetische Äußerung und Gefühlsreaktion zu verwechseln, ist sie berechtigt. Wenn aber die Emotionen ästhetische Erfahrung mit hervorbringen, sind sie gerade als *praktische* Funktion bedeutsam. Auf diese Weise kann von der Dominanz des Ästhetischen über das Praktische gesprochen werden; zugleich aber ist einzusehen, daß eine praktisch gerichtete Äußerung des Ich bei der Artikulation ästhetischer Erfahrung unerläßlich ist.

Damit wäre eine Wechselbeziehung der Funktionen erklärt, die Mukařovský als Problem formuliert, ohne eine Lösung zeigen zu können. Das Subjekt verwirklicht sich praktisch-produktiv auch im Rahmen ästhetischer Erfahrung. Die Objektwelt, auf die es verändernd einwirkt, ist die seiner Emotionalität. Es produziert sie in Gestalt von Bewertungen, die in einer Gesamtansicht der Wirklichkeit aufgehen. Bestätigung erfolgt dann dadurch, daß die Ausarbeitung der Gesamtansicht fortschreitet — auch auf dem Wege der Korrektur — und schließlich gelingt.

Der ästhetische Gegenstand

Im letzten Abschnitt ist *die* Form der ästhetischen Erfahrung in den Blick gerückt, für die der Begriff häufig ausschließlich in Anspruch genommen wird: die Verarbeitung künstlerischer Gebilde. Uns gilt diese Form nur als *eine neben anderen* Formen, insbesondere den in ästhetischer Funktion erzählten Geschichten. Die Unterscheidung dient dazu, die Frage nach der Äußerungsweise des Subjekts für diese Situation gesondert aufzuwerfen, eben im Blick auf den Anlaß.

Es kennzeichnet ästhetische Erfahrung, daß darin sowohl etwas angeeignet wie auch etwas hervorgebracht wird. Für das Erzählen von Geschichten dürfte das deutlich geworden sein. Hinsichtlich der Reaktion auf literarische Gebilde müssen — gemäß der Analyse Bourdieus — Aneignung und Hervorbringung unter Umständen als ein einziger Vorgang erscheinen: als *Reproduktion* unter sozialer Kontrolle. Ich spreche indes — wie bisher — nicht von dieser *praktischen* Verwendung. Königs Konzept (I 3) setzt Produktion und Rezeption in einem anderen, und zwar in einem doppelten Sinne gleich: Was der literarische Autor hervorbringt, ist wie die Antwort darauf eine Beschreibung ästhetischer Wirkung. Anlaß und Produkt gelten geradezu als kongruent. Damit werden die Anlässe weitgehend gegeneinander relativiert, da ja die Produkte die Qualität einer ästhetischen Wirkung gemein haben. Die Anlässe sind zu kennzeichnen als *mögliche Objekte,* die in der Artikulation ästhetischer Wirkung zu Gegenständen werden. Entscheidend ist, daß erst die Beschreibung diese Qualität überhaupt hervorbringt. Es handelt sich also nicht um Verlautbarung von etwas *Bewirktem,* welches vorhanden wäre, auch ohne daß es zur Sprache käme.

Zweifellos sind die von König angeführten Beispiele dafür, wie sowohl Literatur als auch die Reaktion auf sie als Beschreibung ästhetischer Wirkung aufgefaßt werden kann, nicht repräsentativ für die Äußerung ästhetischer Wirkung im allgemeinen; denn ihre Sprache ist poetisch. Wohl aber lassen sie den allgemeinen Schluß zu, daß die Beschreibung ästhetischer Wirkung eine Form annehmen kann, die den Anlaß unerkennbar macht. Das ist kein Zeichen seiner Geringschätzung, vielmehr Ausdruck dafür, daß Interpretationsschemata als Aneignungsnormen ohne Einfluß bleiben. Demgegenüber gibt es ein wissenschaftliches Interesse, gerade von der Seite der künstlerischen Anlässe her die Produktivität ästhetischer Erfahrung hervorzuheben. Mit den Arbeiten zur Rezeptionsanalyse (Kap. III) sind einige Stationen der Herausbildung dieses Interesses und unterschiedliche Ansatzpunkte bezeichnet.

Königs Begriff der ästhetischen Wirkung als der Beschreibung eines möglichen Objekts entspricht bei der Rezeptionsanalyse der des »ästhetischen Gegenstands«. Ingarden meint damit — bzw. mit dem Parallelbegriff der ästhetischen Konkretisation — das nicht-materiale Gebilde, das der Betrachter in Auseinandersetzung mit dem Artefakt im vorstellenden Bewußtsein erzeugt. Der ästhetische Gegenstand ist in *dem* Maß eigentümliches Produkt, wie der literarische Anlaß durch mangelnde Bestimmtheit charakterisiert ist. Unbestimmtheit meint den

Komplex sogenannter Leerstellen, in dem der Rezipient durch Bedeutungsgenerierung *seine* Konkretisation erarbeitet.

Man kann, so scheint mir, die Beobachtung machen, daß vom ästhetischen Gegenstand unter immer weiteren Aspekten gesprochen wird. (Die Beobachtung bezieht sich freilich auch auf Arbeiten, die dem Begriff folgen, ohne den Terminus zu verwenden.) Dabei wird aber der literarische Anlaß nicht etwa weniger intensiv befragt als dort, wo, wie ursprünglich bei Ingarden, eine ideale Konkretisation möglich erscheint:

Iser (III 3) nimmt Ingardens Kategorien auf. Seine Kritik daran trägt er sozusagen im Namen des Rezipienten vor: Das Ausmaß an Unbestimmtheit und damit das der produktiven Möglichkeiten sei wesentlich größer als dort angegeben. Iser bezieht sich auf eine frühere Arbeit Ingardens.[11] In der hier mitgeteilten wird auch eine im Hinblick auf Bestimmtheiten des Werks »ungetreue« Konkretisation ausdrücklich zugestanden und ihr ein ästhetischer Wert eingeräumt. Ingarden schließt allerdings von seiner Hypothese der Bildung eines ästhetischen Gegenstands *die* Vorgänge aus, in denen die Reaktion dem Zufall überlassen bleibt. Auch für Iser aber macht nur *der* ästhetische Erfahrung, der das »Bewertungsangebot« des Textes ausschöpft und sich ständig korrigieren läßt. Ein wesentlicher Unterschied beider Konzeptionen besteht indes da, wo sie *Wert* lokalisieren. Es ist Ingarden, der ihn vom empirischen Leser hervorgebracht sieht. Er geht dem Prozeß der Überformung ursprünglich emotionaler Antwort zu besonnener Wertung nach und sucht schließlich in Skalen von Prädikaten als Bezeichnungen von Wertqualitäten der ästhetischen Erfahrung ein eigenes Sprachfeld zu sichern.[12] Iser entwirft demgegenüber den Leser als Formelement der Werke, als ihnen »implizite« Größe, als literaturwissenschaftliche Kategorie.[13] Der empirische Leser realisiert jeweils einige dieser Möglichkeiten und wird im entsprechenden Ausmaß textkonstitutiv. Nur voll ausgebildeter Kunstverstand aber kann die Differenz zwischen beiden beseitigen. An dem Punkt, wo anthropologische Fragestellung unausweichlich wird, bricht Iser seinen Gedankengang ausdrücklich ab und lenkt auf Kunstbeschreibung zurück.

Girschner-Woldt (III 4) führt etwas von dem aus, was Wygotski als Programm formuliert. Und sie entwirft wie Iser den Rezipienten vom Text her. Der Beitrag sucht nachzuweisen, daß es möglich ist, Wege li-

---

11 Vgl. in diesem Band Iser, Fußnote 4.
12 S. insbesondere: Das Problem des Systems der ästhetisch valenten Qualitäten (1964), in: R. J., Erlebnis, Kunstwerk und Wert, Tübingen 1969, S. 181–219.
13 W. I., Der implizite Leser. Kommunikationsformen des Romans von Bunyan bis Beckett, München 1972.

terarischen Lernens durch den Anlaß vorgezeichnet zu sehen für den Fall, daß dessen Struktur Voraussetzungen gerade nicht des *idealen,* sondern eines *normalen* Lesers respektiert. Im Blick auf die Rezipienten konstruiert Girschner-Woldt so etwas wie einen ihnen gemeinsamen ästhetischen Gegenstand. Ort mutmaßlicher Übereinstimmung ist eine personale Instanz, die »Klasse aller möglichen Subjekte«, die von ihren Bedingungen her gewisse Identifikationen müßten vollziehen, d. h. Bewertungen vornehmen können. Wichtiger noch als diese positive Bestimmung möglicher Konkretisation ist die Ermittlung jener Züge am literarischen Anlaß, die einer erschließbaren Intention des Ganzen entgegenwirken. Auch hier ist der Ort, von dem aus geurteilt wird, ein den Subjekten gemeinsamer, der eines verallgemeinerten Anderen. — Es ist die Fragestellung Wygotskis (vgl. III 1), die in solchen Ansätzen präzisiert bzw. variiert wird. »Ästhetische Funktion« und »ästhetisches Objekt« werden dabei zu Synonymen. Der Blickpunkt freilich, d. h. das Erkenntnisinteresse oder die Überzeugungsabsicht, derjenigen, die sich dieser Begriffe bedienen, ist unterschiedlich. Jean-Paul Sartre z. B., in dessen Essay »Qu'est ce que la littérature?« (1948) sich bereits fast das gesamte Vokabular der Rezeptionsästhetik findet, entwirft ein Bild vom produktiven Adressaten: »l'objet esthétique« habe »tatsächlich keine andere Substanz als die Subjektivität des Lesers«.[14] Das Diktum des Autors Sartre »Lesen ist gelenktes Schaffen« wirbt um Engagement. Wenn in der zeitgenössischen Erzähltheorie »Rezeptionslenkung« untersucht wird, wie es — im Gefolge Ingardens — am intensivsten wohl in Polen geschieht,[15] geht es im äußersten Fall um das »Subjekt des Werkganzen«, ein Äquivalent des »impliziten Lesers«. Umworben ist hier das künstlerische Gebilde in seiner Vielgesichtigkeit sowie die wissenschaftliche Hypothese im Hinblick auf ihre Bewährungskraft.

Wo Literaturwissenschaft Anlässe literarischen Lernens analysiert, stellt sie immerhin eine Summe von Elementen, aber auch Teilstrukturen möglicher ästhetischer Gegenstände vor. Didaktik gewinnt auf diese Weise Hilfen für die Diagnose von Erfahrungsprozessen und bei der Entscheidung darüber, was für Lernvorgänge sie anzubahnen versucht.

[14] Jean-Paul Sartre, Was ist Literatur? Ein Essay (frz. 1948), Hamburg 1958.
[15] Rolf Fieguth, Zur Rezeptionslenkung bei narrativen und dramatischen Werken, Sprache im technischen Zeitalter 47/1973, S. 186—201. (Diese Arbeit vergegenwärtigt Forschungsergebnisse aus Polen, ebenso die im selben Heft erschienene von Kasimierz Bartoszyński, Das Problem der literarischen Kommunikation in narrativen Werken, S. 202—224.)

Exkurs:

Die Theorie der symbolischen Interaktion eröffnet zweierlei Ansicht der Austauschprozesse:

Einerseits begründet sie eine regulative Idee für die sozialen Beziehungen und rekonstruiert demgemäß die Modellform elementarer Vorgänge. Andererseits analysiert sie die Folgen der Verzerrung und Zerstörung dieser Formen und wirft die Frage auf nach den gesellschaftlichen Ursachen dafür. Selbst gibt sie jedoch keine Erklärung.

In dieser Spannung steht die Rede von ästhetischer Erfahrung. Sie handelt von etwas, das als Äußerungs- und Verkehrsform jener regulativen Idee in besonderem Maße zugewandt ist und gerade deshalb das Verfehlen und Scheitern vorrangig vergegenwärtigt. Dazu gehört es auch, daß Möglichkeiten ästhetischer Erfahrung verweigert werden oder daß die Subjekte gegebenen Möglichkeiten sich verschließen.

Ein umfassendes, zugleich anthropologisches und gesellschaftstheoretisches Erklärungsprinzip entwickelt Sartre in der »Kritik der dialektischen Vernunft«. Ich füge zwei Passagen daraus — ohne weitere Vermittlung — ein. Die anschließenden Thesen stellen mehrfach besprochene Sachverhalte ins Licht dieses Bemühens um Aufklärung:

»Auf dieser Stufe treten die realen Grundlagen der Entfremdung zutage: die Materie entfremdet in sich die Aktion, die sie bearbeitet, nicht weil sie selbst eine Kraft, ja nicht einmal weil sie Trägheit ist, sondern weil diese Trägheit ihr ermöglicht, die Arbeitskraft der Anderen zu absorbieren und gegen jeden einzelnen zu kehren. Ihr verinnerter Mangel ließ im Moment der passiven Negation jeden gegenüber den Anderen als Anderen erscheinen. Im Moment der Arbeit — das heißt im *menschlichen* Moment, da der Mensch sich durch die Hervorbringung seines Lebens objektiviert — bewirken die Trägheit und die materielle Exteriorität der Objektivierung, daß — wie im übrigen auch immer die menschlichen Beziehungen beschaffen sein mögen — *das Erzeugnis* die Menschen als Andere bezeichnet und sich selbst als andere Art, als Gegen-Mensch konstituiert, und im Erzeugnis bringt jeder seine eigene Objektivität hervor, die ihm als Feind gegenübertritt und ihn selbst als einen Anderen setzt. Damit die historische Gesellschaft sich selbst in den Klassenkämpfen hervorbringt, ist es eben gerade notwendig, daß die von ihr losgelöste Praxis den Menschen als unabhängige, feindliche Realität gegenübersteht, und zwar nicht nur im Rahmen des kapitalistischen Prozesses, sondern in jedem Augenblick des gesamten historischen Prozesses. Marx hat die materiellen Bedingungen der Entstehung des *Kapitals* aufgezeigt, einer gesellschaftlichen Kraft, die sich den Individuen schließlich als anti-gesellschaftliche Kraft aufzwingt. Aber es geht jetzt um die konkrete Erfahrung der allgemeinen dialektischen Bedingungen, die in den Beziehungen des Menschen zur Materie eine bestimmte Umkehrung als Moment des Gesamtprozesses hervorbringen und die in diesem bestimmten Moment, in der Praxis der Anderen und in der eigenen Praxis als Andere, die Beherrschung des Menschen durch die Materie (und zwar durch *diese* schon bearbeitete Materie) verursachen als zwangsläufiges Resultat der Beherrschung der Materie durch den Menschen. (. . .)

Wir möchten ausdrücklich betonen, daß die Wiederentdeckung des Mangels in der Erfahrung der marxistischen Theorie absolut nicht widersprechen noch sie ergänzen will. Sie ist vielmehr von ganz anderer Art. Die wesentliche Entdeckung des Marxismus besteht darin, daß die Arbeit, als historische Realität und als Benutzung bestimmter Werkzeuge in einer schon determinierten gesellschaftlichen materiellen Umwelt, die reale Grundlage der Organisation der gesellschaftlichen Verhältnisse ist. Diese Entdeckung *kann nicht mehr* in Frage gestellt werden. Was wir nun unsererseits zeigen wollen, ist folgendes: 1. Die Möglichkeit, daß diese gesellschaftlichen Verhältnisse widersprüchlich werden, rührt selbst von einer inerten materiellen Negation her, die der Mensch rückverinnert. 2. Das unmittelbare Verhältnis zwischen allen Menschen ist durch die *Gewalt* als negative Beziehung einer Praxis zu einer anderen gekennzeichnet, und zwar nicht als wirkliche Aktion, sondern als anorganische Struktur, die von den Organismen rückverinnert wird. 3. Die Möglichkeit der Verdinglichung ist in allen menschlichen Beziehungen, auch der vorkapitalistischen Periode, selbst in den Familien- oder Freundschaftsbeziehungen, gegeben. Der Mangel enthält selbst sowohl eine formale Dialektik, die wir skizziert haben — Produktenmangel, Werkzeugmangel, Arbeitermangel, Verbrauchermangel —, als auch eine konkrete historische Dialektik, über die wir nichts zu sagen haben, weil es Aufgabe der Historiker ist, ihre Momente nachzuzeichnen. Es ist nämlich ein doppelter Übergang (unter dem Einfluß der Produktion selbst) zu zeigen: einmal der Übergang vom Mangel, als Überschußmerkmal jedes einzelnen gegenüber allen, zum Mangel als Bestimmung von unterernährten Produzentengruppen durch die Gesellschaft (in diesem Moment wird das Verhältnis zur *Gewalt* zwischen den Gruppen, und zwar nicht, weil dieses Verhältnis zwangsläufig gewaltsam hergestellt worden ist — darin hat Engels recht —, sondern weil es in sich selbst ein gewaltsames Verhältnis zwischen gewalttätigen Menschen *ist*), und zum anderen der Übergang vom absoluten Mangel als einer gewissen Unmöglichkeit für alle Mitglieder der Gruppe, unter bestimmten, materiellen Bedingungen gemeinsam zu existieren, zum relativen Mangel als Unmöglichkeit für die Gruppe, unter den gegebenen Umständen über eine gewisse Grenze hinaus anzuwachsen, ohne daß die Produktionsweise oder die Produktionsverhältnisse sich ändern (das heißt die Verhältnisse des hingenommenen Mangels als diskrete, nach bestimmten Regeln vollzogene Liquidierung der Unproduktiven innerhalb einer gegebenen Gesellschaft und *gleichzeitig* als Auswahl der unterernährten Produzenten). Dieser relative Mangel, der selbst eine historische Dialektik enthält (das heißt eine intelligible Geschichte), nimmt in den Klassengesellschaften die Form einer *Institution* an. Das analytische Studium der Mangelinstitutionen ist die politische Ökonomie. All das bedeutet nicht, daß wir, weil wir wieder die ganze Bedeutung des Mangels sehen, deshalb auf irgendeine prämarxistische Theorie von der Vorrangigkeit des Faktors ›Konsumtion‹ verfallen, sondern lediglich, daß wir die Negativität als impliziten Motor der historischen Dialektik aufdecken und ihr ihre Intelligibilität geben. In *der Umwelt des Mangels* beruhen alle Strukturen einer bestimmten Gesellschaft auf ihrer Produktionsweise.«[16]

1.1 Den ästhetischen Gegenstand hervorbringen, das kann heißen: ohne Materie zu produzieren und also auf eine Art, die der Entfremdung widersteht.

1.2 Ästhetische Gebilde sind als Materie wirksam, wo das Wissen über sie zur Institution geworden ist.

2.1 Bedürfnis nach Bestätigung bedeutet: sich des anderen als eines nicht fremden Subjekts vergewissern wollen.

2.2 Sich als Subjekt zur Geltung bringen ist die Aufforderung an den anderen zu gemeinsamer Produktivität.

3.1 Imagination aus ästhetischem Anlaß macht Erfahrung von Mangel namhaft für das geschichtliche Bewußtsein.

3.2 Die Vergegenwärtigung von Mangel im ästhetischen Gegenstand ist ein Erfahrungsgrund für gesellschaftliches Handeln.

Literarisches Lernen

Die in Kap. IV wiedergegebenen Arbeiten zeigen Möglichkeiten der Beobachtung von Rezeptionsvorgängen. Ich beziehe ihre Ergebnisse auf die in dieser Einleitung dargelegte Ansicht von literarischem Lernen und hebe — im Sinne einer gemeinsamen Lesart — hervor, was für Regelhaftigkeiten sie voraussetzen bzw. ermitteln.

Ästhetische Kompetenz gibt den Grad an, in dem das Subjekt über ein gesellschaftlich honoriertes Wissen verfügt. Belohnt wird, wer bereit ist zur Zustimmung und sich erfolgreich darum bemüht. Über etwas verfügen heißt demnach zunächst: sich einem Geltungsanspruch unterwerfen, sodann: ihn seinerseits vertreten und verstärken. Das beschreibt einen Vorgang der Aneignung vorhandener Werte. Verfügung über diese Art Wissen stellt sich dar als eine Übereinstimmung im Wertbesitz, als eine Errungenschaft, die der Unterscheidung dient, weil sie nicht jedermann zugänglich ist. Damit sind Vorgänge charakterisiert, die für nahezu alle Teilsysteme gesellschaftlichen Verkehrs beobachtet werden können. — Die Formel vom verallgemeinerten Anderen bezeichnet den Tatbestand sozialer Kontrolle, die Übernahme organisierter Haltungen. Sie bezeichnet auch die Tendenz, daß die an symbolischem Austausch Beteiligten sich an vertrauten Verständigungsmu-

---

[16] Jean-Paul Sartre, Kritik der dialektischen Vernunft, Bd. 1: Theorie der gesellschaftlichen Praxis (Paris 1960), Reinbek 1967, S. 161 ff.

stern orientieren, solange in einer neuen Situation spezifische noch nicht ausgebildet sind.

Wo Äußerungs- und Austauschformen zum Gegenstand wissenschaftlicher Untersuchung werden, ergibt sich das Problem, wie die unerläßliche Abstraktion methodisch zu gewährleisten sei. Hier stellt also ein wissenschaftliches Interesse an Verallgemeinerung möglicherweise den Austausch unter weitere Normierungen. Damit wird unter Umständen Übereinstimmung konstatiert, wo sie in Wirklichkeit erst herbeigeführt ist.

In den Arbeiten zur Wirkungsforschung wird die Antwort des empirischen Lesers auf den literarischen Anlaß als dessen Deformation bezeichnet (Hillmann, Câmpeanu/Steriade, sinngemäß Eggert u. a.). Das ist im Hinblick auf die Vorlage geurteilt. Im Hinblick auf den Rezipienten wird von Aktualisierung (Hillmann, Eggert u. a.), Adaption (Eggert u. a., sinngemäß Câmpeanu/Steriade), emotional bestimmter Erinnerung (Câmpeanu/Steriade) gesprochen.

Wo sich ein anderes Bild ergibt, haben Erkenntnisabsicht oder Untersuchungsmethode Deformation ausgeschlossen: Bei Purves/Rippere bildet eine Liste aller möglichen Elemente der Äußerung über literarische Geschichten den Rahmen, innerhalb dessen die einzelne Antwort sich bewegt. Die Kategorien, nach denen die Elemente insgesamt klassifiziert sind, bilden auch das Ordnungs- und Beschreibungsschema für die jeweilige Antwort. Die Antworten werden gekennzeichnet nach der in ihnen am häufigsten auftretenden Klasse von Elementen. Gütekriterium ist die möglichst weitgehende Übereinstimmung der einzelnen Züge der Antwort, die die Beziehung des Individuums zum literarischen Anlaß spiegeln. Auf diese Übereinstimmung hinzuarbeiten, ist auch das pädagogische Ziel (vermutlich aufgrund eines Persönlichkeitsideals, einer bürgerlich-demokratischen Vorstellung von Identität).

Die Untersuchung von Bauer u. a. hat ihr überraschendes Ergebnis in der sehr weitgehenden Gleichsinnigkeit der Merkmale der Rezeption. Fragt man nach den Ursachen dafür, stößt man auf vornehmlich diese beiden:

(1) Das Verfahren der Befragung ist so strukturiert, daß die Versuchspersonen sich denselben Momenten des literarischen Anlasses zuwenden, und zwar in der gleichen Reihenfolge.

(2) Die literarische Vorlage, das Gedicht von Celan, ist so überaus metaphorisch, daß sie stark vorstellungsbildend wirkt, die Assoziation auch persönlicher Erfahrung des einzelnen aber nicht eben begünstigt.

Die Autoren haben die vereinheitlichende Wirkung ihrer »didaktischen

Steuerung« jedoch vorgesehen und empfehlen dergleichen auch für die Rezeptionsform des Gruppengesprächs. Wenn man diese Untersuchungen als Grundlage für didaktische Entscheidungen versteht, kann Übereinstimmung auch zu einem erzieherischen Problem werden, nämlich dann, wenn sich kein klarer Vorrang einer Kategorie ergibt bzw. wenn die Einzelrezeptionen stark voneinander abweichen.

Nach Hillmann sowie Eggert u. a. ist die Phase der Deformation, wiewohl unabdingbar zu respektieren, doch erst der Anfang eines Lernvorgangs. Was sind das für »Schemata« und »objektivistische Verfahren« (Hillmann), die das Subjekt über diese Phase hinausführen? Es sind bei Hillmann solche, die die »intentionale Bedeutung des Textes« zur Geltung bringen, also von Literaturwissenschaft bereitgestellte. Sie dienen hier ausdrücklich dazu, den Lernenden von einer fremden Position her sein eigenes Vorstellungsgefüge erkennen und relativieren zu lassen, in Analogie zum psychotherapeutischen Prozeß. Auch Eggert u. a. fragen nach Bedingungen dafür, daß das Subjekt im ästhetischen Gegenstand sich erkennt und — erklärt im Sinne des psychoanalytischen Konzepts — dort seiner Wünsche gewahr wird. In den von ihnen beobachteten Situationen der Antwort auf literarische Anlässe ist allerdings ein auf dieses Ergebnis gerichteter Prozeß noch nicht erkennbar, weil jegliche Schematisierung des Lernens vermieden wird. In beiden Fällen geht es um Übereinstimmung in dem Sinne, daß der einzelne seine Identität findet. Das macht stark individualisierenden Unterricht erforderlich.

Für die Ergebnisse der hier vorliegenden empirischen Arbeiten entscheidend ist, von welcher Figur der Rezeption sie ausgehen. Die Figuren sind folgende:

(1) Daß der einzelne nach Plan befragt wird (Bauer u. a., Eggert u. a.)
(2) Daß einer sich frei äußert, und zwar schriftlich (Hillmann, Purves/ Rippere)
(3) Daß einer Erinnerung verlautbart (Câmpeanu/Steriade)
(4) Daß einer als Angehöriger einer größeren Gruppe/einer Schulklasse in Abständen punktuell zu Wort kommt (Eggert u. a.).

Vorausgesetzt wird offenbar — bis auf (3) —, daß Rezeption in stiller Lektüre erfolgt. Die Aufforderung an den Leser, sich zu äußern, setzt ihn sodann in Beziehung zu einem Adressaten. Sofern sich dieser seinerseits mündlich oder schriftlich äußert, geschieht das von einer anderen Ebene her, unter einem anderen Interesse: Er hat einen Vorsprung an Wissen über den Anlaß, er ist auf das Verfahren und sein Ergebnis konzentriert, er antwortet nicht spontan.

Das gilt in weit stärkerem Maß für die Situation angeleiteten Lernens. Hier wird der Lernende seinerseits zum Adressaten. Darüber hinaus sieht er sich in eine Beziehung gestellt, in der jeder Wechsel der Ansprache den Unterschied zwischen der eigenen Disposition und der Absicht des anderen vergegenwärtigt. Wo es in erster Linie um die Vermittlung und Anwendung von Schemata der Interpretation zur Ausbildung ästhetischer Kompetenz geht, mag diese Beziehung nicht nur normal, sondern auch lernwirksam sein. Das letzte gilt auch für die therapeutische Situation. Aber: In jener Beziehung kann ästhetische Erfahrung kaum angebahnt werden. Denn — und hiermit nehme ich die Ausführungen der vorigen Abschnitte und insbesondere die Frage nach den Bedingungen auf —:

Die Deformationen und Adaptionen bewerten vorgestellte Wirklichkeit im Sinne der dem Subjekt geläufigen Erlebnismuster. Wo sie ausgesprochen werden, artikulieren sie ein Bedürfnis nach Bestätigung. Solche Bestätigung gewähren oder sie verweigern und damit die Bewertung verändern, das kann im Austauschverhältnis nur ein Subjekt, dessen eigene Erwartung sich auf derselben Ebene zu erfüllen vermag. Wenn fortwährende Bewertung und also immer erneute Ausarbeitung von Emotionalität den ästhetischen Gegenstand hervorbringt, dann geschieht dies *ästhetisch* nur in wechselseitiger Einwirkung. Einseitiger Eingriff ist ein Vollzug der *praktischen* Funktion zum Zwecke einer Einstellungsänderung, welche ästhetischer Austausch möglicherweise nachhaltiger anbahnt.

Übereinstimmung muß in diesem Vorgang nicht bedeuten, daß Antwortgeschichten zur Deckung kommen oder daß ein gemeinsames Ergebnis angestrebt wird. Sie kann darin liegen, daß die Subjekte miteinander die Erwartung teilen,[17] den literarischen Anlaß zum Instrument für Entdeckungen zu machen — welcher Art, darauf gibt die Interaktionstheorie Hinweise. Mead hatte dem »Selbst«, das er als Sozialisationsergebnis so vielfältig zu beschreiben wußte, das »Ich« gegenübergestellt, welches zwangsläufig eine Konstruktion blieb:

[17] Mit dem Ausdruck »geteilte Erwartung« bezeichne ich die kognitive Figur, welche für ästhetische Erfahrung charakteristisch erscheint. Er nimmt Bezug auf jenen Begriff des kollektiven Gedächtnisses, den Halbwachs entfaltet für eine Art sozialen Verkehrs, der sowohl ständig vorgestellt und simuliert wie ausdrücklich vollzogen wird. Er entspricht dem Begriff der geteilten Bedeutung, welcher eine Bedingung aller Interaktion angibt, sowie dem des geteilten Wissens, den Labov (William Labov, The Study of Language in its Social Context, Studium Generale 23, 1970, S. 30—87, dt. in: W. Klein/D. Wunderlich (Hg.), Aspekte der Soziolinguistik, Frankfurt 1971, S. 111—194) auf einen Tatbestand anwendet, welchen er bei seinen Analysen des Sprachhandelns als ein Regulativ für Äußerung entdeckte. Der Ausdruck rechnet ferner mit Imagination als einer Bewußtseinstätigkeit, die emotionale Reaktionen zu mitteilbaren Lösungen von Widerspruch ausarbeitet. Und er vermerkt jenes Grundbedürfnis nach Bestätigung und Vergewisserung, von dem Geschichtenerzählen als an allem Austausch beteiligtes Ereignis angeregt wird.

»Das ›Ich‹ ist in gewissem Sinne das, womit wir uns identifizieren; es in unsere Erfahrung hereinzubekommen, ist eines der Probleme fast unserer ganzen bewußten Erfahrung; es ist in der Erfahrung nicht direkt gegeben.«

Das »Problem« nimmt die Gestalt einer Erwartung an. Ein solcher Identifikationswunsch ist auf der Ebene praktisch-symbolischen Austauschs mit dem verallgemeinerten Anderen nicht zu erfüllen: In den Akten der Rollenübernahme wird das Individuum seiner selbst nur soweit ansichtig, wie es von eben diesen Akten geprägt ist. Ästhetische Erfahrung, die sich im Gespräch artikuliert, stellt hingegen die praktischen Vorgänge der Übermittlung zeitweilig in ihren Dienst und gewährt die Möglichkeit, jenem Bedürfnis nachzukommen. Es ist dann freilich nicht das individuelle Ich, das der Erfahrung zugänglich wird. Das wäre paradox, weil Erfahrung immer vergleicht und das Besondere relativiert. Das gemeinsame Besondere aber, zu benennen als überindividuelles Subjekt, scheint gerade durch das Interesse definiert, sich als solches auch zu erkennen, d. h. sich bestätigen zu lassen.

Ort solcher Vergegenwärtigung ist der ästhetische Gegenstand, das unabschließbare Produkt der Vorstellungskraft, mit dem der Bezirk der Alltagsgeschichten überschritten wird. Der Vorgriff auf Erfahrungsqualitäten des anderen und das Gewärtigen von Korrektur sind *Mittel* der Hervorbringung. Das kollektive Gedächtnis und die Zeitgenossenschaft der Subjekte bestimmen neben dem ästhetischen Anlaß deren *Material*. Wann etwas den Rang einer Produktion gewinnt, das ist für die beteiligten Subjekte durchaus erfahrbar. Voraussetzung dafür ist, daß sie einschätzen lernen, wo sie im Zustande primärer Emotion verharren bzw. wo die Emotionen imaginativ verarbeitet und damit sozial werden. Wer Austausch über literarische Anlässe verfolgt, kann erkennen, daß ein solches Einschätzungsvermögen immer schon wirksam ist: Die doppelte Beziehung, in der das Subjekt steht — zum Anlaß einerseits, zu seinem Adressaten andererseits — fordert dieses Vermögen ständig heraus und hilft es entwickeln.

Andere Figuren der Rezeption als die den zitierten Arbeiten vorgegebenen werden über weitere Bedingungen Aufschluß gewähren. Dazu gehören insbesondere jene Verkehrsformen ästhetischer Erfahrung/literarischen Lernens, denen die Austauschsituation zugrunde liegt, und zwar als

(1) unvermittelt vorhandene und spontan wahrgenommene,
(2) ausdrücklich vereinbarte und entsprechend gestaltete,
(3) pädagogisch intendierte und als solche anerkannte.

In der hier entwickelten Ansicht ist mit ästhetischer Erfahrung eine Form der Arbeit bezeichnet. Die Gegenständlichkeit, die sie hervorbringt, ist eine jeweils als Zeichen formulierte umfassende Einstellung zur Wirklichkeit. In solcher Einstellung werden Subjekte ihrer Spontaneität gewahr. Sie erkennen ihre Teilhabe an einer überindividuellen, gesellschaftlich noch nicht regulierten Antriebsstruktur.

Diese Form der Arbeit bleibt zufällig, solange sie unter der Herrschaft stärker reproduktiver Formen steht. Wie alle Arbeit ist sie nur wirksam, wenn sie gelernt wird und erprobt werden kann. Öffentliche Erziehung als der Rahmen dafür gewährt einerseits vergleichsweise große Freiheit vom Zwang zur materiellen Reproduktion, andererseits ist sie an deren Regeln orientiert, in der Organisation des Lernens, im System ihrer Belohnungen, mit den Verhaltensmustern aller Beteiligten.

Aufgrund jener Entlastung aber erlaubt es die Schule immerhin, gesellschaftliche Regeln in unterschiedlicher Gestalt zur Geltung zu bringen, bei der Unausweichlichkeit solcher Regulierung doch Alternativen zu erproben. Wenn ästhetische Erfahrung nicht zufällig bleiben soll und wenn man von der Annahme ausgeht, daß Bereitschaft und Fähigkeit dazu ausgebildet werden können, dann käme es zunächst darauf an, den entsprechenden Lernbereich durch Regelkomplexe bestimmen zu lassen, die mehr als andere diese Erfahrungsform begünstigen. Ich nenne diejenigen, die mir als die wichtigsten erscheinen. Es handelt sich um Bedingungen, die

(1) den Normcharakter der Inhalte des Lernens,
(2) die Art der Belohnung,
(3) das Verfahren der Instruktion

betreffen.

Zu 1: Soziale Normen sollten in die Lernsituation eingehen können in Gestalt von (Alltags-)Geschichten (vgl. S. 16). Die Geschichten verändern sich mit dem Wechsel des Milieus, den die Heranwachsenden zwischen außerschulischem und schulischem Bereich vollziehen, nur wenig. Sie bestimmen weithin den nicht schematisierten Austausch, und sie sind Material bei der Ausarbeitung der ästhetischen Gegenstände. Wo sie nicht verdrängt werden, hat Emotionalität vielfältige Bezugspunkte.

Zu 2: Die Belohnungsweise ist gebunden an die Organisation des Lernens. Da diese nicht durch die ungleiche Beziehung gekennzeichnet sein darf, wie sie zwischen Lehrendem und Angeleitetem besteht (s. S. 32 f.), andererseits Austausch gewährleistet sein soll, muß statt der eingangs erörterten *ästhetischen* Kompetenz eine *soziale* honoriert werden: die Fähigkeit, Bewertungsprozesse in Gang zu bringen und fortführen zu helfen. Es handelt sich nicht um therapeutische und nicht um pädagogische Zuwendung. Das besondere Merkmal *dieser* Fähigkeit ist viel-

mehr das einer Sozialität, die — im Sinne der Vergewisserung im Überindividuellen — des andern ebenso bedarf, wie sie selbst ihm nützt.

Zu 3: Die praktische Funktion des Lehrens *bestimmt* hier nicht das
Lernen. Es kennzeichnet den Austausch ästhetischer Erfahrung, daß er
nicht der Anleitung folgt, sondern Artikulationshilfe sucht. Diese zu
geben, ist der Beitrag des Lehrers. Das setzt voraus, daß er Strukturen
der Bewertungsprozesse erkennen kann und eine sehr bewegliche Vorstellung von den jeweils zu erarbeitenden ästhetischen Gegenständen
entwickelt hat.

Diese Bedingungsmomente sind noch recht allgemein gekennzeichnet.
Sie deuten aber Züge einer Entschulung des Lernens an, ohne die ästhetische Erfahrung als kontinuierliche Arbeit wenig Chancen hat. Entschulung bedeutet zugleich, daß sich ästhetische Erfahrung den Heranwachsenden nicht als etwas darstellen darf, das für sie vornehmlich im
Bereich institutionalisierten Lernens gilt. Daher muß sich didaktisches
Interesse jenen in *aller* Äußerung beobachtbaren Ansätzen zuwenden,
wo ästhetische Erfahrung sich in Geschichten artikuliert.

In der Schule sind kontinuierlicher Arbeit klare Grenzen gesetzt:
Denn ästhetische Erfahrung kann nicht repräsentativ sein wollen etwa
für Literaturunterricht überhaupt. Und daß Literarisches ihr als Anlaß
gegeben wird, ist nur *eine* der Möglichkeiten (*eine* der Notwendigkei-
ten), es zum Ausgangspunkt für Lernen zu machen. Der Literatur-
begriff ist allerdings in dieser Hinsicht unproblematisch. Es ist keine
Frage der Textsorte (einschließlich Theater und Film), ob ein literarischer Anlaß ästhetisch verarbeitet werden kann. Insofern ist ein Interesse an ästhetischer Erfahrung nicht zugleich auch Parteinahme für ein
Lernen an Literatur als Kunst. Entscheidend ist die Artikulations- und
Austauschform. Sollte sie in jener Art Literatur besonders wirksame
Anlässe finden, brauchte das nicht zu befremden.

I.

Anthropologie ästhetischer Erfahrung

1.

Helmuth Plessner

Trieb und Leidenschaft

Eine Theorie des politischen Handelns — von jeher eine Crux der Ethik
— tut sich heute besonders schwer, weil ihre Objekte: Staat und Gesellschaft, in ihren früheren Abgrenzungen undeutlich geworden sind und
sich gegenseitig in Frage stellen. Infolgedessen lassen sich die Bemühungen der Theorie verstehen, in einer Zone anzusetzen, die von dieser
Problematik nicht berührt wird. Sie geht ein Stockwerk tiefer, unter-
halb des sozialen oder des staatlichen Bereichs, und trifft dabei auf die
Zone der menschlichen Triebkräfte. Derart in Bodennähe bieten sich
vieldiskutierte psychologische und biologische Erfahrungen an, die zum
Bestand der *Verhaltensforschung* und der *Psychoanalyse* zählen. Bei
aller Unabhängigkeit voneinander haben sie manches gemeinsam. Den
Nachweis angeborener Instinktausstattung als Schlüssel für bestimmte
Verhaltensmuster beim Kleinkind wird die psychoanalytische Forschung ohne weiteres gebrauchen können. Freud selbst war ein An-
hänger Darwins und hätte die Ergebnisse moderner Ethologie nicht
weniger ernst genommen als die Aufschlüsse des Studiums der Primiti-
ven — Aufschlüsse, die durch die Psychoanalyse entscheidend gefördert
worden sind.

Wo der Trieb an seine Grenzen stößt

Der Brückenschlag zwischen Individualgenese und Stammes- bzw.
Frühgeschichte dient der Erkenntnis jener lebensdienlichen Sozialregulationen, die beim Tier instinktmäßig gesichert sind, so daß die Kontrolle der Aggressionsimpulse ohne Über-Ich und Verdrängung funktioniert, während sie beim instinkt-entsicherten Menschen offenbar entsprechender Hemmung bedürfen. Das heißt: Biologie und Psychoanalyse lassen eine Gemeinsamkeit in der Deutung menschlichen Verhaltens erkennen, und zwar in der Einsicht in seine Doppelbödigkeit. Es
unterliegt in seiner naturgeschichtlichen Prägung sehr alten Triebim-
pulsen teils arterhaltender, teils artgefährdender Tendenz, muß aber
diese Impulse in die soziokulturelle Ebene transponieren, d. h. subli-
mieren oder symbolisch überformen. Das bringt unsere *natürliche*

Künstlichkeit mit sich. Nach diesem Modell ist der triebhafte Unterbau letztlich für das Verhalten des Menschen entscheidend. Er macht sich in Bedürfnissen geltend, die keineswegs konstant sind, sondern sozio-kulturelle Masken tragen und vom Stande ihrer jeweiligen technischen Möglichkeit abhängen. Das Bedürfnis richtet sich nach seiner zu erwartenden Befriedigung und den Tabus, die ihren Horizont begrenzen. Ob die Tabus nur ökonomische Wurzeln haben, ist zumindest zweifelhaft. *Daß* sie sich im Rahmen der jeweiligen ökonomischen Möglichkeiten halten werden, wird auch ein Nichtmarxist zugeben.

Das Modell Unterbau-Überbau ist individualgenetischer wie sozial-genetischer Auslegung fähig. Im individuellen Bereich erfolgt die Befreiung in dem Maße, wie es Arzt und Patient gelingt, die hinterrücks wirksamen Triebe Libido und Aggression und den von ihnen angeheizten Verdrängungsmechanismus ins Bewußtsein zu bekommen. Daß Freud später mehr Nachdruck auf einen Todestrieb legte, ehrt ihn, sprengt aber nicht den ganzen Rahmen der Impulsmechanik. Und im sozialgenetischen Bereich fungieren die jeweiligen ökonomischen Trieb-kräfte als die Impulse, die für das Bewußtsein einer Gesellschaft von Recht und Sitte verantwortlich gehalten werden, *solange* sie als deren Überbau nicht durchschaut sind.

Hier wie dort: Verhüllungszwang und Reduktion auf Triebimpulse als Substrat der historisch (soziokulturell wandelbaren) Bedürfnisse. Freilich wird man vom persönlichen Abbau aggressiver Impulse in einer auf Leistung angewiesenen Gesellschaft ständig wachsender Indu-strialisierung keine gesellschaftlichen Veränderungen erwarten dürfen, selbst wenn das ganze Top-Management in West und Ost sich analysie-ren ließe. Sogar in dieser Extremform bliebe Marcuses »große Weige-rung« wirkungslos. Soziale Gefüge, die Interessen an Bedürfnissen er-zeugen, können nur von den Interessen her verändert werden, d. h. von der sie erzeugenden Industrie und der von ihr verkörperten *und* ver-borgenen politischen Macht.

Ihre Reduktion auf Antriebe, die ihre Wurzel in der stammesge-schichtlichen Vergangenheit der Species Homo Sapiens haben und seine Instinktbasis bilden sollen, ist den Lesern der Bücher von Konrad Lo-renz selbstverständlich. Die Selbstauffassung des Menschen in der tech-nisierten Gesellschaft als eines von Bedürfnissen beherrschten Triebwe-sens wehrt sich nicht gegen seine Einreihung unter andere Lebewesen, zumal ihr jeder religiöse Rückhalt fragwürdig geworden ist. Der Mensch hat sich immer gern im Spiegel der Tiere gesehen, und wenn ihm nun die moderne Verhaltensforschung statt Fabeln und Märchen die Mittel zu echtem Vergleich an die Hand gibt, kann man sich nicht darüber wundern, daß mit Liebe und Haß auch Recht und Pflicht bio-logisch gesehen werden.

Wenn also Arnold Gehlen in seinem neuesten Buch »Moral und Hypermoral. Eine pluralistische Ethik« die Formen, welche Sittlichkeit beim Menschen annimmt, als Sozialregulationen des (wie Nietzsche sagt) »nicht festgestellten Tieres« erklärt, so bleibt er in der Linie der Verhaltensforschung. Seltsam ist nur die Inkonsequenz des Konzepts. Einmal ist der Mensch als nicht von Instinkten behütetes Wesen auf kompensatorische Ausbildung künstlicher Schutzhüllen angewiesen, die ihm zu Institutionen gerinnen. Zum anderen aber sollen die ihm verkümmerten Instinktresiduen doch die Kraft haben, das ethisch-politische Verhalten zu bestimmen. Aus vier voneinander unabhängigen biologischen Wurzeln ergeben sich vier ineinander nicht überführbare Programme: 1. Ein zum *Ethos der Gegenseitigkeit* resultierendes Verhaltensmuster, die vitale Grundfigur des Voneinander-Abstand-Haltens, das sich beim Menschen in Achtung umsetzt. 2. Mehrere instinktive verhaltensphysiologische Regulationen zur Sicherung des Wohlbefindens, die vitale Grundfigur der *eudämonistischen Ethik*. 3. Das familienbestimmte Verhalten, welches dank seiner unbegrenzten Erweiterungsfähigkeit die vitale Grundfigur des von Nietzsche *Humanitarismus* genannten Ethos, die Grundlage universaler Brüderlichkeit bildet. 4. Das — durch den in der Instinktverkümmerung wurzelnden Zwang zur Bildung von Institutionen erzwungene — *Ethos des Staates,* um dessen Recht auf Gewalt es Gehlen vor allem zu tun ist. Der Grundsatz: *summum jus summa injuria* soll als *ultima ratio regnorum* gegen alle (gewiß oft genug verlogene) Humanitätsduselei der Intellektuellen moralisch gesichert sein.

Wir werden uns bei der Kritik dieser Thesen nicht aufhalten, die *Jürgen Habermas* in der Zeitschrift Merkur (April 1970) bereits geliefert hat: »Das Ethos der Gegenseitigkeit, das in fundamentalen Symmetrien möglicher Redesituationen gleichsam darin steckt, ist die einzige Wurzel der Ethik überhaupt und zwar keineswegs eine biologische Wurzel . . . Nicht in den biologischen Schwächen des Menschen, sondern in den kompensatorisch aufgebauten kulturellen Systemen selbst ist jene tiefe Verletzbarkeit angelegt, die als Gegenhalt eine ethische Verhaltensregulierung nötig macht.« Das heißt nicht, die nachweislichen Appelle an unsere Neigungen zu leugnen, die uns auch nur sehr partiell angeboren sind — wie etwa das von gewissen Formen ausgelöste »Kindchenschema«, das zu zärtlichem Verhalten stimmt. Als Neigungen haben sie mit ethischen Qualitäten nichts zu tun, auch wenn man sie nicht im Kantischen Rigorismus verankert. Habermas schließt, deutlich genug, mit der Warnung: »Ein im Dreieck Carl Schmitt, Konrad Lorenz, Arnold Gehlen entwickelter Institutionalismus könnte leicht das Maß an Breitenglaubwürdigkeit erhalten, das kollektiven Vorurteilen genügt, um virulente Aggressivität zu entbinden und gegen innere Feinde mangels äußerer zu richten.« Gerade weil die Generation sehr bald verschwunden sein wird, die Aufstieg und Ende des Nationalsozialismus mitgemacht hat, sollte die Warnung nicht verhallen. Sein Potential ist noch lange nicht erschöpft.

Die ganze sich biologisch gebende und mit vier (es könnten auch mehr sein) Instinktwurzeln arbeitende Argumentation ist brüchig. Schon die Gegenseitigkeit, die für Abstandhalten und Hemmung der Aggressivität unter Artgenossen sorgen soll, sieht beim Menschen anders aus als beim Tier. Der Mensch verfügt über den Sinn für die »Reziprozität der Perspektiven«, d. h. im anderen »sich« zu sehen, den Sinn für Spiegelbildlichkeit, kraft seiner zu sich aufgebrochenen Ichhaftigkeit.

Weiterhin ist die ganze Instinktbasis beim Menschen zu reduziert und zu schwach, um das ethisch-politische Verhalten in seiner Breite und seinem Kräfteverschleiß zu tragen. Seinen Anforderungen ist nur *eine* dem Menschen vorbehaltene Antriebsform gewachsen: *die Leidenschaft*, eine ihn bindende *und* entbindende, fesselnde *und* entfesselnde, beglückende *und* gefährdende Möglichkeit. Biologisch gesehen eine pure Narrheit, weil mit zerstörerischem Potential geladen, macht sie unsere exzentrische Position in und zu der Welt manifest. Mehrsinnig wie die Sache selbst, hat sich das Wort *Passion* für sie erhalten, in dem das Erdulden stärker anklingt als in der deutschen Version. Tiere leiden an dem, was ihnen versagt ist: Hunger und Durst, an mangelnden Möglichkeiten, ihre Triebe zu befriedigen, an Gefangenschaft. Der Stau kann wie beim Menschen Aggression auslösen. Doch nur der Mensch leidet an seiner Leidenschaft *für* einen Menschen oder eine Sache.

Bei Tieren begegnen uns zwei Arten von Bindung: die durch Brutpflege und frühkindliche Prägung hervorgerufene Anhänglichkeit einschließlich der sogenannten »Heimvalenzen« und die *Sucht,* ein vor allem bei domestizierten Tieren auftretendes Verfallensein. Sucht »nach« ist hier immer organgebunden. Nicht aber beim Menschen, der sein Verfallensein selbst mit dem falschen Prädikat der Leidenschaftlichkeit tarnt. Nur ist der Morphium-, Heroin-, Opiumsüchtige keiner Leidenschaft verfallen. Daß er Betäubung und Entrückung sucht, allein oder in einer Gruppe von gleich Versklavten, ändert an dem Grundcharakter dieser Art Verfallenheit nichts — auch wenn sich der Mensch an beidem ruinieren kann.

Wo Zoologie und Biologie sich trennen

Wenn die These richtig ist, daß das Reservoir des Menschen an in-
stinktiven Sozialregulationen zu dürftig und zu schwach ist, das
ethisch-politische Leben zu tragen, und das heißt: es zu motivieren,
dann reichen Triebe dazu nicht aus. Als libidinöses Heizmaterial auch
dem Menschen unentbehrlich, verliert es bei ihm gleichwohl jene Ein-
deutigkeit der Richtung, die es für die Tiere hat. Dieser Mangel an Fi-
xiertheit des Triebes spielt der Leidenschaft in die Hand, denn nur der
Mensch kann lieben und hassen. Beide Formen der Bindung, die erste
auf Vereinigung, die zweite auf Vernichtung gerichtet, können sich zur
Leidenschaft steigern, wenn sie sich fixieren.

Des Liebens und Hassens, des Strebens nach Vereinigung und Zerstörung ist nur ein Wesen fähig, dem eine Welt sich öffnet, d. h. das in
Nähe und Ferne zu einer Person wie zu einer Sache unmittelbaren
Gefühlskontakt herstellt. Dadurch erst, auf der Grundlage solcher Resonanz, kann dem Menschen der Kontakt mit dem anderen gefährlich
werden, wenn er sich daran verliert und ihm verfällt.

Eine Passion ist immer eine gesteigerte Form von Hingabe, welche
die stärksten Kräfte entfachen und in Atem halten, *auch* in Aggression
sich äußern kann — diese ist aber von ganz anderer Art, ohne langen
Atem und ohne Opferbereitschaft. Sehr bezeichnend, daß der Terminus
Aggression den der *Passion* in den Hintergrund gedrängt hat. Der zoo-
logischen Auffassung menschlicher Antriebsformen entsprechend und
dem Deutungsmodell psychoanalytischer Triebmechanik eingepaßt,
hantiert der Praktiker, dem Wortdruck der technischen Gesellschaft
nachgebend, unauffälliger mit ihm als mit der altmodische Assoziationen weckenden Passion. Leidenschaftsfähig indes ist nur der Mensch,
weil nur er sich an jemanden, an etwas verlieren kann, d. h. einer Welt
geöffnet ist. Passion ist deshalb nur einem Wesen gegeben, das der
Spaltung in Subjekt und Objekt fähig ist, sich selbst ebenso als einer
Sache gegenübertreten wie sich mit ihr identifizieren kann.

Das sich an einen anderen Menschen Verlieren-Können ist die keineswegs häufigere Gegenmöglichkeit dazu. Denn leidenschaftliche Spieler,
Jäger, Alpinisten oder Politiker — wenn man diese nicht zu den Spie-
lern rechnen will — finden sich heute jedenfalls leichter als die vom
Stamme jener Asra, welche sterben, wenn sie lieben.

Die Emanzipation von einer instinktmäßig fundierten Triebbasis
wirkt ihrer starren Bindung entgegen, lockert sie auf, so daß sie ihre
Direktivkraft einbüßt und zum libidinösen Heizmaterial wird. »Primär und ausschließlich über die Aggression ist meines Wissens jedenfalls kein Wirbeltier mit seinen Artgenossen verbunden. Auch die indi-
vidualistische Beziehung — die Liebe — entwickelte sich primär aus der

Brutpflegebeziehung. Der Sexualtrieb ist nur ein recht selten benütztes Mittel der Bindung, spielt aber bei uns Menschen eine große Rolle. Obgleich er einer der ältesten Antriebe ist, hat er interessanterweise nicht zur Entwicklung dauerhafter individualistischer Bindungen Anstoß gegeben. Die Liebe wurzelt nicht in der Sexualität, bedient sich ihrer jedoch zur sekundären Stärkung des Bandes.« (Eibl-Eibesfeldt, Liebe und Haß. Piper 1970.)

Die besagte Emanzipation von der Triebbasis manifestiert sich beim Menschen paradoxerweise in einer Steigerung des Triebes, *in casu* des Geschlechtstriebes. Seine oft bemerkte und beklagte Hypersexualisierung bringt Eibl mit ihrem biologisch offenbar bedingten Wert für die Partnerbindung in Zusammenhang. Daß die gesteigerte Sinnlichkeit des Menschen keineswegs pathologisch ist — immerhin aber werden kann —, ist völlig richtig. Nur schlägt das Faktum selbst der Norm ein Schnippchen. Denn Steigerung der Sinnlichkeit kann genau den unerwünschten Effekt der Lockerung individualistischer Liebesbindung (im Sinne der Ehe) haben und hat ihn. Sich-Verlieben heißt noch lange nicht, mit einem ganz bestimmten Partner auf Dauer — und darum geht es — ein Band zu knüpfen. So ehekonform — einerlei ob mono- oder polygam — läßt sich die Hypersexualisierung des Menschen nicht abfangen, auch nicht unter Zubilligung »flüchtiger Beziehungen mit ständig wechselnden Partnern höchstens in einer vorübergehenden Phase jugendlichen Suchens und Experimentierens«. Was nicht heißt, daß jeder das Zeug zu einem Don Juan haben muß.

Hypersexualisierung beim Menschen unterliegt gesellschaftlichem Einfluß, der sich nicht nur in Institutionen niederschlägt, sondern, wenn die politischen Machtverhältnisse danach sind, auch der Mode folgt. Nach Stärke und Art der Tabuierung richten sich Verdrängung und Sublimierung. Dank der Fähigkeit, zu sich Abstand zu nehmen, sich einer Welt einzugliedern, die ihn als einen *Jeden* und als einen *Singularen* — und das wieder beides als Subjekt und Objekt — umfaßt, sind dem Menschen Antriebsquellen erschlossen, die über den kümmerlichen Rahmen der instinktbedingten weit hinausgehen. Durch seine exzentrische Position ihrer Bindung enthoben, erschließen sich ihm andersgeartete Antriebsquellen von einer Kraft, die zu dem biologischen Fundament eben nicht mehr paßt und es immer gefährdet. Der entformende, enthemmende Effekt, den die Distanzierungsmöglichkeit beim Menschen hat und der ihn in gleicher Weise dazu befähigt, außer sich zu geraten und einer Passion zu verfallen, einem Menschen wie einer Sache — dieser Effekt entspricht nicht sogenannten spirituellen Luftwurzeln, sondern er gehört zur spezifischen Vitalform des Menschen, seiner körperlichen Daseinsweise. Hypersexualisierung ist ja nur *ein* Aspekt, der mit der grundsätzlichen Leidenschaftsfähigkeit verschmelzen kann,

aber nicht muß. Und wenn sie dazu führt, wird das sexuelle Antriebsmoment — ganz im Sinne Eibls — zu einem bloßen Mittel und Material.
Weltoffenheit und Leidensfähigkeit gehören zusammen. Mit der
Entdeckung einer weiteren Dimension von Sache und Person ist zugleich die Möglichkeit gegeben, ihr zu verfallen. Passioniertsein schafft
neue Antriebsquellen und ist — bei aller Bindung an die Vitalität — der
Bindung an Instinkte bis auf wenige Reste entzogen. Deshalb ist es
falsch, die ethisch-politischen Wurzeln in einigen Instinkten zu suchen,
deren Fixiertsein beim Menschen sowieso nur in Residuen — wenn überhaupt — nachweisbar ist. Eine derartige These zoologisiert genau an
dem Punkte das menschliche Verhalten, das dem Menschen spezifisch
ist, seine Größe und sein Elend ausmacht. Die Zoologisierung von Moral und Politik bedient sich der Denkinstrumente der Verhaltensforschung und gewinnt damit in vielen Augen an Exaktheit, übersieht
dabei aber das dem homo sapiens durch seine exzentrische Position bereits gewährte Surplus an Antriebskräften, die sich um die Leidenschaftsfähigkeit sammeln und in der Passion selber manifest werden.
    Nur vor einem Mißverständnis sei zugleich gewarnt: Wenn von dem
Effekt der seltsamen Selbstdistanz des Menschen gegenüber instinkt-
verwurzelten Trieben die Rede war, ihrer Fähigkeit, nichttierische Antriebsquellen aus der Leidenschaft zu erschließen, und wenn diese Gabe
für das Verständnis politischen Verhaltens eingesetzt wird — so besagt
das keine Heroisierung solchen Verhaltens. Das politische Geschäft
folgt auf weiten Strecken nüchternen Überlegungen unter Leitung von
Machtinteressen. Così fan tutte. Staaten und Geschäfte brauchen Ma-
nager und Apparatschiks, die auf der Sparflamme der Routine in allen
Büros der Welt mit Wasser kochen. Erst wenn die Grundfesten der
Geschichte bedroht werden, wenn das Ganze gespielter oder echter
Überzeugung in Frage steht, dann wird die Leidenschaft wach. Die sel-
tenen Gründer- und Stifterfiguren, Revolutionäre und Propheten
machen da eine Ausnahme. Aber das sind Visionäre, die ohne Feuer
undenkbar sind, wie alle, die für eine große Sache leben und sterben.

Wo die Dichtung zuständig wird

Die Berufung auf Leidenschaft als eine, wenn auch seltene, Antriebsquelle politischen Handelns setzt sich aber noch einem anderen — und
für die Anthropologie gefährlichen — Mißverständnis aus. Sie scheint
nämlich die vitale Struktur des Menschen zu durchbrechen und den für
die anthropologische Konzeption so fruchtbaren, ja entscheidenden biologischen Ansatz zu verleugnen. Versteht nämlich dieser Ansatz die

ganze Schwere seiner Anmaßung, nicht bloß die körperlichen Eigenschaften, sondern darüber hinaus die geistigen Möglichkeiten menschlichen Wesens zu begreifen, soweit sie soziokulturell manifest werden, so nimmt sich die Berufung auf Leidenschaft in diesem Kontext wie eine Selbstverleugnung des Konzepts aus. Denn Argumente, die sich in dem von der Verhaltensforschung ausgespannten Rahmen nicht halten, gelten von vornherein als unbiologisch, d. h. anthropologisch irrelevant. Die Rückführbarkeit auch des menschlichen Verhaltens in seiner scheinbar größten Naturferne, der moralisch-politischen Dimension, wird deshalb als Konsequenz des anthropologischen Ansatzes gebilligt, einerlei welche politischen Motive dabei eine Rolle spielen. Die mit der Einengung auf die Instinktbasis verbundene Niveausenkung legitimiert sich zwar biologisch, setzt aber damit den Menschen als eine — wenn auch mit besonderen Monopolen begabte — Tier-Spezies an. Hier liegt der Denkfehler.

Der anthropologische Ansatz kann sich von vornherein solchem Zoologismus entziehen, wenn er sich die Fassung der Lebenscharaktere nicht von dem methodischen Verifikationsinteresse der Zoologie — *in casu* der Verhaltensforschung — vorschreiben läßt. Dann gewinnen die den menschlichen Organismus auszeichnenden Charaktere der exzentrischen Positionalität mit ihren Implikationen, zu denen eben auch nicht im Instinkt wurzelnde Antriebsmöglichkeiten wie die Fähigkeit zur Leidenschaft gehören, ihren Ort im anthropologischen Konzept. Dann muß man nicht blind sein für die Gespaltenheit des Menschen in ein ichhaftes Selbst, das Dinge ebenso manipulieren kann wie sich selber, sondern kann sie für die spezifisch menschliche Antriebsform, wie etwa die Hypersexualisierung, in Rechnung stellen. Die Reflexivität des Menschen macht vor seiner Sinnlichkeit *nicht* halt, sondern steigert sie und schwächt sie — und beide Richtungen der Selbstempfindlichkeit können ihr gefährlich werden.

Daß nur der Mensch Politik treibt — und nicht nur, weil es für ihn keine definitive Festlegung der Ranghöhe wie etwa bei den Hühnern gibt — ist auch für die Verhaltensforschung selbstverständlich. Nach Analogien zu suchen und entsprechende aggressionshemmende Mechanismen zu analysieren — das ist ihr Verdienst, mag sie sich selber bisweilen auch zu reflexbesessen interpretieren. Um diese Banalität ging es nicht. Am Beispiel der Leidenschaftsfähigkeit als einer spezifischen menschlichen Antriebsquelle sollte gegen die zoologistische Deutung moralisch-politischen Verhaltens Front gemacht werden. Es ist ein Beispiel, das die seltsame Struktur menschlicher Vitalität besonders sichtbar macht. Sichtbar macht nur in ihrem *Daß*, bezeichnenderweise aber nicht in ihrem *Was*. Seine Aufhellung bleibt dem Dichter vorbehalten.

Vielleicht ist diese ausschließlich poetische Zugänglichkeit der Leidenschaft ein Grund dafür, daß dieses Phänomen der im 19. Jahrhundert sich entwickelnden, auf Exaktheit nach dem Vorbild messender Naturwissenschaft bedachten Psychologie aus dem Gesichtskreis geraten ist. Ihr methodisches Ideal galt auch für die Psychoanalyse Freuds, die das Triebleben nach mechanischem Modell in den Griff bekommen wollte und zu diesem Zweck Begriffe wie Aggression, Regression, Verdrängung, Sublimierung zu therapeutischen Zwecken einführte; all diese Begriffe verdeckten die Leidenschaftlichkeit. Und das in einer Zeit, welche im Roman und im Drama an persönlichen Leidenschaften nicht genug haben konnte. Daß das große Thema des 17. und 18. Jahrhunderts heute Aktualität wiedererlangt, ist unwahrscheinlich. Sturm und Drang und bürgerliche Emanzipation sind Geschichte geworden. Das erotische Nivellement schreitet mit der Zunahme der Frühehen ständig fort. Der Junggeselle wird in der sich kollektivistisch verstehenden Wohlstandsgesellschaft immer seltener, und damit ist ein erotisches Vagantentum zum Aussterben gebracht. Die Hypersexualisierung wird in den· immer häufigeren Frühehen abgefangen und in eheliche Kanäle geleitet. Das allein schon ist der Entfaltung der triebhaften — und wie erst der leidenschaftlichen — Bindung der Geschlechter eher abträglich. Man nimmt seine Gefühle nicht mehr so wichtig wie im 19. Jahrhundert. Da hatte man noch Platz für die Innerlichkeit, schon weil man nicht so dicht aufeinander wohnte. Interiorisierung verlangt mehr Interieur, als man es sich heute durchschnittlich leisten kann. Und der Wohlstandspöbel, der dazu in der Lage wäre, weiß mit sich eh und je nichts anzufangen. Die Steigerung des Gefühls im 19. Jahrhundert wurde überdies durch den noch starken Druck öffentlich geltender Normen begünstigt, dem man sich ins Persönliche entziehen mußte, um frei zu sein — ein Druck, der heute fehlt.

Dafür haben wir die Soziologie bekommen, gegen welche es die Psychologie klassischer Prägung immer schwerer hat. Welche Skrupel waren nicht zu überwinden, bis sie sich von der Fixierung an die Themen der Empfindung und Wahrnehmung löste und *Denken* und *Wollen* in ihren Beobachtungsbereich einbezog. Als letztes in der von der Philosophie etablierten Trias kam das *Fühlen* dran. Ihm mangelte in den Augen der Forscher lange Zeit der sittliche Ernst der anderen Vermögen. Erst die phänomenologische Analyse brach den Bann und die wie selbstverständliche Zuordnung der Gefühle zur ästhetischen Sphäre. Und doch findet man bei einem Autor wie Max Scheler, der mutig die emotionalen Probleme in seinen Arbeiten über Sympathiegefühle, Liebe und Haß, Reue und Scham anpackte, so gut wie keine Erwähnung des Themas Leidenschaft. Vielleicht merkte er, daß nur die dichterische Darstellung diesem Phänomen in seinem *Wie* gewachsen ist.

Nur die Abgrenzung von dem, was nicht zur Leidenschaft zählt, bietet sich der Analyse dar. Aber der Sprachgebrauch schwankt und läßt sich zu Recht von Wertungen beeinflussen. Selbst das Wort Sucht ist nicht auf Organgebundenheit einzuschränken. Trunksucht ja, aber Sehnsucht, Eifersucht, Rachsucht, Ruhmsucht? Die Versklavung soll zum Ausdruck gebracht werden im Unterschied zum Leidenscharakter einer echten Passion, die den ganzen Menschen mitnimmt. So können Spiel und Wette immer noch die menschliche Würde bewahren, wenn sie zur Leidenschaft werden, während Geldgier, Geiz und Habsucht, auch Rachsucht, dafür zu eng dem Trieb verbunden sind, fast so stark wie die Herrschsucht.

Daß dem Menschen in seiner Vitalstruktur eine gesteigerte Antriebsform seines Handelns vorbehalten ist, die zwar seiner moralischen, nicht aber seiner politischen Motivierung *dadurch* gefährlich werden kann, daß sie sich der »ruhigsten Überlegung« anpaßt, wird der Moralist — den wir hier zitieren: Kant — immer verurteilen. Nur nimmt er nicht die Hürde, sich die Unvermeidlichkeit einzugestehen, daß jeder Mensch in die Lage kommt, einen Menschen als Mittel zu gebrauchen und sich seiner Stärken und Schwächen im Interesse irgendeines Ganzen, d. h. politisch zu bedienen. Kant zitiert — natürlich abwertend — ein Wort von Pope, der von dem Verteidiger der Leidenschaft, Shaftesbury, beeinflußt war: »Ist die Vernunft ein Magnet, so sind die Leidenschaften Winde.«

2.

KAREL KOSÍK

Kunst und gesellschaftliches Äquivalent

Das philosophische Fragen unterscheidet sich radikal von einem Umherlaufen im Kreise. Aber wer irrt im Kreis herum und wer stellt philosophische Fragen? Der Kreis des Denkens ist der Umkreis von Fragen, in deren Rahmen sich das Denken mit der naiven und unbewußten Vorstellung bewegt, dieser Problemkreis sei *seine* Schöpfung. Die Problematik ist aufgezeigt, die Fragen sind entworfen, und das Denken beschäftigt sich mit der Präzisierung der Begriffe. Wer aber hat die Problematik aufgezeigt und bestimmt? Wer hat den Kreis umschrieben, in den das Denken eingeschlossen ist?

In den Kontroversen über Realismus und Nichtrealismus präzisiert man die Definitionen und revidiert die Begriffe, bestimmte Worte werden durch andere ersetzt, aber diese ganze Tätigkeit spielt sich auf der Grundlage einer unausgesprochenen und nicht untersuchten Voraussetzung ab. Die Kontroversen gehen darum, welches die Haltung des Künstlers zur Wirklichkeit sei, mit welchen Mitteln der Künstler die Wirklichkeit darstelle, wie weit diese oder jene Richtung die Wirklichkeit adäquat, wahrheitsgemäß und künstlerisch vollkommen abbilde; und immer wird stillschweigend vorausgesetzt, daß dieses Selbstverständlichste und Bekannteste, das also, was am wenigsten des Fragens und Forschens bedarf, eben die Wirklichkeit sei. Was aber ist die Wirklichkeit? Können die Auseinandersetzungen über Realismus und Nichtrealismus fruchtbar sein, wenn *zweitrangige* Probleme begrifflich präzisiert werden, die *Grundfrage* aber ungeklärt bleibt? Verlangt diese Diskussion nicht nach einer »kopernikanischen Wende«, die die völlig verkehrte Problematik auf einen realen Boden stellt und durch die Klärung der Grundfrage erst die Voraussetzungen für die Lösung weiterer Fragen schafft?

Jede Vorstellung von Realismus und Nichtrealismus entspringt einer bewußten oder unbewußten Konzeption der Wirklichkeit. Was in der Kunst Realismus und Nichtrealismus ist, hängt immer davon ab, was die Wirklichkeit ist und wie die Wirklichkeit begriffen wird. Deshalb beginnt die materialistische Problemstellung dort, wo man von dieser Abhängigkeit als der elementaren Grundlage ausgeht.

Die Poesie ist keine Wirklichkeit niederer Ordnung als die Ökonomie: sie ist in gleicher Weise menschliche Wirklichkeit, wenn auch von anderer Art und Form, mit anderer Aufgabe und Bedeutung. Die Ökonomie erzeugt weder direkt noch indirekt, weder unmittelbar noch mittelbar die Poesie, sondern der Mensch schafft Ökonomie und Poesie als Produkte der menschlichen Praxis. Die materialistische Philosophie kann die Poesie nicht durch die Ökonomie untermauern oder die Ökonomie als einzige Realität in verschiedene, weniger wirkliche und fast imaginäre Formen wie Politik, Philosophie oder Kunst verkleiden, sondern muß zuerst nach dem Ursprung der Ökonomie selbst fragen. Wer von der Ökonomie ausgeht als von etwas Gegebenem und nicht weiter Ableitbarem, der tiefsten Grundursache von allem und der einzigen Realität, die kein Fragen mehr duldet, der verwandelt die Ökonomie in ihr Ergebnis, in eine Sache, einen autonomen Geschichtsfaktor, und betreibt damit eine Fetischisierung der Ökonomie. Der dialektische Materialismus ist nur deshalb radikale Philosophie, weil er nicht bei den Produkten des Menschen als letzter Instanz stehenbleibt, sondern zu den Wurzeln der gesellschaftlichen Wirklichkeit vordringt, d. h. zum Menschen als gegenständlichem Subjekt, zum Menschen als einem Wesen, das die gesellschaftliche Wirklichkeit *bildet*. Erst mit Hilfe dieser *materialistischen* Bestimmung des Menschen als gegenständliches Subjekt, d. h. als Wesen, das aus dem Material der Natur in Übereinstimmung mit den Naturgesetzen, und aufgrund der Natur als unabdingbarer Voraussetzung, eine *neue* Wirklichkeit schafft, die menschliche gesellschaftliche Wirklichkeit, können wir die Ökonomie als Grundstruktur des menschlichen Vergegenständlichens, als Grundriß und Abriß der gesellschaftlichen Beziehungen, als elementare Schicht der menschlichen Objektivation, als ökonomische Basis, die den Überbau bestimmt, erklären. Die Priorität der Ökonomie leitet sich nicht von einer höheren Stufe der Wirklichkeit gegenüber anderen menschlichen Produkten her, sondern von der *zentralen Bedeutung der Praxis und der Arbeit in der Gestaltung der menschlichen Wirklichkeit*. Die Reflexionen der Renaissance über den Menschen (und die Renaissance *entdeckte* den Menschen und die menschliche Welt für die moderne Zeit) beginnen mit der Arbeit, die, im weiteren Sinn, als Schaffen begriffen wird, also als etwas, das den Menschen vom Tier unterscheidet und ausschließlich dem Menschen zugehört: ein Gott arbeitet nicht, mag er auch schaffen — der Mensch schafft und arbeitet zugleich. Das Schaffen und die Arbeit sind in der Renaissance noch eine Einheit, weil die menschliche Welt in Durchsichtigkeit geboren wird, wie die Venus von Botticelli aus der Muschel des Meeres in der Frühjahrsnatur. Das Schaffen ist etwas Erhabenes und Erhebendes. Zwischen der Arbeit als Schaffen und den *emporhebenden* Produkten der Arbeit besteht eine direkte Verbindung: die Werke weisen auf ihren Schöpfer hin, auf den Menschen, der *über* ihnen steht, und sie sagen über ihn nicht nur das aus, was er schon ist und schon erreicht hat, sondern auch das, was er noch sein kann. Sie sind Verkünder sowohl seiner aktuellen schöpferischen Kraft als auch und insbesondere seiner unendlichen Potenzen: »Alles, was uns umgibt, ist unser Werk, das Werk des Menschen: Häuser, Städte, kostbare Bauten auf der ganzen Erde. Sie gleichen eher dem Werk von Engeln und sind doch das Werk von Menschen... Wenn wir solche Wunder sehen, begreifen wir, daß wir noch bessere, schönere, feinere und vollkommnere Dinge schaffen können als die, die wir bisher geschaffen haben.«[1]

Der Kapitalismus hebt diese direkte Verbindung auf, trennt die Arbeit vom Schaffen, die Werke von ihren Schöpfern, und macht die Arbeit zu einer nichtschöpferischen, ermüdenden Anstrengung. Das Schaffen beginnt erst jenseits der Grenzen der Industriearbeit. Das Schaffen ist Kunst, die Industriearbeit nur Handwerk, etwas Schablonenhaftes, das sich wiederholt und deshalb wenig wertvoll ist, ja sich selbst entwertet. Der Mensch, der in der Renaissance noch Schöpfer und Subjekt war, sinkt auf das Niveau eines Produktes und Objektes für Werkbänke, Maschinen und Hämmer herab. Mit dem Verlust der Herrschaft über die geschaffene materielle Welt verliert der Mensch auch die Wirklichkeit. Die wahre Wirklichkeit ist jetzt die gegenständliche Welt der Dinge und verdinglichten menschlichen Beziehungen, mit der verglichen der Mensch eine Quelle von Fehlern, Subjektivität, Ungenauigkeit und Willkür, also eine unvollkommene Wirklichkeit ist. Im 19. Jahrhundert thront die höchste Wirklichkeit nicht mehr im Himmel in Gestalt eines transzendenten Gottes als der mystifizierten Vorstellung vom Menschen und von der Natur, sondern er steigt zur Erde herab in Form einer transzendenten »Ökonomie«, die das materielle, fetischisierte Produkt des Menschen ist. Aus der Ökonomie wird der ökonomische Faktor. Was ist die Wirklichkeit, wie wird sie gestaltet? Wirklichkeit ist »Ökonomie«, alles andere ist Sublimierung oder Verkleidung der »Ökonomie«. Was aber ist Ökonomie? »Ökonomie« ist der ökonomische Faktor, d. h. jener Teil des fetischisierten gesellschaftlichen Seins, der durch die Atomisierung des Menschen in der kapita-

---

[1] »Nostra namque, hoc est humana, sunt, quoniam ab hominibus effecta, quae cernuntur, omnes domos, omnia oppida, omnes urbes, omnia denique orbis terrarum aedificia, quae nimirum tanta et talia sunt, ut potius angelorum quam hominum opera, ob magnam quandam eorum excellentia, iure censeri debeant...« (G. Manetti, *De dignitate et excellentia hominis*, Basel 1532, S. 129 f. Siehe auch E. Garin, *Filosofi italiani del quattrocento*, Florenz 1942, S. 238—242.) Manetti (1396—1459) übersieht in polemischem Eifer, daß alles Menschliche degenerieren kann, aber gerade in dieser programmatischen Einseitigkeit wirkt sein zuversichtliches Manifest des Humanismus mit ergreifendem Zauber. — Cervantes teilt schon hundert Jahre später nicht mehr diesen Optimismus und gelangt zu einem weit tieferen Verständnis der menschlichen Problematik.

listischen Gesellschaft nicht nur Autonomie erlangte, sondern auch die
Herrschaft über den ohnmächtigen, weil zerstückelten Menschen. In
dieser *fetischisierten* Gestalt oder Deformierung trat sie in das Bewußtsein der Ideologen des 19. Jahrhunderts ein und begann dort als öko-
nomischer Faktor, d. h. als Grundursache der gesellschaftlichen Wirklichkeit herumzugeistern. In der Geschichte der sozialen Theorien werden zahlreiche Autoren angeführt (und wir könnten noch weitere hin-
zufügen), für die die Ökonomie diese geheimnisvolle Selbständigkeit
besitzt. Das sind die Ideologen des »ökonomischen Faktors«. Wir
möchten betonen, daß die materialistische Philosophie mit der »Ideologie des ökonomischen Faktors« nichts gemein hat.

Der Marxismus ist kein mechanischer Materialismus, der das gesellschaftliche Bewußtsein, die Philosophie und die Kunst auf wirtschaftliche
Verhältnisse reduziert und dessen analytische Tätigkeit darin besteht,
den irdischen Kern geistiger Gebilde zu enthüllen. Die materialistische
Dialektik zeigt im Gegenteil, wie das konkrete historische Subjekt die
seiner materiellen ökonomischen Grundlage entsprechenden Ideen und
einen ganzen Komplex von Bewußtseinsformen schafft. Das Bewußtsein wird nicht auf die Verhältnisse reduziert, vielmehr wird in den
Mittelpunkt der Aufmerksamkeit ein Prozeß gestellt, in dem *das konkrete Subjekt die gesellschaftliche Wirklichkeit produziert und reproduziert und zugleich in ihr selbst historisch produziert und reproduziert
wird.*

Das unkritische Aneinanderreihen erstarrter und nicht-analysierter
geistiger Erscheinungen zu gleicherweise erstarrten und unkritisch verstandenen gesellschaftlichen Verhältnissen, dieses Verfahren, das den
Marxisten so oft zum Vorwurf gemacht und fast schon als das Wesen
ihrer Methode ausgegeben wurde, charakterisiert eine Reihe von Arbeiten idealistischer Autoren; es dient ihnen zur wissenschaftlichen Erklärung der Wirklichkeit, so daß der wildeste Idealismus Hand in Hand
geht mit dem vulgärsten Materialismus.[2] Einer der verbreitetsten Fälle
solcher Symbiose ist die Deutung des Romantizismus. Von gewissen
Autoren wird die romantische Poesie und Philosophie mit der wirtschaftlichen Schwäche Deutschlands, mit der Machtlosigkeit der deutschen Bourgeoisie in der Epoche der Französischen Revolution, mit der
Zersplitterung und Rückständigkeit der deutschen Verhältnisse zu jener Zeit erklärt. Die Wahrheit fixierter, erstarrter, in ihrer Bedeutung
nicht verstandener äußerlicher Gebilde des Bewußtseins wird in den
Verhältnissen einer bestimmten Zeit gesucht. Der Marxismus dagegen
— und darin besteht sein umwälzender Beitrag — vertrat als erster die

---

[2] Siehe z. B. die Deutung des Romantizismus und des unglücklichen Bewußtseins in dem Buch von Jean Wahl: *Le malheur de la conscience dans la
philosophie de Hegel,* Paris 1951.

Ansicht, daß die Wahrheit des gesellschaftlichen Bewußtseins in dem gesellschaftlichen *Sein* liege. *Die Verhältnisse sind aber nicht das Sein.* Aus der Verwechslung des Seins mit den Verhältnissen entspringt bei der Untersuchung der genannten Problematik eine ganze Reihe weiterer Equivokationen: zunächst die Vorstellung, der Romantizismus sei die Summe der Requisiten, die einer bestimmten *historischen Form* des Romantizismus angehören: Mittelalter, idealisiertes Volk, Phantasie, romantisierte Natur, Sehnsucht; aber der Romantizismus schafft sich immer neue Requisiten und legt die alten ab. Dann gibt es die Vorstellung, der Unterschied zwischen Romantizismus und Nichtromantizismus bestehe darin, daß jener zur Vergangenheit tendiere, während dieser auf die Zukunft ziele; aber gerade die romantischen Strömungen des 20. Jahrhunderts beweisen, daß auch die Zukunft eine wichtige Kategorie des Romantizismus sein kann. Ferner begegnet man der Meinung, der Unterschied zwischen Romantizismus und Nichtromantizismus sei der, daß der eine sich nach dem Mittelalter sehne, während der andere von der Antike angezogen werde; aber auch die Antike, wie überhaupt alles, kann ein Gegenstand romantischer Sehnsucht sein.

Nach dieser Konzeption haben wir also auf der einen Seite Verhältnisse, die den Inhalt des Bewußtseins formen, auf der anderen Seite das passive Bewußtsein, das von den Verhältnissen geformt wird; das Bewußtsein ist passiv und ohnmächtig, die Verhältnisse sind bestimmend und allmächtig. Was aber sind diese »Verhältnisse«? Allmacht ist keine notwendige Eigenschaft der »Verhältnisse«, Passivität keine ewige Eigenschaft des Bewußtseins. Der Antagonismus zwischen den »Verhältnissen« und dem Bewußtsein ist eine der historischen Übergangsformen der Dialektik von Subjekt und Objekt, die den Grundfaktor der Dialektik der Gesellschaft bildet.

Der Mensch kann nicht ohne »Verhältnisse« existieren und ist ein gesellschaftliches Wesen nur durch die »Verhältnisse«. Die Kontroverse zwischen dem Menschen und den »Verhältnissen«, der Antagonismus zwischen dem ohnmächtigen Bewußtsein und den allmächtigen »Verhältnissen« ist die Kontroverse der »Verhältnisse« selbst und die Zerspaltenheit des Menschen selbst. Das gesellschaftliche Sein ist nicht identisch mit den Verhältnissen, den Bedingungen oder dem ökonomischen Faktor, die, isoliert genommen, nur deformierte Erscheinungen dieses Seins sind. In bestimmten Phasen der gesellschaftlichen Entwicklung ist das Sein des Menschen gespalten, weil die *gegenständliche* Seite dieses Seins, ohne die der Mensch aufhört, Mensch zu sein, und zu einer idealistischen Vision wird, von der menschlichen Subjektivität, Tätigkeit, Potenz und Möglichkeit getrennt ist. In dieser historischen Zerspaltenheit verwandelt sich die gegenständliche Seite des Menschen in eine entfremdete Objektivität, in eine tote, unmenschliche Gegenständlichkeit (in »Verhältnisse« oder in den ökonomischen Faktor) und die menschliche Subjektivität in eine subjektive Existenz, in Armut, Bedürftigkeit, Entleertheit, in eine bloß abstrakte Möglichkeit, in Sehnsucht.

Der gesellschaftliche Charakter des Menschen besteht freilich nicht nur darin, daß er ohne Gegenstand nichts ist, sondern vor allem darin, daß er seine Realität in *gegenständlicher Tätigkeit* beweist. In der Produktion und Reproduktion des gesellschaftlichen Lebens, d. h. in der Gestaltung seiner selbst als eines gesellschaftlich historischen Wesens produziert der Mensch:

1. materielle Güter, eine materielle sinnliche Welt auf der Grundlage der Arbeit;
2. gesellschaftliche Beziehungen und Institutionen, die Summe gesellschaftlicher Verhältnisse;
3. auf ihrer Grundlage Ideen, Vorstellungen, Emotionen, menschliche Eigenschaften und die dazugehörigen menschlichen Sinne.

Ohne Subjekt sind diese gesellschaftlichen Produkte des Menschen unsinnig — ein Subjekt ohne materielle Voraussetzungen und gegenständliche Gebilde ist ein bloßes Trugbild. *Das Wesen des Menschen ist die Einheit von Gegenständlichkeit und Subjektivität.*

Aufgrund der Arbeit, in der Arbeit und durch die Arbeit erschafft sich der Mensch nicht nur als ein denkendes Wesen, das sich qualitativ von den höheren Tierarten unterscheidet, sondern auch als einziges uns im Kosmos bekanntes Wesen, das fähig ist, die Wirklichkeit zu bilden. Der Mensch ist ein Bestandteil der Natur und ist selbst Natur. Aber er ist gleichzeitig ein Wesen, das in der Natur und durch die Beherrschung der Natur, der »äußeren« wie der eigenen, eine *neue* Wirklichkeit bildet, die nicht auf die natürliche Wirklichkeit reduziert werden kann. Die Welt, die der Mensch als eine gesellschaftlich-menschliche Wirklichkeit schafft, wächst aus Voraussetzungen, die vom Menschen unabhängig sind, und ist ohne sie völlig undenkbar; dessen ungeachtet repräsentiert sie, verglichen mit jenen, eine andere Qualität und kann nicht auf jene reduziert werden. Der Mensch wächst aus der Natur hervor, er ist ihr Bestandteil, aber gleichzeitig überragt er sie; er verhält sich frei gegenüber seinen Gebilden, gewinnt Abstand von ihnen, stellt die Frage nach ihrem Sinn und nach dem Platz des Menschen im Kosmos. Er ist nicht in sich und in seine Welt eingeschlossen. Weil er die menschliche Welt bildet, eine gegenständliche gesellschaftliche Wirklichkeit, und die Fähigkeit hat, über die Verhältnisse und Voraussetzungen hinauszugehen, begreift und erklärt er auch die außermenschliche Welt, das Weltall und die Natur. Das Vordringen des Menschen in die Geheimnisse der Natur ist möglich aufgrund der Gestaltung der menschlichen Wirklichkeit. Die moderne Technik, die Laboratorien, Zyklotronen

und Raketen widerlegen die Ansicht, die Erkenntnis der Natur entspringe der Kontemplation.

Die menschliche Praxis zeigt sich somit noch in einem anderen Licht:
sie ist Schauplatz der Metamorphose des Objektiven in das Subjektive
und des Subjektiven in das Objektive, sie wird zum »tätigen« Mittelpunkt, in dem sich die menschlichen Absichten realisieren und die Gesetzmäßigkeiten der Natur enthüllen. Die menschliche Praxis vereint
die Kausalität mit der Zweckmäßigkeit. Wenn wir von der menschlichen Praxis als der grundlegenden gesellschaftlichen Wirklichkeit ausgehen, zeigt sich wieder, daß sich auch im menschlichen Bewußtsein auf
der Grundlage der Praxis zwei elementare Funktionen in unmittelbarer Einheit bilden: das menschliche Bewußtsein ist sowohl registrie-
rend als auch projektierend, sowohl feststellend als auch entwerfend, es
ist Reflex und Projekt zugleich.

Der dialektische Charakter der Praxis drückt *allen* menschlichen Gebilden ein unaustilgbares Siegel auf. Er drückt es auch der Kunst auf.
Eine mittelalterliche Kathedrale ist nicht nur Ausdruck oder Bild der
feudalen Welt, sie ist gleichzeitig ein Element des Aufbaus dieser Welt.
Sie reproduziert nicht nur die mittelalterliche Wirklichkeit, sie produziert sie auch. *Jedes künstlerische Werk hat in unteilbarer Einheit einen
doppelten Charakter: es ist Ausdruck der Wirklichkeit, aber es bildet
auch die Wirklichkeit, die nicht neben dem Werk und vor dem Werk,
sondern gerade nur im Werk existiert.*

Es wird berichtet, daß die Amsterdamer Patrizier entrüstet Rembrandts *Nachtwache* (1642) ablehnten, in der sie sich nicht erkannten
und die wie eine Verzerrung der Wirklichkeit auf sie wirkte. Wird die
Wirklichkeit nur dann richtig erkannt, wenn sich der Mensch in ihr erkennt? Diese Annahme setzt voraus, daß der Mensch sich kennt und
weiß, wie er aussieht und wer er ist, und daß er die Wirklichkeit kennt
und weiß, was die Wirklichkeit, *unabhängig* von Kunst und Philosophie, ist. Aber woher weiß das der Mensch, woher schöpft er die Gewißheit, daß das, was er weiß, die Wirklichkeit selbst ist und nicht nur
eine *Vorstellung* von ihr? Die Patrizier verteidigten ihre eigene Vorstellung von der Wirklichkeit gegen die Wirklichkeit in Rembrandts
Werk, zogen also ein Gleichheitszeichen zwischen ihren Vorurteilen
und der Wirklichkeit. Sie waren der Ansicht, die Wirklichkeit existiere
in ihren Vorstellungen, ihre Vorstellungen seien Vorstellungen von der
Wirklichkeit. Hieraus resultiert ihre logische Folgerung, der künstlerische Ausdruck der Wirklichkeit müsse eine Übertragung ihrer Vorstellungen von der Wirklichkeit in die sinnliche Sprache der Bilder sein.
Die Wirklichkeit wird also erkannt, der Künstler stellt sie nur dar und
illustriert sie. Aber das Kunstwerk ist nicht eine Illustration von *Vorstellungen* über die Wirklichkeit. Als Werk und als Kunst stellt es die

Wirklichkeit dar und *bildet* gleichzeitig und untrennbar damit die Wirklichkeit, die Wirklichkeit der Schönheit und der Kunst.

Die traditionellen Beschreibungen der Geschichte der Literatur, Philosophie, Malerei und Musik stellen nicht in Abrede, daß alle großen Strömungen der Kunst und des Denkens im Kampf gegen eingebürgerte Auffassungen hervorgebracht wurden. Aber *warum?* Man beruft sich auf die Last der Vorurteile und der Tradition, man erdenkt »Gesetzmäßigkeiten«, nach denen die Entwicklung der geistigen Gebilde als ein historisches Sichabwechseln von zwei »ewigen« Typen verläuft (der Klassik und der Romantik) oder als eine Pendelbewegung vom einen Extrem ins andere. Diese »Erklärungen« erklären freilich nichts. Sie verdecken nur das Problem.

Die gegenwärtige Wissenschaft hat ihre Voraussetzungen in der Galileischen Revolution. Die Natur ist ein offenes Buch, und der Mensch kann in ihm lesen, unter der Bedingung freilich, daß er die *Sprache erlernt,* in der es geschrieben ist. Da die Sprache der Natur die »lingua mathematica« ist, kann der Mensch die Natur nur dann wissenschaftlich *erklären* und praktisch *beherrschen,* wenn er sich die Sprache der geometrischen Gebilde und mathematischer Symbole aneignet. Dem, der die Mathematik nicht beherrscht, bleibt das wissenschaftliche Verstehen der Natur verschlossen. Die Natur (allerdings die Natur nur in *einem* ihrer Aspekte) ist für ihn stumm.

In welcher Sprache ist das Buch der menschlichen Welt und der gesellschaftlich-menschlichen Wirklichkeit geschrieben? Wie und für wen tut sich diese Wirklichkeit auf? Wenn die gesellschaftlich-menschliche Wirklichkeit durch sich selbst dem naiven, alltäglichen Bewußtsein bekannt wäre, würden Philosophie und Kunst zu etwas Überflüssigem werden, zu einem Luxus, den man je nach Bedarf anerkennen oder verwerfen kann. Die Philosophie und die Kunst würden nur, durch begrifflich-abstrakte oder durch emotional-bildliche Sprache, nochmals wiederholen, was ohne sie schon bekannt ist und für den Menschen unabhängig von ihnen existiert.

Der Mensch möchte die Wirklichkeit ergreifen, aber er wird oft nur der Oberfläche der Wirklichkeit oder ihrer falschen Gestalt »habhaft«. Wie erschließt sich also die Wirklichkeit in ihrer Wirklichkeit? Wie offenbart sich dem Menschen die Wahrheit der menschlichen Wirklichkeit? Zur Erkenntnis von Teilgebieten der gesellschaftlich-menschlichen Wirklichkeit und ihrer Wahrheit gelangt der Mensch vermittels spezieller Wissenschaften. Zur Erkenntnis der menschlichen Wirklichkeit als *ganzer* und zum Erschließen der Wahrheit dieser Wirklichkeit *in ihrer Wirklichkeit* stehen dem Menschen zwei »Mittel« zur Verfügung: die Philosophie und die Kunst. *Deshalb* haben Philosophie und Kunst für den Menschen eine spezifische Bedeutung und eine besondere Aufgabe. Kunst und Philosophie sind in ihrer Funktion für den Menschen lebenswichtig und unersetzbar. Rousseau würde sagen, sie sind unveräußerlich.

In der großen Kunst öffnet sich für den Menschen die Wirklichkeit. Die Kunst ist im wahren Sinne des Wortes gleichzeitig entmystifizierend und revolutionär, denn sie führt den Menschen aus den Vorstellungen und Vorurteilen über die Wirklichkeit in die Wirklichkeit und ihre Wahrheit selbst. In der wirklichen Kunst und wirklichen Philosophie[3] wird die Wahrheit der Geschichte enthüllt: die Menschheit wird vor ihre eigene Wirklichkeit gestellt.[4]

Was für eine Wirklichkeit offenbart sich dem Menschen in der Kunst? Eine Wirklichkeit, die der Mensch schon kennt und nur auf eine *andere* Art sich aneignen, d. h. sinnesmäßig darstellen will? Wenn Shakespeares Dramen »nichts anderes als«[5] künstlerische Darstellungen des Klassenkampfes in der Epoche der ersten Akkumulation sind, wenn der Renaissancepalast »nichts anderes als« der Ausdruck einer der kapitalistischen Bourgeoisie entwachsenden Klassenmacht ist, dann stellt sich die Frage, warum diese sozialen Erscheinungen, die an und für sich und unabhängig von der Kunst existieren, *noch einmal* in der Kunst dargestellt werden müssen, und zwar in einer Gestalt, die eine Verkleidung ihres wirklichen Charakters ist und in gewissem Sinn ihr wahres Wesen sowohl verdeckt als auch aufdeckt. Diese Auffassung setzt voraus, daß die Wahrheit, die die Kunst ausdrückt, auch auf anderem Wege erreicht werden kann, nur mit dem Unterschied, daß die Kunst sie künstlerisch darbietet, in sinnlich anschaulichen Bildern, während sie in einer anderen Gestalt weit weniger wirksam wäre.

Der griechische Tempel, die mittelalterliche Kathedrale, der Renaissancepalast *bringen* die Wirklichkeit *zum Ausdruck,* aber gleichzeitig *bilden* sie auch die Wirklichkeit. Sie bilden freilich nicht nur die Wirklichkeit der Antike, des Mittelalters und der Renaissance, sie sind nicht nur Bauelemente jeder dieser Gesellschaften, sondern sie bilden als vollkommene künstlerische Werke eine Wirklichkeit, die die Historizität der Welt der Antike, des Mittelalters und der Renaissance überdauert. In diesem Überdauern entfaltet sich das Spezifikum ihrer Wirklichkeit. Der griechische Tempel ist eine andere Wirklichkeit als die

---

[3] Die Attribute »wirklich«, »groß« usw. sollten ein Pleonasmus sein. Unter bestimmten Umständen sind sie jedoch eine notwendige Präzisierung.

[4] Wir könnten diese allgemeinen Schlußfolgerungen anschaulich demonstrieren an einem der größten Kunstwerke aus der ersten Hälfte des 20. Jahrhunderts, Picassos *Guernica,* das selbstverständlich weder eine unverständliche Deformierung der Wirklichkeit ist noch ein »unrealistisches« kubistisches Experiment.

[5] Die Formel »nichts als« ist uns schon bekannt als typische Äußerung des Reduktionismus.

antike Münze, die mit dem Untergang der antiken Welt ihre Wirklichkeit verloren hat: sie ist ungültig, sie funktioniert nicht mehr als Zahlungsmittel oder als Materialisierung eines Schatzes. Mit dem Untergang einer historischen Welt verlieren auch die Elemente, die in ihr Funktionen hatten, ihre Wirklichkeit: der antike Tempel hat seine unmittelbare soziale Funktion als Ort für Gottesdienste und religiöse Zeremonien eingebüßt; der Renaissancepalast ist nicht mehr sichtbares Symbol der Macht und authentischer Sitz des Renaissancefürsten. Aber mit dem Untergang ihrer historischen Welt und dem Schwinden ihrer sozialen Funktion haben der antike Tempel und der Renaissancepalast ihren künstlerischen Wert nicht verloren. Warum? Drücken sie eine Welt aus, die in ihrer Historizität zwar schon verschwunden ist, aber in ihnen noch weiterlebt? Wie und durch was lebt sie weiter? Als ein Komplex der Verhältnisse? Als Material, in das die Menschen, die es verarbeitet und bearbeitet haben, ihre charakteristischen Züge eingeprägt haben? Vom Renaissancepalast kann man auf die Welt der Renaissance schließen: man kann an ihm die Einstellung der Menschen zur Natur, die Realisationsstufe der Freiheit des Individuums, die Gliederung des Raumes, den Ausdruck der Zeit ablesen. Aber das Kunstwerk drückt die Welt nur insoweit aus, als es sie bildet, und es bildet sie nur insoweit, als es die Wahrheit der Wirklichkeit aufdeckt, als die Wirklichkeit im künstlerischen Werk zu Wort kommt. Im künstlerischen Werk spricht die Wirklichkeit den Menschen an.

Wir sind von der Ansicht ausgegangen, daß das Erforschen der Beziehung zwischen Kunst und Wirklichkeit und die aus ihr abgeleitete Konzeption des Realismus und Nichtrealismus notwendig die Beantwortung der Frage fordern, was die Wirklichkeit sei. Andererseits führt uns gerade die Analyse des künstlerischen Werkes zu der Frage, die der Hauptgegenstand unserer Überlegungen ist: Was ist die gesellschaftlich-menschliche Wirklichkeit, und wie wird diese Wirklichkeit gebildet?

Wenn man die gesellschaftliche Wirklichkeit in bezug zum Kunstwerk ausschließlich als Bedingendes auffaßt, als historische Verhältnisse, die die Entstehung des Werkes determinieren, so wird das Werk selbst und sein Kunstcharakter zu etwas Außergesellschaftlichem. Wenn das Gesellschaftliche nur, überwiegend oder ausschließlich, in Form einer verdinglichten Gegenständlichkeit fixiert wird, so muß die Subjektivität als etwas Außergesellschaftliches erscheinen, als Faktum, das durch die gesellschaftliche Wirklichkeit wohl bedingt, keineswegs aber gebildet und konstituiert wird. Begreift man also die gesellschaftliche Wirklichkeit in bezug zum Kunstwerk als zeitliche Bedingung, als Historizität der Verhältnisse oder als soziales Äquivalent, so wird der Monismus der materialistischen Philosophie hinfällig; an seine Stelle tritt der Dualismus von Verhältnissen und Menschen: die Verhältnisse stellen Aufgaben und die Menschen reagieren auf sie. In der modernen kapitalistischen Gesellschaft wurde das subjektive Moment der gesellschaftlichen Wirklichkeit vom objektiven getrennt; beide Seiten haben sich, als zwei unabhängige Substanzen, gegeneinander zugespitzt: bloße Subjektivität hier und verdinglichte Gegenständlichkeit dort. Daraus entstehen zwei Mystifikationen: einerseits ein Automatismus der Verhältnisse, andererseits eine Psychologisierung und Passivität des Subjekts. Die gesellschaftliche Wirklichkeit ist jedoch unendlich reicher und konkreter als die Verhältnisse und Umstände, weil sie *die menschliche gegenständliche Praxis*, die die Verhältnisse und Umstände schafft, *einschließt*. Die Verhältnisse sind die fixierte Seite der gesellschaftlichen Wirklichkeit. Sobald man sie von der menschlichen Praxis, von der gegenständlichen Aktivität des Menschen trennt, werden sie zu etwas Starrem und Leblosen.[6] Die »Theorie« und die »Methode« verbinden diese erstarrte Geistlosigkeit kausal mit dem »Geist«, mit Philosophie und Poesie. Das Ergebnis ist Vulgarisierung. Der Soziologismus reduziert die gesellschaftliche Wirklichkeit auf Verhältnisse, Umstände und historische Bedingungen, die in dieser Deformierung die Gestalt natürlicher Sachlichkeit annehmen. Die Beziehung zwischen so begriffenen »Bedingungen« und »historischen Verhältnissen« auf der einen, der Philosophie und der Kunst auf der anderen Seite kann *grundsätzlich* nicht anders als mechanisch und äußerlich sein. Der aufgeklärte Soziologismus bemüht sich, diesen Mechanismus durch eine komplizierte Hierarchie wirklicher oder konstruierter »vermittelnder Glieder« zu beseitigen (die »Ökonomie« hängt »vermittelt« mit der »Kunst« zusammen), aber es ist eine Sisyphusarbeit. Für die materialistische Philosophie, die mit der umwälzenden Frage antrat: *Wie wird die gesellschaftliche Wirklichkeit gebildet?*, existiert diese Wirklichkeit nicht nur in Form eines »Objekts« von Verhältnissen und Umständen, sondern vor allem als gegenständliche Aktivität des Menschen, der die Verhältnisse als vergegenständlichten Bestandteil der Wirklichkeit schafft.

Für den Soziologismus, dessen knappste Charakterisierung die wäre, daß er die Verhältnisse mit dem gesellschaftlichen Sein verwechselt, ändern sich die Verhältnisse, und das menschliche Subjekt reagiert darauf. Es reagiert darauf als ein unveränderlicher Komplex emotionalgeistiger Fähigkeiten, d. h. so, daß es diese Verhältnisse künstlerisch

---

[6] Marx charakterisiert den reaktionär apologetischen Charakter der bürgerlichen Geschichtsschreibung und ihres Verständnisses der sozialen Wirklichkeit mit der lapidaren Bemerkung: ». . . die geschichtlichen Verhältnisse getrennt von der Tätigkeit aufzufassen« (*Die deutsche Ideologie*, in: Marx/Engels, *Werke*, Bd. 3, Berlin 1961 ff., 40).

oder wissenschaftlich erfaßt, erkennt und illustriert. Die Verhältnisse ändern sich, wickeln sich ab, und das menschliche Subjekt läuft parallel mit ihnen und kopiert sie. Der Mensch wird zum Photographen der Verhältnisse. Man geht stillschweigend von der Voraussetzung aus, daß in der Geschichte ökonomische Formationen einander abgelöst haben, daß Throne stürzten und Revolutionen siegten, aber die Fähigkeit des Menschen, die Welt »wahrzunehmen«, hat sich angeblich von der Antike bis heute nicht geändert.

Der Mensch nimmt die Wirklichkeit wahr und eignet sie sich mit »allen Sinnen« an, wie Marx betonte; aber diese Sinne, die die Wirklichkeit für den Menschen reproduzieren, sind selbst ein historisch-gesellschaftliches Produkt.[7] Der Mensch muß einen entsprechenden Sinn entwickelt haben, damit die Gegenstände, Begebenheiten und Werte für ihn einen Sinn erhalten. Für einen Menschen, der keinen in dieser Weise entwickelten Sinn hat, verlieren die Menschen, Dinge und Gebilde ihren wirklichen Sinn, sie sind sinnlos für ihn. Der Mensch *enthüllt* den Sinn der Dinge dadurch, daß er sich einen menschlichen Sinn für die Dinge *ausbildet*. Der Mensch mit entwickelten Sinnen hat deshalb auch einen Sinn für alles Menschliche, wogegen der Mensch mit nicht entwickelten Sinnen der Welt gegenüber verschlossen ist, er kann sie nicht universal und total, nicht sensibel und intensiv »wahrnehmen«, nur einseitig und oberflächlich, nur aus der Perspektive seiner »Welt«, die ein einseitiger, fetischisierter Ausschnitt der Wirklichkeit ist.

Wir kritisieren den Soziologismus nicht deshalb, weil er sich den Verhältnissen, Umständen und Bedingungen zuwendet, *um* die Kultur zu erklären, vielmehr deshalb, weil er weder die *Bedeutung* der Verhältnisse an und für sich begreift noch die Verhältnisse *in bezug auf* die Kultur. Verhältnisse *außerhalb* der Geschichte, Verhältnisse *ohne* Subjekt sind nicht nur petrifizierte und mystifizierte Gebilde, sondern zugleich Gebilde ohne *objektiven Sinn*. In dieser Gestalt entbehren sie auch unter methodologischem Gesichtspunkt das Wichtigste — die eigentliche objektive Bedeutung — und bekommen einen falschen Sinn, je nach den Ansichten, den Reflexionen und der Bildung des Wissenschaftlers.[8] Die gesellschaftliche Wirklichkeit hat aufgehört, für die Forschung das zu sein, was sie objektiv ist: konkrete Totalität, und ist

[7] »Die Sinne haben ihre Geschichte« (M. Lifšic, *Marx und die Ästhetik,* Dresden 1960, S. 117).

[8] Wenn ein Wissenschaftler kein Gefühl für Kunst hat, verfährt er wie Kuczynski und meint, das beste Handbuch der politischen Ökonomie habe eigentlich Goethe geschrieben, unter dem verlockenden Titel *Dichtung und Wahrheit.* Siehe J. Kuczynski, *Studien über schöne Literatur und politische Ökonomie*, Berlin 1954. Zur Entschuldigung des Autors sei gesagt, daß seine Ansichten nur das »Echo der Zeit« sind.

in zwei selbständige, heterogene Blöcke zerfallen, die »Methode« und »Theorie« zu vereinigen suchen; der Zerfall der konkreten Totalität der gesellschaftlichen Wirklichkeit mündet in die Folgerung, daß sich am einen Pol die Verhältnisse und am anderen der Geist, die Psychik, das Subjekt petrifizieren. Die Verhältnisse sind entweder passiv und werden vom Geist, von der Psychik als aktivem Subjekt in Form von »Lebenselan« in Bewegung gesetzt und erhalten dadurch ihren Sinn, oder die Verhältnisse sind aktiv und werden selbst zum Subjekt; die Psychik oder das Bewußtsein haben dann keine andere Funktion, als exakt oder mystifiziert die naturwissenschaftliche Gesetzmäßigkeit dieser Verhältnisse kennenzulernen.

Es wurde schon oft konstatiert, daß die Plechanow-Methode bei der Erforschung der künstlerischen Problematik versagt.[9] Dieses Versagen zeigt sich sowohl im unkritischen Übernehmen fertiger ideologischer Formen, für die ein ökonomisches oder gesellschaftliches Äquivalent gesucht wird, als auch in der konservativen Erstarrung, die sich den Zugang zum Verständnis der modernen Kunst versperrt hat und als letztes Wort der »Moderne« den Impressionismus ansieht. Es scheint aber, als seien die theoretisch-philosophischen Voraussetzungen dieses Versagens nicht genug geprüft worden. Plechanow hat in seinen theoretisch-philosophischen Ansichten niemals den Dualismus der Verhältnisse und der Psychik überwunden, weil er den Sinn des Marxschen Begriffs der Praxis nicht ganz begriffen hat. Er zitiert Marxens *Thesen über Feuerbach* und vermerkt, sie enthielten bis zu einem gewissen Grad das Programm des modernen Materialismus. Der Marxismus, fährt Plechanow fort, müsse, wenn er nicht den Idealismus auf einem *bestimmten* Gebiet als stärker anerkennen wolle, die materialistische Erklärung *aller* Seiten des menschlichen Lebens anbieten können.[10] Nach diesen einleitenden Worten gibt er seine Interpretation der Marxschen Begriffe »menschliche sinnliche Arbeit«, Praxis, Subjektivität: »die subjektive Seite des menschlichen Lebens ist gerade die psychologische Seite: der ›menschliche Geist‹, die Gefühle und die Ideen

[9] Plechanows Methode, Literaturgeschichte zu schreiben, läßt sich auf folgendes Vorgehen reduzieren: zuerst wird eine rein ideologische Geschichte des Gegenstandes konstruiert (oder in schon fertiger Form der bürgerlichen wissenschaftlichen Literatur entnommen). Dann wird diesem »ordo et connexio idearum« vermittels oft sehr geistreicher Vermutungen eine »ordo et connexio rerum« untergeschoben. Plechanow nannte diesen Prozeß das Auffinden des »sozialen Äquivalents«. Vgl. M. Lifšic, *Fragen der Kunst und Philosophie* (russisch), Moskau 1935, S. 310.
[10] In diesem Totalverständnis des Marxismus stimmt Lenin mit Plechanow überein, aber schon hier unterscheidet er sich von ihm durch den Begriff der Praxis, die er ganz anders als Plechanow auffaßt.

der Menschen«.[11] Plechanow unterscheidet somit einerseits die Psychologie, die psychologischen Zustände oder auch den Zustand des Geistes und der Sitten, die Gefühle, die Ideen, andererseits die wirtschaftlichen Verhältnisse. Die Gefühle, die Ideen, der Zustand des Geistes und der Sitten werden »materialistisch erklärt«, wenn sie durch die wirtschaftlichen Verhältnisse erklärt werden. Diese Erwägungen lassen vor allen Dingen erkennen, daß Plechanow sich von Marx in einem Kardinalpunkt entfernt, durch welchen der marxistische Materialismus sowohl die *Schwächen* des gesamten bisherigen Materialismus als auch die Vorzüge des *Idealismus* zu überwinden verstand, nämlich im Verständnis des Subjekts. Plechanow versteht das Subjekt als »Geist der Zeit«, dem auf dem entgegengesetzten Pol die wirtschaftlichen Verhältnisse entsprechen: *aus dem materialistischen Begriff der Geschichte ist die gegenständliche Praxis, die wichtigste Entdeckung von Marx, weggefallen.* Plechanows Analysen der Kunst versagen, weil in der Konzeption der Wirklichkeit, aus der diese Analysen hervorgehen, das konstitutive Moment der gegenständlichen menschlichen Praxis fehlt: die »menschliche sinnliche Arbeit«, die man nicht auf die »Psychik« oder den »Geist der Zeit« reduzieren kann.

[11] Plechanow, Ausgewählte philosophische Schriften, Bd. II, Moskau 1956, S. 171.

3.

Josef König

Die Natur der ästhetischen Wirkung[1]

Zwei Vorbemerkungen seien diesen Betrachtungen über die Natur der ästhetischen Wirkung vorausgeschickt.

Die erste soll eine Voraussetzung kenntlich machen, die allen folgenden Darlegungen zugrunde liegt; und es sei sofort versucht, den Gehalt derselben an zwei Beispielen deutlich zu machen.

Als erstes Beispiel kann das Gedicht Rilkes dienen, das die Überschrift trägt: »Archaïscher Torso Apollos«[2]. Rilke beschreibt in diesem Gedicht sozusagen einen archaïschen Torso. Zwar wäre es ungleich richtiger zu sagen, er beschreibe die ästhetische Wirkung dieses antiken Bildwerks. Aber dieser freilich tiefgehende Unterschied möge im Augenblick noch vernachlässigt werden. Was unsere Aufmerksamkeit beanspruchen soll, ist weniger das ganze Gedicht und mehr nur die eine Wendung daraus, in der es heißt: »denn da ist keine Stelle, die dich nicht sieht«. Wir entnehmen dem Gedicht, daß dem Bildwerk der Kopf fehlt. Gleichwohl wagt Rilke zu sagen, an dem Torso sei keine Stelle, die den Betrachter nicht anblicke, und also zu sagen, jede Stelle des Torsos sei auf den Betrachter gerichtetes Auge. Die Voraussetzung nun, die allem Weiteren zugrunde liegt, ist die, daß es auf jeden Fall sinnvoll ist — und übrigens in diesem Fall, wie mir wenigstens scheint, auch Wahrheit hat —, zu meinen, der Dichter spreche da rein und genau; sein Reden sei kein Gerede, sondern sei in einem entschiedenen, obzwar

---

[1] Titel der Antrittsvorlesung, die ich im Januar 1954 in Göttingen gehalten habe. Der hier veröffentlichte Text ist eine Ausarbeitung dieser Vorlesung.

[2] Das Gedicht lautet:
Wir kannten nicht sein unerhörtes Haupt,
darin die Augenäpfel reiften. Aber
sein Torso glüht noch wie ein Kandelaber,
in dem sein Schauen, nur zurückgeschraubt,
sich hält und glänzt. Sonst könnte nicht der Bug
der Brust dich blenden, und im leisen Drehen
der Lenden könnte nicht ein Lächeln gehen
zu jener Mitte, die die Zeugung trug.
Sonst stünde dieser Stein entstellt und kurz
unter der Schultern durchsichtigem Sturz
und flimmerte nicht so wie Raubtierfelle;
und bräche nicht aus allen seinen Rändern
aus wie ein Stern: denn da ist keine Stelle,
die dich nicht sieht. Du mußt dein Leben ändern.

dann freilich auch entschieden zu bedenkenden Sinne ein einer gewissen Sachlage angemessenes — freilich ein welcher Sachlage und in welchem Sinn von »Sachlage« angemessenes?

Das zweite Beispiel entnehme ich Hegels Vorlesungen über die Ästhetik[3]. Es macht Freude, auf dieses Beispiel zu stoßen, wenn man das Gedicht Rilkes kennt. Hegel sagt in einem Zusammenhang, der hier nicht dargestellt zu werden braucht, es könne »von der Kunst behauptet werden, daß sie das Erscheinende an allen Punkten seiner Oberfläche zum Auge umzuwandeln habe, welches der Sitz der Seele ist, und den Geist zur Erscheinung bringt. — Oder wie Platon in jenem bekannten Distichon an den Aster ausruft:

Wenn zu den Sternen du blickst, mein Stern, so wär' ich der Himmel
Tausendäugig sodann auf dich hernieder zu schaun!

so läßt sich umgekehrt von der Kunst sagen, sie mache jede ihrer Gestalten zu einem tausendäugigen Argus, damit die innere Seele und Geistigkeit an allen Punkten der Erscheinung gesehen werde. Und nicht nur die leibliche Gestalt, die Miene des Gesichts, die Gebärde und Stellung, sondern ebenso auch die Handlungen und Begebnisse, Reden und Töne und die Reihe ihres Verlaufs durch alle Bedingungen des Erscheinens hindurch hat sie allenthalben zum Auge werden zu lassen, in welchem sich die freie Seele in ihrer inneren Unendlichkeit zu erkennen gibt.« Soweit Hegel. Und wieder ist die fragliche Voraussetzung die, daß auch dieses Sprechen Hegels als ein sich einer gewissen Sachlage rein und genau anmessendes gefühlt und gewußt wird.

Ein Hauptanliegen der folgenden Betrachtungen über die Natur der ästhetischen Wirkung wird insofern dies sein, wie überhaupt gedacht und begriffen werden könne, daß wir solches Sprechen als ein sich einer Sachlage rein und genau anmessendes empfinden oder fühlen und wissen. Hielten wir diese Reden für Beschreibungen eines Dinges — bei Rilke des Torsos, bei Hegel einer jeden »Gestalt« der Kunst —, so würden sie nicht sinnvoll sein. Gleichwohl empfinden wir sie unmittelbar als treffend. Oder vielmehr, daß wir sie und daß wir überhaupt Reden dieser Art mindestens der Möglichkeit nach unmittelbar als treffend empfinden, ist die Voraussetzung, die allen folgenden Darlegungen zugrunde liegt. Daß es so ist, wie hier vorausgesetzt wird, kann nicht bewiesen, sondern kann nur im gegebenen Falle anerkannt werden. Wer daher der Meinung ist, daß Reden dieser Art keinerlei Verbindlichkeit zukommen könne, dem werden die folgenden Darlegungen schwerlich etwas zu sagen haben. Denn deren Sinn und Absicht ist darin beschlossen, dem als ein Faktum in Anspruch genommenen Faktum, daß wir solche Reden unmittelbar als treffend empfinden und daß ihnen inso-

---

[3] Werke, 10. Band, Erste Abteilung, S. 197 (Berlin 1835).

fern irgendeine Art Wahrheit zugeschrieben werden darf, nachzudenken in der Hoffnung, es im Denken einzuholen.

Bei nur geringer Besinnung wird niemand einen solchen Satz wie
z. B. den Rilkes »denn da ist keine Stelle, die dich nicht sieht« für eine
Beschreibung des Torsos ansehen. Aber was für eine Beschreibung ist
dieser Satz, da sie doch keine ist, die das wahrnehmbare Ding beschreibt? Daß er eine Beschreibung genannt werden kann, dürfte auf
der Hand liegen. Aber was er beschreibt, ist nicht der Torso und ist
nicht das wahrnehmbare Ding, sondern dessen ästhetische Wirkung.
Beschreibungen, von denen gilt, daß sie ästhetische Wirkungen beschreiben, empfinden wir im gegebenen Falle unmittelbar als treffend; und
insofern sie eine ästhetische Wirkung treffend beschreiben, dürfte ihnen
in irgendeinem Sinn des Wortes »Wahrheit« Wahrheit zukommen.
Dies ist der Grundgedanke der folgenden Darlegungen.

Ohne Zweifel sind alle Ausdrücke, die ästhetische Wirkungen beschreiben, metaphorisch. Jedoch der Hinweis auf den metaphorischen
Charakter eines Ausdrucks hat oft nicht einmal den Wert, ein Problem
bestimmt zu stellen, geschweige, daß er es löste. Es wird sich ergeben,
daß es nicht nur verschiedene Metaphern gibt, sondern daß sich verschiedene Metaphern überdies auch noch *formal* unterscheiden in der
Art und Weise ihres Metapher-Seins. Erst dann wird es möglich sein,
die problematische Sachlage, die in dem metaphorischen Charakter aller Beschreibungen ästhetischer Wirkungen beschlossen liegt, in der
rechten Weise in den Blick zu bekommen und zu würdigen.

Die zweite Vorbemerkung betrifft den Ausdruck »ästhetische Wirkung« und die in ihm enthaltenen Ausdrücke »ästhetisch« und »Wirkung«. Die Vorbemerkung möchte lediglich darauf hinweisen, daß gewisse Probleme, die mit diesen Ausdrücken rein als solchen verbunden
sind, nicht vernachlässigt werden sollen, wenn sie auch hier am Anfang
noch nicht behandelt werden können.

Was zunächst das Wort »ästhetisch« betrifft, so ist der Sprachgebrauch aus tief gelegenen Gründen nicht eindeutig. Doch kann schon
hier gesagt werden, daß eine ästhetische Wirkung eine Wirkung ist, die
ihren Ausgangspunkt im sinnlich Wahrnehmbaren hat. Ferner versteht
man unter ästhetischen Wirkungen nicht selten ausschließlich diejenigen, die ihren Ausgangspunkt in Werken der Kunst haben. Nun soll
zwar keineswegs ausgeschlossen werden, auch gewisse Wirkungen von
Kunstwerken ästhetische zu nennen. Wenn wir das Gedicht Rilkes als
eine Beschreibung der ästhetischen Wirkung des Torsos ansehen und
in den zitierten Worten Hegels eine Beschreibung der ästhetischen Wirkung erkennen, die, nach Hegel, ein sinnfälliges Produkt zu einem
Kunstwerk machen, so haben diese Wirkungen in beiden Fällen ihren
Ausgangspunkt in Kunstwerken. Es wird das Verständnis der folgen-

den Darlegungen nicht beeinträchtigen, wenn der Leser bei dem Ausdruck »ästhetische Wirkung« zunächst an Wirkungen denkt, die von Werken der Kunst ausgehen. Allein ich werde auch gewisse Wirkungen, die nicht Wirkungen von Kunstwerken sind, z. B. und vornehmlich diejenigen, die Goethe in seiner Farbenlehre unter dem Titel »Sinnlichsittliche Wirkung der Farbe« behandelt hat, ästhetische nennen.

Über den Sinn, den das Wort »Wirkung« in dem Ganzen des Ausdrucks »ästhetische Wirkung« hat, kann hier am Anfang nur gesagt werden, daß es ein Hauptanliegen sein wird, den Wirkungscharakter dieser ästhetischen Wirkungen so deutlich zu kennzeichnen, daß eine Verwechselung derselben mit andersartigen Wirkungen, die nicht ästhetische sind, nicht mehr möglich sein dürfte. Ästhetische Wirkungen und Wirkungen, die nicht ästhetische sind, sind nicht nur verschiedene Wirkungen, sondern unterscheiden sich darüber hinaus auch noch *als Wirkungen*. Spricht man von der Wirkung von Kunstwerken, so läßt sich dieser Rede rein als einer solchen nicht entnehmen, von welcher der beiden radikal verschiedenen Wirkungen die Rede ist. Ein Kunstphilosoph so hohen Ranges, wie es Konrad Fiedler gewesen ist, beginnt sein Buch über den Ursprung der künstlerischen Tätigkeit mit folgenden Worten: »Diejenigen, welche es unternehmen, Wesen und Bedeutung der künstlerischen Tätigkeit darzulegen, pflegen von den Wirkungen auszugehen, welche durch die Kunstwerke auf den geistigen Zustand oder das Empfindungsleben der Menschen hervorgebracht werden. Dieser Ausgangspunkt ist offenbar falsch.« Schwerlich dürfte Fiedler hier diejenigen Wirkungen meinen, die ich ästhetische nenne. Obwohl es noch nicht recht verständlich sein kann, wird es vielleicht die rechte Aufnahme des Folgenden befördern, wenn ich schon hier betone, daß ich mich gerade mit diesem Ausspruch Fiedlers einig wissen möchte.

1

Nach diesen Vorbemerkungen sei nun zunächst ein weiteres Beispiel vorgelegt, dessen Analyse uns nach einer Reihe von Schritten zu dem Gedanken einer ästhetischen Wirkung in dem hier intendierten Sinne tragen soll. Herr von Einem hat in einem trefflichen Vortrag über Goethes Kunstphilosophie daran erinnert, daß der junge Goethe in einer Rezension eines Buches von Sulzer ausgesprochen hat, die Kunst entspringe den Bemühungen des Individuums, »sich gegen die zerstörende Kraft des Ganzen zu erhalten«. Ich habe nicht die Absicht, dieses Diktum zu dogmatisieren. Sein *Inhalt* braucht uns hier unmittelbar nicht zu beschäftigen. Es wird hier — dem in den Vorbemerkungen Gesagten entsprechend — lediglich vorausgesetzt, daß wir es als ein we-

nigstens sinnvoll mögliches Diktum empfinden. Da nach Goethe die
Kunst jener Bemühung des Individuums entspringt, darf man wohl
weiter interpretierend sagen, Goethe schreibe hier dem Kunstwerk,
dem es gelingt, seinem Ursprung Genüge zu tun, zu, denjenigen, der es
aufnimmt, gleichsam hervorzubringen als einen, der sich im Anblick
des Werks erhalten fühlt und weiß gegenüber dieser zerstörenden
Kraft des Ganzen.

Auch hier sei zunächst eine Bemerkung gemacht, deren methodische
Absicht die sinistre Trivialität derselben rechtfertigen möge. Im Anblick eines bombensicheren Unterstandes mag man sich wohl gegenüber der zerstörenden Gewalt der Bomben erhalten fühlen und wissen. Könnte man nun nicht auch — das vorhin Ausgesprochene nach-
äffend — sagen: ein solcher Unterstand bringe den, der sich in ihm befindet, hervor als einen, der sich im Anblick desselben erhalten fühlt
gegenüber der zerstörenden Kraft der Bomben? Jeder fühlt, daß diese
beiden Reden in verschiedenen Welten beheimatet sind. Aber sind wir
deshalb nun auch schon imstande, mit sicherem Griff den Grund zu
greifen, auf dem beruht, daß sie, ihrer doch auch wiederum recht frap-
pierenden Ähnlichkeit ungeachtet, so ganz und gar verschieden sind?
Den Unterstand halten wir für bombensicher; d. h. wir sind der Meinung, daß er uns, wenn Bomben fallen, erhält und vor dem Tode bewahrt. Demgegenüber ist es doch weder richtig, daß ein Kunstwerk
unser Leben erhält, noch und vor allem meinen Goethe und wir selbst,
daß es dieses täte. Dennoch — so möchte ich jetzt Goethes Sprechen weiter auslegen — wirkt das Werk in einer Weise, die man mindestens sinnvoll dahin beschreiben kann, daß wir uns im Anblick desselben erhalten wissen vor jener »zerstörenden Kraft des Ganzen«. Kurz gesagt: das Werk wirkt — nach Goethe, wenn unsere Auslegung zu Recht
besteht — erhaltend. Und dieses erhaltend Wirken, das kein Erhalten
ist, ist ein Beispiel der ästhetischen Wirkung, über deren Natur hier gesprochen werden soll.

Worin besteht nun diese ästhetische Wirkung? Ich antworte mit einer
Behauptung; und alles Weitere hat den Zweck, deren Sinn und auch
deren Recht zu entwickeln, zu beleuchten und zu erhärten. Die ästhetische Wirkung, die im Falle dieses Beispiels kurz angegeben werden
kann als das erhaltende Wirken eines Kunstwerks, besteht darin, daß
die Aufnahme des Werks den, der es aufnimmt und gewähren läßt, als
einen solchen hervorbringt, der es als angemessen fühlt und weiß, wenn
er sagt, es wirke erhaltend vor oder gegenüber jener zerstörenden
Kraft des Ganzen; ja die ästhetische Wirkung besteht auch nur darin.
Sie besteht, allgemein formuliert, nur darin, daß sie dem, der ihr unterliegt, die Rede von ihr als einer ästhetischen Wirkung sowie in eins
damit die Rede von einem so oder so (z. B. erhaltend) Wirkenden er-

möglicht und legitimiert. Beim ersten Hören könnte diese These paradox scheinen; und im Augenblick kann in der Tat auch nur gehofft werden, daß dieser Schein im Fortgang nach und nach verschwindet. Um dieselbe These noch in etwas anderer Weise zunächst nur eben auszusprechen: die ästhetische Wirkung ist nichts außer dem, daß sie das ist, was uns Menschen unser Sprechen von ihr als einer ästhetischen Wirkung und in eins damit von einem so oder so Wirkenden als ein ihr angemessenes und sie treffendes Sprechen empfindbar macht.

Ich lege noch zwei andere Beispiele vor. Das erste entnehme ich dem Vortrag, den Hugo von Hofmannsthal im Jahre 1907 unter dem Titel »Der Dichter und diese Zeit« gehalten hat. Hofmannsthal spricht darin manches aus, das gerade unsere Aufmerksamkeit in Anspruch nehmen dürfte. Doch sei nur folgende Wendung herausgehoben. Er sagt, wer ein Gedicht in der rechten Weise aufnehme, erlebe »die Beglückung, sein Ich sich selber gleich zu fühlen und sicher zu schweben im Sturz des Daseins«. Der Inhalt auch dieses Ausspruchs geht uns hier nicht unmittelbar an. Doch sieht man, daß er mit nur wenig anderen Worten dasselbe ausspricht, was wir zuvor den jungen Goethe sagen hörten. Hofmannsthal beschreibt hier eine gewisse Wirkung von Gedichten als Gedichten. Und man mag sich zunächst wohl dahin ausdrücken, sie bestehe — nach ihm — darin, daß, wer sie in der rechten Weise aufnimmt, sich sicher schweben fühle im Sturz des Daseins. Hätten wir hier nicht die Absicht zu philosophieren, so könnte diese Angabe vielleicht genügen. Aber auch hier, wie schon immer zuvor, dürfte der Fall gegeben sein, in dem eine Art gewollter Schwerhörigkeit eine philosophische Tugend darstellt. Es mag wohl sein, daß wir uns schon bei dieser oder jener Gelegenheit, in diesen oder jenen Zeitläuften oder auch in diesen oder jenen inneren und äußeren Umständen sicher schweben fühlten im Sturz des Daseins. Ich will solche denkbaren und ohne Zweifel sehr verschiedenartigen Gelegenheiten, Zeitläufte und Umstände nicht ausmalen. Denn wir werden doch nicht ernsthaft meinen, Hofmannsthal wolle sagen, daß die Lektüre von Gedichten uns in einen Zustand versetzt, in dem uns so ist, als schwebten wir sicher im Sturz des Daseins, geschwellt beispielsweise von Kraftgefühl und Hoffnungen. Allein wenn wir dies und derartiges überhaupt nicht meinen, so werden wir wohl meinen müssen, diese — ästhetische — Wirkung bestehe nur darin, daß das rechte Aufnehmen von Gedichten uns zu solchen macht, die Hofmannsthals Beschreibung — nicht dieser Gedichte, sondern — ihrer ästhetischen Wirkung als eine authentische zu würdigen verstehen. Die Meinung ist: Gedichte wirken sicher schweben machend; und das heißt nicht, sie bewirkten, wenn wir sie lesen, daß uns ist, als schwebten wir sicher über welchem Sturz auch immer.

Ich entwickele an diesem Beispiel einige Einsichten, die allgemein

gelten, für das Beschreiben ästhetischer Wirkungen. Daß ein sinnfälliges Ding (z. B. also ein Gedicht, insofern es *auch* als ein sinnfälliges
Ding angesehen werden kann) ästhetisch so oder so wirkt, und daß es
einen Eindruck vermittelt von Etwas, ist ein und dasselbe. Gedichte,
die sicher schweben machend wirken, sind Gedichte, die einen Eindruck
vermitteln *von* sicher schweben Machen. Daß sie *davon* (von sicher
schweben Machen) einen Eindruck vermitteln oder daß sie *so* (sicher
schweben machend) wirken, ist dies, daß sie den, der sie »in der rechten
Weise aufnimmt«, befähigen und ermächtigen, treffend zu Wort zu
bringen, *wie* sie wirken oder *wovon* sie einen Eindruck geben. Der ursprünglich Beschreibende begegnet in der Beschreibung allererst sich
selbst als dem, der das von ihm Beschriebene (das Wovon des Eindrucks
oder das Wie der Wirkung) *erkennt*. Ein *ursprünglich* Beschreibender
ist er, insofern er allererst in der Beschreibung des Beschriebenen gleichsam ansichtig wird oder allererst in ihr das Beschriebene erschaut. Ein
Ausspruch des jungen Goethe angesichts des Straßburger Münsters
kann zur Erläuterung herangezogen werden: »*Ein* ganz großer Eindruck füllte meine Seele, den ... ich wohl schmecken und genießen,
keineswegs aber erkennen und erklären konnte. Sie sagen, daß es also
mit den Freuden des Himmels sei.« Das »Erkennen und Erklären« geschieht als das Hervorbringen eines Ausdrucks, der als eine treffende
Beschreibung dessen, *wovon* der Eindruck ein Eindruck ist, empfunden
wird. Daß der Beschreibende allererst und nur in der Beschreibung das
Beschriebene schaut und erkennt, ist in Koinzidenz eines damit, daß er
in dieser selben Beschreibung auch allererst sich selbst begegnet als dem,
der *diejenige* Wirkung erkennt, die er mit seinen Worten beschreibt.
»Diejenige«: nämlich (in dem gegenwärtigen Beispiel gesprochen und
immer vorausgesetzt, daß wir die Beschreibung als eine treffende empfinden) die sicher schweben machende Wirkung. Die Antwort auf die
Frage, *welche* ästhetische Wirkung der Beschreibende beschreibt,
könnte daher hier nur lauten, es sei die sicher schweben machende Wirkung; aber ersichtlich besagt dies nicht, daß er eine Wirkung beschreibt,
die sicher schweben macht.

Die Koinzidenz dessen, daß der Beschreibende in dieser Beschreibung allererst das von ihm Beschriebene erschaut und erkennt, und
dessen, daß er in der Beschreibung auch allererst sich selbst begegnet
oder zu sich kommt als dem, der *diejenige* Wirkung erschaut oder erkennt, die er mit den Worten »sicher schweben machend« beschreibt,
trägt und legitimiert die Einsicht, daß die Beschreibung einer ästhetischen Wirkung *diese Wirkung selber als Beschreibung ist*. Es ist die, im
gegenwärtigen Fall von einem Gedicht ausgehende, ästhetische Wirkung selber, die den, der ihr unterliegt, in den Stand setzt, *ihr* in ihrer
Beschreibung zu begegnen. Und ebenso ist es auch sie selber, die möglich

macht, daß der sie Beschreibende in der Beschreibung seiner bewußt wird als dessen, der *sie,* nämlich *diese* Wirkung beschreibt.

Die Beglückung, sicher zu schweben im Sturz des Daseins, die nach Hofmannsthal derjenige erlebt, der ein Gedicht in der rechten Weise aufnimmt, liegt tiefer, und der Sinn dieser leicht mißzuverstehenden Aussage Hofmannsthals ist schwerer zu fassen, als zunächst scheinen mag. Sie ist nicht die »Beglückung« eines illusionären Zustandes, sondern weist zurück auf Sein und Wahrsein. Doch ist sie auch nicht die »Beglückung« angesichts eines Dinges (z. B. einer Schaukel), das nicht nur so aussieht, als könne man sich ihm zum Zwecke eines Schwebens anvertrauen, sondern das auch hält, was es verspricht. »Sicher schweben machend« ist der Name, ja, der keiner Konvention verdankte *Eigenname* der ästhetischen Wirkung, die, nach Hofmannsthal, von Gedichten ausgeht, oder der Eigenname des Wovons des Eindrucks, den Gedichte vermitteln. Deshalb ist diese Beglückung die fraglos tiefe dessen, dem ein Gedicht *diesen* Eigennamen seiner Wirkung auf die Zunge legt. Daß der, dem es gelingt, eine ästhetische Wirkung mit diesen Worten treffend zu beschreiben, — nicht ein Ding erkennt, das sicher schweben machend wirkt, sondern *sicher schweben Machendes erkennt,* hat, so wunderlich es beim ersten Hören scheinen mag, sein nächstes formales Analogon in der Tat daran, daß z. B. jemand drüben auf der Straße *Eduard erkennt.* Daß diese formale Analogie nur innerhalb recht enger Grenzen besteht, ist so offenkundig, daß es sich erübrigt, diese Grenzen explizit anzugeben. Innerhalb derselben jedoch ist sie aufschlußreich. Es ist freilich nicht möglich, drüben auf der Straße Eduard zu *erkennen,* wenn man nicht *schon* Eduard *kennt.* Aber wer die ästhetische Wirkung von Gedichten als mit den Worten »sicher schweben machend« treffend beschrieben fühlt, erkennt und erschaut sicher schweben Machendes; und daß er sicher schweben Machendes *erkennt* und *erschaut,* ist ersichtlich auch die einzig mögliche Weise, ein sicher schweben Machendes, das weder ein illusionäre Zustände bewirkendes Ding, noch ein Ding ist, das irgend ein reales Schweben garantiert, *kennen zu lernen.*

Noch ein letztes Beispiel. In den Duineser Elegien stehen die Worte: »Denn das Schöne ist nichts als des Schrecklichen Anfang, den wir noch grade ertragen, und wir bewundern es so, weil es gelassen verschmäht, uns zu zerstören.« Als gleichsam eine Lehrmeinung über das Schöne anvisiert, ist sie eine andere, wenn auch nicht eine ganz andere, als die, die man aus Goethe und Hofmannsthal entnehmen mag. Allein uns hat ja nicht der Inhalt solchen Sprechens zu beschäftigen, sondern die Möglichkeit, es als ein angemessenes zu empfinden. Schreckliches, dessen Anblick wir kaum ertragen, oder bei dessen Anblick uns die Sinne schwinden, auch wenn es uns selber nicht bedroht, gibt es. Aber welche

Beispiele eines solchen Schrecklichen wir uns auch vergegenwärtigen mögen, wir wissen sofort mit voller Sicherheit, daß Rilke nicht meint, das Schöne sei ein Beispiel dieser Art. Jedoch von woher wissen wir das eigentlich mit solcher nicht zu übertreffenden Gewißheit? Und ebenso wissen wir zugleich, daß Rilke mindestens prätendiert — und wie vielen und auch mir scheint, mit Recht prätendiert — rein und genau zu sprechen. Wenn wir nun erwägen, wie denn begriffen werden könne, daß dieses Sprechen kein Gerede ist, sondern auf ein Maß zugeht, um ihm Genüge zu tun, müssen wir — so wenigstens scheint mir — sagen: der Dichter der Elegien sage hier, was das Schöne *ist,* indem er ausspricht, wie es wirkt. Es ist auch auf keine andere Weise sinnvoll möglich zu sagen, was so etwas wie z. B. das Schöne *ist,* als indem man ausspricht und beschreibt, wie es wirkt. Und diese von Rilke in dem zitierten Vers beschriebene ästhetische Wirkung des Schönen ist nichts als das, was möglich macht, daß seine Beschreibung derselben in uns resoniert oder Resonanz findet. Sie ist das, was auch den Dichter selber zu solchen unmittelbar resonierenden Worten befähigt und ermächtigt.

2

Die vorgelegten Beispiele einer ästhetischen Wirkung dürften uns in den Stand setzen, nun in mehr begrifflicher Weise das schon Gesagte zu entwickeln.

Was für eine Beschreibung ist die Beschreibung einer ästhetischen Wirkung? In welcher Weise und zugleich auch in welchem Sinne ist die Beschreibung *einer ästhetischen Wirkung eine Beschreibung?* Gewiß, sie ist eine Beschreibung, die etwas beschreibt; und was sie beschreibt, ist eben eine ästhetische Wirkung, die insofern also das in dieser Beschreibung Beschriebene ist. Insofern steht es mit der Beschreibung einer ästhetischen Wirkung nicht anders als mit anderen Beschreibungen von etwas, beliebig welchem. Insbesondere steht es insofern mit der Beschreibung einer ästhetischen Wirkung nicht anders als mit der Beschreibung beliebiger Wirkungen, auch wenn diese nicht ästhetische Wirkungen sind. Dennoch ist es für das Verständnis der ästhetischen Wirkung grundwichtig einzusehen, daß die Beschreibung einer ästhetischen Wirkung, eben weil es eine *ästhetische* Wirkung ist, die sie beschreibt, eine radikal andere *Beschreibung* ist, als die Beschreibung einer Wirkung, die keine ästhetische Wirkung ist, obgleich beide Beschreibungen sich in der vorhin angegebenen Hinsicht nicht unterscheiden. Die Beschreibung einer ästhetischen Wirkung ist also nicht nur, wie selbstverständlich, eine andere Beschreibung, als es die Beschreibung einer nicht-ästhetischen Wirkung ist, sondern sie ist zugleich *als Beschreibung*

eine andere, oder — dasselbe anders ausgedrückt — eine total andere
Beschreibung. Und zwar gilt nun — wie sich uns schon ergeben hat —,
daß die Beschreibung einer ästhetischen Wirkung diese Wirkung selber
als Beschreibung ist, während, was die Beschreibung einer nicht-ästhetischen Wirkung betrifft, überhaupt nicht sinnvoll wäre, von ihr entsprechend dasselbe zu sagen. Eben darin, daß es nicht nur sinnvoll ist,
sondern auch zutrifft, daß die Beschreibung einer ästhetischen Wirkung
diese selber als Beschreibung ist, während entsprechend dasselbe zu
sagen für die Beschreibung einer nicht-ästhetischen Wirkung überhaupt
nicht sinnvoll wäre, kommt zum Vorschein, daß die Beschreibung einer
ästhetischen Wirkung *als Beschreibung* eine andere ist als die Beschreibung von etwas, das — es sei im übrigen, was immer — nicht eine ästhetische Wirkung ist. Und da auch eine nicht-ästhetische Wirkung nicht
eine ästhetische Wirkung ist, ist in dem soeben Gesagten einbegriffen,
daß insbesondere auch gilt, die Beschreibung einer nicht-ästhetischen
Wirkung sei als Beschreibung eine andere als die Beschreibung einer
ästhetischen Wirkung. Dieser Unterschied im Beschreibung-Sein oder,
mit einem bequemeren Ausdruck bedeutet, im Beschreibungs-*Charakter*
der beiden Beschreibungen tritt also — wie besondere Beachtung verdient — auf als Unterschied zwischen einerseits der Beschreibung gerade
einer ästhetischen Wirkung und von nichts sonst, und andererseits der
Beschreibung von etwas *beliebig welchem,* wofern dies nur *nicht* eine
ästhetische Wirkung ist. So tritt also dieser Unterschied im Beschreibungs-Charakter verschiedener Beschreibungen beispielsweise auch auf
als der Unterschied zwischen der Beschreibung der ästhetischen Wirkung jenes antiken Torsos und einer denkbaren Beschreibung des Torsos. Ich sagte eingangs, man spreche »ungleich richtiger«, wenn man
sage, das Gedicht Rilkes sei eine Beschreibung, nicht des Torsos, sondern
seiner ästhetischen Wirkung; »ungleich richtiger« ist dies auch und vor
allem deshalb, weil der Beschreibungs-Charakter dieser zwei verschiedenen Beschreibungen ein anderer ist.

Obgleich nun aber der Unterschied im Beschreibungs-Charakter verschiedener Beschreibungen immer dann auftritt, wenn auf der einen
Seite die Beschreibung gerade einer *ästhetischen* Wirkung steht, und auf
der anderen Seite die Beschreibung von etwas, *beliebig welchem,* sofern
dies nur keine ästhetische Wirkung ist, exponiere ich diesen Unterschied
im Weiteren vornehmlich an dem Beispiel des Unterschieds zwischen der
Beschreibung einer ästhetischen Wirkung und der Beschreibung irgendeiner *Wirkung* beliebig welcher, sofern diese nur der Bedingung genügt,
keine *ästhetische* Wirkung zu sein. So vorzugehen, empfiehlt sich zunächst schon wegen der Formulierung unseres Themas, in der das Wort
»Wirkung« enthalten ist, sowie, damit zusammenhängend, im Hinblick
auf die in der zweiten Vorbemerkung angedeuteten faktischen Unter-

schiede in der Verwendung des Ausdrucks »ästhetische Wirkung«. Jedoch ist es nicht nur so, daß sich diese Art des Vorgehens aus den soeben angegebenen Gründen nur eben empfiehlt; vielmehr ist sie aus der Natur der Sachlage heraus sogar geboten.

Auch nämlich, wer von einer *ästhetischen* Wirkung spricht, spricht von einer gewissen *Wirkung*; wie andererseits — selbstverständlich — gleichfalls von einer *Wirkung* spricht, wer von einer *nicht-ästhetischen* Wirkung spricht. Bloß schon diese Form des unterscheidenden Redens von ästhetischen und nicht-ästhetischen Wirkungen hat nun, so berechtigt sie auch ist, wenn man sie recht versteht, das Mißliche, daß sie leicht die Meinung nahelegt, als sei in keinem Sinne mehr fraglich, was für ein Unterschied dieser Unterschied zwischen ästhetischen und nicht-ästhetischen *Wirkungen* ist. Ein Beispiel wird die problematische Sachlage am schnellsten deutlich machen. Es ist mindestens doch sinnvoll, unterscheidend von gewissen seelischen und von gewissen leiblichen Wirkungen eines Selbigen, z. B. eines tiefen Erschreckens, zu sprechen. Wer in dieser Weise unterscheidend spricht, wird nicht umhin können zuzugeben, daß er da von zwei verschiedenen Wirkungen spricht. Dies Zugeständnis zu machen, ist im übrigen aber auch ungefährlich, weil darin keine Vorentscheidung enthalten ist über die Natur des Zusammenhangs, der zwischen diesen beiden Wirkungen bestehen mag.

Nun ist hier dieses deutlich: diese beiden Wirkungen sind ein Beispiel für zwei verschiedene Wirkungen, von denen nicht gilt, daß sie sich als Wirkungen unterschieden. Welche der seelischen Wirkungen dieses Erschreckens man auch betrachten mag, es ist klar, daß sie in derselben Weise oder in demselben Sinn des Wortes »Wirkung« eine Wirkung ist wie irgendeine der leiblichen Wirkungen. Wenn man nun aber in formal derselben Weise von ästhetischen und nicht-ästhetischen Wirkungen spricht, so hat — wie zuvor schon generell formuliert wurde — die bloße Form dieses Sprechens das Mißliche, daß sie die Meinung suggeriert, es sei der Unterschieds-Charakter dieses Unterschieds derselbe wie eben beispielsweise der des Unterschieds zwischen solchen seelischen und leiblichen Wirkungen. Dies ist jedoch nicht der Fall. Es gilt nicht, daß ästhetische Wirkungen *als Wirkungen* dieselben wären wie die nicht-ästhetischen Wirkungen. Vielmehr sind sie — wie ich mich ausdrücke — radikal oder total andere Wirkungen. Daß dies so ist, hängt offenbar auf das engste damit zusammen, daß die Beschreibung einer ästhetischen Wirkung und die Beschreibung von etwas, das keine ästhetische Wirkung und also beispielsweise eine nicht-ästhetische Wirkung ist, radikal andere Beschreibungen sind. Und eben weil nun im Zusammenhang damit ästhetische und nicht-ästhetische Wirkungen radikal andere Wirkungen sind, empfiehlt es sich nicht nur, sondern ist es aus der damit aufgezeigten Natur der Sachlage heraus sogar geboten,

den fraglichen Unterschied im Beschreibungs-Charakter vornehmlich
zu exponieren an dem Unterschied zwischen der Beschreibung einer
ästhetischen Wirkung einerseits und einer nicht-ästhetischen Wirkung
andererseits.

Ein bequemes Beispiel einer nicht-ästhetischen Wirkung ist die Wirkung des Alkohols oder auch die spezifische Wirkung einer Droge.
Nehmen wir an, daß der Genuß von Alkohol, wie ja vorkommt, jemanden heiter stimmt. Die Sachlage ist dann die, daß der Genuß von
Alkohol den Betreffenden in einen gewissen Zustand versetzt, welcher
Zustand die Wirkung dessen ist, daß der Betreffende Alkohol zu sich
genommen hat. Offenbar ist es dann möglich, diesen Zustand oder
diese Wirkung zu beschreiben. Beschreibbar ist er auf jeden Fall durch
einen anderen von außen. Doch dürfte auch wohl möglich sein, den
Betreffenden selber aufzufordern, er möge seinen Zustand gleichsam
von innen her ins Auge fassen und beschreiben. Das sind zwei Möglichkeiten, deren methodischer Sinn und Wert bekanntlich recht umstritten
ist. Jedoch es ist für das Verständnis des Weiteren wichtig einzusehen,
daß dieser in anderer Hinsicht so erhebliche und auch so problematische
Unterschied in der Art und Weise, wie die fragliche Wirkung teils
wörtlich und teils gleichsam ins Auge gefaßt und beschrieben wird, für
unser Absehen hier irrelevant ist. Denn worauf es hier allein ankommt,
ist das Offensichtliche, daß die nicht-ästhetische Wirkung etwas für sich
ist, und daß sie als etwas für sich Seiendes auch gedacht werden muß,
wenn anders das, was wir da denken, überhaupt eine nicht-ästhetische
Wirkung sein soll. Wäre sie nichts für sich, und wäre sie also nicht so
etwas wie dasjenige, was wir einen Zustand nennen, so würde gar nicht
sinnvoll sein, weder einen anderen noch auch den Betreffenden selber
aufzufordern, sie ins Auge zu fassen und zu beschreiben. Die in solchen
Weisen selber ins Auge gefaßte nicht-ästhetische Wirkung ist dann das
Maß, dem sich die Beschreibung derselben anzumessen hat und offenbar
auch anmessen kann, wenn sie angemessen sein will. Von hier aus er-
hellt, daß es nicht etwa falsch, sondern nicht sinnvoll sein würde,
wollte man sagen, die Beschreibung einer solchen nicht-ästhetischen
Wirkung sei diese Wirkung selber als Beschreibung. Vielmehr ist kla-
rerweise die nicht-ästhetische Wirkung *ein Ding* und die Beschreibung
derselben ein *anderes Ding*.

Die Einsicht in diese Sachlage ist für unsere Absicht so grundlegend,
daß wir uns ihrer noch an einem anderen Beispiel versichern wollen.
Eine Nachricht, z. B. eine Siegesnachricht, aber auch etwa die Nachricht
von einer Entscheidung irgendeines Gremiums, die uns politisch oder
moralisch bedeutsam scheint, kann erhebend und unter Umständen
auch deprimierend oder erschütternd wirken. Was für ein Wirken und
was für Wirkungen haben wir da vor uns? »Erhebend« oder »erschüt-

ternd wirken« heißt *hier* soviel wie »erheben« oder »erschüttern«. Die erhebend wirkende Nachricht ist eine Nachricht, die diesen oder jenen Empfänger erhebt; und daß sie ihn erhebt, heißt und ist nichts anderes, als: sie bewirkt, daß er sich in einem gewissen Zustand befindet, von dem als einem Zustand des Erhoben-Seins zu sprechen sinnvoll und verständlich ist. Der Empfang der Nachricht ist die Ursache dessen, daß der Empfänger sich in einem anderen Zustand als zuvor befindet. Und der psycho-physiologische Zustand der Erhobenheit oder des Deprimiert- oder Erschüttertseins, in dem er sich dann befindet, ist ein anderes Beispiel für eine nicht-ästhetische Wirkung. Ersichtlich ist es hier genauso wie vorhin. Der als Wirkung des Empfangs der Nachricht aufgefaßte Zustand ist etwas, nämlich eben ein gewisser Zustand, der für sich ins Auge gefaßt und beschrieben werden kann, auch wenn man davon absieht, daß es ein bewirkter Zustand oder eine Wirkung ist. Daß dieser Zustand 1. eben ein Zustand und also überhaupt etwas ist und daß er 2. ins Auge gefaßt und beschrieben werden kann, fasse ich dahin zusammen, daß er etwas für sich ist. Und wenn man ihn nun auffaßt als Wirkung einer Ursache, kann man daraufhin auch sagen, eine Wirkung dieser Art sei etwas für sich. Aber eben deshalb ist eine solche Wirkung eine nicht-ästhetische Wirkung.

Ganz und gar anders steht es, wenn man z. B. sagt, ein Anblick wirke erhaben oder wenn man von einer erhaben wirkenden Gesinnung oder auch — wie sinnvoll möglich sein dürfte — von einem erhaben wirkenden Gedanken spricht. Gerade der Unterschied von erhebend Wirken und erhaben Wirken kann besonders leicht den Unterschied, um den es hier geht, gegenwärtig halten. Daß etwas erhaben wirkt, heißt weder, daß es erhebt, noch daß es erhaben wäre in dem Sinne, in dem in Metall getriebene Arbeiten erhabene heißen. Das erhaben Wirken ist kein Bewirken. Von einer erhebenden Nachricht kann im Prinzip sinnvoll nur derjenige sprechen, den die fragliche Nachricht angeblich oder in der Tat erhoben hat; insofern ist eine erhebende Nachricht eo ipso eine *jemanden* erhebende Nachricht; und wenn man, wie vorkommt, schlechthin — d. h. diesen jemand weglassend — von einer erhebenden spricht, so wird dabei stillschweigend unterstellt, daß es mit dem Adressaten solcher Rede so steht wie mit dem Redenden selbst. Hingegen ein erhabener Anblick *ist* ein erhabener oder er ist dies schlechthin; d. h. in der Rede von ihm als einem erhabenen ist für den oder die, die ihn erhaben finden, kein Platz. Aber wenn man jemanden, der ihn erhaben findet, fragt, woher er denn wisse, daß er erhaben *ist,* wird die gemäße Antwort lauten können, daß er erhaben wirkt.

Es ist möglich, sowohl von einem erhebend wirkenden als auch von einem erhaben wirkenden Kunstwerk zu sprechen. Aber die Einführung der Rede von einem Kunstwerk hebt den aufgezeigten Unterschied nicht auf, sondern bestätigt ihn. Ein erhebend wirkendes Kunstwerk ist sinngemäß ein Werk, das den, der von ihm so redet, in einen Zustand der Erhobenheit versetzt hat. Solches Versetzen ist ein Bewirken; und die dadurch hervorgebrachte Wirkung ist keine ästhetische Wirkung. Wer hingegen sagt, dieses oder jenes Werk der Kunst wirke erhaben, nennt die von ihm her strömende ästhetische Wirkung bei ihrem Namen, der, wenn der also sie Beschreibende treffend beschreibt, »erhaben« lautet.

Wenn die Auslegung, die ich zuvor von jener Goethestelle gegeben habe, zu Recht besteht, so wirken Kunstwerke — nach Goethe — erhaltend gegenüber der zerstörenden Kraft des Daseins. *Dieses* »erhaltend Wirken« meint nicht, daß Kunstwerke irgendeine Erhaltung bewirkten; es meint also nicht z. B. so etwas, wie das, was die — freilich schwülstige — Rede von einer die Gesundheit erhaltend wirkenden Lebensweise meint. Ebensowenig meint es, wie schon zuvor betont wurde, daß Kunstwerke einen Zustand bewirkten, den als einen des Geborgenseins zu charakterisieren sinnvoll wäre. Vielmehr: daß sie gegenüber jener zerstörenden Kraft erhaltend wirken, bringt zu Worte, wie sie wirken. Und derjenige, der sich von ihnen her ermächtigt weiß auszusprechen, sie wirkten erhaltend, wird sagen, daß sie gegenüber jener zerstörenden Kraft des Ganzen erhaltende *sind,* daß sie dies schlechthin sind, und das heißt, daß sie erhaltende sind in einem Sinne, der ausschließt, daß sie ihn und überhaupt jemanden erhaltende wären. Das in eben diesem Sinne verstandene erhaltend Wirken eines erhaltend Wirkenden und das erhaben Wirken eines erhaben Wirkenden sind Beispiele für das ästhetische Wirken eines ästhetisch Wirkenden. Und es ist evident, daß z. B. das erhebend Wirken nicht nur — wie selbstverständlich — ein anderes Wirken ist als das erhaben Wirken, sondern daß es *als Wirken* ein anderes ist.

Daß ein Anblick oder ein Gedanke, aber auch z. B. ein Kunstwerk erhaben wirkt, ist und meint, daß es der Anblick, der Gedanke oder das Werk ist, das so wirkt. Hingegen ist die Rede von einer erhebenden oder erhebend wirkenden Nachricht und nicht minder die von einem erhebenden oder erhebend wirkenden Kunstwerk der Möglichkeit nach überhaupt nicht sinnvoll, weil sie sinnvoll nur ist, wenn man darunter eine Nachricht oder ein Werk versteht, die tatsächlich und angebbar den oder jenen erhoben haben oder auch — nach der wahren oder falschen Meinung des Redenden — den oder jenen erheben werden. Und wenn nun diese Rede überhaupt sinnvoll ist, meint sie, richtig verstanden, nicht, daß es die Nachricht oder das Werk wäre, das erhebend wirkt, sondern meint, die Tatsache, daß *dieser oder jener diese oder jene Nachricht* empfangen oder *dieses oder jenes Werk* betrachtend aufgenommen hat, sei die Ursache der Tatsache, daß *der Betreffende* sich in einem anderen Zustand befindet als zuvor. Und diese letzte Tatsache kann in jedem Einzelfall sehr verschiedene Gründe haben, deren sich der Betreffende selber vielleicht nicht einmal bewußt ist.

Diese Unterschiede wollen präsent sein, wenn man die Natur einer ästhetischen Wirkung bedenken und begreifen will. Auf ihnen beruht es, daß der Gedanke der Beschreibung einer ästhetischen Wirkung der Zugang ist zu dem Gedanken einer solchen Wirkung selber. Daher gilt, wie schon gesagt wurde, daß die Beschreibung der ästhetischen Wirkung diese selber als Beschreibung ist; und zwar gilt dies unumkehrbar. Wer eine ästhetische Wirkung ins Auge fassen und betrachten will, muß eine Beschreibung derselben ins Auge fassen. Im Unterschied zu einer nicht-ästhetischen Wirkung ist eine ästhetische Wirkung nichts, das für sich ins Auge gefaßt und sodann — in Anmessung an das ins Auge Gefaßte — beschrieben werden könnte. Die Beschreibung einer ästhetischen Wirkung macht daher, was sie beschreibt — nämlich die ästhetische Wirkung —, allererst sichtbar, und zwar allererst sichtbar nicht etwa nur uns, sondern dem sie Beschreibenden selber. Erst in seiner Beschreibung hat auch der sie Beschreibende selber die ästhetische Wirkung vor sich. Man kann daher von vornherein sagen, daß eine ästhetische Wirkung weder eine physikalische, noch eine physiologische, noch eine psychologische und auch nicht eine psycho-physiologische Wirkung ist, und daß sie überhaupt keine Wirkung ist, deren Studium Sache einer Einzelwissenschaft sein könnte. Denn dazu müßte mindestens denkbar sein, daß sie für sich ins Auge gefaßt und *sodann* beschrieben werden könnte. Wenn wir hier die Verabredung treffen, in einem umfassenden Sinn von jedem künstlerischen Hervorbringen als einem Dichten zu sprechen, so gilt, daß jede Beschreibung einer ästhetischen Wirkung eine dichterische Aussage ist; sowie auch umgekehrt, daß eine ästhetische Wirkung beschreibt, wer dichtet. Jedes echte Werk der Kunst kann dann eine dichterische Aussage genannt werden; und es entspringt dann das Problem, ob begriffen werden könne, daß dichterische Aussagen Aussagen sind, die sich einer Sache anmessen und denen insofern in irgendeinem Sinne Wahrheit zukommt, obgleich doch gilt, daß der Dichter derjenige ist, der durch seine »Aussagen« und in ihnen die Sache, der sich diese anmessen, sich selber und auch Anderen allererst sichtbar macht. »Kunst gibt nicht das Sichtbare wieder, sondern macht sichtbar.« (Paul Klee; zitiert nach Walter Hess: Dokumente zum Verständnis der modernen Malerei, in: Rowohlts Deutsche Enzyklopädie).

Eine ästhetische Wirkung ist also nicht einfach dasselbe Ding wie ihre essentiell dichterische Beschreibung; aber ebensowenig gilt, daß sie und ihre Beschreibung zwei verschiedene Dinge wären, wie dies für eine nicht-ästhetische Wirkung und deren Beschreibung zutrifft. Will man daher noch in anderer Weise sagen, was eine ästhetische Wirkung ist — noch in anderer Weise nämlich als in der, daß man, von ihrer Beschreibung sprechend, sagt, diese sei sie selber als Beschreibung —, so hat man zu sagen, daß sie außer dem, daß sie das zu ihrer Beschreibung Befähigende und Ermächtigende ist, nichts ist. Ist man an diesem Punkte dessen eingedenk, daß die Beschreibung einer ästhetischen Wirkung Dichtung ist, so kann sich unwillkürlich und unbestimmt beziehungsreich die Erinnerung an aristotelische Begriffe regen, wenn man erkennt, daß anstatt des vorhin Gesagten auch gesagt werden könnte, die ästhetische Wirkung sei Dichtung, aber sei nur potentia, nur δυνάμει Dichtung. Die ästhetische Wirkung ist ein nicht-Seiendes, genauer ein μὴ ὄν, in demselben Sinn, in dem bei Aristoteles, was nur potentia ist, was es ist, nicht ist, was es potentia ist. Beide Wendungen — die, daß die ästhetische Wirkung außer dem, daß sie das zu ihrer Beschreibung Befähigende ist, nichts ist; und die, daß sie, aber nur potentia, Dichtung ist, zielen auf dasselbe. Der Zusammenhang dieser Darlegungen müßte ungebührlich lange in Schwebe gehalten werden, wollte ich versuchen, den vielumstrittenen und in der Tat problematischen Sinn der aristotelischen Begriffe von Potenz und Akt befriedigend zu entwickeln, um von daher Sinn und Recht dessen, daß gerade sie sich hier gleichsam unversehens anbieten, noch verständlich zu machen. Aber die erste der beiden vorhin noch einmal angegebenen Formulierungen kann noch erläutert werden.

Betrachtet man diese erste Formulierung rein formal, so fällt der Bestandteil derselben, der lautet, daß etwas (hier z. B. die ästhetische Wirkung) »außer dem, daß es das ... ist, nichts ist«, auf. Unsere Sprache würde kein Veto einlegen, wenn wir diesen Bestandteil auch lauten ließen, »etwas (hier z. B. die ästhetische Wirkung) ist nichts als das ...«. Beide Formulierungen, die zweite mehr noch als die erste, erinnern an gewisse ähnlich lautende Wendungen. Insofern könnten sie mißverstanden werden; und die folgenden Bemerkungen sollen dies unmöglich machen. Nicht selten drückt sich, wer jemandem mitteilen will, was irgendeine Sache ist, dahin aus, diese Sache sei »nichts als ...«. Ist jemand z. B. der Meinung, ein lebender Organismus sei ein kompliziertes physikalisches System, so kann es geschehen, daß er seine Meinung kundgibt mit den Worten, der lebende Organismus sei nichts als ein solches System oder sei nichts außer dem, daß er ein solches System ist. Er will sagen, der Organimus sei nichts *anderes* als ein solches System; und dieses »nichts anderes als ...« meint evidenterweise, daß, wer anderer Meinung ist, sich im Irrtum befindet. Man erkennt daraus, daß, wer in diesem Sinne sagt, etwas sei »nichts als ...«, zwei verschiedene Aussagen in *eine,* die nur scheinbar eine ist, zusammenzieht: nämlich — in diesem Beispiel gesprochen — die Aussagen: 1. der Organismus ist ein kompliziertes physikalisches System, und 2., wer meint, es sei nicht so wie diese erste Aussage sagt, irrt. Man muß sich daher hüten, in dem in der Aussage »Der Organismus ist *nichts als* ein kompliziertes physikalisches System« enthaltenen Bestandteil »nichts als« ein Bestandstück der Bestimmung eines Organismus zu sehen. Dieser Bestandteil sagt nicht und will hier auch gar nicht *mit* sagen, *was* ein Organismus ist, sondern behauptet eben zusätzlich, daß jede Meinung über das, was ein Organismus ist, die von der des Redenden abweicht, falsch ist.

Mit dem in der von uns gegebenen Formulierung enthaltenen Bestandteil, daß etwas »außer dem, daß es das . . . ist, nichts ist« (oder auch, daß es »nichts ist als das . . .«) hat es hingegen eine gründlich andere, eine vom Grunde her andere Bewandtnis. Das »nichts als das . . .« ist hier ein Bestandstück der Rede, die angeben will, *was* das fragliche Etwas ist; und zwar ein Bestandstück, das nicht fehlen darf, wenn vollständig angegeben werden soll, was es ist. Daher liegt in dieser Formulierung auch keine zusätzliche Behauptung von der Art, daß irrt, wer anderer Meinung ist. Daß die ästhetische Wirkung nichts ist als das zu ihrer essentiell dichterischen Beschreibung Ermächtigende, ist dies, daß sie als Objekt oder als etwas, das man ins Auge fassen kann, da ist nur in Gestalt ihrer Beschreibung und also da ist nur als das, was sie in *dem* Sinne nicht ist, daß sie es nur potentia ist. Wollte man von einer nicht-ästhetischen Wirkung im gleichen Sinne sagen, sie sei »nichts als« dieses oder jenes, so würde dies sogar widersprechend sein. Denn eine nicht-ästhetische Wirkung ist ein als Wirkung aufgefaßtes Etwas, z. B. ein gewisser Zustand; und so ist sie also ohne weiteres eben etwas und nicht »nichts als« dieses oder jenes.

Das zu sein, das zu ihrer Beschreibung ermächtigt, ist — in den Termini der Schule gesprochen — nicht, wie man zunächst meinen möchte, ein Akzidenz der ästhetischen Wirkung, sondern gibt deren Substanz an oder gibt eben an, *was* sie ist, ihr τί ἐστιν. Während z. B. »*das* zu sein, was zu dreisterem Auftreten befähigt« ein Akzidenz der Wirkung des Alkohols angäbe und nicht angäbe, *was* die Wirkung ist. Wobei hier dahingestellt bleiben darf, ob diese Angabe sachlich zutrifft. Daß die erste Angabe in der Tat angibt, was eine ästhetische Wirkung ist, ist nur eine Art Kehrseite dessen, daß sie nichts ist als das zu ihrer Beschreibung Ermächtigende.

Die ästhetische Wirkung ist das, was zu sich kommt oder wird, was es ist, wenn und indem der Mensch sie beschreibt. Der sie Beschreibende kommt in der Beschreibung derselben zu sich als dem, der *sie*, die Wirkung, beschreibt. Wogegen es wieder keinen Sinn hätte zu sagen, wer beschreibt, was keine ästhetische Wirkung ist, komme in seiner Beschreibung desselben allererst zu der Sache, die er beschreibt, und damit zu sich als dem, der diese Sache beschreibt. So hätte es z. B. auch keinen

Sinn zu sagen, wer seine Gedanken, Gefühle und Erlebnisse ausdrücke, komme in dem Ausdruck derselben allererst zu diesen und damit zu sich als dem, der sie ausdrückt. Hingegen wer dichtet, drückt nicht sich, seine Gefühle, Gedanken und Erlebnisse aus, sondern bringt eine ästhetische Wirkung zu sich.

Es ist freilich eine Tatsache, daß auch Kunstwerke oder Dichtungen diesen oder jenen in diese oder jene Stimmung versetzen und daß sie überhaupt im Publikum Wirkungen mannigfaltiger Art hervorbringen, deren Studium ein möglicher und unter Umständen sogar bedeutsamer Gegenstand von Wissenschaften sein kann, z. B. der Psychologie, der Völkerpsychologie, der Soziologie und nicht zuletzt der Geschichtswissenschaft. Aber alle diese Wirkungen sind nicht-ästhetische Wirkungen. Zwar sind Dichtungen Ausgangspunkte *ästhetischer* Wirkungen; aber dies sind sie nur deshalb, weil sie primär diese Wirkungen selber sind als Dichtungen. Kraft dieser Feststellungen dürfen wir uns auch einig wissen mit Konrad Fiedler, dessen hier einschlägige Auffassung in der zweiten Vorbemerkung herausgehoben worden ist. Wer nicht beachtet, daß ästhetische und nicht-ästhetische Wirkungen radikal andere sind, dürfte nicht imstande sein, Kunst und Kitsch begrifflich auseinander zu halten; so sicher sein Urteil über ein vorliegendes Produkt in dieser Hinsicht auch sein mag. Er wird am Ende bei konsequenter Denkart erklären müssen, Kunst sei in ihrem Wesen Stimmungskunst, d. h. das Vermögen, in diese oder jene Stimmungen zu versetzen. Hier wäre ferner auch der Anknüpfungspunkt für eine Gedankenreihe, die den Unterschied von ars poetica und ars rhetorica begreifen ließe.

Lew Semjonowitsch Wygotski

Kunst als Katharsis

(...) Unseres Wissens kann keine der derzeitigen Theorien über das ästhetische Gefühl die innige Verbindung zwischen unserer Empfindung und dem von uns wahrgenommenen Objekt erklären. Um zu einer solchen Erklärung zu gelangen, müssen wir auf psychologische Systeme zurückgreifen, die auf der Verbindung zwischen Phantasie und Gefühl basieren. Damit meine ich die in den letzten Jahrzehnten von Meinong und seiner Schule, von Zeller, Meyer und anderen Psychologen angestellten Untersuchungen über das Phantasie-Problem. Diesen neuen Zugang kann man etwa wie folgt beschreiben: Die genannten Psychologen gehen von der unbestreitbaren Verbindung aus, die zwischen Gefühl und Vorstellung besteht. Wie wir wissen, hat jedes Gefühl neben dem physischen seinen psychischen Ausdruck. Mit anderen Worten, ein Gefühl ist nach Ribot »verkörpert in einer Vorstellung, ist an sie fixiert, wie Fälle von Verfolgungswahn beweisen«. Folglich findet ein Gefühl seinen Ausdruck durch mimische, pantomimische, sekretorische und somatische Reaktionen unseres Organismus. Es verlangt auch einen Ausdruck durch unser Vorstellungsvermögen. Wir finden den besten Beweis für diese Auffassung bei den sogenannten objektlosen Gefühlen. Pathologische Phobien, hartnäckige Ängste usw. sind immer mit spezifischen Vorstellungen assoziiert, von denen die meisten absolut falsch sind und die Realität verzerren, dadurch jedoch ihren »psychischen« Ausdruck finden. Ein Patient, der an zwanghafter Angst leidet, ist emotionell krank, seine Angst ist irrational; um sie zu rationalisieren, stellt er sich vor, jedermann verfolge und quäle ihn. Für einen solchen Patienten ist die Abfolge von Ereignissen genau entgegengesetzt der bei einem normalen Menschen. Der letztere nimmt zuerst die Verfolgung wahr und empfindet dann Furcht; der kranke Mensch empfindet zuerst Angst, dann nimmt er die phantasierte Verfolgung wahr. Senkowskij bezeichnete dieses Phänomen treffend als »doppelten Gefühlsausdruck«. Die meisten zeitgenössischen Psychologen dürften dieser Auffassung zustimmen, sofern sie bedeuten soll, daß ein Gefühl sich der Vorstellung bedient und sich in einer Reihe von phantastischen Vorstellungen, Gedanken und Imaginationen äußert, die den zweiten Gefühlsausdruck repräsentieren. Wir können sagen, daß ein Gefühl neben einem peripheren auch einen zentralen Effekt hat; wir erörtern in diesem Zusammenhang den letzteren. Meinong unterscheidet zwischen Meinungen und Annahmen, und zwar hinsichtlich der Frage, ob wir von ihrer Richtigkeit überzeugt sind oder nicht. Wenn wir beispielsweise jemanden, dem wir begegnen, für einen Bekannten halten und unseren Irrtum nicht realisieren, dann handelt es sich um eine Meinung (wenn auch eine fälschliche); wenn wir aber trotz des Wissens, daß die Person nicht unser Bekannter ist, an unserer fälschlichen Meinung festhalten und sie weiterhin für einen Bekannten halten, dann haben wir es mit einer Annahme zu tun. Meinong ist der Auffassung, daß Kinderspiele und ästhetische Illusionen auf Annahmen basieren, der Quelle der »Gefühle und Phantasien«, die beide die genannten Vorgänge begleiten. Für manche sind diese illusorischen Gefühle mit den realen identisch. Es ist nach ihrer Meinung durchaus möglich, daß die (von der Erfahrung her bekannten) Unterschiede zwischen aktuellen und imaginären Gefühlen auf der Tatsache beruhen, daß die ersteren von Meinungen, die letzteren von Annahmen ausgelöst werden. Wir können dies durch folgendes Beispiel illustrieren: Wenn wir in der Nacht einen in unserem Zimmer hängenden Mantel für einen Menschen halten, ist unser Irrtum offenkundig; die Wahrnehmung ist falsch und entbehrt jedes realen Gehalts. Doch die beim plötzlichen Anblick des Mantels empfundene Angst ist in der Tat sehr real. Das bedeutet, daß alle unsere phantastischen Erfahrungen sich letztlich auf einer völlig realen Gefühlsbasis abspielen. Wir meinen daher, daß Emotion und Imagination nicht zwei getrennt voneinander ablaufende Prozesse sind, im Gegenteil, sie sind ein und derselbe Prozeß. Wir können eine Phantasie als den zentralen Ausdruck einer emotionalen Reaktion ansehen. Es folgt nun eine äußerst wichtige Schlußfolgerung. Frühere Psychologen haben sich Gedanken über die Beziehung zwischen zentralem und peripherem Gefühlsausdruck gemacht und darüber, ob der äußere Gefühlsausdruck durch Imagination gesteigert oder abgeschwächt wird. Wundt und Lehmann gaben auf diese Frage voneinander abweichende Antworten; Meyer postulierte, beides könne richtig sein. Es seien durchaus zwei unterschiedliche Fälle vorstellbar. Erstens könnten Phantasiebilder, die als innerer Stimulus für unsere neue Reaktion fungierten, die basale Reaktion verstärken. Eine recht lebhafte Vorstellung steigere unsere erotische Erregung, doch in diesem Falle sei die Phantasie nicht der Ausdruck der von ihr verstärkten Emotion, sondern vielmehr die Abfuhr einer vorausgegangenen Emotion. Immer wenn eine Emotion ihre Abfuhr in Phantasiebildern finde, vermindere dieses »Träumen« die wahre Äußerung der Emotion; wenn wir Zweifel in unserer Phantasie ausdrückten, dann würde die äußere Manifestation ziemlich abgeschwächt sein. Wir glauben, daß bezüglich der emotionalen Reaktion all jene allgemeinen psychologischen Gesetze, die hinsichtlich einfacher sensorisch-motorischer Reaktionen aufgestellt wurden, ihre Gültigkeit behalten. Es ist eine unabweisbare Tatsache, daß unsere Reaktionen sich abschwächen und an Intensität verlieren, sobald das zentrale Gefühlselement komplexer wird. Wir stellen fest, daß in dem Augenblick, wo die Imagination (das zentrale Element der emotionalen Reaktion) stärker wird, ihr peripherer Teil an Intensität verliert. Dies ist von der Wundtschen Schule hinsichtlich der Zeit nachgewiesen worden; auch Kornilow hat darüber Untersuchungen angestellt. Wir glauben, daß diese Feststellung auch für unseren Zusammenhang zutrifft. Das psychologische Gesetz kann wie folgt formuliert werden: Es handelt sich um einen einpoligen Energie-Abfluß, der durch die Tatsache gekennzeichnet ist, daß nervöse Energie an einem Pol verbraucht wird; eine Verstärkung des Energie-Abflusses an einem Pol führt zu einer Verminderung am anderen Pol. Das gleiche Gesetz ist auch von anderen Forschern, allerdings in einer etwas unsystematischen Weise, entdeckt worden. Die von uns eingeführte Neuheit besteht darin, daß wir versuchen wollen, diese verschiedenen Gedanken in ein einziges Konzept zusammenzufassen. Nach Groos haben wir es sowohl bei spielerischer wie ästhetischer Aktivität oder Reaktion *nicht mit einer Reaktionshemmung, sondern mit einem Aufschub* zu tun: »Ich bin mehr und mehr davon überzeugt, daß Emotionen als solche in inniger Verbindung mit physischen Sensationen stehen. Der innere organische Zustand, auf dem psychische Regungen und Emotionen beruhen, wird wahrscheinlich bis zu einem gewissen Grade infolge der Tendenz in Richtung Weiterführung des initialen Gedankens beibehalten, wie das der Fall bei einem Kind sein mag, das sich im Spiel als kämpfend vorstellt, doch das Ausholen des Arms zum Schlag aufschiebt.«[1] Ich glaube, daß dieser Aufschub und die Abschwächung des inneren organischen und des äußeren Gefühlsausdrucks als ein Sonderfall des allgemeinen Gesetzes über den durch Emotionen angeregten einpoligen Energie-Abfluß betrachtet werden sollte. Wie wir gesehen haben, fließt Energie von einem der beiden Pole ab, entweder an der Peripherie oder im Zentrum; eine gesteigerte Aktivität an einem Pol führt unmittelbar zu einer Abschwächung am anderen Pol.

Es scheint mir, daß wir nur von diesem Standpunkt aus einen Zugang zur Kunst finden können, die offensichtlich sehr starke Gefühle in uns anregt, Gefühle, die nicht auf spezifische Weise ausgedrückt werden. Der rätselhafte Unterschied zwischen künstlerischen und gewöhnlichen Gefühlen kann wie folgt erklärt werden: Künstlerisches Gefühl gleicht dem anderen Gefühl, doch es wird durch eine äußerst intensi-

[1] K. Groos, Duševnaja žizn' rebenka (Das Seelenleben des Kindes), Kiew 1916, S. 184 f.

vierte Aktivität der Imagination abgeführt. Die unterschiedlichen Elemente, aus denen sich die ästhetische Reaktion zusammensetzt, werden auf diese Weise zu einer Einheit zusammengefügt. Psychologen sind bisher nicht in der Lage gewesen, eine wechselseitige Beziehung zwischen Kontemplation und Emotion herzustellen. Es gelang ihnen nicht, den Platz jedes Elements im Gefüge künstlerischer Emotion anzugeben; das führte so weit, daß einer der konsequentesten Kunstpsychologen, Müller-Freienfels, die Existenz zweier Arten von Kunst und zweier Arten von Zuschauern annahm. Die eine mißt der Kontemplation größere Bedeutung bei, die andere dem Gefühl.

Unsere Annahme wird gestützt durch die Tatsache, daß die Psychologen bis heute nicht in der Lage waren, den Unterschied zwischen künstlerischen Gefühlen und konventionellen oder gewöhnlichen Gefühlen zu bestimmen. Müller-Freienfels meint, der Unterschied sei nur quantitativer Art, und schreibt: »... ästhetische Affekte sind stark, das heißt, es handelt sich um Affekte, die nicht zur Handlung drängen, die jedoch nichtsdestoweniger die höchste Gefühlsintensität erlangen können«[2]. Diese Aussage stimmt mit der von uns oben geäußerten überein. Sie steht auch in der Nähe der psychologischen Theorie Münsterbergs, der zufolge Isolierung eine unerläßliche Bedingung ästhetischer Erfahrung ist. Nach der letztgenannten Analyse ist Isolierung nichts als die Bedingung, unter der es möglich wird, ästhetische Reize von anderen zu unterscheiden; diese Bedingung ist unerläßlich, weil sie eine ausschließliche zentrale Abfuhr der durch Kunst ausgelösten Affekte garantiert und sicherstellt, daß diese Affekte nicht durch irgendeine äußere Handlung ausgedrückt werden. Hennequin erkennt den gleichen Unterschied zwischen realem und künstlerischem Gefühl in der Tatsache, daß Emotionen aus sich nicht zur Handlung führen. »Die Absicht eines literarischen Werkes«, erklärt er, »besteht darin, spezifische Emotionen anzuregen, die nicht unmittelbar in Handlung ausgedrückt werden können ...«[3]

Der Aufschub externer Äußerungen ist das entscheidende Charakteristikum eines künstlerischen Gefühls; er ist auch der Grund für die außergewöhnliche Stärke dieses Gefühls. Wir können zeigen, daß Kunst eine zentrale Emotion auslöst, eine Emotion, die sich im zerebralen Kortex (Hirnrinde) entlädt. Die von der Kunst ausgelösten Emotionen sind intelligente Emotionen. Statt sich in der Form von Faustschütteln oder Anfällen zu äußern, werden sie gewöhnlich in Phantasiebildern entladen. Diderot bemerkt, daß ein Schauspieler echte Tränen weine, doch diese Tränen stammten aus seinem Gehirn; damit

[2] R. Müller-Freienfels, Psychologie der Kunst, Leipzig 1923, Bd. 1, S. 210.
[3] E. Hennequin, »Versuch einer wissenschaftlichen Kritik: Psychologie des Ästhetischen«, in: Russkoe Bogatstro, 1892, S. 15.

hat er das Wesen künstlerischer Reaktion zum Ausdruck gebracht. Doch wir müssen uns vergegenwärtigen, daß eine ähnlich zentrale Gefühlsabfuhr auch für konventionelle oder gewöhnliche Gefühle vorstellbar ist. Folglich kann ein einzelnes Charakteristikum noch nicht das spezifische Unterscheidungsmerkmal des künstlerischen Gefühls bestimmen oder definieren.

Es gibt jedoch weitere Charakteristika. Psychologen behaupten häufig die Existenz gemischter Gefühle. Obgleich einige Autoren, wie Titchener, deren Existenz leugnen, behaupten andere, daß Kunst immer mit gemischten Gefühlen zu tun habe und daß Gefühle im allgemeinen einen organischen Charakter haben. Aus diesem Grund betrachten viele Autoren eine Emotion als interne organische Reaktion, welche die Übereinstimmung oder Nichtübereinstimmung unseres Organismus mit der von einem Einzelorgan ausgelösten neuralen Reaktion ausdrücke. In der Emotion komme die Einheit unseres Organismus zum Ausdruck. Titchener erklärt: »Wenn Othello sich gegenüber Desdemona grob verhält, entschuldigt sie seine Grobheit mit dem Hinweis, Staatsangelegenheiten hätten ihn aufgeregt. ›... Laß' unseren Finger schmerzen‹, sagt sie, ›und er ruft in unseren gesunden Gliedern das gleiche Schmerzgefühl hervor‹.«[4] Emotion wird hier als eine allgemeine globale Reaktion auf Vorgänge in einem Einzelorgan verstanden. Aus diesem Grund muß Kunst (die uns selbst dann, wenn sie unangenehme Gefühle hervorruft, eher anzieht als abstößt) mit gemischten Gefühlen und Emotionen in Verbindung gebracht werden. Müller-Freienfels erinnert an die von Plato angeführte Meinung des Sokrates, die gleiche Person solle sowohl Komödien wie Tragödien schreiben,[5] weil der Gefühlskontrast für einen ästhetischen Eindruck wesentlich sei. In seiner Analyse des tragischen Gefühls bezeichnet er Dualität als dessen Grundlage und zeigt, daß das Tragische unmöglich ist, wenn es objektiv und ohne psychologischen Hintergrund hingenommen werde, denn dieser Hintergrund bestehe in dem Gegensatz von Hemmung und Erregung.[6] Trotz der deprimierenden Natur des tragischen Gefühls »ist es insgesamt eine der erhabensten Höhen, zu denen die menschliche Natur sich aufschwingen kann, da die geistige Überwindung von tiefem Schmerz oder Trauer ein Gefühl des Triumphs erzeugt, das nicht seinesgleichen hat«.[7]

Auch für Schilder basiert dieses Gefühl auf der Dualität des tragi-

[4] E. Titchener, Experimental Psychology; A Manual of Laboratory Practice, New York 1910.
[5] R. Müller-Freienfels, op. cit., Bd. 1, S. 203.
[6] Ibid., S. 227.
[7] Ibid., S. 229.

schen Eindrucks.[8] In der Tat hat jeder Autor eine Stellungnahme zu der Tatsache abgegeben, daß eine Tragödie stets gegensätzliche Gefühle auslöst. Plechanow zitiert Darwins Ansicht über das Prinzip der Antithese bei unseren expressiven Emotionen und versucht, dieses Prinzip auf die Kunst anzuwenden. Nach Darwin rufen einige Stimmungen bestimmte gewohnheitsmäßige Bewegungen hervor, die man als sinnvoll bezeichnen könne; in einer widersprüchlichen intellektuellen Stimmung mache sich eine starke, unwillentliche Tendenz zur Ausführung von Bewegungen gegensätzlicher Natur bemerkbar. Das scheint auf die Tatsache zurückzuführen zu sein, daß jede willentliche Bewegung stets die Aktivität bestimmter Muskeln erfordert; bei der Ausführung einer sinnlos erscheinenden diametral gegensätzlichen Bewegung setzen wir die entgegengesetzten Muskeln in Gang (Rechts- oder Linksbewegung, Schieben oder Ziehen, Heben oder Senken usw.). Da die Ausführung entgegengesetzter Bewegungen unter dem Einfluß gegensätzlicher Impulse gewohnheitsmäßig wird, wenn Bewegungen einer Art mit einer Emotion oder einem Gefühl eng verbunden sind, ist es ganz folgerichtig anzunehmen, daß Bewegungen gegensätzlicher Natur als Folge einer habituellen Assoziierung unwillentlich ausgeführt werden.[9]

Dieses von Darwin entdeckte bemerkenswerte Gesetz ist auch auf die Kunst anwendbar, und es ist nicht länger überraschend, daß die Tragödie, die in uns zur gleichen Zeit gegensätzliche Affekte erzeugt, gemäß dem antithetischen Prinzip funktioniert und gegensätzliche Impulse zu entgegengesetzten Muskelgruppen aussendet. Sie zwingt uns, gleichzeitig Bewegungen nach rechts und nach links auszuführen, Gewichte gleichzeitig zu heben und zu senken, gleichzeitig eine Muskelgruppe und ihre entgegengesetzte zu bewegen. Auf diese Weise können wir den Aufschub externer Affektäußerung angesichts von Kunst erklären. Hier dürften wir auch die spezifischen Unterscheidungsmerkmale der ästhetischen Reaktion entdecken.

Wir haben oben festgestellt, daß ein Kunstwerk (ein Märchen, eine Kurzgeschichte, eine Tragödie) immer einen affektiven Widerspruch enthält, miteinander in Konflikt liegende Gefühle erzeugt sowie zum Kurzschluß und zur Vernichtung dieser Emotionen führt. Das ist der wahre Effekt eines Kunstwerks. Wir kommen nun zu dem von Aristoteles als Grundlage seiner Erklärung der Tragödie verwandten Begriff der *Katharsis,* den er auch wiederholt hinsichtlich anderer Künste erwähnte. In seiner *Poetik* schreibt er: »Die Tragödie ahmt eine wichtige, zu Ende geführte Handlung von einer gewissen Größe nach, und

[8] P. Schilder, Medizinische Psychologie für Ärzte und Psychologen, Berlin 1924, S. 320.
[9] Charles R. Darwin, The Expression of the Emotions in Man and Animals, mit einem Vorwort von K. Lorenz, Chicago 1965.

zwar durch Rede, deren jedes Teilstück seinen eigenen Schmuck trägt, oder durch eine — nicht erzählte — Handlung, die eine Reinigung solcher Affekte mit Hilfe von Mitleid und Furcht bewirkt.«[10]

Wie immer wir den dunklen Begriff Katharsis interpretieren, wir müssen sicherstellen, daß wir damit der aristotelischen Auffassung entsprechen. Doch für unseren Gedankengang ist das nicht das letztlich Entscheidende. Ob wir Lessing folgen, der Katharsis als die moralische Handlung der Tragödie versteht (Verwandlung von Leidenschaften in Tugenden), oder Müller, für den sie der Übergang von Mißvergnügen zu Vergnügen darstellt; ob wir Bernays' Interpretation des Begriffs als Heilung und Reinigung im medizinischen Sinne akzeptieren oder Zellers Meinung, Katharsis mildere den Affekt — wir werden die Bedeutung, die wir dem Begriff beilegen, unvollkommen und unvollständig ausdrücken. Trotz der Undefinierbarkeit seines Gehalts, trotz unserer Unfähigkeit, die Bedeutung dieses Begriffs im aristotelischen Sinne zu erklären, gibt es in der Psychologie keinen Terminus, der die zentrale Tatsache der ästhetischen Reaktion so vollständig bezeichnet, einer Reaktion, durch die schmerzliche und unangenehme Affekte abgeführt und in ihr Gegenteil verwandelt werden. Ästhetische Reaktion ist nichts anderes als Katharsis, das heißt, eine komplexe Verwandlung von Gefühlen. Obwohl zur Zeit wenig über den Prozeß der Katharsis bekannt ist, wissen wir doch, daß die Abfuhr nervöser Energie (die das Wesentliche jeder Emotion bildet) in einer Richtung stattfindet, die der konventionellen entgegengesetzt ist, und daß Kunst darum ein höchst wirksames Mittel zur wesentlichen und angemessenen Abfuhr nervöser Energie darstellt. Die Grundlage dieses Prozesses offenbart sich im Widerspruch, der in der Struktur jedes Kunstwerks angelegt ist. Wir haben bereits Owsianiko-Kulikowskij erwähnt, der die Auffassung vertritt, daß Hektors Abschiedsszene in uns widersprüchliche und im Konflikt miteinander liegende Emotionen auslöst. Auf der einen Seite sind dies Emotionen, die wir erfahren würden, wenn Pisemskij diese Szene geschrieben hätte; sie sind alles andere als lyrisch, da die Beschreibung kein Gedicht ist. Auf der anderen Seite wird die Emotion durch die Hexameter ausgelöst und ist daher eine lyrische Emotion par excellence. Doch bei jedem Kunstwerk gibt es Emotionen, die sowohl durch den Inhalt wie durch die Form angeregt werden. Die Frage ist: Wie stehen diese beiden Emotionsarten in Beziehung zueinander? Wir kennen die Antwort bereits, denn sie ergibt sich aus unseren obigen Überlegungen. Die Beziehung ist antagonistisch; die beiden Emotionsarten gehen in entgegengesetzte Richtungen. Das Gesetz der ästhetischen

[10] Aristoteles, Poetik.

Reaktion gilt für die Fabel wie für die Tragödie[11]: *Es bezieht sich auf einen Affekt, der sich in zwei entgegengesetzte Richtungen entwickelt, jedoch am Endpunkt seine Aufhebung erreicht.*

Dies ist der Prozeß, den wir Katharsis nennen möchten. Wir haben gezeigt, daß der Künstler immer Gehalt durch Form bewältigt, und wir haben eine Stützung dieser Aussage in der Struktur der Fabel und der Tragödie gefunden. Wenn wir die psychologischen Effekte einzelner formaler Elemente untersuchen, dann stellen wir fest, daß sie genau jener Absicht und Erwartung entsprechen. Wundt hat gezeigt, daß Rhythmus an sich nur »eine Methode des Gefühlsausdrucks im Sinne der Zeit« ist. Eine einzelne rhythmische Form ist der Ausdruck eines Gefühlsflusses, doch da die zeitliche Anordnung des Gefühlsflusses Teil des Affektes ist, erzeugt die Darstellung dieser rhythmischen Methode den Affekt als solchen. »Daher besteht die ästhetische Bedeutung des Rhythmus in seiner Funktion als verursachender Affekt. Mit anderen Worten, Rhythmus erzeugt den Affekt, von dem er aufgrund des psychologischen Gesetzes der emotionalen Prozesse ein Teil ist.«[12]

Wir sehen daher, daß der Rhythmus als eines der formalen Elemente fähig ist, von ihm repräsentierte Affekte zu erzeugen. Wenn ein Dichter einen Rhythmus wählt, dessen Effekt im Widerspruch oder im Gegensatz zu dem Inhaltseffekt seines Werkes steht, dann nehmen wir dieses Kontrastelement wahr. Bunin hat Mord, Schießerei und Leidenschaft mit einem Rhythmus unterkühlter, distanzierter Gelassenheit beschrieben. Sein Rhythmus erzeugt einen Affekt, der dem vom erzählerischen Inhalt erzeugten entgegengesetzt ist. Die ästhetische Reaktion verwandelt sich am Schluß in ein Gefühl der Katharsis; wir empfinden eine komplexe Gefühlsabfuhr, die wechselseitige Verwandlung der Gefühle, und statt der schmerzlichen Erfahrung aufgrund des Inhalts der Kurzgeschichte erleben wir ein zartes, transparentes Gefühl wie beim Einatmen frischer Luft. Das gleiche geschieht bei Märchen und Tragödien. Solch ein Gefühlskontrast besteht auch in dem von Owsianiko-Kulikowskij erwähnten Fall. Hexameter, sofern sie überhaupt notwendig sind und Homer besser ist als Pisemskij, hellen die vom Inhalt der *Ilias* erzeugten Gefühle auf und reinigen sie kathartisch. Der von uns entdeckte Kontrast in der Struktur der künstlerischen Form und der Kontrast des künstlerischen Inhalts bilden die Grundlage des kathartischen Vorgangs bei der ästhetischen Reaktion. Schiller drückt es

11 Wygotski hat die von ihm vertretene funktionsanalytische Methode (vgl. auch III 1) in seinem Buch ausführlich demonstriert an Fabeln von Krylov, Shakespeares Tragödie *Hamlet* und Bunins Erzählung *Leichter Atem.* (Anm. d. Hrsg.)
12 W. Wundt, Grundzüge der physiologischen Psychologie, Leipzig 1902–1903.

so aus: »Das Geheimnis eines Meisters besteht darin, den Inhalt mit Hilfe der Form zu vernichten; je majestätischer und anziehender der Inhalt ist, desto mehr tritt er in den Vordergrund, und je mehr der Zuschauer seinem Eindruck verfällt, desto größer der Triumph der Kunst, die den Inhalt beseitigt und ihn beherrscht.«

Ein Kunstwerk enthält immer einen intimen Konflikt zwischen Inhalt und Form; der Künstler erreicht diesen Effekt mit Hilfe der Form, die den Inhalt vernichtet.

Kommen wir nun zu einigen Schlußbemerkungen. Wir können feststellen, daß die basale ästhetische Reaktion in einem durch Kunst erzeugten Affekt besteht, in einem Affekt, der von uns als real erfahren wird, der jedoch seine Abfuhr in der von einem Kunstwerk hervorgerufenen Aktivität der Imagination findet. Diese zentrale Abfuhr verzögert und hemmt den externen motorischen Aspekt des Affekts, und wir glauben, daß wir nur illusorische Gefühle empfinden. Kunst basiert auf der Vereinigung von Gefühl und Imagination. Eine weitere Besonderheit der Kunst besteht darin, daß sie — während sie in uns widersprüchliche Affekte erzeugt — aufgrund des antithetischen Prinzips den motorischen Ausdruck der Emotionen aufschiebt und durch den Zusammenprall gegensätzlicher Impulse den aus Inhalt und Form stammenden Affekt vernichtet und eine explosive Entladung nervöser Energie in Gang setzt.

Katharsis durch ästhetische Reaktion ist Umwandlung von Affekten, ist explosive Reaktion, die in der Gefühlsabfuhr kulminiert.

5.

HORST TURK

Versuch über eine Theorie der literarischen Wirkung

1. Methodologische Vorbemerkung

Methodologisch gesehen, ist eine Theorie der literarischen Wirkung auf verschiedene Weisen denkbar; funktional: im Horizont möglicher Verständigung, medial: im Horizont möglichen Verstehens, und aktual: im Horizont möglichen Handelns. Diese Einteilung, die auf die drei allgemeinen Grundmethoden des Faches Sprach- und Literaturwissenschaft zurückgeht — Analytik, Hermeneutik und Dialektik —[1], repräsentiert in ihren verschiedenen Ansätzen unterschiedliche Auffassungen über das Verhältnis von Literatur, bzw. Sprache und Gesellschaft. Darüber hinaus ist in jedem der drei genannten Fälle ein anderer Wirkungsbegriff intendiert. Für unseren Zusammenhang sind nun aber nicht die Methoden selbst — ihre Grenzen, gegenseitigen Ausschließlichkeiten, Berührungspunkte und wechselseitige Abhängigkeit — in erster Linie von Belang, sondern die Wirkungsbegriffe, die sie implizieren, bzw. die Rückschlüsse, die sich aus den verschiedenen Wirkungsbegriffen auf den Gegenstand, der wirkt, und die Gesellschaft, auf die er wirkt, ziehen lassen. Medial, um mit dem Bekanntesten zu beginnen, ist der Wirkungsbegriff der Hermeneutik. Sie geht — auch in soziologischer Hinsicht[2] — von der immer schon vorgängig gegebenen Gedeutetheit alles Wirklichen aus. Ihr Ansatzpunkt ist das Modell der in sich bedeutenden Sprache, ihr Verfahren das Sinnverstehen, ihr Gegenstand das im Prinzip unausdeutbare Werk, ihr Wirkungsbegriff Teilhabe an einem dem Wesen nach unendlichen Auslegungsprozeß, soziologisch gesehen, Integration und Kommunikation im Gegenstand, bzw. im Feld vorgegebener Bedeutungen. Dieser Wirkungsbegriff, der sich von dem

[1] Zur ersten Einführung in die allgemeine Methodologie vgl. die Darstellung von H. Seiffert, Einführung in die Wissenschaftstheorie 1 und 2 (= Beck'sche Schwarze Reihe 60 u. 61), München 1970. Ferner zu einzelnen Problemen der Methodologie die verschiedenen Beiträge in der Festschrift für H. G. Gadamer, Hermeneutik und Dialektik, 2 Bde., hg. v. R. Bubner, K. Cramer, R. Wiehl, Tübingen 1970.

[2] Vgl. die Theorie des Vorurteils bei Gadamer in: H. G. Gadamer, Wahrheit und Methode, Tübingen, 2/1965, S. 255 ff.; zur Sprachlichkeit als Modell hermeneutischen Verstehens ebd., S. 361 ff.; vor allem aber die »Analyse des wirkungsgeschichtlichen Bewußtseins« ebd., S. 324, die eine von der hier vorgetragenen abweichende Theorie der literarischen Wirkung entwickelt.

aktualen Wirkungsbegriff der Dialektik unterscheidet, findet Eingang
in die dialektische Soziologie, sobald sich diese der analytischen Soziologie annähert und ihren progressiven Kritikbegriff, angeregt durch die
Systemforschung, in ein Interaktionsverhältnis mediatisiert.[3] Die Dialektik wird integrativ, behält jedoch ihre humane und humanisierende
Qualifikation ausdrücklich bei, nur daß diese nicht mehr primär auf
Veränderung, sondern, entsprechend der Anlehnung an die Hermeneutik, auf ein Sinnverstehen im Bestehenden geht. Ausdrücklich frei von
diesen Wertimplikationen wird demgegenüber der Interaktionsbegriff
in der empirischen Soziologie selbst gebraucht. Ihr Wirkungsbegriff ist
analytisch-funktional. Mit ihm trifft der Wirkungsbegriff des Strukturalismus zusammen, der wie sie, weil er den Inhalt des jeweils Gemeinten zugunsten der Verständigung über ihn aussetzt, das Verhältnis von Gesellschaft und auf sie einwirkenden Gegenstand nach Art
eines im Prinzip wertfreien, immer schon vorgegebenen Interaktions-
systems geregelt sieht.[4] Im Unterschied zur Hermeneutik ist die Wirkung also nicht primär durch das Werk und die in ihm gesetzten Bedeutungen definiert, innerhalb derer sich die Verständigung ereignet
oder vollzieht, sondern durch ein an sich wertfreies, nicht mehr zu hin-
terfragendes System der Verständigung, das durch solche Werke partiell stabilisiert, erweitert oder auch regeneriert werden kann. Hiervon
unterscheidet sich schließlich der aktuale Wirkungsbegriff der Dialektik, dessen Aktualität gerade darin besteht, daß er die bestehenden Sinn-
deutungen oder Systeme inhaltlich hinterfragt. Die Dialektik besitzt
im Unterschied zur Hermeneutik und zur Analytik nicht einen inte-
grativen, bzw. funktionalen Wirkungsbegriff, sondern einen Handlungsbegriff der Wirkung. Sie zielt auf die Veränderung der gesetzten

[3] J. Habermas, Arbeit und Interaktion. Bemerkungen zu Hegels Jenenser
»Philosophie des Geistes«, in: J. H., Technik und Wissenschaft (= edition
suhrkamp 287), Frankfurt a. M. 1968, S. 9—47. Zur Mediatisierung der Hegelschen Dialektik vgl.: »Geist ist dann nicht das Fundamentum, das der Subjektivität des Selbst im Selbstbewußtsein zugrunde liegt, sondern das Medium, *in*
dem ein Ich mit einem anderen Ich kommuniziert und *aus* dem, als einer absoluten Vermittlung, beide zu Subjekten wechselseitig sich erst bilden.« (13) Zur
Rezeption analytischer Modelle vgl. J. H., Technik und Wissenschaft als ›Ideologie‹, ebd., S. 82 f.; S. 83 zu ihrer hermeneutischen Umdeutung: »Die moralische Durchsetzung einer sanktionierten Ordnung, und damit kommunikatives
Handeln, das an sprachlich artikuliertem Sinn orientiert ist und die Verinnerlichung von Normen voraussetzt, wird in zunehmendem Umfang durch kon-
ditionierte Verhaltensweisen abgelöst . . .«
[4] Dieser Zug findet sich gerade auch bei vermeintlich nicht-modischen Litera-
turwissenschaftlern; so z. B. in der Blumenberg-Nachfolge (H. Blumenberg,
Die Legitimität der Neuzeit, Frankfurt a. M. 1966) bei H. R. Jauss, Literaturgeschichte als Provokation der Literaturwissenschaft, in: H. R. J., Literaturgeschichte als Provokation der Literaturwissenschaft (= edition suhrkamp 418),
Frankfurt a. M. 1970, S. 144—207.

Bedeutungen und Funktionssysteme nicht nur im Sinn einer erweiterten Auslegung, bzw. systemimmanenter Innovationen, sondern im Sinn eines praktischen Realisationsanspruchs, weil sie sich selbst als den Vollzug eines notwendigen Handelns versteht.[5] Damit vertritt die Dialektik jedoch bereits eine besondere Ausformung des aktualen Wirkungsbegriffs: die Wirkung als Vollzug notwendigen Handelns. Außerhalb der wissenschaftstheoretisch begründeten methodologischen Einteilung stehen zwei weitere Möglichkeiten aktualer Wirkung: die ästhetische und die rhetorische. Sie verstehen sich im Unterschied zur Dialektik aktual im Blick auf ein mögliches Handeln: auf der Grundlage eines intentionalen Wirkungsbegriffs. Beide setzen im Unterschied zur spekulativen Dialektik keinen Begriff ihrer selbst als einer Handlung voraus — weder als Progression, wie in der klassischen Dialektik, noch als Negation, wie in der kritischen Theorie —, sondern nur den Begriff eines Vermögens zu handeln, der ihnen aus der Medialität, deren sie sich bedienen, als Verfügungsgewalt im Wort, bzw. in der Vorstellung oder im Gefühl, zuwächst.[6] Hierdurch unterscheiden sie sich vor allem auch von dem Wirkungsbegriff der Hermeneutik: die Sprachlichkeit umfaßt nicht per se schon den Sinn aller möglichen Wirkung, sondern sie ist, wie alle Bedeutung überhaupt, Ausgangspunkt einer intentional und teleologisch nicht determinierten Wirkung. Ästhetik und Rhetorik entziehen sich von jeher geflissentlich jeder philosophischen Zielsetzung, der theoretischen (auf Wahrheit gerichteten) ebenso wie der praktischen (auf das Gute gerichteten):[7] nicht, weil sie im Unterschied zu jener allein oder insbesondere irrational wären, sondern weil sie dasjenige an einer Handlung thematisieren, was nicht funktional, integral oder teleologisch festgelegt ist.

Fünf Wirkungsbegriffe lassen sich mithin in einer methodologischen Vorüberlegung unterscheiden: der funktionale, der die Wirkung des Gegenstands durch ein System der Interaktion reguliert denkt, der integrale, der diese Wirkung als ein Verstehen im Medium des Gegenstandes denkt, und der aktuale, der auf die Änderung oder Aufhebung sowohl des Systems einer solchen Interaktion als auch des Gegenstands oder der Bedeutung — in ihrer Eigenschaft, vorgegebenes Medium zu sein — geht. Der aktuale Wirkungsbegriff unterscheidet sich wiederum

---

[5] Am eindrucksvollsten bei Hegel in der »Phänomenologie des Geistes« die Umdeutung des christlichen Heilsmythos in eine Selbstverwirklichung des Geistes (»Die offenbare Religion«, vor allem 3. »Entwicklung des Begriffs der absoluten Religion«).

[6] Zum Wirkungsbegriff der Rhetorik vgl. Aristoteles, Rhetorik, I. Buch. Ferner die Kritik Platons an der Verfügungsgewalt im Wort: im »Gorgias«.

[7] Mit Ausnahme des Neuplatonismus und der ihm folgenden Tradition. Doch hier ließe sich ebensogut von einer Überformung des Philosophischen durch das Ästhetische reden.

nach drei Formen, je nachdem, ob das Vermögen zu handeln hergestellt wird,[8] ob Gebrauch von diesem Vermögen gemacht wird oder ob ein bereits zum Handeln bestimmtes Vermögen auf seinen Begriff gebracht und damit notwendig gemacht wird. Letzteres ist der Fall einer pädagogisch oder moralisch ausgeübten praktischen Dialektik.[9] Der ästhetische Wirkungsbegriff geht auf das Vermögen zu handeln, das hergestellt oder auch reflektiert wird, der rhetorische auf den Gebrauch dieses Vermögens. Mit dem funktionalen, dem integralen, dem ästhetischen, dem rhetorischen und dem dialektischen Wirkungsbegriff sind, soweit ich sehe, ausgehend von der Methodologie, die systematischen Möglichkeiten zu einer theoretischen Bestimmung erschöpft. Drei dieser Wirkungsbegriffe implizieren im Ansatz zugleich auch einen bestimmten Gesellschaftsbegriff: der funktionale versteht sich soziologisch im Zusammenhang vorgegebener Interaktionssysteme, der integrale setzt Gesellschaft als einen Verstehenszusammenhang, der sich in vorgegebenen Bedeutungen auslegt, voraus, der dialektische kritisiert die Gesellschaft vom Standpunkt einer Totalität aus, deren Realisation ihr aufgegeben ist. Der rhetorische und der ästhetische Wirkungsbegriff sind frei von einer solchen bestimmten Implikation. Dies entspricht der prinzipiellen Zweckoffenheit, die sie als intentionale Ausformungen des aktualen Wirkungsbegriffs im Unterschied zur Dialektik besitzen. Für die Rhetorik erklärt sich aus dieser Independenz, daß sie von alters her als *das* Verfahren der politischen Beeinflussung gilt.[10] Die ästhetische Wirkung ist demgegenüber frei von unmittelbarer pragmatischer Wirkung, gegen die sie sich als ästhetische Wirkung geradezu abschließt. Dies erklärt, weshalb ihre Funktion im Unterschied zur Rhetorik, doch mit ebenfalls auf die Antike zurückreichender Tradition, pädagogisch bestimmt wird. Auf diese Funktion, ausgehend von einem bestimmten Interpretationsproblem der »Ästhetischen Briefe« Schillers, soll sich im folgenden die Auseinandersetzung konzentrieren. Ein Beweis für die Wichtigkeit des eingeschlagenen Wegs wird sein, daß die Frage des Handelns, von der wir oben ausgegangen sind, sich im Verlauf dieser Erörterung nicht verliert, sondern im Gegenteil an Präzision gewinnt.

[8] Der Gesichtspunkt, es handle sich bei der ästhetischen Wirkung um die Herstellung eines Vermögens, findet sich schon in der Antike, allerdings mit dem Unterschied, daß es sich bei Platon im 2. Buch der »Gesetze« und ebenso bei Aristoteles im 8. Buch der »Politik« um die Herstellung bestimmter seelischer Verhaltensformen handelt. — Daß der Begriff des Ästhetischen in diesem Zusammenhang nur vorbehaltlich verwendet werden kann, unterliegt keinem Zweifel. Andererseits ist es in diesem Rahmen aber kaum möglich, eine genauere Differenzierung in diesem Punkt vorzunehmen.
[9] Vgl. die sokratische Dialektik in den Platonischen Dialogen.
[10] Vgl. oben Anm. 6.

2. Systematische Vorüberlegung

Wirkungsästhetik treiben heißt, eine im Lauf der Kulturgeschichte vergessene Tradition wieder aufleben zu lassen, die zwar — in der Entwicklungslinie Aristoteles, Lessing, Schiller, Brecht — als Primärtheorie an allen wichtigen Punkten der Literaturentwicklung erscheint, deren Gewicht als eine prinzipielle Alternative zur bislang weithin noch vorherrschenden Schöpfungs- und Inhaltsästhetik, bzw. zur z. Zt. neu angeregten Spielästhetik, von der Kulturwissenschaft noch nicht erfaßt wurde. Dieses Versäumnis, das einerseits eine wissenschaftsimmanente Aufgabe stellt, hängt andererseits mit der historischen Bestimmung des neuzeitlichen Handlungsbegriffs eng zusammen. Der Handlungsbegriff, der die Geschichtserwartung der Neuzeit prägt, ist nicht in der Ästhetik ausgebildet worden; doch als Spontaneität, die das antike kosmologische Zweckgefüge sprengt, als transzendentale Setzung, die dieses Zweckgefüge einer apriorischen Kritik unterwirft, als Setzung des Geistes, die dieses Zweckgefüge in Bewegung bringt und in direkte Konkurrenz zur theologischen creatio ex nihilo-Vorstellung tritt, hat er seinen ersten exemplarischen Ausdruck in der Ästhetik gefunden: als absolute Neuschöpfung in der Zeit, die alle Bedingtheiten außer Kraft setzt, bzw. hinterfängt in der Schöpfungsästhetik seit Shaftesbury und Herder, dialektisch auf die Vernunft zurückbezogen in der Inhaltsästhetik von Hegel bis Lukács. Statt nun aber den Unterschied zur Kunstmetaphysik im einzelnen, etwa bis zum Wirkungsbegriff der ästhetischen Theodizee Nietzsches oder bis zum Realismusstreit Lukács/ Brecht herauszuarbeiten, wollen wir uns, weil hier noch so gut wie jede wissenschaftliche Vorarbeit fehlt, auf die Entwicklung in der davon unterschiedenen, anthropologischen Wirkungsästhetik konzentrieren, auf den Einbruch des Schöpfungsbegriffs in sie und die Konsequenz, die sich aus dieser Perspektive für den Praxisbezug der literarischen Wirkung ergibt.

3. Historische Vorüberlegung

Wirkungsästhetik wird in der Regel historisch ausschließlich im Zeichen der aristotelischen Katharsis-Theorie gesehen, ihrer sie einengenden Umdeutung im französischen Klassizismus und ihrer erweiterten Wiederherstellung durch Lessing,[11] bzw. ihres — unter diesem Gesichts-

---

[11] Die immer noch überzeugendste Darstellung dieses Zusammenhangs gibt M. Kommerell, Lessing und Aristoteles, Frankfurt a. M. 1960.

punkt nie näher ausgeführten — Widerrufs bei Brecht,[12] das heißt aber, daß die für sie erst eigentlich entscheidende transzendentale Wende, die sie bei Schiller nimmt, unbeachtet bleibt. Hier hätte jedoch eine Geschichte der literarischen Wirkungsästhetik, die zudem auch die Phase der rhetorischen Überfremdung und deren hermeneutische Umdeutung in der politischen Wirkungsästhetik bei Brecht mit umfassen müßte, vor allem einzusetzen. Was besagt der antike Katharsisbegriff und was in Unterscheidung davon seine transzendentale Umdeutung bei Schiller? Es hat an Versuchen, die anthropologische Fremdbestimmung der Kunst an der Wurzel, d. h. der Tragödiendefinition des Aristoteles, durch Einschaltung eines modernisierten neuzeitlichen eudaimonia-Verständnisses zu heilen, nicht gefehlt. Die Einwände, die sich gegen die bei Lukács[13] oder Gadamer[14] prätendierte aristotelische Kunstautonomie aus Aristoteles selbst aufdrängen, können kurz — und damit natürlich vergröbert — wie folgt zusammengestellt werden: Es gibt unter der Voraussetzung der antiken anthropozentrischen Kosmologie drei Bestimmungen der Eudaimonie: das Denken, das Handeln und das Genießen. Die Zuordnung dieser Faktoren, die praktisch unter dem Gesichtspunkt der Autarkie, des Sich-selbst-Genügens, erfolgt, führt zu einem klaren Primat des Denkens, der theoria. So ist der Staat, als die höchste Organisationsform der Praxis, vollendete Autarkie;[15] in ihm wiederum besitzt die vollendete Selbstgenügsamkeit aber der Weise, d. h. die Lebensart der sozial freigestellten Kontemplation, die in Muße der Wahrheit nachgeht.[16] Das Denken des Wahren ist zugleich auch der höchste Genuß. Der Versuch, demgegenüber auch eine Autonomie der Kunst zu beweisen, müßte über den Spielbegriff der aristotelischen »Politik« gehen. Hier zeigt sich aber — und zwar am Beispiel der Musik, die mit ihren ethischen, orgiastischen und pragmatischen Charakteren über den Katharsisbegriff der »Poetik« hinausführt —, daß das Spiel bei Aristoteles wohl eine Antizipation der Glückseligkeit hervorzubringen vermag,[17] nicht aber deren Realität, die allein im tugendhaften Handeln, d. h. in der selbstzweckhaften Praxis liegt, als welche in letzter Konsequenz wiederum nur die reine theoria gilt.[18]

---

[12] Wichtige Hinweise im Rahmen der Brechtinterpretation finden sich bei W. Hinck, Die Dramaturgie des späten Brecht (= Palaestra 229), Göttingen 1959.
[13] G. Lukács, Ästhetik, I, 1, Neuwied und Berlin 1963, S. 393 ff. Vgl. auch Goethes Umdeutung in der »Nachlese zu Aristoteles' Poetik«.
[14] A. a. O., S. 122 ff.; ähnlich auch F. Tomberg, Mimesis der Praxis und abstrakte Kunst, Neuwied und Berlin 1968, S. 22 ff.
[15] Aristoteles, Politik 1252 b 27 ff.
[16] Ebd. 1325 b 13 ff.
[17] Ebd. 1339 b 31 ff.
[18] Aristoteles, Nikomachische Ethik, X. Buch, Kap. 6—8.

Das Denken ist mehr als jede bloße Antizipation und jedes bloße Vermögen; es ist, in freier, den Menschen uneingeschränkt und ganz umfassender Selbsttätigkeit *die* Autarkie. Zwar besteht die Einheit von
Gut und Schön auch für Aristoteles noch, doch unter dem Primat des
Guten, das, weil es wirkliche Tätigkeit ist und nicht nur deren Vermögen in Spiel oder Schein, mehr und vollkommener ist als das auf sich
gestellte Schöne. Eine Selbständigkeit des Schönen gegenüber dem
Handeln und gegenüber der Theorie gerade auch in dem Sinn, daß in
ihm, im Schönen, etwas wirklich wäre, das im Handeln und im Denken so nicht wirklich ist, gibt es erst später, in der Wirkungsästhetik
namentlich bei Schiller: unter Voraussetzungen, die im folgenden aus
einer Interpretationsschwierigkeit der »Ästhetischen Briefe« entwickelt
werden sollen. Mit der Autonomie des Ästhetischen, die im Horizont
möglichen Handelns prätendiert wird, tritt die Wirkungsästhetik aus
dem anthropologisch gebundenen, normativ-anthropologischen Rahmen, den sie bei Aristoteles in der Poetik und der aus ihr abgeleiteten
Katharsislehre besitzt, heraus. An die Stelle der psychagogisch, rhetorisch oder auch ethisch zu verstehenden »Reinigung von« oder »Reinigung der«[19] tritt die Herstellung eines Zustandes, der anthropologisch
zwar schon immer angelegt ist, dessen Wirklichkeit jedoch, die zugleich
die Wirklichkeit des Menschlichen in einer »vollständigen anthropologischen Schätzung« (577)[20] beinhaltet, besonderer Anstalten bedarf.
Diese Anstalten, die Schiller unter dem Namen einer »ästhetischen Erziehung« zusammenfaßt, sind ihm, weil er sie, scheinbar im Widerspruch zu seinem ursprünglichen Konzept, zum Wesen der Sache selbst
macht, oft als Inkonsequenz ausgelegt worden.

4. Zum Interpretationsproblem der »Ästhetischen Briefe«

Schiller geht in seiner Theorie eines hervorzubringenden »ästhetischen
Zustandes« bekanntlich von einem aktuellen politischen Ereignis aus,
der Französischen Revolution, deren Problematik er, gesellschaftstheoretisch durchaus auf der Höhe seiner Zeit, unter drei Gesichtspunkten
betrachtet: der Ersetzung der willkürlich entstandenen Staats- und Ge-
sellschaftsverfassungen durch »einen Naturstand in der Idee« (574), der
daraus sich ergebenden Schwierigkeiten einer praktischen Realisation

---

[19] Eine genaue Darstellung gibt W. Schadewaldt, Furcht und Mitleid?, in:
W. Sch., Antike und Gegenwart. Über die Tragödie (= dtv 342), München
1966, S. 16—60.
[20] Zitiert wird nach: Friedrich Schiller, Sämtliche Werke, hg. v. G. Fricke u.
H. Göpfert, München, 4/1967, V, S. 570—669.

(6. bis 10. Brief) und des Versuchs einer geschichtsphilosophischen Lösung dieser Schwierigkeiten nach Art der dialektisch durchgeführten Theodizee. Letztere wird jedoch bei Schiller bereits im Augenblick ihrer Nennung zugunsten einer »vollständigen anthropologischen Schätzung« relativiert: »Kann aber wohl der Mensch dazu bestimmt sein, über irgendeinem Zwecke sich selbst zu versäumen? Sollte uns die Natur durch ihre Zwecke eine Vollkommenheit rauben können, welche uns die Vernunft durch die ihrigen vorschreibt? Es muß also falsch sein, daß die Ausbildung der einzelnen Kräfte das Opfer ihrer Totalität notwendig macht; oder wenn auch das Gesetz der Natur noch so sehr dahin strebte, so muß es bei uns stehen, diese Totalität in unsrer Natur, welche die Kunst zerstört hat, durch eine höhere Kunst wiederherzustellen.« (588) Umso widersprechender scheint dann aber das Ende der »Ästhetischen Briefe« zu sein — sei's, daß Schiller vor der aktuellen historischen Forderung eines politischen Wirkungsanspruches durch die Flucht in eine Spielwirklichkeit von Gesellschaft ausweicht,[21] sei's, daß sich darin, wie Gadamer vermutet, eine »Verschiebung in der ontologischen Basis«[22] von den Fragen des Handelns zur Autonomie der Kunst ausdrückt —, wenn die Abhandlung mit einer ästhetischen Aufhebung schließt, Kunst und Kultur, die Bildung des »inneren Menschen« nicht mehr als Bedingung der Möglichkeit für ein politisches Handeln, sondern als Selbstzweck angestrebt scheint. Schiller stellt dynamischen Staat = physischen Staat oder Notstaat, ethischen Staat = Staat nach Maßgabe »eines Naturstandes in der Idee« und ästhetischen Staat = Realität des Ideals im Schein des Schönen einander gegenüber: »Der dynamische Staat kann die Gesellschaft bloß möglich machen, indem er die Natur durch Natur bezähmt; der ethische Staat kann sie bloß (moralisch) notwendig machen, indem er den einzelnen Willen dem allgemeinen unterwirft; der ästhetische Staat allein kann sie wirklich machen, weil er den Willen des Ganzen durch die Natur des Individuums vollzieht.« (667) Gibt Schiller damit, daß er dem ästhetischen Staat uneingeschränkt und uneingeschränkt nur dem ästhetischen Staat die volle Wirklichkeit des Ideals einer befreiten, humanen, nur durch sich selbst bestimmten Gesellschaft zuspricht, den politischen Anspruch einer Betrachtung im Horizont möglichen Handelns nicht preis? Wäre nicht gegen ihn, nimmt man den politischen Wirkungsanspruch des Beginns dieser Abhandlung beim Wort, das gleiche einzuwenden, was er gegen die geschichtsphilosophische Theodizee vorbringt, nämlich, daß

---

[21] So G. Lukács, Schillers Theorie der modernen Literatur, in: G. L., Faust und Faustus (= rde 285—287), Reinbek 1967, S. 109.
[22] A. a. O., S. 78. Zu einer ähnlichen Deutung kommt, allerdings ausgezogen zu einer psychoanalytisch motivierten Realutopie, der späte Marcuse, Triebstruktur und Gesellschaft, Frankfurt a. M. 1970, S. 184—194.

der Mensch nicht über irgendeinen Zweck bestimmt sein kann, sich selbst zu versäumen, vorausgesetzt, nicht handeln heißt, sich selbst versäumen? Die Beantwortung dieser Frage, die eine Entscheidung über Widerspruch und Nichtwiderspruch in der Schillerschen Konzeption impliziert, führt — am Ende der europäischen Aufklärung, der Schiller über Kant und Rousseau zugehört — zu einer Aporie des neuzeitlichen Handlungsbegriffs: zum Umschlag in einen ästhetischen Voluntarismus.

5. Problemgeschichtliche Zuordnung

Den Voluntarismus als ein Problem der europäischen Aufklärung, mithin des analytischen Denkens, zu verstehen, ist ebenso naheliegend wie ungewöhnlich. Der Ansatz ergibt sich aus einer Neubesinnung auf das seit Max Weber und Troeltsch zum Verstehen historischer Abläufe viel zitierte Säkularisierungsphänomen, das in der letzten Zeit durch die ideenpolitischen Analysen von Lübbe[23] und Blumenberg[24] eine neue kritische Grundlegung erhielt: von Säkularisation oder Säkularisierung im übertragenen, geisteswissenschaftlichen Sinn könne nur dann gesprochen werden, wenn in genauer Analogie zur politischen Geschichte ein Akt der Enteignung vorliegt.[25] Von Blumenbergs geistvoller Induktion in »Die Legitimität der Neuzeit« unterscheidet sich die hier vorgetragene Auffassung dadurch, daß sie an die Stelle, die bei Blumenberg leer bleibt,[26] den historisch nachweisbaren Inhalt einsetzt, von dem, um eine frühere Formulierung Blumenbergs zu gebrauchen, nicht gewiß ist, ob er, wenn ihn der Mensch vom Himmel, in den er ihn möglicher-

[23] H. Lübbe, Säkularisierung. Geschichte eines ideenpolitischen Begriffs, Freiburg/München 1965.
[24] H. Blumenberg, Die Legitimität der Neuzeit, Frankfurt a. M. 1966.
[25] Ebd., S. 48 ff.
[26] Ebd., S. 440 f. »Setzt man also voraus, daß die Epochenkategorie nicht eine rein nominalistische Ordnungsfunktion hat, so ergibt sich als methodische Konsequenz aus diesem Ansatz, daß das ›Ereignis‹ des Epochenwandels nur in der Weise der Interpolation faßbar wird. Von zwei zeitlich genügend weit auseinander liegenden Punkten her läßt sich sagen, daß die Epochenwende von dem früheren Zeitpunkt aus gesehen noch bevorsteht, von dem späteren her schon eingetreten ist. Dieses Noch-Nicht und dieses Schon indizieren das, was dazwischen liegt.« Nach diesem Konstrukt einer spekulativen Analytik, das methodologisch das ganze System der ausgebreiteten Vakanzentheorie trägt, ist nicht nur das Gegensatzpaar Cusaner und Nolaner, bzw. ausgehendes Mittelalter und beginnende Neuzeit vorgestellt: in der Formel »Telosschwund« und »Selbstbehauptung« (101) —, sondern auch der Epochenbruch zwischen Antike und Christentum: in dem Modell der noch nicht gestellten (211 u. ö.) und der bereits enttäuschten Geschichtserwartung (27 ff.).

weise projiziert hat, wieder herunterholt, noch derselbe ist wie der, den er hinaufprojiziert hat.[27] Ein solcher Inhalt ist das Theologumenon der göttlichen Allmacht, die Vorstellung eines absolut vermögenden Wollens, die dem personalistischen Geschichts- und Handlungsdenken der europäischen Aufklärung aus der christlich-jüdischen Geschichtserwartung zugefallen ist. Über die Entstehung dieser Geschichtserwartung sowie des darin gesetzten Voluntarismus, ob sie religiös oder anthropologisch zu erklären ist, kann man verschiedenen Hypothesen anhängen. Sicher ist jedoch, daß mit ihr ein der Antike ursprünglich fremdes Element der Zweckoffenheit in die Handlungstheorie einzieht und daß eben dieses Element, das sich dem analytischen Denken nur schwer fügt, bei der Ausbildung der neuzeitlichen Praxisphilosophie, der Staats-, Gesellschafts- und Morallehre, schließlich auch des Historismus, eine entscheidende Rolle gespielt hat. Die Art der Rezeption, die von Hobbes über Rousseau bis Kant den Absolutismus des Wollens in kritischer Ausgrenzung von der Theologie begründet, zeigt die von Blumenberg verlangten Merkmale einer geisteswissenschaftlichen Säkularisation: Enteignung des absolut vermögenden Wollens, das von Gott auf Staat, Gesellschaft und Individuum übergeht, sowie die Übernahme des damit verbundenen Problemzusammenhanges ins Säkulare. Denn wie in der theologischen Auseinandersetzung über den metaphysischen Freiheitsbegriff seit Augustin tritt jetzt nach erfolgter Übereignung des absoluten Wollensanspruchs auf den Staat seit Hobbes das Problem der Selbstverpflichtung und damit der gesellschaftlichen Legitimität eines solchen Anspruchs in den Vordergrund: gesellschaftstheoretisch im Gedanken der »volonté générale«, als »moralisch-metaphysischer Wesenheit« und nicht als juristischer Fiktion[28] bei Rousseau, moraltheoretisch im Begriff des durch sich selbst bestimmten Willens bei Kant. Kant hat sich bekanntlich, um das Problem der Selbstverpflichtung in der absoluten Wollensmöglichkeit kritisch, d. h. aus reiner gesetzgebender Vernunft, zu lösen, auf seinen viel gerühmten und viel geschmähten transzendentalen Formalismus zurückgezogen. Damit entfällt, gemessen am voll ausgeführten Allmachtsbegriff der theologischen Tradition, bei Kant das dritte, für den absoluten Wollensanspruch konstitutive Element: nicht nur absolut vermögend und absolut gesollt, sondern darin auch absolut wirklich zu sein. In der Säkularisation des Allmachtsbegriffs durch die europäische Aufklärung bis Kant fehlt noch jene Veränderbarkeit des Denkens, die dem neuzeitlichen Praxisbegriff seit Hegel die für ihn bestimmende expansive Spreng-

[27] H. Blumenberg, Säkularisation — Kritik einer Kategorie historischer Illegitimität, in: Verh. 7. Dt. Kongr. f. Philos. 1964, S. 262.
[28] Iring Fetscher, Rousseaus politische Philosophie (= Politica I), Neuwied und Berlin 1968, S. 113.

kraft gibt. Dieses Moment, das in der herkömmlichen Problemgeschichtsschreibung aufgrund anderer Problemkonstanten meist zur Überleitung in den dialektischen Idealismus und damit zur Rückkehr in die Metaphysik führt, hat im Rahmen des analytischen Denkens der Aufklärung, genauer des transzendental-analytischen Denkens der ausgehenden Aufklärung, einen eigenen Ausdruck gefunden: in der ästhetischen Ausformulierung der Inhalte dieses Voluntarismus bei Schiller.

6. Auflösung der Interpretationsschwierigkeit

Schiller selbst gibt uns in der Mitte des elften Briefes, als er mit der angekündigten transzendentalphilosophischen Deduktion beginnt, den authentischen Hinweis auf die Tradition, aus der er seine Leitvorstellung bezieht: »Ob nun gleich ein unendliches Wesen, eine Gottheit, nicht *werden* kann, so muß man doch eine Tendenz göttlich nennen, die das eigentlichste Merkmal der Gottheit, absolute Verkündigung des Vermögens (Wirklichkeit alles Möglichen) und absolute Einheit des Erscheinens (Notwendigkeit alles Wirklichen) zu ihrer unendlichen Aufgabe hat. Die Anlage zu der Gottheit trägt der Mensch unwidersprechlich in seiner Persönlichkeit in sich; der Weg zu der Gottheit, wenn man einen Weg nennen kann, was niemals zum Ziele führt, ist ihm aufgetan in den *Sinnen.*« (602 f.) Das Problem, das von Schiller hier in Gestalt der traditionellen Allmachtsformel eingeführt wird, ist, theologisch gesehen, das *ganze* Problem der christlich beeinflußten Handlungslehre, die absolut gerade auch in ihrem säkularen Verstand, in der voluntaristischen Aufwertung des Möglichen vor dem Notwendigen, ist. Nach antiker, teleologisch gebundener Auffassung, kann die »Verkündigung des Vermögens« keine gleichursprüngliche Bedeutung neben der »Notwendigkeit alles Wirklichen«, der erkannten Zwecktätigkeit, behaupten. Das je durchgeführte Handeln ist mehr als die Verkündigung seines Vermögens. Schiller gibt diesen, ihn auf das Zwecksystem des Bestehenden einschränkenden Grundsatz nicht preis. Doch er erweitert ihn um die »absolute Verkündigung des Vermögens«, die als »Wirklichkeit alles Möglichen« jedes bestehende Zwecksystem relativiert. Das Problem, das sich aus dieser doppelten Bestimmung des Handlungsbegriffs ergibt, wird — und darin liegt nun die eigentliche Säkularisation der theologischen Allmachtsformel bei Schiller — von Schiller transzendental-anthropologisch in Anknüpfung an Kant und in Absetzung von ihm gelöst. Die »Wirklichkeit alles Möglichen« ist bei Schiller — wie in der traditionellen Allmachtsformel — nicht die Möglichkeit alles Wirklichen, Potenz, die in den Akt übergeht und eben dadurch wirklich wird, sondern sie ist die »Wirklichkeit alles Möglichen«, selbst also eine Weise der Aktualität, der Wirkung oder des Seins, die — theologisch gesprochen — der Allmacht zugegeben werden muß, wenn diese unendlich oder absolut, also auch als Schöpferin anderer als der bestehenden, d. h. möglicher Welten denkbar sein soll.[29] In dieser Weise, ausgehend von dem Gedanken der Allmacht Gottes, die der Realität nach unendlich viele verschiedene Welten in sich faßt, war schon das ausgehende Mittelalter, namentlich Nikolaus von Cues, auf die Absolutheit des Seins als Sein-Können im Horizont möglichen Vorstellens gekommen. Schiller übernimmt diese voluntaristische Differenzierung des Wirklichkeitsbegriffs, doch unter eindeutiger Präponderanz des Handelns. Die »Wirklichkeit alles Möglichen« ist nur im Wollen, das seinem Begriff nach noch nicht in ein Handeln übergegangen ist, in einem »ästhetischen Zustand« dieses Wollens.

Welche Funktion hat aber konkret der »ästhetische Zustand« des Wollens für das Handeln? Schiller versucht, seine schlechthinnige Unverzichtbarkeit transzendental-anthropologisch durch eine Analyse des Handlungsaktes selbst zu erweisen. Seine Deduktion ist nicht idealistische Metaphysik, die in der Aufhebung realer Widersprüche eine Eigenwirklichkeit des Schönen postulierte, sondern sie ist anthropologischer Kritizismus, indem sie das Schöne, statt es zu substantialisieren, als Bedingung der Möglichkeit des Handelns aus dem Zusammenhang der Aktstruktur des Handelns begreift. Das Schöne ist nicht selbst für sich, indem es den Gegensatz von Person und Zustand, Formalität und Realität, Spontaneität und Rezeption aktiv in sich aufhebt, eine Wirklichkeit, sondern in dieser Aufhebung, Vollendung und Harmonisierung stets nur Teil der Wirklichkeit, deren Erweiterung um das Mögliche als ein Moment am Handeln. Der Zustand, auf den es in diesem Zusammenhang ankommt, wird bekanntlich als ein Zustand der »höchsten Realität« (637), des vollkommen aktualisierten Vermögens und darin des Gleichgewichts zwischen den widersprechenden Bestimmungen, als ein Zustand der realen Zulassung gegenüber dem Wollen, der absoluten Wollensmöglichkeit vorgestellt: »Jeder dieser beiden Grundtriebe strebt, sobald er zur Entwicklung gekommen, seiner Natur nach und notwendig nach Befriedigung, aber eben darum, weil beide notwendig und beide doch nach entgegengesetzten Objekten streben, so hebt diese doppelte Nötigung sich gegenseitig auf, und der Wille behauptet eine vollkommene Freiheit zwischen beiden. Der Wille ist es also, der sich gegen beide Triebe als eine *Macht* (als Grund der Wirklichkeit) verhält, aber keiner von beiden kann sich für sich selbst als eine Macht gegen den andern verhalten.« (630) Der ästhetische Zu-

---

[29] Beispiele aus dem Nominalismus für diese Vorstellung finden sich bei Blumenberg, Legitimität, a. a. O., S. 108 ff.

stand ist ein Zustand der absoluten Wollensmöglichkeit, darin Teil der
Wirklichkeit, dem selbst, weil das Wollen »Grund der Wirklichkeit« ist
(das Handeln hängt vom Wollen ab), Wirklichkeit zukommt, doch
nicht Wirklichkeit außerhalb der Aktstruktur des Handelns. Für sich
betrachtet, als Zustand der Person und auch der in ihm möglicherweise
sich zusammenfindenden Gesellschaft, ist er ein Zustand *nur* des Vermögens, des ästhetischen Scheins: »Auf die Frage ›Inwieweit darf
Schein in der moralischen Welt sein?‹ ist also die Antwort so kurz
als bündig diese: Insoweit es ästhetischer Schein ist, d. h. Schein, der
weder Realität vertreten will, noch von derselben vertreten zu werden
braucht.« (660) Damit löst sich jedoch die eingangs exponierte interpretatorische Schwierigkeit; denn als Schein, der Teil der sozialen Realität
ist als Moment am Handlungsakt, konstitutiv ohne ihn zu ersetzen, ist
der ästhetische Staat, »weil er den Willen des Ganzen durch die Natur
des Individuums vollzieht«, wirklich.

7. Versuch einer Applikation auf die gegenwärtige Situation

Das Interpretationsproblem, das die »Ästhetischen Briefe« aufgeben,
wäre mit einer solchen Nachzeichnung des transzendental-anthropolo-
gischen Ansatzes gelöst. Der Schluß dieser Abhandlung widerspricht
ihrem Anfang keineswegs, denn er ersetzt nicht die Realität des Handelns durch eine Realität des Schönen, der Kunst, der Kultur oder der
Bildung, sondern er faßt diese — wie zu Beginn mit der Allmachtsformel prätendiert — als eine Erweiterung des Realitätsbegriffs im Horizont möglichen Handelns: transzendental notwendig für dieses Handeln, weil dieses nur im bewußten und im bewußt aktualisierten Zustand der Verkündigung seines Vermögens sich selbst in der Offenheit,
die ihm zukommt, erfassen kann. Es bleibt abschließend für uns die
Frage nach der Möglichkeit einer Applikation des so verstandenen
Wirkungsästhetikers Schiller, bzw. der Wirkungsästhetik überhaupt,
die nur an einem — allerdings für sie wesentlichen — Punkt ihrer Geschichte genauer begriffen ist, auf die gegenwärtige Situation. Schiller
kennt keinen Übergang aus dem Zustand des Vermögens in die Realität des Handelns, weder anthropologisch, noch geschichtsphilosophisch:
»Freilich besitzt er diese Menschheit der Anlage nach schon vor jedem
bestimmten Zustand, in den er kommen kann, aber der Tat nach verliert er sie mit jedem bestimmten Zustand, in den er kommt, und sie
muß ihm, wenn er zu einem entgegengesetzten soll übergehen können,
jedesmal aufs neue durch das ästhetische Leben zurückgegeben werden.« (636) Man könnte aus Schiller selbst gegen diese strikte Trennung

einwenden, daß sie am Ende der »Ästhetischen Briefe« durch ein Wiederaufleben der kulturgeschichtlichen Perspektive zumindest gemildert wird. Unzweifelhaft ist jedoch, daß der Hauptteil der »Ästhetischen Briefe«, der transzendentale Beweisgang selbst, nicht über die kulturgeschichtliche Perspektive, sondern über die im Prinzip ungeschichtliche normativ-anthropologische Konstruktion eines »mittleren Zustands« läuft. Unter dieser Voraussetzung liegt es dann allerdings nahe, die normative Betrachtungsweise, die für das einzelne Individuum gilt, auch für die Gesellschaft in Anspruch zu nehmen, deren Übertritt in den »ästhetischen Staat« analog zur einzelnen Individualität vorgestellt ist. Auch der »ästhetische Staat« versteht sich im Horizont möglichen Handelns, als ein Zustand der Geselligkeit, der Gleichheit und der Harmonie in der Gesellschaft, neben dem die Zustände des Handelns dieser Gesellschaft, ihre Existenz als »dynamischer Staat« und als »ethischer Staat«, fortbestehen. Ist damit die historische Sicht, selbst wenn sie in der Gesamtkonzeption, wie nachgewiesen werden konnte,[30] nicht die entscheidende Rolle spielt, im letzten nicht doch unterbewertet, bzw. welchen Sinn hat die Ausbildung des »ästhetischen Zustands« als eines »ästhetischen Zustands«, d. h. des bewußt reflektierten aktualisierten Vermögens, wenn der Anlage nach, normativ-anthropologisch, dieser Zustand schon immer gegeben ist?

Dies ist der Punkt, an dem eine Rückkehr zu unserer Ausgangsfrage nach der sozialen Funktion der Kultur und der Kulturwissenschaft unter den gegebenen Verhältnissen angezeigt und möglich erscheint. Das Historische läßt sich von der Schillerschen Konzeption so weit ablösen, daß jedenfalls keine geschichtsphilosophische Dialektik von Kultur und Handlungswirklichkeit zustandekommt;[31] doch es bleibt als bestimmender Faktor dadurch im Spiel, daß sich die ganze Konzeption eines »ästhetischen Zustandes« für den einzelnen und für die Gesellschaft im Horizont möglichen Handelns versteht. Über das Handeln

[30] Für einen vollständig durchgeführten Beweis wäre allerdings die Beiziehung auch der anderen theoretischen Schriften Schillers erforderlich, sowie eine ins einzelne gehende Aufbauanalyse der »Ästhetischen Briefe« und schließlich eine Nachprüfung des wirkungsästhetischen Ansatzes an den Dramen und an der Lyrik. Es spricht aber einiges dafür, daß gerade auf der Grundlage dieses Ansatzes nicht nur bislang offen gebliebene Fragen der Dramen- und der Lyrikinterpretation — Einzelprobleme wie die viel umrätselte »moralische Unmöglichkeit« der Szene III, 4 in der »Maria Stuart«, allgemeine Fragen, wie die Rolle der Großmutszene, bzw. die fehlende Individualisierung in der Rede zugunsten einer rhetorischen Redegestaltung — geklärt werden können, sondern daß sich auf dieser Grundlage auch die ganze theoretische Reflexion Schillers in einen durchaus schlüssigen, von Frage zu Frage stetig fortschreitenden, bruchlosen und in sich begründeten Argumentationsgang fügt.
[31] Anderer Auffassung ist B. v. Wiese, Friedrich Schiller, Stuttgart, 3/1963, S. 478—503.

ist die Ausbildung eines »ästhetischen Zustandes« der Möglichkeit und
der Notwendigkeit nach an die Geschichte gebunden.[32] Nun stellt sich
das Problem des Handelns, das Schiller im Bild der Französischen Revolution faßte, heute in veränderter Form: psychologisch als ein Problem der sozialen Repressionen, moralisch als ein Problem der fortschreitenden Verunsicherung, politisch als ein Problem der öffentlichen
Meinungsbildung.[33] Ausgangspunkt für diese Fassung des Handlungs-
problems, mit der Habermas, anknüpfend an die kulturtheoretische
Utopie des späten Marcuse, die dialektische Auffassung in eine hermeneutische umzudeuten sucht, ist der Vorrang des Ökonomischen vor
dem Politischen unter einer neuen Bedingung: der Ideologie des technokratischen Bewußtseins. Um sie zu treffen, führt Habermas eine neue
Unterscheidung zwischen Arbeit = zweckrationalem Handeln und Interaktion = politisch-ethischer Praxis ein.[34] Handlung und kritische
Rationalität, Momente, die sich an vorindustriellen Kulturen im »in-
stitutionellen Rahmen« bewähren,[35] werden durch einen Akt der
Kommunikation definiert: »*Rationalisierung auf der Ebene des insti-
tutionellen Rahmens* kann sich nur im Medium der sprachlich vermittelten Interaktion selber, nämlich durch eine *Entschränkung der Kommunikation* vollziehen. Die öffentliche, uneingeschränkte und herr-
schaftsfreie Diskussion über die Angemessenheit und Wünschbarkeit
von handlungsorientierenden Grundsätzen und Normen im Lichte der
soziokulturellen Rückwirkungen von fortschreitenden Sub-Systemen

---

[32] In diesem Punkt wäre der Interpretation Marcuses, der auf die ökonomischen
Bedingungen, die der »ästhetische Staat« voraussetzt, nachdrücklich hinweist,
zuzustimmen. Triebstruktur, a. a. O., S. 193.
[33] Diese Zusammenstellung stützt sich auf Habermas, Technik und Wissenschaft als »Ideologie«, a. a. O., S. 48 ff., sowie, was die öffentliche Meinungsbildung betrifft, auf Habermas, Strukturwandel der Öffentlichkeit (= Politica 4), Neuwied und Berlin, 4/1969.
[34] Die Gleichsetzung des Politischen mit dem Ethischen im Praxisbegriff zeigt
sich an verschiedenen Stellen. Im Urteil über die ältere Form der Herrschaft:
»Die Politik älteren Stils war allein schon durch die Legitimationsform der
Herrschaft gehalten, sich im Verhältnis zu praktischen Zielen zu bestimmen:
die Interpretationen des ›guten Lebens‹ waren auf Interaktions-Zusam-
menhänge gerichtet.« (Technik, a. a. O., S. 78). Über die Ideologie des technokratischen Bewußtseins heißt es: »Die neue Politik des staatlichen Interven-
tionismus verlangt darum eine *Entpolitisierung* der Masse der Bevölkerung.
Im Maße der Ausschaltung der praktischen Fragen wird auch die politische
Öffentlichkeit funktionslos« (ebd. S. 78). Fragt man nach der Art dieser
praktischen Fragen, so ergibt sich als Antwort: »Hegels sittliche Totalität eines
Lebenszusammenhangs, der dadurch zerrissen wird, daß *ein* Subjekt die Bedürfnisse *des anderen* nicht reziprok befriedigt, ist kein angemessenes Modell
mehr für das mediatisierte Klassenverhältnis im organisierten Spätkapitalis-
mus. Die stillgelegte Dialektik des Sittlichen erzeugt den eigentümlichen
Schein der Post-Historie« (ebd., S. 88).
[35] Ebd., S. 65 f.

zweckrationalen Handelns — eine Kommunikation dieser Art auf allen Ebenen der politischen und der wieder politisch gemachten Willensbildungsprozesse ist das einzige Medium, in dem so etwas wie ›Rationalisierung‹ möglich ist.« (98) Nicht nur aus der Sicht des Marxismus und der analytischen Soziologie,[36] sondern auch vom Standpunkt der oben entwickelten Wirkungstheorie aus erscheint dieser Praxisbegriff höchst anfechtbar. Liest man ihn indessen als das, was er ist, als spekulative Umschreibung der Kulturform von Gesellschaft, d. h. der Gesellschaft im Status der Kommunikation und nicht der Aktion, dann lassen sich aus ihm gleich mehrere, die Wirkungstheorie postulativ ergänzende Bestimmungen herleiten. Die Wirkung im Kulturstand der Gesellschaft müßte kommunikativ, d. h. auf gegenseitiges Verstehen gerichtet sein, sie müßte individuierend sein, und sie müßte das politisch-ethische Willenspotential aktivieren, das unter der Herrschaft des zweckrationalen Handelns verdrängt wird. »Die neue Ideologie (des technokratischen Bewußtseins) verletzt mithin ein Interesse, das an einer der beiden fundamentalen Bedingungen unserer kulturellen Existenz haftet: an Sprache, genauer an der durch umgangssprachliche Kommunikation bestimmten Form der Vergesellschaftung und Individuierung. Dieses Interesse erstreckt sich auf die Erhaltung einer Intersubjektivität der Verständigung ebenso wie auf die Herstellung einer von Herrschaft freien Kommunikation.« (91)

Diese Umschreibung eines institutionalen Kulturstands der Gesellschaft gleicht dem »Reich des schönen Scheins« (668), von dem Schiller spricht, doch mit dem Unterschied, daß Habermas kritisches Denken und Handeln in diesem Zustand schon gegeben sieht. Die Erörterung dieses Unterschiedes, mit der die Applikation der Wirkungsästhetik Schillers vorläufig abgeschlossen werden kann, rechtfertigt zugleich das Verfahren, den Begriff der institutionalen Interaktion in einem speziellen Sinn als den Kulturstand der Gesellschaft zu verstehen. Habermas unterstützt seine terminologische Unterscheidung von Arbeit und Interaktion zusätzlich zu ihrer kultursoziologischen Ableitung noch durch eine spekulative Deduktion aus der Dialektik Hegels: »Weil Hegel Selbstbewußtsein aus dem Interaktionszusammenhang komplementären Handelns, nämlich als Resultat eines Kampfes um Anerkennung begreift, durchschaut er den Begriff des autonomen Willens, der die eigentliche Würde der Kantischen Moralphilosophie auszumachen scheint, als eigentümliche Abstraktion vom sittlichen Verhältnis der kommunizierenden Einzelnen.«[37] Diese spekulative Begründung, die eine hermeneutische Lesart der Hegelschen Dialektik ist, erklärt, mit

---

[36] G. Rohrmoser, a. a. O., S. 89.
[37] Arbeit und Interaktion, a. a. O., S. 20. Auch vom Standpunkt der Hegelinterpretation aus ist die Deutung problematisch. Vgl. oben Anm. 3.

welchem Recht Habermas dem Kulturstand der Kommunikation in eins Legitimität, Rationalität, Politizität und Moralität zusprechen kann. Der Kulturstand der Kommunikation ist mediatisierte Dialektik, Bildung, die nicht die Arbeit in sich aufhebt, sondern die ihr entgegensteht. Nun wäre gegen diese Entgegensetzung vom Standpunkt der oben getroffenen Unterscheidung aus — Gesellschaft im Status der Kommunikation = »ästhetischer Staat« und Gesellschaft im Status des Handelns = »ethischer« oder »dynamischer Staat« — wenig einzuwenden. Fragwürdig erscheint indessen der Versuch, dem Kulturstand der Kommunikation die Praxis zwar nicht in Vollständigkeit, wohl aber in ihrer wesentlichen Bedeutung, als ethisch-politisches Handeln, zuzusprechen. Der Kulturstand versteht sich nicht länger im Horizont möglichen Handelns, sondern — ethisch-politisch — als dessen Wirklichkeit. Zugleich verlangt aber die Doppelformel des ethisch-politischen Handelns, wenn dieses sich dem zweckrationalen Handeln in der Arbeit entgegensetzt, eine genauere Bestimmung. Diese Frage führt grundsätzlich nun auch über die Schillersche Konzeption hinaus. Zwar unterscheidet Schiller neben dem Status der Kommunikation zwei Zustände des Handelns in der Gesellschaft, den dynamischen und den moralischen, wobei jedoch offen bleibt, welche Rolle das Politische in diesem Status des Handelns spielen könnte und müßte. Ferner unterscheidet sich das Problem der Rationalität bei Schiller, das an der Aufklärung des 18. Jahrhunderts orientiert ist, grundsätzlich von der hier angesprochenen System- oder Zweckrationalität. Eine Erörterung, die die nächste Phase einer politisierenden Wirkung über die »Erweiterung der Menschheit« hinaus auf der hier erarbeiteten Grundlage thematisieren wollte, müßte zu der nächsten epochalen Wende in der Geschichte der Wirkungstheorie fortschreiten, der Wirkungsästhetik Bertolt Brechts und deren Programm: »dem fühlenden und denkenden Menschen die Welt, die Menschenwelt, für seine Praxis auszuliefern«[38]. Es steht zu erwarten, daß eine solche Ergänzung die Prolegomena zu einer Theorie der literarischen Wirkung abschließen könnte.

[38] Materialien zu Brechts »Leben des Galilei« (= edition suhrkamp 44), Frankfurt a. M., 5/1969, S. 26.

II.

Geschichtenerzählen als Praxis

1.

GEORGE HERBERT MEAD

Die Identität und das Subjektive

[...] Der gesellschaftlichen Theorie des Bewußtseins zufolge verstehen wir unter Bewußtsein jenen spezifischen Aspekt der Umwelt der individuellen menschlichen Erfahrung, der sich der menschlichen Gesellschaft verdankt, einer Gesellschaft aus anderen einzelnen Identitäten, die die Haltung anderer sich selbst gegenüber einnehmen. Die physiologische Auffassung oder Theorie des Bewußtseins ist für sich allein unzureichend; sie muß vom sozio-psychologischen Standpunkt aus ergänzt werden. Durch die Übernahme oder das Erfühlen der Haltung des anderen gegenüber sich selbst entsteht Selbst-Bewußtsein, nicht lediglich durch die organischen Empfindungen, deren sich der Einzelne bewußt ist und die in seine Erfahrung eintreten. Bis zum Auftreten eines Selbst-Bewußtseins im gesellschaftlichen Erfahrungsprozeß erfährt der Einzelne seinen Körper — dessen Gefühle und Empfindungen — nur als unmittelbaren Teil seiner Umwelt, nicht als zu ihm gehörig, nicht im Rahmen eines Selbst-Bewußtseins. Erst wenn sich Identität und ihr Bewußtsein entwickelt haben, können diese Erfahrungen eindeutig mit der Identität verknüpft oder dieser zugeschrieben werden. Um dieses Erbe der Erfahrung antreten zu können, muß sich die Identität zunächst einmal innerhalb des gesellschaftlichen Prozesses, aus dem es sich ableitet, entwickelt haben.

Durch das Selbst-Bewußtsein tritt der einzelne Organismus in seinen eigenen Umweltsbereich ein. Sein eigener Körper wird Teil der Umwelteinflüsse, auf die der Organismus reagiert. Außer im Kontext des gesellschaftlichen Prozesses auf seinen höheren Ebenen — auf denen bewußte Kommunikation, bewußte Übermittlung von Gesten zwischen den sich gegenseitig beeinflussenden Organismen stattfindet — stellt sich der einzelne Organismus nicht als Ganzes seiner Umwelt gegenüber; er wird nicht als Ganzes zum Objekt für sich selbst (und ist sich daher auch nicht seiner selbst bewußt); er ist nicht als Ganzes ein Reiz, auf den er reagiert. Im Gegenteil, er reagiert nur auf Teile oder getrennte Aspekte seiner selbst, sieht sie aber nicht als Teile oder Aspekte seiner selbst an, sondern nur als Teile oder Aspekte seiner Umwelt im allgemeinen. Nur innerhalb des gesellschaftlichen Prozesses auf seinen höheren Ebenen, nur im Zusammenhang mit den höher entwickelten Formen der gesellschaftlichen Umwelt oder der gesellschaftlichen Si-

tuation wird der ganze Organismus sich selbst zum Objekt und damit
selbst-bewußt; im gesellschaftlichen Prozeß auf seinen niedrigeren, unbewußten Ebenen und auch in der nur psycho-physiologischen Umwelt
oder Situation, die dem gesellschaftlichen Erfahrungs- und Verhaltens-
prozeß logisch vorausgeht, wird er also sich selbst nicht zum Objekt.
Bei Verhaltensweisen oder Erfahrungen, die wir als bewußt bezeichnen
können, handeln und reagieren wir ausdrücklich im Hinblick auf uns
selbst, ebenso aber auch im Hinblick auf andere Individuen; selbst-bewußt, identitätsbewußt sein heißt im Grunde, dank der gesellschaftlichen Beziehungen zu anderen für seine eigene Identität zum Objekt
werden.

Man sollte die zentrale Position des Denkprozesses betonen, wenn
man das Wesen der Identität betrachtet. Selbst-Bewußtsein liefert im
Gegensatz zur affektiven Erfahrung mit ihren motorischen Begleiter-
scheinungen den Kern und die primäre Struktur der Identität, die daher im Grunde viel mehr ein kognitives als ein emotionelles Phänomen
ist. Das Denken oder der intellektuelle Prozeß — die Verinnerlichung
und innere Dramatisierung der äußeren Übermittlung signifikanter
Gesten durch den Einzelnen, als sein wichtigstes Mittel, andere, zur
selben Gesellschaft gehörige Wesen zu beeinflussen —, ist die früheste
Erfahrungsphase in der Genesis und Entwicklung der Identität. Coo-
ley und James versuchen zwar, die Grundlage der Identität in reflek-
tiv-affektiven Erfahrungen zu finden, das heißt in Erfahrungen, die
ein »Identitätsgefühl« einschließen. Diese Theorie, die das Wesen der
Identität in solchen Erfahrungen sucht, erklärt aber nicht den Ursprung
der Identität oder des »Identitätsgefühles«, das sie charakterisieren
soll. Der Einzelne braucht hier die Haltungen anderer gegenüber sich
selbst nicht einzunehmen, da diese Erfahrungen das für sich allein nicht
erfordern, und solange das nicht der Fall ist, kann er keine Identität
entwickeln. Es wird bei diesen Erfahrungen auch nicht der Fall sein, es
sei denn, daß sich seine Identität bereits anderswo entwickelt hätte,
nämlich auf die von uns beschriebene Art. Das Wesen der Identität ist,
wie wir schon sagten, kognitiv. Es liegt in der nach innen verlegten
Übermittlung von Gesten, die das Denken ausmacht oder in deren
Rahmen Denken oder Reflexion abläuft. Daher ist der Ursprung und
die Grundlage der Identität ebenso wie die des Denkens gesellschaftlicher Natur.

Das »Ich« und das »ICH«[1]

Wir haben ausführlich die gesellschaftlichen Grundlagen der Identität diskutiert und dabei angedeutet, daß die Identität nicht nur in der Organisation gesellschaftlicher Haltungen existiert. Wir können nun direkt die Frage anschneiden, wie das »Ich« beschaffen ist, das sich eines gesellschaftlichen »ICH« bewußt ist. Ich möchte hier nicht die metaphysische Frage anschneiden, wie eine Person sowohl ein »Ich« als auch ein »ICH« sein kann, sondern nach der Bedeutung dieser Unterscheidung vom Standpunkt des Verhaltens aus fragen. Wo tritt im Verhalten das »Ich« im Gegensatz zum »ICH« auf? Wenn jemand seine Position in einer Gesellschaft bestimmt und gewisse Funktionen und Privilegien zu haben glaubt, so werden diese alle im Hinblick auf ein »Ich« definiert, doch ist ein »Ich« kein »ICH« und kann auch zu keinem werden. Wir können positivere und negativere Züge haben, doch liegt auch hier wiederum nicht der Unterschied zwischen »Ich« und »ICH« begründet, weil sie beide Teile der Identität sind. Wir stimmen dem einen Teil zu und lehnen den anderen ab, doch wenn wir den einen oder den anderen hervorheben, betrachten wir jeden als ein »ICH«. Das »Ich« tritt nicht in das Rampenlicht; wir sprechen zu uns selbst, aber wir sehen uns nicht selbst. Das »Ich« reagiert auf die Identität, die sich durch die Übernahme der Haltungen anderer entwickelt. Indem wir diese Haltungen übernehmen, führen wir das »ICH« ein und reagieren darauf als ein »Ich«.

Am einfachsten kann man dieses Problem in Verbindung mit dem Erinnerungsvermögen erfassen. Ich spreche zu mir selbst und erinnere mich an meine Worte und vielleicht auch an den damit verbundenen emotionellen Inhalt. Das »Ich« dieses Moments ist im »ICH« des nächsten Moments präsent. Auch hier wieder kann ich mich nicht schnell genug umdrehen, um mich noch selbst zu erfassen. Ich werde insofern zu einem »ICH«, als ich mich an meine Worte erinnere. Das »Ich«, diese funktionale Beziehung, kann aber gegeben sein. Auf das »Ich« ist es zurückzuführen, daß wir uns niemals ganz unserer selbst bewußt sind, daß wir uns durch unsere eigenen Aktionen überraschen. Nur während wir handeln, sind wir uns unserer selbst bewußt. In der Erinnerung dagegen ist das »Ich« ständig in unserer Erfahrung präsent. Wir können direkt nur auf die letzten Erfahrungsmomente zurückgreifen, dann sind wir von Vorstellungen der Erinnerung abhängig. Somit ist das »Ich« der Erinnerung der Sprecher für die Identität, wie sie vor einer Sekunde, einer Minute oder einem Tag existierte. Als einmal gegebene,

[1] Im Original: *The »I« and the »Me«.* Meads Ausdruck »me«, hier durchgehend mit »ICH« wiedergegeben, ist im Grunde nicht übersetzbar; er meint das sich selbst als Objekt erfahrende Ich. (...) Anm. d. Üb.

ist sie ein »ICH«, aber ein »ICH«, das früher einmal ein »Ich« war. Wenn man also fragt, wo das »Ich« in der eigenen Erfahrung direkt auftritt, lautet die Antwort: als historische Figur. Was man eine Sekunde vorher war, das ist das »Ich« des »ICH«. Es ist ein anderes »ICH«, das diese Rolle übernehmen muß. Man kann die unmittelbare Reaktion des »Ich« nicht in den Prozeß hereinbekommen.[2] Das »Ich« ist in gewissem Sinne das, womit wir uns identifizieren; es in unsere Erfahrung hereinzubekommen, ist eines der Probleme fast unserer ganzen bewußten Erfahrung; es ist in der Erfahrung nicht direkt gegeben.

Das »Ich« ist die Reaktion des Organismus auf die Haltungen anderer[3]; das »ICH« ist die organisierte Gruppe von Haltungen anderer, die man selbst einnimmt. Die Haltungen der anderen bilden das organisierte »ICH«, und man reagiert darauf als ein »Ich«. Diese Begriffe gilt es nun genauer zu untersuchen.

Bei der Übermittlung von Gesten gibt es weder ein »Ich« noch ein »ICH«; die Handlung ist noch nicht vollzogen, doch findet die Vorbereitung in diesem Bereich der Geste statt. Insofern nun der Einzelne in sich die Haltungen der anderen auslöst, entwickelt sich eine organisierte Gruppe von Reaktionen. Und nur dank der Fähigkeit des Einzelnen, diese Haltungen der anderen einzunehmen, soweit sie organisierbar sind, wird er sich seiner Identität bewußt. Die Übernahme aller dieser organisierten Haltungen gibt ihm sein »ICH«, das heißt die Identität, deren er sich bewußt wird. Er kann den Ball einem anderen Spieler zuwerfen, wenn andere Mitglieder der Mannschaft dies von ihm fordern. Diese Identität existiert in seinem Bewußtsein unmittelbar für ihn. Er hat ihre Haltungen in sich, weiß über ihre Wünsche und über die Folgen jeder seiner Handlungen Bescheid. Er hat die Verantwortung für die Situation übernommen. Die Existenz dieser organisierten Gruppen von Haltungen ist es nun, die das »ICH« ausmacht, auf das er als ein »Ich« reagiert. Wie aber diese Reaktion beschaffen sein wird, weiß er nicht und auch kein anderer. Vielleicht wird er gut spielen, vielleicht einen Fehler begehen. Die Reaktion auf diese Situation, so wie sie in seiner unmittelbaren Erfahrung aufscheint, ist unbestimmt — und das macht das »Ich« aus.

Das »Ich« ist seine Aktion gegenüber dieser gesellschaftlichen Situa-

---

[2] Die Sensitivität des Organismus bringt Teile seiner selbst in die Umwelt herein. Dadurch wird aber nicht der Lebensprozeß selbst in die Umwelt hereingenommen. Die vollständige Darstellung des Organismus in der Imagination kann das Leben desselben nicht präsentieren. Sie kann vielleicht die Voraussetzungen aufzeigen, unter denen Leben stattfindet, nicht aber den einheitlichen Lebensprozeß. Der physische Organismus bleibt in der Umwelt immer Objekt.

[3] Über das »Ich« als biologisches Wesen siehe Ergänzende Abhandlungen II, III. (Gemeint: Mead *Geist* . . ., S. 397 ff.; s. Quellennachweis, W. D.)

tion innerhalb seines eigenen Verhaltens, und es tritt in seine Erfahrung erst ein, nachdem die Handlung verwirklicht wurde. Dann ist er sich ihrer bewußt. Das mußte er tun, und er tat es. Er erfüllt seine Pflicht und kann stolz sein auf den Wurf. Das »ICH« tritt auf, um diese Pflicht zu erfüllen — so tritt es in seiner Erfahrung auf. Er hatte in sich alle Haltungen der anderen, die nach einer bestimmten Reaktion verlangten; das war das »ICH« dieser Situation, seine Reaktion aber ist das »Ich«.

Ich möchte besonders darauf hinweisen, daß diese Reaktion des »Ich« mehr oder weniger unbestimmt ist. Die Haltungen der anderen, die man selbst einnimmt und die das eigene Verhalten beeinflussen, bilden das »ICH«. Das »ICH« ist gegeben, die Reaktion darauf aber ist noch nicht gegeben. Wenn jemand sich niedersetzt, um etwas zu überdenken, verfügt er über bestimmte bereits gegebene Daten. Nehmen wir an, daß es sich um eine gesellschaftliche Situation handelt, die er zu bewältigen hat. Er sieht sich selbst vom Standpunkt des einen oder anderen Mitgliedes der Gruppe aus. Diese miteinander verknüpften Mitglieder geben ihm eine bestimmte Identität. Was wird er also tun? Er weiß es selbst nicht, kein anderer weiß es. Er kann die Situation in die eigene Erfahrung hereinbringen, weil er die Haltungen der verschiedenen betroffenen Individuen einnehmen kann. Er weiß, wie sie darüber denken, indem er ihre Haltungen einnimmt. Er sagt sich etwa: »ich habe gewisse Dinge getan, die MICH anscheinend auf eine bestimmte Verhaltensweise festlegen«. Wenn er derart handelt, wird er sich vielleicht innerhalb einer anderen Gruppe in eine falsche Position manövrieren. Das »Ich«, als eine Reaktion auf diese Situation, ist unbestimmt im Gegensatz zum »ICH«, das in den eingenommenen Haltungen gründet. Wenn die Reaktion dann abläuft, erscheint sie im Erfahrungsbereich hauptsächlich als ein Bild der Erinnerung.

Unsere zeitliche Gegenwart ist sehr kurz. Und doch erfahren wir vorübergehende Ereignisse. Ein Teil dieses Ablaufs von Ereignissen ist in unserer Erfahrung unmittelbar gegeben, einschließlich einiger Ereignisse der Vergangenheit und der Zukunft. Wir sehen einen vorüberfliegenden Ball und erfassen ihn dabei teilweise. Wir erinnern uns daran, wo der Ball einen Moment vorher war, und stellen uns vor, wo er über unsere Erfahrung hinaus im nächsten Moment sein wird. Das gilt auch für uns selbst. Wir tun etwas, doch setzt der Rückblick auf unsere Tätigkeit das Auftreten von Bildern der Erinnerung voraus. Somit tritt das »Ich« tatsächlich erfahrungsmäßig als Teil eines »ICH« auf. Doch auf der Grundlage dieser Erfahrung unterscheiden wir das handelnde Individuum vom »ICH«, das ihm ein Problem stellt. Die Reaktion tritt in die Erfahrung nur ein, wenn sie tatsächlich abläuft. Selbst wenn man sagt, man wisse, was man im nächsten Moment tun werde, kann man sich täuschen. Man beginnt mit einer Tätigkeit, doch kommt irgend etwas dazwischen. Die sich daraus ergebende Handlung ist immer ein wenig verschieden von dem, was man voraussehen konnte. Das gilt sogar für das ganz einfache Gehen. Gerade die Tatsache, daß man die erwarteten Schritte macht, versetzt einen in eine bestimmte Situation, die ein bißchen anders als das Erwartete, die in gewissem Sinn neuartig ist. Diese Bewegung in die Zukunft ist sozusagen der Schritt des »Ich«, sie ist im »ICH« nicht präsent.

Nehmen wir die Situation eines Wissenschaftlers, der ein Problem zu lösen hat. Er verfügt über bestimmte Daten, die bestimmte Reaktionen auslösen. Einige dieser Daten veranlassen ihn dazu, ein bestimmtes Gesetz anzuwenden, während andere nach einem anderen Gesetz verlangen. Die Daten sind mit ihren Implikationen gegeben. Er weiß, was diese oder jene Färbung bedeutet, und wenn er diese Daten vor sich hat, bedeuten sie bestimmte Reaktionen seinerseits; nun aber stehen sie miteinander im Konflikt. Reagiert er auf die eine Weise, so ist die andere Reaktion unmöglich. Was er wirklich tun wird, weiß weder er noch ein anderer. Die Handlung der Identität geschieht in Reaktion auf diese widersprüchlichen Daten in der Form eines Problems, das ihm als Wissenschaftler widersprüchliche Forderungen auferlegt. Er muß es aus verschiedenen Blickwinkeln sehen. Die Handlung des »Ich« ist etwas, dessen Natur wir im vorhinein nicht bestimmen können.

Das »Ich«, in dieser Beziehung zwischen »Ich« und »ICH«, ist also etwas, das sozusagen auf eine gesellschaftliche Situation reagiert, die innerhalb der Erfahrung des Einzelnen liegt. Es ist die Antwort des Einzelnen auf die Haltung der anderen ihm gegenüber, wenn er eine Haltung ihnen gegenüber einnimmt. Nun sind zwar die von ihm ihnen gegenüber eingenommenen Haltungen in seiner eigenen Erfahrung präsent, doch wird seine Reaktion ein neues Element enthalten. Das »Ich« liefert das Gefühl der Freiheit, der Initiative. Die Situation ist nun gegeben, damit wir selbst-bewußt handeln können. Wir sind uns unser selbst und der Situation bewußt. Wie wir aber handeln werden, tritt erst nach Ablauf dieser Handlung in unsere Erfahrung ein.

So erklärt sich die Tatsache, daß das »Ich« in der Erfahrung nicht ebenso wie das »ICH« auftritt. Das »ICH« steht für eine bestimmte Organisation der Gemeinschaft, die in unseren Haltungen präsent ist, und verlangt nach einer Reaktion, aber die Reaktion selbst läuft einfach ab. Im Hinblick auf sie ist nichts sicher. Es besteht zwar eine moralische, nicht aber eine mechanische Notwendigkeit, eine bestimmte Handlung zu setzen. Erst wenn sie abgelaufen ist, erkennen wir, was tatsächlich geschah. Die obige Darstellung gibt uns meiner Meinung nach die jeweiligen Positionen von »Ich« und »ICH« in der jeweiligen Situation sowie die Gründe für die Trennung dieser beiden im Verhalten. Beide sind im Prozeß getrennt, gehören aber so wie Teile eines Ganzen zusammen. Sie sind getrennt und gehören doch zusammen. Die Trennung von »Ich« und »ICH« ist keine Fiktion. Sie sind nicht identisch, da das »Ich« niemals ganz berechenbar ist. Das »ICH« verlangt nach einem bestimmten »Ich«, insoweit wir die Verpflichtungen erfüllen, die im Verhalten selbst auftreten, doch ist das »Ich« immer ein wenig verschieden von dem, was die Situation selbst verlangt. So gibt es also immer den Unterschied zwischen »Ich« und »ICH«. Das »Ich« ruft das »ICH« nicht nur hervor, es reagiert auch darauf. Zusammen bilden sie eine Persönlichkeit, wie sie in der gesellschaftlichen Erfahrung erscheint. Die Identität ist im wesentlichen ein gesellschaftlicher Prozeß, der aus diesen beiden unterscheidbaren Phasen besteht. Gäbe es diese beiden Phasen nicht, so gäbe es keine bewußte Verantwortung und auch keine neuen Erfahrungen.

2.

MAURICE HALBWACHS

Die individuelle Erinnerung als Grenze der kollektiven Interferenzen

Es kommt recht häufig vor, daß wir uns selbst Vorstellungen und Überlegungen oder Gefühle und Leidenschaften zuschreiben — so als sei ihre Quelle nirgendwo als nur in uns selbst —, die uns von unserer Gruppe eingegeben worden sind. Dann sind wir so gut auf unsere Mitmenschen abgestimmt, daß wir mit ihnen »im Gleichtakt schwingen« und nicht mehr wissen, wo der Ausgangspunkt der Schwingungen liegt, ob in uns oder in den anderen. Wie oft bringt man dann nicht mit einer ganz persönlich scheinenden Überzeugung Überlegungen zum Ausdruck, die man einer Zeitung, einem Buch oder einer Unterhaltung entnommen hat? Sie passen so gut zu unserer Betrachtungsweise, daß man uns in Erstaunen versetzen würde, entdeckte man uns, wer ihr Urheber ist, und daß nicht wir es sind. »Wir hatten schon daran gedacht«: wir bemerken nicht, daß wir indessen nur ein Echo sind. Die gesamte Kunst des Redners besteht vielleicht darin, seinen Zuhörern die Illusion zu verschaffen, daß die Überzeugungen und Gefühle, die er in ihnen wachruft, ihnen nicht von außen her eingegeben worden sind, daß sie sie von sich selbst aus entwickelt haben, daß er lediglich erraten hat, was im Geheimen ihres Bewußtseins entstand, und daß er ihnen nur seine Stimme geliehen hat. Auf die eine oder andere Art bemüht sich jede soziale Gruppe, in ihren Mitgliedern eine ähnliche Überzeugung zu unterhalten. Wieviele Menschen haben genügend kritischen Sinn, um in dem, was sie denken, den Anteil der anderen zu unterscheiden und um sich selbst einzugestehen, daß sie meist nichts von sich aus dazu getan haben? Bisweilen erweitert man den Kreis der Menschen, mit denen man verkehrt, und der Bücher, die man liest; man rechnet sich seinen Eklektizismus, der uns erlaubt, die verschiedenen Aspekte der Fragen und Dinge zu erkennen und zu vergleichen, als Verdienst an; selbst dann kommt es oft vor, daß die Dosierung unserer Meinungen, die Komplexität unserer Gefühle und Neigungen nur der Ausdruck des Zufalls ist, der uns mit verschiedenartigen oder selbst gegensätzlichen Gruppen in Berührung gebracht hat, und daß der Teil, den wir von jeder ihrer Betrachtensweisen übernehmen, durch die ungleiche Intensität der Einflüsse bestimmt wird, die sie auf uns ausgeübt haben. Jedenfalls meinen wir, in dem Maße, in dem wir widerstandslos einer Beeinflussung von außen her nachgeben, frei zu denken und zu fühlen. So bleibt die Mehrzahl der sozialen Einflüsse, denen wir am häufigsten gehorchen, von uns unbemerkt. Dies aber trifft ebenso und vielleicht in noch stärkerem Maße zu, wenn am Treffpunkt mehrerer sich in uns kreuzender Strömungen kollektiven Denkens einer dieser komplexen Zustände entsteht, in denen man ein einzigartiges Ereignis hat sehen wollen, das nur für uns existieren wird. Da ist ein Reisender, der sich plötzlich erneut von Einflüssen erfaßt fühlt, die einem seinen Begleitern fremden Milieu entstammen. Da ist ein Kind, das sich durch ein unerwartetes Zusammentreffen von Umständen in einer Situation befindet, die seinem Alter nicht angemessen ist, und dessen Denken sich Gefühlen und Besorgnissen eines Erwachsenen aufschließt. Da ist ein Orts-, Berufs-, Familienwechsel, der noch nicht völlig die Bande zerreißt, die uns an unsere alten Gruppen binden. Indessen kommt es vor, daß in einem solchen Fall die sozialen Einflüsse komplexer, weil zahlreicher, verworrener werden. Aus diesem Grunde ermißt und unterscheidet man sie weniger deutlich. Man nimmt jedes Milieu zur gleichen Zeit wie in dem seines eigenen im Lichte des oder der anderen wahr und hat den Eindruck, daß man sich seiner Einflußnahme widersetzt. Zweifellos müßte bei diesem Konflikt oder dieser Kombination der Einflüsse jeder von ihnen deutlicher hervortreten. Aber da diese Milieus einander entgegenwirken, meint man, weder an dem einen noch an dem anderen beteiligt zu sein. Besonders das, was in den Vordergrund tritt — die Fremdheit der Situation, in der man sich befindet —, genügt, um das individuelle Denken zu absorbieren. Dieser Vorgang schiebt sich wie ein Schirm zwischen dies letztere und die sozialen Denkweisen, aus deren Verbindung es hervorgegangen ist. Er kann von keinem der Mitglieder dieser Milieus außer von mir voll und ganz verstanden werden. In diesem Sinne gehört er mir, und schon in dem Augenblick, in dem er in Erscheinung tritt, würde ich versucht sein, ihn durch mich, und durch mich allein, zu erklären. Ich würde höchstens zugeben, daß die Umstände, das heißt das Aufeinandertreffen dieser Milieus, zum Anlaß gedient haben — daß sie das Sicheinstellen eines seit langem in meinem persönlichen Schicksal beschlossenen Ereignisses, das Zutagetreten eines Gefühls, das potentiell in mir persönlich vorhanden war, erlaubt haben. Da die anderen es nicht gekannt und in keiner Weise zu seinem Entstehen beigetragen haben (zumindest bilde ich mir dies ein), werde ich später, wenn es in meinem Gedächtnis wieder aufleben wird, nur ein Mittel haben, mir seine Wiederkehr zu erklären: weil es auf die eine oder andere Weise unverändert in meinem Sinn bewahrt worden ist. Dem ist jedoch keineswegs so. Diese Erinnerungen, die uns rein persönlich und nur für uns kenntlich und auffindbar scheinen, unterscheiden sich von den anderen durch die größere Komplexität der zu ihrer Wiederbelebung notwendigen Umstände; dies aber ist nur ein gradmäßiger Unterschied.

Bisweilen beschränkt man sich darauf, zu behaupten, daß unsere Vergangenheit zwei Arten von Elementen enthält: jene, die wachzurufen uns möglich ist, wann immer wir es wünschen, und jene, die dagegen unserem Ruf nicht gehorchen, so daß es scheint, als stoße sich unser Wille an einem Hindernis, wenn wir sie in der Vergangenheit suchen. In Wirklichkeit kann man von den ersten sagen, daß sie der Allgemeinheit angehören — in dem Sinn, daß das, was uns derart vertraut oder leicht zugänglich ist, es ebenfalls für die anderen ist. Die Vorstellung, die wir uns am mühelosesten machen, die aus beliebig vielen persönlichen und besonderen Elementen zusammengesetzt ist, ist die Vorstellung, die die anderen von uns haben; und die Ereignisse unseres Lebens, die uns stets am gegenwärtigsten sind, haben auch das Gedächtnis der uns enger verbundenen Gruppen gezeichnet. So gehören die Begebenheiten und Kenntnisse, die wir uns am mühelosesten ins Gedächtnis zurückrufen, dem Gemeingut zumindest eines oder einiger Milieus an. In diesem Maße sind diese Erinnerungen also »aller Welt« zu eigen; und weil wir uns auf das Gedächtnis der anderen stützen können, sind wir jederzeit und wann immer wir wollen fähig, sie zurückzurufen. Von den zweiten, von denen, die wir nicht beliebig zurückrufen können, wird man gerne sagen, daß sie nicht den anderen, sondern uns gehören, weil allein wir sie haben kennen können. So seltsam und paradox es scheinen mag — die Erinnerungen, die zu erwecken uns am schwersten fällt, sind jene, die nur uns angehen, die unser ausschließliches Eigentum darstellen, so als könnten sie der Kenntnis der anderen nur unter der Voraussetzung entgehen, auch uns selbst zu entfallen.

Wird man sagen, daß es uns ebenso ergeht wie jemandem, der seinen Schatz in einem Panzerschrank eingeschlossen hat, dessen Schloß so kompliziert ist, daß es ihm nicht mehr gelingt, es zu öffnen, daß er sich nicht mehr auf die Schlüsselzahlen besinnen kann und es dem Zufall überlassen muß, ob es ihm wieder einfällt? Aber es gibt eine zugleich natürlichere und einfachere Erklärung. Zwischen den Erinnerungen, die wir beliebig heraufbeschwören und jenen, die sich unserem Zugriff entzogen zu haben scheinen, würde man in Wirklichkeit alle Abstufungen finden. Die Voraussetzungen, die notwendig sind, um die einen und die anderen wiedererstehen zu lassen, unterscheiden sich nur dem Grad der Komplexität nach. Die ersteren sind immer für uns erreichbar, weil sie innerhalb von Gruppen fortbestehen, in die einzudringen uns jederzeit freisteht — innerhalb eines kollektiven Gedankengutes, mit dem wir stets so eng in Berührung bleiben, daß alle seine Elemente, alle Verbindungen zwischen diesen Elementen sowie ihre unmittelbaren gegenseitigen Übergänge uns vertraut sind. Die zweiten sind uns weniger und seltener zugänglich, da die Gruppen, die sie uns nahebringen könnten, weiter entfernt sind, weil wir mit ihnen nur gelegentlich in Berührung kommen. Es gibt Gruppen, die sich zusammenschließen oder häufig zusammentreffen, so daß wir von der einen in die andere übergehen, gleichzeitig in der einen und der anderen sein können; zwischen anderen Gruppen sind die Beziehungen so begrenzt, daß wir weder die Gelegenheit haben noch auf den Gedanken kommen, die verwischten Bahnen zu verfolgen, auf denen sie miteinander verkehren. Dabei würden wir auf solchen Bahnen, auf solchen verborgenen Wegen die Erinnerungen wiederfinden, die uns zu eigen sind — ebenso wie ein Reisender eine Quelle, eine Felsengruppe, eine Landschaft als allein ihm gehörig betrachten kann, zu denen man nur unter der Bedingung gelangt, von der Straße abzuweichen und über einen schlecht gebahnten und unbegangenen Weg eine andere einzuschlagen. Die Ansätze dieses Querweges befinden sich wohl an den beiden Straßen, und sie sind einem bekannt: aber es bedarf einiger Aufmerksamkeit und vielleicht eines Zufalls, um sie wiederzufinden — und man kann etliche Male die eine wie die andere Straße entlanggehen, ohne auf den Gedanken zu kommen, sie zu suchen; besonders dann, wenn man nicht damit rechnen kann, durch die Passanten auf einer dieser Straßen auf sie aufmerksam gemacht zu werden, da diese nicht dorthin zu gehen suchen, wo die andere Straße sie hinführen würde.

Scheuen wir uns nicht, nochmals auf die Beispiele zurückzukommen, die wir gegeben haben. Wir werden sehen, daß die Ansatzpunkte oder Elemente dieser persönlichen Erinnerungen, die niemandem als nur uns zu gehören scheinen, sich durchaus in bestimmten sozialen Milieus befinden und dort fortbestehen können, und daß die Mitglieder dieser Gruppen (denen wir selbst anzugehören nicht aufhören), fragten wir sie gehörig aus, sie dort entdecken und uns zeigen könnten. Unsere Reisegefährten kennen die Eltern und die Freunde nicht, die wir daheim gelassen haben. Aber sie haben bemerken können, daß wir uns ihnen selbst nicht völlig angeschlossen haben. In bestimmten Augenblicken haben sie gefühlt, daß wir eine Art fremdes Element in ihrer Gruppe waren. Wenn wir sie später wiedertreffen, werden sie uns ins Gedächtnis rufen können, daß wir während eines bestimmten Teils der Reise zerstreut waren, oder daß wir eine Überlegung angestellt, Worte ausgesprochen haben, die zeigten, daß nicht alle unsere Gedanken bei ihnen waren. Das Kind, das sich im Wald verirrt oder sich in einer Gefahr befunden hat, die in ihm Gefühle eines Erwachsenen wachgerufen hat, hat nichts davon seinen Eltern erzählt. Diese aber haben bemerken können, daß es daraufhin nicht mehr so sorglos wie gewöhnlich war — so als sei ein Schatten über es hinweggegangen —, und daß es eine Wiedersehensfreude bezeigte, die nicht völlig die eines Kindes war. Bin ich von einer Stadt in eine andere umgezogen, wußten die Einwohner dieser letzteren nicht, woher ich kam; aber bevor ich mich meinem neuen Milieu angepaßt habe, sind mein Erstaunen, meine Neugierde, mein Unwissen einem ganzen Teil ihrer Gruppe gewiß nicht entgangen. Zweifellos haben diese kaum sichtbaren Spuren von Vorgängen, die ohne große Bedeutung für das Milieu selbst waren, dessen Aufmerksamkeit nicht lange angezogen. Ein Teil seiner Mitglieder würde sie jedoch wiederfinden oder wüßte zumindest, wo sie zu suchen sind, wenn ich ihnen den Vorgang erzählen würde, der sie hat hinterlassen können.

Wenn überdies das kollektive Gedächtnis seine Kraft und seine Beständigkeit daraus herleitet, daß es auf einer Gesamtheit von Menschen beruht, so sind es indessen die Individuen, die sich als Mitglieder der Gruppe erinnern. In dieser Masse gemeinsamer, sich aufeinander stützender Erinnerungen sind es nicht dieselben, die jedem von ihnen am deutlichsten erscheinen. Wir würden sagen, jedes individuelle Gedächtnis ist ein »Ausblickspunkt« auf das kollektive Gedächtnis; dieser Ausblickspunkt wechselt je nach der Stelle, die wir darin einnehmen, und diese Stelle selbst wechselt den Beziehungen zufolge, die ich mit anderen Milieus unterhalte. Es ist demnach nicht erstaunlich, daß nicht alle das gemeinsame Werkzeug mit dem gleichen Nutzen anwenden. Will man diese Verschiedenheit erklären, so stößt man indessen immer wieder auf eine Kombination von Einflüssen, die alle sozialer Natur sind.

Von diesen Kombinationen sind manche überaus komplex. Deshalb hängt es nicht von uns ab, sie wiedererscheinen zu lassen. Man muß sich dem Zufall anvertrauen, muß darauf warten, daß sich innerhalb der sozialen Milieus, in denen wir uns materiell oder gedanklich bewegen, mehrere Wellensysteme erneut überschneiden und in gleicher Weise wie früher das Registriergerät, das unser individuelles Gedächtnis ist, in Schwingungen versetzen. Aber die Art der Kausalität ist hier dieselbe und könnte nur dieselbe wie früher sein. Die Folge der Erinnerungen, selbst der allerpersönlichsten, erklärt sich immer aus den Veränderungen, die in unseren Beziehungen zu den verschiedenen kollektiven Milieus entstehen, das heißt, letztlich aus den Veränderungen jedes einzelnen dieser Milieus und ihrer Gesamtheit.

Man wird sagen, es sei seltsam, daß Zustände, die einen so auffallenden Charakter unwiderlegbarer Einheit aufweisen, daß unsere persönlichsten Erinnerungen sich aus der Verschmelzung so vieler verschiedenartiger und getrennter Elemente ergeben. Zuerst einmal löst sich bei näherer Überlegung diese Einheit durchaus in eine Vielheit auf. Man hat bisweilen behauptet, daß man in einem wahrhaft persönlichen Bewußtseinszustand bei genauerer Untersuchung den gesamten Geistesinhalt, von einem gewissen Gesichtspunkt aus betrachtet, wiederfindet. Aber unter Geistesinhalt sind alle Elemente zu verstehen, die die Beziehungen zu den verschiedenen Milieus kennzeichnen. Ein persönlicher

Bewußtseinszustand enthüllt so die Komplexität der Kombination, aus der er hervorgegangen ist. Was seine scheinbare Einheit anbetrifft, so erklärt sie sich aus einer ganz natürlichen Illusion. Philosophen haben gelehrt, das Gefühl der Freiheit erkläre sich aus der Vielfalt der kausalen Folgen, die sich verbinden, um eine Handlung hervorzubringen.

Wir kommen überein, daß jedem dieser Einflüsse ein anderer entgegenwirken kann; wir glauben dann, daß unser Handeln von allen diesen Einflüssen unabhängig ist, da es von keinem von ihnen ausschließlich abhängt, und wir bemerken nicht, daß es sich in Wirklichkeit aus ihrer Gesamtheit ergibt und stets vom Gesetz der Kausalität beherrscht wird. Da die Erinnerung durch die Auswirkung mehrerer Folgen ineinander verflochtener kollektiver Denkweisen wiederersteht, und wir sie keiner von ihnen ausschließlich zuschreiben können, meinen wir auch hier, sie sei unabhängig und stellen ihre Einheit deren Vielfalt gegenüber. Ebensogut kann man annehmen, ein schwerer, an einer Anzahl gekreuzt gespannter Fäden in der Luft aufgehängter Gegenstand schwebe frei im Leeren.

3.

Max Frisch

Geschichten

Wenn der Erzähler sich zu erinnern vorgibt, wie, genau, der Wind blies um sieben Uhr abends vor einundzwanzig Jahren, warum lächle ich nicht? Ich nehme es an. Dabei muß ich gestehen, daß ich mich an nichts, was je geschehen ist, so erinnere, wie ein Zeuge vor Gericht oder ein Erzähler sich zu erinnern vorgibt. Ich weiß nie, wie es war. Ich weiß es anders — nicht als Geschichte, sondern als Zukunft. Als Möglichkeit. Wie es war, als ich in einer Prüfung durchgefallen bin, oder wie es war mit einer Frau, die mich verlassen hat oder die ich verlassen habe, ich erzähle nie, wie es war, sondern wie ich mir vorstelle, daß es wäre, wenn ich es nochmals erleben müßte. Erfahrung zeigt sich als Ahnung, als Voraussage. Das gilt nicht nur für den Schriftsteller, glaube ich, es gilt für alle Menschen. Wie es war, als ich aus einer Lebenslage floh und mich in einer fremden Stadt niederließ, erkenne ich daran, wie ich mir vorstelle, daß es sein möchte, wenn ich heute flöhe und mich in einer fremden Stadt niederließe. Wie würde ich mich fühlen, wenn ich morgen das große Los gewänne? Ich glaube es zu wissen. Woher? Ich habe nie das große Los gewonnen, aber ich habe mich erfahren. Wo? Das weiß ich nicht; aber wie ich mich erfahren habe, das zeigt sich im Spiel meiner Einbildung. Indem ich mir vorstelle, was sein könnte, beispielsweise wenn ich nochmals auf die Welt käme, also indem ich erfinde, was nie gewesen ist und nie sein wird, zeigt die Erfahrung sich reiner, genauer, offener. Vielleicht sind es zwei oder drei Erfahrungen, was man hat, eine Angst und sieben Hoffnungen, eine nicht unbegrenzte Summe von Gefühlen, die sich wie ein Rosenkranz wiederholen, dazu die paar Eindrücke auf der Netzhaut, die sich vielleicht nicht wiederholen, so daß die Welt zu einem Muster der Erinnerung wird, dazu die tausend Ansätze zu einem Gedanken, der eigen wäre, das ist es, was man hat, wenn man von seinem Ich erzählt: Erlebnismuster — aber keine Geschichte! Geschichten gibt es nur von außen. Unsere Gier nach Geschichten, haben wir uns einmal überlegt, woher sie kommt? Man kann die Wahrheit nicht erzählen. Die Wahrheit ist keine Geschichte. Alle Geschichten sind erfunden, Spiele der Einbildung, Bilder, sie sind wirklich nur als Bilder, als Spiegelungen. Jeder Mensch, auch wenn er kein Schriftsteller ist, erfindet seine Geschichte. Anders bekommen wir unser Erlebnismuster, unsere Erfahrung, nicht zu Gesicht.

Was ich meine:

Erfahrung ist ein Einfall, nicht ein Ergebnis aus Vorfällen. Der Vorfall, ein und derselbe, dient tausend Erfahrungen. Vielleicht gibt es kein anderes Mittel, um Erfahrung auszudrücken, als das Erzählen von Vorfällen, also von Geschichten: als wäre es die Geschichte, aus der unsere Erfahrung hervorgegangen ist. Es ist umgekehrt, glaube ich. Was hervorgeht, sind die Geschichten. Die Erfahrung will sich lesbar machen. Sie erfindet sich ihren Anlaß. Und daher erfindet sie mit Vorliebe eine Vergangenheit. Es war einmal. Der Vorfall, der uns verfolgt, weil er unsere Erfahrung auszudrücken vermag, braucht nie geschehen zu sein, aber damit man unsere Erfahrung versteht und glaubt, damit wir uns selber glauben, tun wir, als wäre es gewesen. Das tun nicht nur die Schriftsteller, das tun alle. Geschichten sind Entwürfe in die Vergangenheit zurück, Spiele der Einbildung, die wir als Wirklichkeit ausgeben. Jeder Mensch erfindet sich eine Geschichte, die er dann, oft unter gewaltigen Opfern, für sein Leben hält, oder eine Reihe von Geschichten, die sich mit Ortsnamen und Daten durchaus belegen lassen, so daß an ihrer Wirklichkeit nicht zu zweifeln ist. Nur der Schriftsteller glaubt nicht daran. Das ist der Unterschied. Indem ich weiß, daß jede Geschichte, wie sehr sie sich auch belegen läßt mit Fakten, meine Erfindung ist, bin ich Schriftsteller. Eine Erfahrung, die ohne Anlaß da steht, also nicht vorgibt, daß sie aus wirklichen Geschichten hervorgegangen sei, läßt sich kaum ertragen. Erfahrung bewährt sich daran, daß sie die Geschichte, die sie erfindet, glaubhaft macht; aber sie ist nicht, meine ich, das Ergebnis aus dieser oder jener Geschichte, sondern ein Einfall. Als solcher müßte sie eigentlich bestehen, auch wenn ich weiß, daß die Geschichte, die ich erzähle, nie geschehen ist und nie geschehen wird: wenn ich verzichte auf die Täuschung, die im epischen Imperfekt liegt, auf die Vorspiegelung geschichtlicher Vorkommnisse. Natürlich gibt es geschichtliche Vorkommnisse, aber sie sind nicht, wie der Erzähler vorgibt, die Ursachen einer Erfahrung. Die Erfahrung ist ein Einfall, der Einfall ist das wirkliche Ereignis, Vergangenheit eine Erfindung, die nicht zugibt, eine Erfindung zu sein, ein Entwurf rückwärts. Ich glaube, entscheidende Wendungen in einem Leben beruhen auf Vorkommnissen, die nie vorgekommen sind, auf Einbildungen, erzeugt von einer Erfahrung, die da ist, bevor eine Geschichte sie zu verursachen scheint. Die Geschichte drückt sie nur aus. Der bekannte Vorwurf, daß die Menschen aus der Geschichte (Weltgeschichte) nichts lernen, ist so unsinnig wie aufschlußreich; übrigens lernen sie das eine und andere, aber das ändert die Geschichte nicht. Nur die Erfahrung ändert alles, weil sie nicht ein Ergebnis der Geschichte ist, sondern ein Einfall, der die Geschichte ändern muß, um sich auszudrücken. Die Erfahrung dichtet. Wenn Menschen mehr Erfahrung haben als Vor-

kommnisse, die als Ursache anzugeben wären, bleibt ihnen nichts anderes übrig als ehrlich zu sein: sie fabulieren. Wohin sonst sollen sie mit
ihrer Erfahrung? Sie entwerfen, sie erfinden, was ihre Erfahrung lesbar macht. Die Erfahrung ist nicht ein Schluß, sondern eine Eröffnung;
ihr Bezirk ist die Zukunft. Oder die Zeitlosigkeit. Drum widerstrebt es
ihr — so müßte man meinen — sich als Geschichte zu geben, als Erzählung. Aber wie soll sie sich anders geben?

4.

PETER BICHSEL

Amerika gibt es nicht

Ich habe die Geschichte von einem Mann, der Geschichten erzählt. Ich habe ihm mehrmals gesagt, daß ich seine Geschichte nicht glaube.

»Sie lügen«, habe ich gesagt, »Sie schwindeln, Sie phantasieren, Sie betrügen.« Das beeindruckte ihn nicht. Er erzählte ruhig weiter, und als ich rief: »Sie Lügner, Sie Schwindler, Sie Phantast, Sie Betrüger!«, da schaute er mich lange an, schüttelte den Kopf, lächelte traurig und sagte dann so leise, daß ich mich fast schämte: »Amerika gibt es nicht.«

Ich versprach ihm, um ihn zu trösten, seine Geschichte aufzuschreiben: Sie beginnt vor fünfhundert Jahren am Hofe eines Königs, des Königs von Spanien. Ein Palast, Seide und Samt, Gold, Silber, Bärte, Kronen, Kerzen, Diener und Mägde; Höflinge, die sich im Morgengrauen gegenseitig die Degen in die Bäuche rennen, die sich am Abend zuvor den Fehdehandschuh vor die Füße geschmissen haben. Auf dem Turm fanfarenblasende Wächter. Und Boten, die vom Pferd springen, und Boten, die sich in den Sattel werfen, Freunde des Königs und falsche Freunde, Frauen, schöne und gefährliche, und Wein und um den Palast herum Leute, die nichts anderes wußten, als all das zu bezahlen.

Aber auch der König wußte nichts anderes, als so zu leben, und wie man auch lebt, ob in Saus und Braus oder Armut, ob in Madrid, Barcelona oder irgendwo, am Ende ist es doch täglich dasselbe, und man langweilt sich. So stellen sich die Leute, die irgendwo wohnen, Barcelona schön vor, und die Leute von Barcelona möchten nach Irgendwo reisen.

Die Armen stellen es sich schön vor, wie der König zu leben, und leiden darunter, daß der König glaubt, arm sein sei für die Armen das richtige.

Am Morgen steht der König auf, am Abend geht der König ins Bett, und tagsüber langweilt er sich mit seinen Sorgen, mit seinen Dienern, seinem Gold, Silber, Samt, seiner Seide, langweilt sich mit seinen Kerzen. Sein Bett ist prunkvoll, aber man kann darin auch nicht viel anderes tun als schlafen.

Die Diener machen am Morgen tiefe Verbeugungen, jeden Morgen gleich tief, der König ist daran gewöhnt und schaut nicht einmal hin. Jemand gibt ihm die Gabel, jemand gibt ihm das Messer, jemand schiebt ihm den Stuhl zu, und die Leute, die mit ihm sprechen, sagen Majestät und sehr viele schöne Worte dazu und sonst nichts.

Nie sagt jemand zu ihm: »Du Trottel, du Schafskopf«, und alles, was sie ihm heute sagen, haben sie ihm gestern schon gesagt.

So ist das.

Und deshalb haben Könige Hofnarren. Die dürfen tun, was sie wollen, und sagen, was sie wollen, um den König zum Lachen zu bringen, und wenn er über sie nicht mehr lachen kann, bringt er sie um oder so.

So hatte er einmal einen Narren, der verdrehte die Worte. Das fand der König lustig. Der sagte »Stajesmät« statt »Majestät«, der sagte »Lapast« statt »Palast« und »Tuten Gat« statt »Guten Tag«.

Ich finde das blöd, der König fand das lustig. Ein ganzes halbes Jahr lang fand er es lustig, bis zum 7. Juli, und am achten, als er aufstand und der Narr kam und »Tuten Gat, Stajesmät« sagte, sagte der König: »Schafft mir den Narren vom Hals!«

Ein anderer Narr, ein kleiner dicker, Pepe hieß der, gefiel dem König sogar nur vier Tage lang, der brachte den König damit zum Lachen, daß er auf die Stühle der Damen und Herren, der Fürsten, Herzöge, Freiherren und Ritter Honig strich. Am vierten Tag strich er Honig auf den Stuhl des Königs, und der König mußte nicht mehr lachen, und Pepe war kein Narr mehr.

Nun kaufte sich der König den schrecklichsten Narren der Welt. Häßlich war er, dünn und dick zugleich, lang und klein zugleich, und sein linkes Bein war ein O-Bein. Niemand wußte, ob er sprechen konnte und absichtlich nicht sprach oder ob er stumm war. Sein Blick war böse, sein Gesicht mürrisch; das einzig Liebliche an ihm war sein Name: er hieß Hänschen.

Das Gräßlichste aber war sein Lachen. Es begann ganz klein und gläsern ganz tief im Bauch, gluckste hoch, ging langsam über in ein Rülpsen, machte Hänschens Kopf rot, ließ ihn fast ersticken, bis er losplatzte, explodierte, dröhnte, schrie; dann stampfte er dazu und tanzte und lachte; und nur der König freute sich daran, die andern wurden bleich, begannen zu zittern und fürchteten sich. Und wenn die Leute rings um das Schloß das Lachen hörten, sperrten sie Türen und Fenster zu, schlossen die Läden, brachten die Kinder zu Bett und verschlossen sich die Ohren mit Wachs.

Hänschens Lachen war das Fürchterlichste, was es gab.

Der König konnte sagen, was er wollte, Hänschen lachte.

Der König sagte Dinge, über die niemand lachen kann, aber Hänschen lachte. Und eines Tages sagte der König: »Hänschen, ich hänge dich auf.«

Und Hänschen lachte, brüllte los, lachte wie noch nie.

Da beschloß der König, daß Hänschen morgen gehängt werden soll. Er ließ einen Galgen bauen, und es war ihm ernst mit seinem Beschluß, er wollte Hänschen vor dem Galgen lachen hören. Dann befahl er allen

Leuten, sich das böse Schauspiel anzuschauen. Die Leute versteckten sich aber und verriegelten ihre Türen, und am Morgen war der König mit dem Henker, mit den Knechten und dem lachenden Hänschen allein.

Und er schrie seinen Knechten zu: »Holt mir die Leute her!« Die Knechte suchten die ganze Stadt ab und fanden niemanden, und der König war zornig, und Hänschen lachte.

Da endlich fanden die Knechte einen Knaben, den schleppten sie vor den König. Der Knabe war klein, bleich und schüchtern, und der König wies auf den Galgen und befahl ihm, zuzuschauen.

Der Knabe schaute zum Galgen, lächelte, klatschte in die Hände, staunte und sagte dann: »Sie müssen ein guter König sein, daß Sie ein Bänklein für die Tauben bauen; sehn Sie, zwei haben sich bereits darauf gesetzt.«

»Du bist ein Trottel«, sagte der König, »wie heißt du?«

»Ich bin ein Trottel, Herr König, und heiße Colombo, meine Mutter nennt mich Colombin.«

»Du Trottel«, sagte der König, »hier wird jemand gehängt.«

»Wie heißt er denn?« fragte Colombin, und als er den Namen hörte, sagte er: »Ein schöner Name, Hänschen heißt er also. Wie kann man einen Mann, der so schön heißt, aufhängen?«

»Er lacht so gräßlich«, sagte der König, und er befahl dem Hänschen zu lachen, und Hänschen lachte doppelt so gräßlich wie gestern.

Colombin staunte, dann sagte er: »Herr König, finden Sie das gräßlich?« Der König war überrascht und konnte nicht antworten, und Colombin fuhr fort: »Mir gefällt sein Lachen nicht besonders, aber die Tauben sitzen immer noch auf dem Galgen; es hat sie nicht erschreckt; sie finden das Lachen nicht gräßlich. Tauben haben ein feines Gehör. Man muß Hänschen laufen lassen.«

Der König überlegte und sagte dann: »Hänschen, scher dich zum Teufel.«

Und Hänschen sprach zum ersten Mal ein Wort. Er sagte zu Colombin: »Danke!« und lächelte dazu ein schönes menschliches Lächeln und ging.

Der König hatte keinen Narren mehr.

»Komm mit«, sagte er zu Colombin.

Des Königs Diener und Mägde, die Grafen und alle glaubten aber, Colombin sei der neue Hofnarr.

Doch Colombin war gar nicht lustig. Er stand da und staunte, sprach selten ein Wort und lachte nicht, er lächelte nur und brachte niemanden zum Lachen.

»Er ist kein Narr, er ist ein Trottel«, sagten die Leute, und Colombin sagte: »Ich bin kein Narr, ich bin ein Trottel.«

Und die Leute lachten ihn aus.

Wenn das der König gewußt hätte, wäre er böse geworden, aber Colombin sagte ihm nichts davon, denn es machte ihm nichts aus, ausgelacht zu werden.

Am Hofe gab es starke Leute und gescheite Leute, der König war ein König, die Frauen waren schön und die Männer mutig, der Pfarrer war fromm und die Küchenmagd fleißig — nur Colombin, Colombin war nichts.

Wenn jemand sagte: »Komm, Colombin, kämpf mit mir«, sagte Colombin: »Ich bin schwächer als du.«

Wenn jemand sagte: »Wieviel gibt zwei mal sieben?«, sagte Colombin: »Ich bin dümmer als du.«

Wenn jemand sagte: »Getraust du dich, über den Bach zu springen«, sagte Colombin: »Nein, ich getraue mich nicht.« Und wenn der König fragte: »Colombin, was willst du werden?«, antwortete Colombin: »Ich will nichts werden, ich bin schon etwas, ich bin Colombin.«

Der König sagte: »Du mußt aber etwas werden«, und Colombin fragte: »Was kann man werden?«

Da sagte der König: »Jener Mann mit dem Bart, mit dem braunen, ledernen Gesicht, das ist ein Seefahrer. Der wollte Seefahrer werden und ist Seefahrer geworden, er segelt über die Meere und entdeckt Länder für seinen König.«

»Wenn du willst, mein König«, sagte Colombin, »werde ich Seefahrer.«

Da mußte der ganze Hof lachen.

Und Colombin rannte weg, fort aus dem Saal und schrie: »Ich werde ein Land entdecken, ich werde ein Land entdecken!«

Die Leute schauten sich an und schüttelten die Köpfe, und Colombin rannte aus dem Schloß, durch die Stadt und über das Feld, und den Bauern, die auf den Feldern standen und ihm nachschauten, rief er zu: »Ich werde ein Land entdecken, ich werde ein Land entdecken!«

Und er kam in den Wald und versteckte sich wochenlang unter den Büschen, und wochenlang hörte niemand etwas von Colombin, und der König war traurig und machte sich Vorwürfe, und die Hofleute schämten sich, weil sie Colombin ausgelacht hatten.

Und sie waren froh, als nach Wochen der Wächter auf dem Turm die Fanfare blies und Colombin über die Felder kam, durch die Stadt kam, durchs Tor kam, vor den König trat und sagte: »Mein König, Colombin hat ein Land entdeckt!« Und weil die Hofleute Colombin nicht mehr auslachen wollten, machten sie ernste Gesichter und fragten: »Wie heißt es denn, und wo liegt es?«

»Es heißt noch nicht, weil ich es erst entdeckt habe, und es liegt weit draußen im Meer«, sagte Colombin.

Da erhob sich der bärtige Seefahrer und sagte: »Gut, Colombin, ich, Amerigo Vespucci, gehe das Land suchen. Sag mir, wo es liegt.«

»Sie fahren ins Meer und dann immer geradeaus, und Sie müssen fahren, bis Sie zu dem Land kommen, und Sie dürfen nicht verzweifeln«, sagte Colombin, und er hatte fürchterlich Angst, weil er ein Lügner war und wußte, daß es das Land nicht gibt, und er konnte nicht mehr schlafen.

Amerigo Vespucci aber machte sich auf die Suche.

Niemand weiß, wohin er gefahren ist. Vielleicht hat auch er sich im Walde versteckt.

Dann bliesen die Fanfaren, und Amerigo kam zurück.

Colombin wurde rot im Gesicht und wagte den großen Seefahrer nicht anzuschauen. Vespucci stellte sich vor den König, blinzelte dem Colombin zu, holte tief Atem, blinzelte noch einmal dem Colombin zu und sagte laut und deutlich, so daß es alle hören konnten: »Mein König«, so sagte er, »mein König, das Land gibt es.«

Colombin war so froh, daß ihn Vespucci nicht verraten hatte, daß er auf ihn zulief, ihn umarmte und rief: »Amerigo, mein lieber Amerigo!«

Und die Leute glaubten, das sei der Name des Landes, und sie nannten das Land, das es nicht gibt, »Amerika«.

»Du bist jetzt ein Mann«, sagte der König zu Colombin, »von nun ab heißt du Kolumbus.«

Und Kolumbus wurde berühmt, und alle bestaunten ihn und flüsterten sich zu: »Der hat Amerika entdeckt.«

Und alle glaubten, daß es Amerika gibt, nur Kolumbus war nicht sicher, sein ganzes Leben zweifelte er daran, und er wagte den Seefahrer nie nach der Wahrheit zu fragen.

Bald fuhren aber andere Leute nach Amerika und bald sehr viele; und die, die zurückkamen, behaupteten: »Amerika gibt es!«

»Ich«, sagte der Mann, von dem ich die Geschichte habe, »ich war noch nie in Amerika. Ich weiß nicht, ob es Amerika gibt. Vielleicht tun die Leute nur so, um Colombin nicht zu enttäuschen. Und wenn zwei sich von Amerika erzählen, blinzeln sie sich heute noch zu, und sie sagen fast nie Amerika, sie sagen meistens etwas Undeutliches von ›Staaten‹ oder ›Drüben‹ oder so.

Vielleicht erzählt man den Leuten, die nach Amerika wollen, im Flugzeug oder im Schiff die Geschichte von Colombin, und dann verstecken sie sich irgendwo und kommen später zurück und erzählen von Cowboys und von Wolkenkratzern, von den Niagarafällen und vom Mississippi, von New York und von San Francisco.

Auf jeden Fall erzählen alle dasselbe, und alle erzählen Dinge, die sie vor der Reise schon wußten; und das ist doch sehr verdächtig.

Aber immer noch streiten sich die Leute darüber, wer Kolumbus wirklich war. Ich weiß es.«

5.

PETER STROMBERGER

Warum wir uns Geschichten erzählen

[...]
»Warum wir uns Geschichten erzählen«.

Damit meinen wir Kommunikation, die zu keinem ohne weiteres ersichtlichen Zweck erfolgt und die wir deshalb auch *»ungezielte Kommunikation«* nennen.

Es gibt zwischen Menschen zahlreiche Begegnungen, die ausschließlich aus solcher Kommunikation bestehen.

Die Gesprächspartner erzählen sich Erlebnisse, sie äußern wertende Meinungen über irgendwelche bekannten Ereignisse, sie schwärmen gemeinsam von ihren Idealen, machen sich lustig über komische oder empören sich über unmögliche Dinge — ohne damit direkt etwas erreichen zu wollen.

Um diese Art der Kommunikation, die wir im Filmteil mit dem Gespräch zwischen den beiden Laboranten veranschaulichen, soll es uns hier vor allem gehen. Sie spielt in unserem Leben eine große Rolle: es ist *diese* Art der Verständigung, die wir immer wieder suchen.

Zudem ist dieser Kommunikationstyp bisher wenig erforscht, obwohl gerade er der Analyse bedarf, da er weniger selbstverständlich ist als zielgerichtete *Kommunikation.*

Sachliche Verständigung brauchen wir, um bestimmte Ziele zu erreichen *(z. B. um die Abfahrtszeit unseres Zuges zu erfahren).*

Wozu aber die spontane Unterhaltung mit anderen Menschen? Hierzu bedarf es offenbar einer Theorie, einer eigens zum Verstehen solchen Verhaltens konstruierten Erklärung.

Eine Theorie, die eine Erklärung liefert, haben wir leicht zur Hand: die Vorstellung, der Mensch habe ein »natürliches Mitteilungsbedürfnis«.

(Wes das Herz voll ist, des läuft der Mund über.)
Man möchte etwas loswerden, sich von der Seele reden.

Diese Vorstellung erscheint durchaus überzeugend, wenn wir beobachten, wie sehr Menschen bestrebt sind, anderen von ihren Erlebnissen und Eindrücken zu berichten. Doch erklärt sie nicht, warum ein solches Mitteilungsbedürfnis besteht und warum das Zuhören der anderen uns von unserer Erlebnisfülle befreien kann.

Das gilt ums so mehr, als wir unsere Erlebnisse ja oft vielen Menschen nacheinander erzählen, wir uns also offensichtlich nicht durch ein einziges Gespräch alles vom Halse reden können.

Welche Bedeutung hat dann jede einzelne Unterhaltung?

Im Filmteil haben wir eine andere Erklärungsmöglichkeit skizziert, die zunächst genauso simpel erscheinen mag: Wir haben gesagt, die Bedeutung des Erzählens liege nicht so sehr darin, etwas loszuwerden, als vielmehr darin, daß unsere Gesprächspartner uns durch ihr Zuhören, durch ihre Kommentare, sowie durch Erzählungen, die sie selbst zur Unterhaltung beisteuern, eine *Bestätigung* liefern:

Bestätigung dafür, daß unsere Erlebnisse belangvoll und erzählenswert sind. Bestätigung, daß andere so denken und fühlen wie wir.

Wir sehen solche Gespräche also nicht als einen einseitigen Vorgang, sondern als ein kooperatives Unternehmen, zu dessen Gelingen mindestens zwei Personen erforderlich sind und von dem — im Idealfall — alle Beteiligten gleich viel haben. *Wie kommen wir zu dieser Überlegung?*

Der Film schließt mit der Formel:

»Wir sind uns unserer Sache nie ganz sicher.«

Damit beziehen wir uns auf das Menschenbild der modernen Anthropologie.

Nach dieser Vorstellung ist der Mensch durch einen weitgehenden Schwund jener Instinkte gekennzeichnet, die dem Tier sein Verhalten vorschreiben. Tiere sind durch angeborene Verhaltensmuster von der Entscheidung entlastet, welches das jeweils richtige Handeln für sie ist. Diese arteigenen Automatismen fehlen dem Menschen. Er braucht Entscheidungshilfen von seiner Umwelt, um von einem Übermaß an Unsicherheit und Entscheidungsdruck frei zu sein (er ist sich eben seiner Sache nie ganz sicher).

Solche verhaltenssteuernden und Sicherheit verleihenden Mechanismen sind Sitten und Gebräuche einer Gesellschaft *(Moralvorstellungen, soziale Normen).*

Nun gibt es aber keine Gesellschaft, in der alles Verhalten durch eingefahrene Sitten und Vorschriften geregelt ist. Überall finden wir Bereiche, in denen der einzelne selbst entscheiden muß, welches das angemessene Verhalten, der gute Geschmack und das rechte Gefühl ist.

In dieser Zone individueller Handlungsfreiheit bleibt somit Unsicherheit und damit das Bedürfnis nach Bestätigung. *Wie kommt diese Bestätigung zustande?*

Unsere Mitmenschen sind in den Bereichen gesellschaftlich nicht geregelten Verhaltens zwangsläufig genauso unsicher wie wir (...). In solchen Situationen kann, wie die Sozialpsychologie gezeigt hat, Verhaltenssicherheit nur entstehen, indem wir merken, daß andere so denken und handeln wie wir.

Die Meinung der Mehrheit ersetzt die richtige Meinung.

Wo sich jedoch keine Mehrheitsmeinung bilden kann, weil es um individuelle Erlebnisse und Auffassungen geht, kann uns Bestätigung nur durch die Reaktionen einzelner Gesprächspartner zuteil werden.

Es sind ja immer nur einzelne, denen wir diese Erlebnisse und unsere Interpretationen im Gespräch unterbreiten können. Der jeweilige Partner zeigt uns durch sein Zuhören, daß ihm unsere Ausführungen beachtenswert erscheinen. Indem er ähnliches berichtet, gibt er uns die Sicherheit, daß er erlebt und handelt wie wir.

Aus dieser Sicht wird verständlich, warum wir immer wieder neuen Personen Gleiches erzählen:

wir werden damit nichts los, erhalten aber immer wieder neuen Halt — je mehr Partner, desto besser.

Unterhaltungen, wie wir sie im Auge haben, sind bisher von der Forschung kaum beachtet worden. Es sieht aber so aus, als erhärteten andere Ergebnisse der — wenn auch spärlichen — Gesprächsforschung unsere Konzeption.

6.

WILHELM DEHN

Erzählen und Zuhören

»Es ist eine wohlbekannte Tatsache: kein Mensch kann es wirklich ertragen, daß er nicht imstande ist, jemandem etwas zu erzählen.« Dieses Wort eines europäischen Gastes vor amerikanischen Studenten[1] spricht mehrere Erfahrungen zugleich aus:

(1) Sich erzählend zu äußern, steht einem frei, doch bleibt es unverzichtbar.

(2) Erzählen kann, wer in seinem Bild von sich selbst und vom andern Gemeinsamkeit findet.

(3) Daß Erzählen gelingt, ist Sache des Adressaten, seiner Bereitschaft und Fähigkeit zuzuhören.

In jedermanns Rede kommt es vor, doch haben wir durchaus nicht alle denselben Begriff davon. Sogar der einzelne kennt sehr unterschiedliche Weisen: »Wenn einer eine Reise tut, dann kann er was erzählen« / »Wes das Herz voll ist, des geht der Mund über« / »In Geschichten verstrickt«, wie es heißt[2], suchen wir einen Zuhörer, der das Netz zerreißt. Insofern bringt das Erzählen die drei geläufigen Funktionen der Sprache zur Geltung: die der Darstellung, bei der es um Information über Sachverhalte geht, die des Ausdrucks und die der Forderung. Aber es erschöpft sich nicht darin.

Ursprünglich dient es der *Weltdeutung in Bildern*: Mythen, Sagen, Märchen schaffen einen gemeinsamen Vorstellungsraum für die Selbstvergewisserung menschlicher Gruppen in ihren Lebensnormen. Es gibt eine Forschung, welche jene Welt der Mythen und Märchen rekonstruiert. Aus dem Erzählgut wird Buchliteratur, oft im letzten Augenblick, ehe die mündliche Überlieferung aufhört. Nach der kritischen Sammlung die systematische Analyse: Jene Hunderte russischer Volksmärchen z. B. lassen sich so weitgehend auf gemeinsame Struktur-Merkmale zurückführen, daß man schließlich von einem einzigen Entwurf sprechen kann, der allen zugrunde liegt[3]: *Erzählen als Instrument der Deutung.*

---

[1] Gertrude Stein, Erzählen. Vier Vorträge (engl. Chicago 1935). Mit einer Einleitung von Thornton Wilder, Frankfurt 1971, S. 94.
[2] Wilhelm Schapp, In Geschichten verstrickt, Hamburg 1957.
[3] Wladimir Propp, Morphologie des Märchens (russ. Leningrad 1928), Hg. Karl Eimermacher, München 1972.

Inzwischen ist an die Stelle von Weltdeutung wissenschaftliche *Naturerklärung* getreten. Die im Kosmos und die im Organismus wirksamen Kräfte erhalten Namen — häufig solche aus mythischem Fabulieren — und werden zu Trägern eines Geschehens, das nun in theoretischer Konstruktion bekannt ist. Seine sprachliche Darstellung aber folgt den Schemata des Erzählens. Das gilt vollends für alles *menschengeschichtliche Wissen.* Es erscheint als ständige Neuformulierung und unablässige Vermehrung einer nicht mehr überschaubaren Fülle von Geschichten über Zustandsänderungen menschlicher Subjekte[4]: *Erzählen als Methode der Erkenntnis.*

Aus dem Umkreis eines allgemeinen Interesses kommen wir in den Bereich der persönlichen Bedürfnisse mit der *Lebensgeschichte des einzelnen.* Auch sie ist ein Erzählresultat. Verdrängen belastet, Fabulieren kann befreien; dazwischen liegen die Werte des Erzählens. Für die Selbsteinschätzung wird entscheidend, daß einer sein Leben voll vergegenwärtigen kann, für die Einschätzung durch andere, daß seine Geschichte glaubhaft ist.[5] Man hat mit guten Gründen geltend gemacht, daß sogenannte »ungezielte Kommunikation«[6], d. h. alles nicht eindeutig zweckgerichtete Sprachhandeln, letztlich einem *Verlangen nach Bestätigung* folgt. Daher die geschehenwiederholende Rede, der handlungsbegleitende Kommentar, die Weitergabe von Nachrichten; aber auch das Anrufen älterer Zeugen in der Redensart und im Sprichwort (also in Spuren fremden Erzählens bzw. in Formeln, die für Geschichten stehen). Und nicht zuletzt, was wir als Klatsch bezeichnen: Der andere Mensch als Material für den Versuch, mit sich selbst zurechtzukommen. Nicht selten läuft es hinaus auf seine Herabsetzung. Erlebnishaftes Erzählen wiederum kann der eigenen Erhöhung dienen (dem »selfaggrandizement«, wie es in amerikanischen Untersuchungen heißt[7]).

In den Blick gerückt sind damit Spielarten jenes Verlangens nach *Selbsterhaltung,* welches in allen Wissenschaften vom Menschen vorausgesetzt wird. Die Soziallehre baut ihre Entwürfe darauf, die politischen Systeme ziehen daraus ihre Folgerungen. Wir sind es gewohnt, dies im *Modell des Marktes* zu vergegenwärtigen. Sein Prinzip ist die Konkurrenz. Dem Denk- und Handlungszwang, der davon ausgeht, entsprechen wir mit der Sorge um Sicherung und Anerkennung. Aber

---

[4] Arthur C. Danto, Analytical Philosophy of History, Cambridge 1965.
[5] Vgl. Max Frisch, Geschichten, in: M. F., Ausgewählte Prosa, Frankfurt 1961. (In diesem Band S. 122 ff.)
[6] Peter Stromberger, Warum wir uns Geschichten erzählen, in: C. Hagener (Hg.), Diagnose sozialen Verhaltens, Hamburg 1972. (In diesem Bd. S. 130 ff.)
[7] William Labov/Joshua Waletzky, Narrative Analysis. Oral versions of Personal Experience, in: June Helm (Hg.), Essays on the Verbal and Visual Arts. Proceedings of the 1966 Annual Spring Meeting of the American Ethnological Society, Seattle 1967 (S. 12—44).

Erzählen geht darin nicht auf — weil es freiwilliges Verhalten ist, wechselseitige Zuwendung voraussetzt und Übereinstimmung anstrebt. D. h., neben dem *einzelpersönlichen Bedürfnis*, das im Erzählen Befriedigung sucht, knüpft sich daran eine *überindividuelle Erwartung*. Auch sie ist auf ein *Regelsystem* bezogen, wie andererseits unser lediglich auf Bestätigung gerichteter Austausch auf die Mechanismen, die wir als Markt bezeichnen.

Ehe ich das an Beispielen erläutere, gebe ich Begriffe zu ihrem systematischen Verständnis an.[8] Ich habe sie beiläufig bereits verwendet: Wert, Funktion, Struktur. Sie kommen in der Sprache unserer öffentlichen Medien häufig vor und sind, unterschiedlich zusammengesetzt, in jedermanns Munde. Wert: damit ist hier gemeint die Eignung einer Sache, ein Verlangen zu befriedigen, das, was jemanden befähigt, ein bestimmtes Ziel zu erreichen. Funktion: so nennen wir die Wirksamkeit, welche Werte auch zur Geltung bringt. Stellt das Bewußtsein von Werten eine Aufforderung dar, sie zu realisieren, dann meint Funktion das Verhalten, welches dieser Aufforderung gehorcht. Als Struktur schließlich sei ein Wertverhältnis charakterisiert, das Geltung beansprucht und Zustimmung findet. Eine Struktur ist gegenüber dem Wert als Antrieb und der Funktion als Tätigkeit deren Resultat.

In was für *Erzählformen* sich dieser Prozeß vollziehen kann, vergegenwärtigen meine denkbar einfachen Beispiele. Es handelt sich um zwei in unmittelbarer Wahrnehmung aufgegriffene und zwei als Fibelgeschichten[9] erfundene. Das erste:

Ulrich und sein Bruder Henning balgen sich im Gras. Da schreit der ältere plötzlich auf, der Kleine hat ihn, untenliegend und in augenblicklicher Bedrängnis, in die Brust gebissen. Das Spiel ist aus. Beide gehen ihrer Wege. Der Großvater hört davon. Nach einiger Zeit hat er den Kleinen auf dem Schoß. »Ich habe Ulrich getroffen«, sagt er zu ihm, »dem tat eine Stelle auf der Brust so weh. Ulrich hat mir die Stelle gezeigt. Das war aber ein schlimmer Biß. Kennst du den Hund, der das gemacht hat?« Der Kleine überlegt einen Moment: »Der Hund —, der Hund sieht aus wie Henning.« — Das zweite:

Tauwetter. Der Schnee wird zu braunem Schlamm. Der Vater muß am Abend zum Briefkasten gehen. Lutz möchte mit. »Scheußliches Wetter!« sagt der Vater. »Herrlicher Matsch!« ruft Lutz. Er trampelt, daß es nur so spritzt! Der Vater lacht: »Als ich ein Junge war, hat mir das auch immer Spaß gemacht!« Und beide singen laut: »Matsch-platsch, klatsch-matsch, der Winter ist vorbei!« — Das dritte:

8 In Orientierung an: Jean Piaget, Erkenntnistheorie der Wissenschaften vom Menschen (frz. Den Haag 1970), Frankfurt 1973.
9 Aus: Wunderbare Sachen, Düsseldorf: Schwann 81972; Text von Ursula Wölfel, hier leicht gekürzt.

Der Großvater geht mit den Kindern in den Garten. Es ist schon dunkel. Die Großmutter ruft: »Kommt bald ins Haus! Die Kinder müssen schlafen gehen!« Über der Stadt ist der Himmel hell von den Hochofenfeuern. Der Großvater nennt die Namen der Hütten und Kokereien. Und er zeigt den Kindern die Sternbilder. Sie verweilen lange im Garten. Die Großmutter ruft erneut. Der Großvater sagt: »Entschuldige bitte! Wir waren so weit fort, auf der Milchstraße! Und jetzt gerade kommen wir vom Mond!« — Das vierte:

Eine Familie ist zu Besuch, kurz vor ihrem Umzug in eine ferne Gegend. Man spricht darüber, daß sie sich dort endgültig niederlassen möchte, und erwähnt auch, daß das jüngste Kind, der vierjährige Jan, noch in einer früheren Wohnung, nicht in der jetzt aufgegebenen, geboren ist. Jan hat dem Gespräch zugehört und sagt: »Ja, wenn wir gestorben sind, haben wir drei Häuser verlassen.«

Indem ich diese kleinen Geschichten mitteile, geraten sie als Beispiele für Erzählen ins Zwielicht. Es kommt hier nicht darauf an, daß sie weitererzählt werden können, sondern daß innerhalb jeder dieser Geschichten jemand erzählt. Erzählen und Zuhören ist bereits Teil des von ihnen festgehaltenen Geschehens, ja es trägt dieses Geschehen ganz und gar. Das macht die Besonderheit alltäglichen Sprechens aus, der wir nachgehen. Denn wo Episoden solcher Art als fertige Geschichten überliefert werden, ist die Erzählfunktion normalerweise eine andere als in der ursprünglichen Situation: eher Unterhaltung und eben — Bestätigung. Wir unterscheiden deshalb ein neu hervorbringendes — *produzierendes* — und ein lediglich weitergebendes — *tradierendes* — Erzählen. In unseren Beispielen ist Erzählen also offenbar das Hervorbringen von etwas auch weiterhin Erzählenswertem.

Was verleiht ihm solchen Rang? Gegeben ist allemal eine Situation des Konflikts bzw. mangelnder Übereinstimmung oder doch der noch offenen Einschätzung einer Sachlage. Erzählen tritt auf als reagierendes Handeln, mit der Tendenz, Wertvorstellungen ins Gleichgewicht zu bringen. Es bewährt sich im Alltagsgespräch als eine Redeweise, die für die Position des Sprechenden und die des Adressaten eine neue Beziehung findet. Es führt über den jeweiligen Horizont der Beteiligten hinaus an einen Ort, von dem aus beide derselben Wertstruktur zustimmen. Das Individuelle ist in einem Überindividuellen aufgehoben: *Erzählen* erscheint *als Medium des Austauschs im Zeichen eines gemeinsamen Subjekts.*

Auf unsere Beispiele angewandt: »Der Hund sieht aus wie Henning« — Der Kleine hat die Gleichsetzung mit dem Tier weder angenommen noch zurückgewiesen. Vielmehr formuliert er mit Hilfe der vom Großvater angebotenen Erzählmomente ein Verhältnis, das Einsicht verrät und eine moralische Lektion zum Vergnügen beider überflüssig macht. / »Als ich ein Junge war« — Der Vater überwindet seinen Unmut am Gegenbild. Sein Erinnern schränkt auch die Werthaltung des Sohnes ein; es ermöglicht ihnen beiden aber eine gleichsinnige Lebensäußerung, bei der einer dem anderen zuhört. / »Wenn wir gestorben sind, haben wir drei Häuser verlassen«. Jan verknüpft in weitem Vorgriff zwei Geschehensreihen (Leben/Sterben — Wohnen/Wohnung wechseln) sowie zwei Generationen (die der Eltern — die der Kinder). Er teilt den Wunsch seiner Angehörigen, aber er bringt ihn aus veränderter Perspektive zum Ausdruck (statt Einziehen: Verlassen). Und einer großen Ungewißheit setzt er eine vorläufige Gewißheit entgegen. / »Wir waren so weit fort, auf der Milchstraße« — Nach der Bitte um Entschuldigung besteht kein Zwang zur Rechenschaft. Die Erzähläußerung verrät Abstand des Sprechers zu sich selbst; sie hebt eine Grenze auf und überträgt Bedeutung im Raum. Damit bahnt sie übereinstimmende Wertschätzung an, dessen, was vordem Kritik herauszufordern schien.

Es handelt sich beim hervorbringenden alltagssprachlichen Erzählen keineswegs um das, was man Fiktion nennt, also nicht um selbstwertige Phantasiegebilde, nicht um Proben angemaßten Dichtertums. Die Bindung an eine reale Situation bleibt erhalten. Denn *das produzierende Erzählen hat* seine *Anknüpfungspunkte,* weil es *Teil eines Dialogs* ist. Es geht selbst aus einem Zuhören hervor und setzt den Adressaten als unmittelbar betroffenen Zuhörer voraus. Indes zeigt sich seine Wirksamkeit oft darin, daß es den Abschluß einer Gesprächseinheit bildet. Das Gefallen, welches es auslöst, äußert sich selten als Rede. *Tradierendes Erzählen* ist demgegenüber eher *monologisch* angelegt. Es *sucht* seine *Ansatzstellen.* Nimmt der Erzählende die geeigneten wahr, kommen seine Geschichten an. Verfehlt er sie, riskiert er Befremden. Achtet er überhaupt nicht darauf, überantwortet er sich dem Wohlwollen des Zuhörers, ein Zeichen dafür, daß — und wie dringlich — Bestätigung erbeten wird. Der literarische Erzähler, der Schriftsteller, produziert und tradiert in einem, und zwar ohne direkten Adressaten. Das ist seine Schwierigkeit und zugleich die des Lesers bzw. Hörers mit der Literatur. Aber *die literarischen Geschichten* — dazu gehören auch Filme, Spiele, Reportagen — *verschaffen* uns *Bezugspunkte* und fordern damit ein auf sie eingehendes Erzählen heraus. Wenn wir unterstellen, Erzählen sei auch eine Sache der Übung und des Lernens, planvoll eingeräumter Gelegenheiten, dann ist das umstrittene Lernen an Literatur sozial bedeutsam als Schule des Erzählens.

Die hier vorgetragenen Einsichten gehören zu Untersuchungen und Übungen mit Studierenden und Lehrern. Es geht darum, Arten des Erzählens und der Wertung zu ermitteln, um Heranwachsenden zu helfen, solche Formen selber auszubilden.

III.

Theorie der Rezeptionsanalyse

Theorie der Rezeptionslenkung

1.

Lew Semjonowitsch Wygotski

Das psychologische Problem der Kunst

Der folgende Text stammt aus dem ersten Kapitel des Werkes »Die Psychologie der Kunst«, das zwischen 1915 und 1925 entstand, 1968 (Moskau) erstmals veröffentlicht wurde. Seine Zielsetzung wird hier nicht nur vergegenwärtigt, um Forschungsfragen zu dokumentieren, die zu beantworten man sich gerade heute wieder vielfach bemüht. Ausgehend von Wygotski, ist u. a. zu erörtern, wieweit sich auch eine psychologisch interessierte Ästhetik auf die Anlässe der Erfahrungsabläufe richten muß, aber auch, wie die Rede vom Subjekt literarischen Lernens zu legitimieren sei.

Zeitgenosse der frühen russischen Formalisten sowie einer noch nicht parteistaatlich dirigierten marxistischen Psychologie und Soziologie (auch der Kunst), kommt Wygotski im Bewußtsein einer eigenen materialistischen Position in Auseinandersetzung mit den herrschenden Tendenzen zu seinen Unterscheidungen und Folgerungen: Er sieht eine spekulative Ästhetik (»von oben«) und eine empirische (»von unten«) miteinander konkurrieren. Er kritisiert, daß diese unergiebige Polarisierung dadurch sich fortzusetzen drohe, daß einerseits die ästhetischen Formen nur grob klassifiziert würden im Hinblick auf ihre Abhängigkeit vom ökonomischen Faktor, andererseits experimentell-psychologische Untersuchungen auf der Grundlage einer, wie W. sagt, naiven Lehre von der Widerspiegelung individueller Zustände betrieben werde. Er deckt die Ineinssetzung von sozialer und kollektiver Psychologie als unhaltbar auf — die letztere untersucht Institutionen — und legt dar, warum wiederum die Entgegensetzung einer individuellen und einer sozialen Psychologie nicht gerechtfertigt sei. Er entwickelt in Vorwegnahme des Begriffs der Funktion eine Art von genetischem Strukturalismus und kann zeigen, wie in der Funktionsanalyse die falsche Alternative einer entweder nur werkbeschreibenden oder lediglich selbstbetrachterischen Äußerung zu überwinden ist. (Vgl. I 4 sowie die Einl. S. 22 f. und 26 f.)

(. . .) Alles in uns ist sozial, aber das bedeutet durchaus nicht, daß alle Eigenschaften der Psyche des einzelnen Menschen auch allen anderen Mitgliedern einer bestimmten Gruppe eigen sind. Nur ein gewisser Teil der individuellen Psychologie kann als Eigenheit dieses Kollektivs angesehen werden, und eben diesen Teil der individuellen Psyche unter den Bedingungen seiner kollektiven Äußerung studiert die kollektive Psychologie, die Psychologie des Militärs, der Kirche usw.

Man muß also statt zwischen sozialer und individueller Psychologie zwischen sozialer und kollektiver Psychologie unterscheiden. Der Unterschied zwischen der sozialen und der individuellen Psychologie in der Ästhetik ist ebenso hinfällig wie der Unterschied zwischen der normativen und der beschreibenden Ästhetik, weil, wie Münsterberg ganz richtig zeigte, die historische Ästhetik mit der sozialen Psychologie, die normative Ästhetik aber mit der individuellen Psychologie zusammenhängt.[1]

Als noch viel wichtiger erweist sich der Unterschied zwischen der subjektiven und der objektiven Psychologie der Kunst. Der Unterschied der introspektiven Methode in Anwendung auf die Untersuchung ästhetischer Erlebnisse zeigt sich ganz klar in den einzelnen Eigenschaften dieser Erlebnisse. Schon seiner Natur nach bleibt das ästhetische Erleben unverständlich und in seinem Wesen und seiner Subjektivität verborgen. Wir wissen und verstehen niemals, warum uns das eine oder andere Werk gefallen hat. Alles, was wir uns ausdenken, um seine Wirkung zu erklären, ist immer ein späteres Dazudenken, eine ganz eindeutige Rationalisierung unbewußter Prozesse. Das Wesen des Erlebens selbst bleibt uns rätselhaft. Die Kunst besteht ja darin, die Kunst zu verbergen, wie ein französisches Sprichwort sagt. Deshalb versuchte die Psychologie diese Fragen experimentell zu lösen, aber alle Methoden der experimentellen Ästhetik, sowohl diejenigen, die Fechner anwandte (Methode der Auswahl, der Festlegung und der Anwendung) als auch diejenigen, die Külpe befürwortete (Methode der Auswahl, der allmählichen Veränderung und Variation der Zeit), kamen im Grunde nicht über die elementarsten und einfachsten ästhetischen Wertungen hinaus.[2]

Frebes gelangte, als er das Fazit aus der Entwicklung dieser Methode zog, zu sehr traurigen Resultaten.[3] Hamann und Croce kritisierten diese Methode sehr scharf, und Croce bezeichnete sie direkt als ästhetische Astrologie.[4]

(. . .)

Der Grundfehler der experimentellen Ästhetik besteht darin, daß sie mit dem Schluß beginnt, mit dem ästhetischen Genuß und der ästhetischen Wertung, und dabei den Prozeß ignoriert und vergißt, das Ge-

[1] G. Münsterberg, Grundzüge der Psychotechnik, Leipzig 1920.
[2] O. Külpe, Der gegenwärtige Stand der experimentellen Ästhetik, 1906.
[3] J. Frebes, Lehrbuch der experimentellen Psychologie, Band 2, 1922, S. 330.
[4] R. Hamann, Ästhetik, 1913. B. Croce, Ästhetik als Wissenschaft vom Ausdruck und als allgemeine Linguistik, Moskau 1920.

nuß und Wertung rein zufällig sein können, ein sekundäres und sogar nebensächliches Moment des ästhetischen Verhaltens. Ihr zweiter Fehler liegt in der Unfähigkeit, das Besondere herauszufinden, durch das sich das ästhetische Erleben von dem gewöhnlichen Erleben unterscheidet. Sie ist im Grunde dazu verurteilt, immer außerhalb der Ästhetik zu bleiben, wenn sie für die Wertung einfachste Kombinationen von Farben, Tönen, Linien usw. vorschlägt und völlig außer acht läßt, daß alle diese Momente die ästhetische Wahrnehmung als solche gar nicht charakterisieren.

Schließlich besteht ihr dritter und größter Fehler in der falschen Voraussetzung, daß das komplizierte ästhetische Erleben als Summe einzelner kleiner ästhetischer Genüsse entstehe. Die Ästhetiker glauben, die Schönheit eines architektonischen Baus oder einer musikalischen Sinfonie werde von uns als Summe einzelner Wahrnehmungen, harmonischer Klänge, Akkorde, des goldenen Schnitts usw. empfunden. Es ist deshalb ganz klar, daß für die alte Ästhetik das Objektive und das Subjektive Synonyme waren — einerseits der nichtpsychologischen und andererseits der psychologischen Ästhetik.[5] Der Begriff objektiv psychologische Ästhetik selbst war eine sinnlose und innerlich widersprüchliche Verbindung von Begriffen und Wörtern.

Die Krise, die heute die Psychologie in der ganzen Welt durchlebt, spaltete, grob gesagt, alle Psychologen in zwei große Lager. Auf der einen Seite haben wir die Gruppe der Psychologen, die noch tiefer im Subjektivismus stecken als früher Dilthey und andere. Diese Psychologen neigen ganz offensichtlich zur Lehre Bergsons in ihrer reinsten Form. Auf der anderen Seite sehen wir in den verschiedensten Ländern, von Amerika bis Spanien, die unterschiedlichsten Versuche, eine objektive Psychologie zu schaffen. Sowohl der amerikanische Behaviorismus als auch die deutsche Gestaltpsychologie, die Reflexologie und die marxistische Psychologie, das alles sind Versuche, die der allgemeinen Tendenz der modernen Psychologie zum Objektivismus entsprechen. Es ist ganz klar, daß zugleich mit der radikalen Überprüfung der ganzen Methodologie der früheren Ästhetik diese Tendenz zum Objektivismus auch die ästhetische Psychologie erfaßt. So besteht das größte Problem dieser Psychologie darin, eine objektive Methode und ein System der Kunstpsychologie auszuarbeiten. Objektiv werden, das ist die Lebensfrage für alle Gebiete des Wissens. Um dieses Problem lösen zu können, muß man präziser umreißen, worin das psychologische Problem der Kunst besteht, und erst dann dazu übergehen, sich mit seinen Methoden genauer zu befassen.

(...)

[5] E. Meumann, Ästhetik, Teil 1, Kapitel 3, 1919; Teil 2, System der Ästhetik, Kapitel I, Moskau 1920.

Ohne spezielle psychologische Untersuchung können wir niemals verstehen, welche Gesetze die Gefühle in einem Kunstwerk leiten, und geraten in die Gefahr, die gröbsten Fehler zu begehen. Dabei ist bemerkenswert, daß auch soziologische Untersuchungen der Kunst nicht imstande sind, den Mechanismus der Wirkung eines Kunstwerks erschöpfend zu erklären. Sehr viel erklärt hier das »Prinzip der Antithese«, das nach Darwin auch Plechanow zur Erklärung vieler Erscheinungen in der Kunst anwendet.[6] Das alles zeugt davon, wie höchst kompliziert die Einflüsse sind, die auf die Kunst wirken und die keineswegs auf die einfache, einstellige Form der Widerspiegelung reduziert werden können. Im Grunde genommen geht es hier um die gleiche Frage nach dem komplizierten Einfluß des Überbaues, die Marx aufgreift, wenn er sagt: »Bei der Kunst ist bekannt, daß bestimmte Blütezeiten derselben keineswegs im Verhältnis zur allgemeinen Entwicklung der Gesellschaft stehn«, daß »innerhalb des Bereichs der Kunst selbst gewisse bedeutende Gestaltungen derselben nur auf einer unentwickelten Stufe der Kunstentwicklung möglich sind ... Aber die Schwierigkeit liegt nicht darin, zu verstehen, daß griechische Kunst und Epos an gewisse gesellschaftliche Entwicklungsformen geknüpft sind. Die Schwierigkeit ist, daß sie uns noch Kunstgenuß gewähren und in gewisser Beziehung als Norm und unerreichbare Muster gelten.«[7]

Das ist eine ganz präzise Formulierung des psychologischen Problems der Kunst. Nicht die Entstehung in Abhängigkeit von der Wirtschaft ist hier zu klären, sondern der Sinn der Wirkung und die Bedeutung des Reizes, der »nicht im Widerspruch zu der unentwickelten Gesellschaftsstufe, worauf sie wuchs«, steht.[8] So erweist sich die Beziehung zwischen der Kunst und den diese zum Leben erweckenden ökonomischen Verhältnissen als überaus kompliziert.

Das bedeutet keineswegs, daß die sozialen Bedingungen den Charakter und die Wirkung des Kunstwerkes nicht erschöpfend oder in vollem Maße bestimmen, nur bestimmen sie diese nicht unmittelbar. Gefühle, die durch ein Kunstwerk hervorgerufen werden, sind Gefühle, die sozial bedingt sind. Das kann man sehr gut am Beispiel der ägyptischen Malerei belegen. Hier hat die Form (die Stilisierung der menschlichen Figur) ganz offensichtlich die Funktion, das soziale Gefühl, das in dem dargestellten Gegenstand selbst fehlt und diesem durch die Kunst gegeben wird, zu vermitteln. Wenn man diesen Gedanken verallgemeinert, kann man die Wirkung der Kunst mit der Wirkung der Wissenschaft und der Technik vergleichen. Und wiederum löst die psycholo-

[6] G. W. Plechanow, Kunst und Literatur, S. 55—69.
[7] K. Marx, Grundrisse der Kritik der Politischen Ökonomie, Berlin 1953, S. 30—31.
[8] Ebd., S. 737—738.

gische Ästhetik die Frage nach dem gleichen Muster wie die soziologische Ästhetik. Wir möchten Hausensteins Behauptung beipflichten, daß die rein wissenschaftliche Soziologie der Kunst eine mathematische Fiktion sei, wobei wir an Stelle des Wortes »Soziologie« der Kunst das Wort »Psychologie« setzen möchten.[9] »Da die Kunst Form ist, verdient auch die Soziologie der Kunst letzten Endes erst dann diese Bezeichnung, wenn sie eine Soziologie der Form ist. Die Soziologie des Inhalts ist möglich und notwendig, aber sie ist nicht Soziologie der Kunst im eigentlichen Sinne dieses Wortes, denn Soziologie der Kunst im genauen Sinne kann nur Soziologie der Form sein. Die Soziologie des Inhalts ist im Grunde genommen allgemeine Soziologie und bezieht sich mehr auf die staatliche als auf die ästhetische Geschichte der Gesellschaft. Wer das revolutionäre Gemälde von Delacroix vom Standpunkt der Soziologie des Inhalts betrachtet, befaßt sich im Grunde genommen mit der Geschichte der Juli-Revolution und nicht mit der Soziologie des formalen Elements, das mit dem großen Namen Delacroix verbunden ist«[10], für den ist der Gegenstand der Untersuchung nicht der Gegenstand der Psychologie der Kunst, sondern der allgemeinen Psychologie. »Die Soziologie des Stils kann in keinem Fall Soziologie des künstlerischen Materials sein ... für die Soziologie des Stils geht es ... um den Einfluß auf die Form.«[11]

Die Frage ist also die, ob es möglich ist oder nicht, irgendwelche psychologischen Gesetze der Wirkung der Kunst auf den Menschen festzustellen. Der extreme Idealismus neigt dazu, jede Gesetzmäßigkeit in der Kunst und im psychologischen Leben zu verneinen. »Und heute so wie auch früher, und später so wie auch jetzt ist und bleibt die Seele für ewig unerforschbar ... Für die Seele gelten keine Gesetze, deshalb gelten auch keine Gesetze für die Kunst.«[12] Erkennen wir aber die Gesetzmäßigkeit in unserem psychologischen Leben an, dann müssen wir sie unbedingt für die Erklärung der Wirkung der Kunst heranziehen, weil sich diese Wirkung stets im Zusammenhang mit allen anderen Formen unserer Tätigkeit vollzieht.

Deshalb ist der Gedanke der estopsychologischen Methode Gennekens richtig, daß allein die Sozialpsychologie die richtige Stütze und die richtige Richtung für die Untersuchung der Kunst geben könne. Diese Methode blieb jedoch außerhalb des von ihr recht deutlich umrissenen Zwischengebietes von Soziologie und Psychologie. Die Psycho-

---

[9] W. Hausenstein, Versuche der Soziologie der bildenden Kunst, Moskau 1924, S. 28.
[10] Ebd., S. 27.
[11] W. Hausenstein, Kunst und Gesellschaft, Moskau 1923, S. 23.
[12] J. Aichenwald, Silhouetten russischer Schriftsteller, Moskau 1911, S. VII–VIII.

logie der Kunst verlangt vor allem eine ganz klare und deutliche Erkenntnis des Wesens des psychologischen Problems der Kunst und seiner Grenzen. Wir sind völlig einer Meinung mit Külpe, der nachweist,
daß im Grunde genommen keine Ästhetik ohne Psychologie auskommt:
»Dieser Natur der Ästhetik entspricht es, wenn wir die für die Psychologie geltenden Methoden auch für die Ästhetik in Anspruch nehmen.«[13]

Die Aufgabe besteht jedoch darin, das psychologische Problem der
Kunst ganz exakt vom soziologischen Problem abzugrenzen. Nach allen hier geäußerten Überlegungen glauben wir, daß man das wohl am
besten tut, wenn man die Psychologie des einzelnen Menschen benutzt.
Es ist ganz klar, daß die allgemeinverbreitete Formel, die Erlebnisse
des einzelnen Menschen könnten nicht als Material für die soziale Psychologie dienen, hier nicht anwendbar ist. Es ist falsch, daß die Psychologie des Kunsterlebens des einzelnen Menschen ebenso wenig sozial
bedingt sei wie ein Mineral oder eine chemische Verbindung; und
ebenso offensichtlich ist, daß die Genesis der Kunst und ihre Abhängigkeit von der sozialen Wirtschaft speziell der Kunstgeschichte vorbehalten bleiben. Die Kunst als solche, als herausgebildete Richtung, als
Summe fertiger Werke, ist eine ebensolche Ideologie wie jede andere.

Die Frage von Sein oder Nichtsein ist für die objektive Psychologie
die Frage der Methode. Bisher erfolgte die psychologische Untersuchung der Kunst stets in einer der beiden Richtungen: Entweder man
studierte die Psychologie des Autors, des Schöpfers daran, wie sie in
diesem oder jenem Werk zum Ausdruck kommt, oder man studierte
das Erleben des Zuschauers, des Lesers, der dieses Werk wahrnimmt.
Die Unvollkommenheit und Fruchtlosigkeit beider Methoden sind
offensichtlich. Wenn man berücksichtigt, wie außerordentlich kompliziert die schöpferischen Prozesse sind und daß wir keinerlei Vorstellungen von den Gesetzen haben, nach denen die Psyche des Schöpfers
in seinem Werk zum Ausdruck kommt, dann wird uns die Unmöglichkeit klar, vom Werk aus zur Psychologie seines Schöpfers vorzustoßen,
wenn wir nicht immer nur bei Annahmen bleiben wollen. Es kommt
noch hinzu, daß sich jede Ideologie, wie Engels zeigte, immer mit fal-
schem Bewußtsein oder ganz unbewußt vollzieht. »Sowenig man das,
was ein Individuum ist, nach dem beurteilt, was es sich selbst dünkt,
ebensowenig kann man eine solche Umwälzungsepoche aus ihrem Bewußtsein beurteilen, sondern muß vielmehr dies Bewußtsein aus den
Widersprüchen des materiellen Lebens... erklären«, sagte Marx.[14]
Und Engels erklärt das in seinem Brief an Mehring vom 14. Juli 1893:

[13] O. Külpe, Einleitung in die Philosophie, S. 104.
[14] K. Marx, Zur Kritik der Politischen Ökonomie, Marx/Engels, Werke, Bd.
13, S. 9.

»Die Ideologie ist ein Prozeß, der zwar mit Bewußtsein vom sogenannten Denker vollzogen wird, aber mit einem falschen Bewußtsein. Die eigentlichen Triebkräfte, die ihn bewegen, bleiben ihm unbekannt; sonst wäre es eben kein ideologischer Prozeß. Er imaginiert sich also falsche resp. scheinbare Triebkräfte.«

Ebenso fruchtlos erweist sich die Analyse des Erlebens des Zuschauers, weil auch dieses in der unbewußten Sphäre der Psyche verborgen bleibt. Deshalb sollte man eine andere Methode für die Psychologie der Kunst vorschlagen, die entsprechend methodologisch begründet sein muß. Man kann gegen diese Methode leicht das vorbringen, was man gewöhnlich gegen die psychologische Erforschung des Unbewußten einwandte: Man wies darauf hin, daß das Unbewußte, wie schon das Wort selbst sagt, etwas uns nicht Bewußtes und uns Unbekanntes sei und deshalb nicht Gegenstand wissenschaftlicher Forschung sein könne. Dabei ging man von der falschen Voraussetzung aus, daß wir nur das studieren (und überhaupt nur über das etwas wissen können), was uns unmittelbar bewußt ist. Diese Voraussetzung ist unbegründet, denn wir wissen und studieren vieles, was uns unmittelbar gar nicht bewußt ist, worüber wir nur mit Hilfe von Analogien, Konstruktionen, Hypothesen, Schlußfolgerungen, Syllogismen usw., überhaupt nur auf indirektem Wege wissen können. So entstehen zum Beispiel alle Bilder der Vergangenheit, die von uns mit Hilfe der verschiedensten Berechnungen und Konstruktionen reproduziert werden, ausgehend von einem Material, das diesen Bildern oft völlig unähnlich ist. »Wenn der Zoologe nach den Knochen eines ausgestorbenen Tieres die Maße dieses Tieres bestimmt, sein Äußeres und seine Lebensweise, wenn er uns sagt, wovon sich dieses Tier ernährte usw., so ist das alles dem Zoologen nicht unmittelbar bekannt, er erlebt das nicht direkt als solches, sondern zieht seine Schlüsse aus einigen unmittelbar erkennbaren Merkmalen der Knochen usw.«[15]

Auf Grund dieser Überlegungen kann man die neue Methode der Psychologie der Kunst vorschlagen, die Müller-Freienfels in der Klassifizierung der Methoden als »objektiv analytische Methode« bezeichnet.[16] Man muß versuchen, als Grundlage nicht den Autor und nicht den Zuschauer zu nehmen, sondern das Kunstwerk selbst. Gewiß ist es an sich kein Gegenstand der Psychologie, es besitzt keine Psyche als solche. Wenn wir uns jedoch an die Lage eines Historikers erinnern, der genauso, sagen wir, die Französische Revolution an Hand von Materialien studiert, in denen die Objekte seines Studiums selbst nicht gegeben und nicht enthalten sind, oder an die eines Geologen, dann sehen

---

[15] B. Iwanowski, Methodologie der Einführung in die Wissenschaft und die Philosophie, 1923, S. 199.
[16] R. Müller-Freienfels, Psychologie der Kunst, Band I, Leipzig—Berlin 1912.

wir, daß eine ganze Reihe von Wissenschaften vor der Notwendigkeit
steht, erst den Gegenstand ihrer Forschung mit Hilfe von indirekten,
d. h. analytischen Methoden zu reproduzieren. Das Finden der Wahrheit in diesen Wissenschaften erinnert sehr oft an den Prozeß der
Wahrheitsfindung in einer gerichtlichen Untersuchung irgendeines Ver-
brechens, wo das Verbrechen selbst schon der Vergangenheit angehört
und dem Richter nur indirekte Beweise zur Verfügung stehen: Spuren,
Beweisstücke, Zeugenaussagen. Es wäre ein schlechter Richter, wer sein
Urteil auf Grund der Aussagen des Beschuldigten oder des Klägers, d.
h. einer befangenen Person fällen würde, die schon dem Wesen der
Sache nach die Wahrheit entstellen muß. Ebenso verfährt die Psycho-
logie, wenn sie sich an die Aussagen des Lesers oder Zuschauers hält.
Daraus folgt aber keineswegs, daß der Richter die beiden interessierten
Seiten überhaupt nicht hören soll, da er ihnen von vornherein nicht
vertraut. Ebenso soll auch der Psychologe nicht auf dieses oder jenes
Material verzichten, auch wenn er es von vornherein für falsch hält.
Der Richter kann die Wahrheit nur feststellen, wenn er eine ganze
Reihe unwahrer Angaben vergleicht und sie an objektiven Beweisstük-
ken usw. überprüft. Auch der Historiker benutzt fast immer bewußt
unwahres und nicht objektives Material, und genauso wie der Historiker oder der Geologe erst den Gegenstand seiner Forschung reproduzieren muß und ihn erst dann studieren kann, ist auch der Psychologe
fast immer gezwungen, sich gerade an die Beweisstücke zu halten, d. h.
an die Kunstwerke selbst, und auf ihrer Grundlage die ihnen entsprechende Psychologie zu reproduzieren, um diese und ihre Gesetze untersuchen zu können. Dabei betrachtet der Psychologe natürlich jedes
Kunstwerk als ein System von Reizerregern, die bewußt und vorsätz-
lich so organisiert und berechnet sind, daß sie eine ästhetische Reaktion
hervorrufen. Dadurch, daß wir die Struktur der Reizerreger analysieren, reproduzieren wir die Struktur des Reagierens. Ein einfaches
Beispiel kann das erklären. Wenn wir den rhythmischen Aufbau irgendeines sprachlichen Abschnittes studieren, haben wir es stets mit
nichtpsychologischen Fakten zu tun. Wenn wir aber diesen rhythmischen Aufbau der Sprache als etwas analysieren, das auf die verschie-
denste Weise darauf gerichtet ist, eine entsprechende funktionelle Reaktion hervorzurufen, dann reproduzieren wir durch diese Analyse, ausgehend von ganz objektiven Faktoren, einige Züge der ästhetischen
Reaktion. Es ist völlig klar, daß die auf diese Weise reproduzierte
ästhetische Reaktion eine ganz unpersönliche Reaktion sein wird, d. h.,
sie geht nicht von einem einzelnen Menschen aus und spiegelt nicht
einen individuellen psychologischen Prozeß in seiner ganzen Konkret-
heit wider, aber das ist nur von Vorteil. Dieser Umstand hilft uns, das
Wesen der ästhetischen Reaktion in seiner reinen Form festzustellen,

ohne es mit all den zufälligen Prozessen zu vermischen, mit denen es in der individuellen Psyche durchwachsen ist.

Diese Methode garantiert uns eine genügende Objektivität der Ergebnisse und des ganzen Systems der Untersuchung, weil sie jedesmal von der Erforschung beständiger, objektiv existierender und berücksichtigter Fakten ausgeht. Die allgemeine Richtung dieser Methode kann man folgendermaßen formulieren: von der Form des Kunstwerkes über die funktionelle Analyse ihrer Elemente und ihrer Struktur zur Reproduktion der ästhetischen Reaktion und zur Feststellung seiner allgemeinen Gesetze.

2.

ROMAN INGARDEN

Prinzipien einer erkenntniskritischen Betrachtung der ästhetischen Erfahrung

A. Auf dem II. Kongreß für Ästhetik (1937)[1] gab ich eine Beschreibung des ästhetischen Erlebnisses. Sie stellt unter anderem fest: Bei seiner vollen Entfaltung vollzieht sich dieses Erlebnis in mehreren Phasen und enthält heterogene Momente, die in seinem Ganzen ihre besonderen Funktionen ausüben. Es fängt mit einer spezifischen Ursprungsemotion, die durch eine ästhetisch aktive Qualität am Kunstwerk[2] im betrachtenden Subjekt ausgelöst wird, an und führt zur Konstitution eines ästhetischen Gegenstandes, der dann zur anschaulichen und wertfühlenden Erfassung gebracht wird. Diese Erfassung kulminiert in einer emotionalen Wertantwort und einer Einsicht in die Existenz des betreffenden ästhetischen Wertes, was in ein sprachlich geformtes Werturteil gefaßt werden kann.

Es sind verschiedenartige Abwandlungen des ästhetischen Erlebnisses möglich. Und zwar kann unter anderem der ästhetisch Erlebende auf die Erlangung der ästhetischen Befriedigung eingestellt sein, ohne sich darum zu kümmern, ob er dadurch dem Kunstwerk gerecht wird. Er kann aber danach trachten, vor allem dem Kunstwerk und seinem Wert gerecht zu werden, ohne darauf zu verzichten, in der Werterschauung seinen ästhetischen Genuß zu erreichen. Endlich kann das ästhetische Erlebnis ganz frei verlaufen, dem Zufall überlassen. In allen diesen Fällen kann es zwar zu einer ästhetischen Erfahrung kommen, aber nur im zweiten Fall ist der Erlebende auf die Erlangung einer besonderen Erkenntnisart eingestellt und unternimmt besondere Schritte, um dieses Ziel zu erreichen. Die Sachlage in den beiden übrigen Fällen ist zu unübersichtlich, um einer systematischen Betrachtung unterzogen zu werden. So beschränke ich mich hier auf den zweiten Fall.

B. Es sind vor allem die Elemente der Sachlage, in der es zu einer ästhetischen Erfahrung kommt, zu unterscheiden. Zu Beginn dieser Erfahrung gibt es a) das auf dem Hintergrund eines physischen Funda-

---

[1] Vgl. »Das ästhetische Erlebnis«, S. 3—7 dieses Bandes (= Erlebnis, Kunstwerk und Wert; s. Quellennachweis, W. D.).
[2] Auf diesen besonderen Fall will ich mich hier beschränken.

ments[3] zur Erscheinung gelangende Kunstwerk und b) den Erlebenden. In ihrem unmittelbaren Verkehr kommt es dann zur Konstitution des ästhetischen Gegenstandes (c), unter dessen Aspekt das Kunstwerk zur Erscheinung kommt. Aus dem Zusammenspiel dieser drei Faktoren ergibt sich die Werterfassung und die Wertantwort (d) sowie eventuell das sie zur begrifflichen Fassung bringende Werturteil (e).

ad a) Für die Beteiligung des Kunstwerks an der Konstituierung des ästhetischen Gegenstandes ist es wesentlich, daß es ein schematisches Gebilde ist, das nur unter gewissen Hinsichten eindeutig bestimmt ist, während es zugleich mehrere Unbestimmtheitsstellen enthält. Zu jeder dieser Stellen gehört eine fest umgrenzte Mannigfaltigkeit von möglichen Ausfüllungen, von denen jeweils nur eine zur Aktualisierung gelangt, wodurch der Übergang vom Kunstwerk zum ästhetischen Gegenstand vollzogen wird. Andererseits gibt es im Kunstwerk gewisse bloß potentielle Momente (wie z. B. im literarischen Kunstwerk die paratgehaltenen Ansichten), die vom erlebenden Subjekt aktualisiert werden können. Es muß endlich am Kunstwerk immer gewisse ästhetisch aktive Qualitäten geben, die vom erlebenden Subjekt erfaßt, zur Konstitution des ästhetisch wertvollen Gegenstandes führen.

ad b) Soll es zu einer leistungsfähigen ästhetischen Erfahrung kommen, so muß den ästhetisch Erlebenden vor allem eine gewisse Offenheit für die aktuellen Bestimmtheiten des betreffenden Kunstwerks auszeichnen sowie eine besondere Empfindlichkeit für die an ihm auftretenden ästhetisch aktiven Qualitäten. Die Konstituierung des ästhetischen Gegenstandes erfordert aber von dem erlebenden Subjekt weiterhin die Fähigkeit, auf Grund der am Kunstwerk erfaßten Bestimmtheiten die weiteren konkreten Momente zu erraten und zu konstruieren, welche seine Unbestimmtheitsstellen beseitigen und den ästhetischen Gegenstand näher bestimmen. Endlich ist auch die Fähigkeit der Aktualisierung der im Kunstwerk bloß potentiellen Momente sowie die anschauliche Rekonstruierung der das Kunstwerk eindeutig bestimmenden aktuellen Momente im ästhetischen Gegenstand erforderlich. Die mit den letzten drei Fähigkeiten in Zusammenhang stehenden Operationen der erlebenden Subjekte nenne ich die Konkretisierung des ästhetischen Gegenstandes. Von entscheidender Bedeutung ist endlich beim Subjekt die Fähigkeit einer adäquaten emotionalen Wertantwort auf die bereits zur Erschauung gebrachten Wertqualitäten, bzw. Werte.

ad c) Der ästhetische Gegenstand ist das konkrete wertbehaftete Angesicht, unter dem das Kunstwerk zur Erscheinung gelangt und das zugleich die Vollendung einer Möglichkeit seiner Vollbestimmung bildet. Als Ergebnis des Zusammentreffens verschiedener Betrachter mit

---

[3] Auf die Besprechung der Probleme, die den Übergang vom physischen Fundament zum Kunstwerk betreffen, muß ich hier verzichten.

demselben Kunstwerk kann er in verschiedener Gestalt zur Konkretion gebracht werden. So kann es zu *einem* Kunstwerk viele verschiedene ästhetische Gegenstände geben, in denen es sich zeigt.

ad d) Die Wertantwort ist durch die Ausgestaltung des ästhetischen Gegenstandes und durch die Verhaltensweise des Erlebenden bedingt. Vermöge der angedeuteten Beziehungen zwischen dem Kunstwerk und dem ästhetischen Gegenstand schreibt sie die am ästhetischen Gegenstand haftenden Werte oft dem Kunstwerk selbst zu, besonders, wenn der Erlebende auf die Erlangung der Erkenntnis des Kunstwerks eingestellt ist, ohne dabei aber kritisch genug zu sein.

ad e) Das Werturteil kann als Ausdruck und Ergebnis der Wertantwort gestaltet werden, es erlangt aber dabei eine gewisse Selbständigkeit und Unabhängigkeit von ihr. Als sprachlich-begriffliche Fassung des am ästhetischen Gegenstand unmittelbar Erschauten und Gefühlten bringt es besondere Schwierigkeiten mit sich, die eigene Fehlerquellen eröffnen.

C. Das Vorhandensein der fünf verschiedenen Faktoren des Zusammentreffens des Erlebenden mit dem Kunstwerk, die in mannigfachen Beziehungen zueinander stehen können, führt zu einer beträchtlichen Komplizierung der erkenntniskritischen Problematik. Aber erst deren Berücksichtigung ermöglicht eine korrekte Fassung der Probleme. Es sind im wesentlichen die folgenden Fragen:

1. Das auf Grund der ästhetischen Erfahrung vollzogene Werturteil kann im Prinzip sowohl auf das Kunstwerk als auch auf den ästhetischen Gegenstand bezogen werden. Indem es aus der ästhetischen Erfahrung erwächst, sollte es sich natürlicherweise auf den letzteren beziehen. Indessen wird es meistens ohne weiteres auf das Kunstwerk bezogen. Der vom Betrachter konstituierte ästhetische Gegenstand wird dabei mit dem Kunstwerk identifiziert. Dies ist die Quelle der meisten Fehlurteile, die das Material für das Werturteil aus der ästhetischen Erfahrung schöpfend unkritisch dieses Material über die von der ästhetischen Erfahrung gesteckten Grenzen hinaus deuten. Es werden dann dem Kunstwerk Eigenschaften und Werte zuerkannt, die ihm selbst gar nicht zukommen. Mannigfache vom Kunstwerk bloß zugelassene oder auch vorgeschriebene Konkretisierungsmöglichkeiten werden gänzlich übersehen oder sogar bewußt ausgeschlossen. Die aktualisierte Möglichkeit wird als eigene Bestimmung des Kunstwerks gedeutet, so daß die bloße Potentialität mancher in ihm vorbestimmten Momente übersehen wird. Das spezifische Wesen des Kunstwerks wird dadurch falsch aufgefaßt. Um dies alles zu vermeiden, müssen die oben angedeuteten Unterscheidungen durchgeführt werden, woraus sich dann folgende Probleme der erkenntniskritischen Betrachtung der ästhetischen Erfahrung ergeben:

2. a) Sind die im Rahmen des ästhetischen Gegenstandes zur Aktualisierung gelangten Momente, welche den eindeutig bestimmten aktuellen Momenten des Kunstwerks entsprechen sollen, wirklich Rekonstruktionen dieser letzteren Momente und stehen sie in denselben Beziehungen untereinander, wie dies im Kunstwerk selbst der Fall ist?

b) Werden aus der Mannigfaltigkeit der aktuellen Bestimmtheiten des Kunstwerks, die natürlich nicht alle erfaßt werden können, gerade diejenigen zur Rekonstruktion gebracht, die suggestiv genug sind, um im Erlebenden die Aktualisierung gerade derjenigen Qualitäten anzuregen, welche die Unbestimmtheitsstellen im Kunstwerk ausfüllen sollen?

c) Liegen die zur Beseitigung der Unbestimmtheitsstellen aktualisierten Qualitäten gerade in der Variabilitätsgrenze, welche die betreffenden Unbestimmtheitsstellen zulassen? Wird diese Grenze überschritten, dann wird das Kunstwerk in der Konkretisation in dieser Hinsicht verfälscht. Wird sie aber nicht überschritten, so sind die aktualisierten Qualitäten nicht alle gleich brauchbar für die Rekonstruktion des Werkes »in seinem Geiste«, da vor allem die einzelnen Unbestimmtheitsstellen untereinander zusammenhängen, zweitens aber, weil die erfüllenden Qualitäten mit dem ganzen Stil des Werkes zusammenstimmen sollen. Die Beseitigung der Unbestimmtheitsstellen des Werkes ist somit nicht der freien Willkür des Betrachters, sondern seinem ästhetischen Taktgefühl überlassen.

d) Sind die rekonstruierten oder aktualisierten Momente ästhetisch aktiv genug, um die Ursprungsemotion und somit auch die ästhetische Erfahrung auszulösen und zur Konstituierung ästhetisch relevanter Qualitäten am ästhetischen Gegenstand zu führen? Denn ohne diese Aktivität gewisser Momente könnte es überhaupt zu keiner Konstitution eines ästhetisch werthaften Gebildes kommen. Und je nach dem Maß, in dem dies gelingt, erhält man ein an ästhetischen Wertqualitäten reicheres oder ärmeres Gebilde, wobei auch das Zusammenspiel unter den einzelnen ästhetisch relevanten Qualitäten nicht ohne Bedeutung ist.

e) Sind die auf Grund des konstituierten ästhetischen Gegenstandes dem betreffenden Kunstwerk zugedeuteten Werte ihrer Grundkategorie nach dem Wesen des Kunstwerks überhaupt adäquat? Denn in der Praxis kommen da gerade die größten Mißdeutungen vor. Vor allem wird gewöhnlich nicht beachtet, daß es einen wesentlichen Unterschied zwischen den künstlerischen und den ästhetischen Werten gibt. Die »künstlerischen«, also dem Kunstwerk selbst möglicherweise zukommenden Werte sind operativer Natur. Das Kunstwerk ist ein Werkzeug, das dem Zweck dient, in der Begegnung mit dem ästhetisch Erfahrenden den ästhetischen Gegenstand und insbesondere auch die in dem letzteren verkörperten ästhetischen Werte zur anschaulichen Selbstgegebenheit zu bringen und sie dem sie Erfassenden zur Auskostung und Anerkennung zu bieten. (Man könnte auch das erlebende Subjekt als ein anderes, diesem Zweck dienendes Werkzeug auffassen.) Es dient nicht bloß dazu, das ästhetische Erleben und die Konstituierung des ästhetischen Gegenstandes in Gang zu bringen, sondern es auch zu regeln. Sein Wert liegt eben in den es zur Ausübung dieser Funktion befähigenden Bestimmtheiten. Wesenhaft ein Funktions-, bzw. Operations-Wert ist der künstlerische Wert relational, nämlich ein Wert auf etwas, auf das Zu-Erreichende bezogen. Ästhetische Werte sind dagegen in dem Sinn »absolut«, als sie die Verkörperung der ästhetisch wertvollen Qualitäten selbst sind. In sich selbst ruhend, in dem Wertvollen enthalten, sind sie zwar von jemandem zu erschauen und anzuerkennen, ihre Wertigkeit verdanken sie aber nicht diesem Erschauen oder dem, was ihr Erschauen im Erlebenden hervorruft, sondern ausschließlich dem, was sie in sich selbst sind. Sie sind eben Verkörperungs-, Vollendungs-Werte; »ästhetisch« sind sie aber in dem Sinn, daß sie im Angeschautwerden sich selbst zeigen. Daß sie in der Begegnung mit dem Menschen in diesem etwas Wertvolles hervorrufen, ist für sie etwas durchaus Sekundäres und für sie nicht konstitutiv.

Es ist klar, daß die Erfassung der künstlerischen Werte völlig anders verlaufen muß als die der ästhetischen Werte. Während nämlich die letzteren in sehr kompliziertem perzeptiv-fühlenden Verhalten des Subjekts zum unmittelbaren Angeschautwerden und Aufleuchten gebracht werden, können die ersteren vorderhand nur in der Funktion der Realisierung des Zweckes des betreffenden Kunstwerks erhascht und dann in ihrer Leistung als Werte erkannt werden. Ihre volle Erfassung kann aber erst durch Vollzug mehrerer ästhetischer Erlebnisse, die auf Grund eines und desselben Kunstwerks zu verschiedenen ästhetischen Gegenständen führen, erlangt werden, da sich erst dann die Leistungsfähigkeit des betreffenden Kunstwerks enthüllt. Sie werden aus der Mannigfaltigkeit und dem Reichtum der ästhetischen Werte, die vermittels des einen Kunstwerks zur Vollendung gelangen, erschlossen und beurteilt und nicht einfach als eine Gegebenheit unmittelbar erfahren. Mit anderen Worten: wenn sie einem Kunstwerk nach *einem* Vollzug eines ästhetischen Erlebnisses zuerkannt werden, so ist damit zu rechnen, daß dieses Ergebnis schief oder gar falsch ist. In dieser Hinsicht unterscheiden sie sich radikal von den ästhetischen Werten, die gerade als eine ursprüngliche Gegebenheit entdeckt und im allgemeinen in einem einzigen Erlebnisvollzug in ihrer qualitativen Fülle erfaßt werden.

f) Neben den bereits besprochenen ist aber noch eine Wertkategorie zu unterscheiden, die bei der Konstituierung eines ästhetischen Gegenstandes »im Geiste« des betreffenden Kunstwerks realisiert wird, und zwar, inwieweit dieser ästhetische Gegenstand dem Kunstwerk »getreu« ist. Wenn nämlich ein ästhetischer Gegenstand 1) die Rekonstruktion der dem Kunstwerk tatsächlich zukommenden eindeutigen und aktuellen Bestimmtheiten in sich enthält, 2) bei der Konstruktion der die Unbestimmtheitsstellen beseitigenden Ausfüllungen in den vom Kunstwerk bestimmten Variabilitätsgrenzen verbleibt, 3) dies insbesondere unter der Beibehaltung der Zusammenhänge zwischen den verschiedenen Unbestimmtheitsstellen und dem allgemeinen Stil des Werkes tut und endlich 4) Aktualisierungen genau derjenigen Momente enthält, die im Kunstwerk im potentiellen Zustand vorhanden sind, wobei alle diese Elemente in denselben Beziehungen und Zusammenhängen wie im Werk selbst stehen — dann ist der ästhetische Gegenstand eine »getreue« Konkretisation des betreffenden Werkes selbst. Ist der Erlebende darauf eingestellt, im ästhetischen Erleben eine Erkenntnis des Werkes zu erlangen, so ist er eben zunächst bestrebt, eine »getreue« Konkretisation desselben zu erlangen, so daß dann der ästhetische Gegenstand nicht bloß unter der Suggestion dieser Tendenzen zur Konstitution gelangt, sondern auch vom Subjekt im Lichte des erlangten oder nicht erlangten Getreuseins betrachtet und beurteilt wird. In diesem Lichte bekommt der ästhetische Gegenstand einen besonderen Wert des Getreuseins oder einen Unwert, wenn er dem Werke eben nicht getreu ist. Dieses »Getreu-« oder »Nicht-Getreusein« kann sich auf zweierlei Momente des Kunstwerks, bzw. des ästhetischen Gegenstandes beziehen: auf die den künstlerischen, bzw. ästhetischen Wert tragenden Momente, d. h. auf rein konstruktive Qualitäten, oder auf die den Wert bildenden, bzw. ihn näher bestimmenden Qualitäten (auf die ästhetisch relevanten oder auf die Wertqualitäten selbst). Das Getreusein, bzw. Nicht-Getreusein im zweiten Fall ist von einer viel größeren Bedeutung, wenn es sich um ästhetische Werte,[4] im ersten Fall dagegen, wenn es sich um künstlerische Werte handelt. Werden im zweiten Fall die Grenzen des möglichen Getreuseins überschritten, so muß der sie überschreitende ästhetische Gegenstand als negativwertig beurteilt werden, und zwar als etwas, was nicht im Sinne des operativen Wesens des betreffenden Kunstwerks gebildet wurde und was bei der »Vertretungs-«, bzw. »Verkörperungsfunktion« des ästhetischen Gegenstandes dem Kunstwerk gegenüber versagt.

Der Wert des »Getreuseins« in der Verkörperung des Kunstwerks gehört zu der Kategorie der Erkenntniswerte und nicht zu der Kategorie der ästhetischen Werte. Diese beiden Wertkategorien sind nicht

---

[4] Die im ästhetischen Gegenstand auftretenden ästhetischen Werte sind natürlich nur dann dem Kunstwerk »getreu«, wenn sie im Spielraum dessen liegen, was das Kunstwerk als eine von ihm zugelassene Konkretisation seiner selbst vorbestimmt.

bloß voneinander verschieden, sondern die unter sie fallenden Werte sind auch voneinander — mindestens in hohem Maße — unabhängig. Eine ungetreue ästhetische Konkretisation eines Kunstwerks kann trotzdem ästhetisch wertvoll sein und manchmal auch einen höheren ästhetischen Wert aufweisen, als wenn sie dem Werk getreu geblieben wäre.

g) Die vom Betrachter in der unmittelbaren Wertantwort oder auf Grund derselben vollzogene Bewertung kann somit entweder dem Kunstwerk »funktionale«, »künstlerische« Werte zubilligen oder sich auf den ästhetischen Gegenstand richten, wobei die Bewertungskategorie zweifach sein kann: entweder bezüglich des »Getreuseins« dem Kunstwerk gegenüber oder bezüglich der in ihm verkörperten ästhetischen Werte. Jede dieser drei verschiedenen Bewertungen eröffnet eine ganz andere kritische Problematik. Die Nichtbeachtung dieser Verschiedenheit hat es bis jetzt unmöglich gemacht, das Wertproblem und auch das Geltungsproblem der Bewertung selbst zu lösen, ja sogar es nur richtig zu formulieren.

D. Sobald aber der ästhetische Gegenstand einmal konstituiert wird und es zu einer Wertantwort kommt, eröffnen sich neue erkenntniskritische Probleme bezüglich der Adäquatheit der Wertantwort auf die im ästhetischen Gegenstand konstituierten und gefühlten Werte. Es fragt sich zum Beispiel, ob man einem bestimmten positiven Wert gegenüber mit einem Anerkennungsakt (einer bestimmten Art von »Liebe«) oder mit einem Verwerfungsakt antwortet. Und ganz allgemein, ob da beide Antworten möglich sind oder ob hier eine notwendige Zuordnungsbeziehung zwischen Wert und Antwort besteht. Dies kann aber noch mißverständlich sein. Bei dem gegenwärtigen Stand der Kenntnis von der Mannigfaltigkeit der möglichen Wertantworten einerseits und der möglichen ästhetischen Wertqualitäten andererseits ist es indessen kaum möglich, den Sinn der »Adäquatheit« der Wertantwort streng zu bestimmen. Im ersten Zugriff kann man aber fragen: Welche Paare von Wertqualitäten und Wertantworten gehören als sinngemäß »entsprechend« (vernünftig) zueinander? Soll da nach einer ein-deutigen Zuordnung von beiden gefragt werden oder soll sogar eine solche Zuordnung überhaupt postuliert werden? Oder soll lediglich zu einer bestimmten *Gruppe* von Wertqualitäten nur *eine* charakteristische Wertantwort gefordert werden? Oder lassen sich da gar keine wesensmäßigen Zuordnungen bestimmen? Bei jeder Beantwortung dieser Fragen sind aber die soeben erwähnten Zuordnungsprobleme von den völlig anderen Problemen zu unterscheiden, die den *reellen* Zusammenhang zwischen Wertantwort und Wertqualität betreffen. Im letzteren Fall handelt es sich darum, ob die Wertantwort in ihrem Vollzug durch das erfaßte Auftreten einer bestimmten Wertqualität am ästhetischen

Gegenstand eindeutig und hinreichend motiviert, also in ihrem Entstehen auf solche Weise bedingt ist oder ob dies Motiviertsein nicht hinreichend ist, so daß die Wertantwort auch durch das ästhetisch erlebende Subjekt notwendig mitbedingt sein muß. Oder endlich, ob die Wertantwort durch die erfaßte Wertqualität gar nicht bedingt und in diesem Sinne zufällig ist, so daß im allgemeinen gar nicht vorauszusehen ist, wie die Wertantwort bei einem vorgegebenen ästhetischen Gegenstand (und desto mehr bei einem vorgegebenen Kunstwerk) verlaufen wird.

Nur dann, wenn die erwähnten Zuordnungsprobleme im positiven Sinne zu lösen wären, ließen sich bestimmte Postulate an die zu vollziehenden Wertantworten aufstellen. Und nur dann wäre es erlaubt, dem ästhetisch Erlebenden eventuelle Fehler im Vollzug der Wertantwort vorzuwerfen. Und auch nur dann, wenn die Wertantwort von dem erfaßten Wert zwar bedingt, aber doch nicht hinreichend bedingt wäre, wäre es vernünftig zu fordern, daß das ästhetisch erfahrende Subjekt sich in seiner Wertantwort an den gegebenen Wert anpaßt. Wäre hingegen die Wertantwort durch die erfaßte Wertqualität hinreichend bedingt, dann ergäbe sie sich sozusagen automatisch und das erlebende Subjekt brauchte sich nicht zu bemühen, eine »richtige« adäquate Wertantwort zu geben. Das ganze Bemühen erschöpfte sich dann in einer »getreuen«, bzw. in einer wert-optimalen Konstitution des ästhetischen Gegenstandes, woraus sich dann die »entsprechende« Wertantwort von selbst ergäbe. Wenn dagegen die Wertantwort auch von dem erlebenden Subjekt abhinge, dann könnte von einer Erziehung der Subjekte zu »richtigen«, adäquaten Wertantworten gesprochen werden. Wäre endlich die Wertantwort durch die erfaßte Wertqualität überhaupt nicht bedingt, so daß bei einer vorgegebenen Wertqualität realiter jede Wertantwort möglich wäre, dann erst hätten die Skeptiker, die den Standpunkt *de gustibus non est disputandum* vertreten, recht.

Wie es mit alldem steht, läßt sich bei dem gegenwärtigen Stand der Ästhetik nicht sagen. Jede Beantwortung des Werterfassungsproblems, bzw. der Begründung der Wertantwort ist heute ohne genügendes Fundament.

E. Es entsteht endlich das Problem der möglichen Beziehungen zwischen dem ästhetischen Werturteil und der es eventuell begründenden Wertantwort. Kann auch da von »Entsprechungen« zwischen ihnen gesprochen werden, die sich rein aus dem Sinn dieser beiden Elemente der ästhetischen Bewertung ergeben? Ist es möglich, bestimmten Wertantworten eindeutig gefaßte Werturteile zuzuordnen? Liegt zwischen ihnen ein Begründungszusammenhang in dem Sinn vor, daß die Wertantwort das betreffende Urteil in seinem Wahrheitswert begründet?

Oder liegt da ein bloßes Motivationsverhältnis vor, und gegebenen-
falls welcher Art? Vor allem aber ist zu fragen, ob sich ein ästhetisches
Werturteil sprachlich, bzw. begrifflich so formulieren läßt, daß es der
vorgegebenen Wertantwort streng »entspricht«? Oder ist da mit einer
bloß faktischen oder sogar mit einer wesensnotwendigen Nichtad-
äquatheit eines jeden sprachlich gestalteten ästhetischen Werturteils zu
rechnen, so daß sich ein ästhetischer Wert sprachlich nie genau bestimmen und in dem individuellen Fall feststellen ließe? Oder kommen da
eventuell fest geregelte Abweichungen von dem vorgegebenen Wert,
bzw. von der Wertantwort vor, die sich dann unschädlich machen
ließen? — Auch da sind die bisherigen Kenntnisse bezüglich der möglichen Wertantworten und bezüglich der Leistungsfähigkeit der
Sprache, bzw. der Begriffsbildung in einem dermaßen unreifen Zustand, daß alle bisherigen Lösungsversuche dieser Probleme nur grund-
lose, vorgefaßte Meinungen sind, die kaum ernst zu nehmen sind. Aber
auch da liegt ein Feld von grundsätzlich wichtigen Fragen, die notwendig behandelt werden müssen, soll das große Wertproblem sowie die
zugehörigen ästhetischen Bewertungsprobleme gelöst werden.

Ich hoffe, daß die Berücksichtigung der hier angedeuteten Unterscheidungen den weiter zu führenden Betrachtungen auf diesem Gebiet
den Weg ebnen wird.

3.

WOLFGANG ISER

Die Appellstruktur der Texte

Es handelt sich um einen Ausschnitt aus der gleichnamigen Schrift mit dem Untertitel »Unbestimmtheit als Wirkungsbedingung literarischer Prosa«, Konstanz 1970. In jener Abhandlung wird die hier skizzierte Theorie gegen die einer »Kunst der Interpretation« abgesetzt und des weiteren an Beispielen aus der englischen Literatur erläutert.

(...) Wie läßt sich der Status eines literarischen Textes beschreiben? Zunächst wird man sagen müssen, daß er sich von allen jenen Textarten unterscheidet, die einen Gegenstand vorstellen oder mitteilbar machen, der eine vom Text unabhängige Existenz besitzt. Wenn ein Text von einem Gegenstand spricht, den es außerhalb seiner mit der gleichen Bestimmtheit gibt, dann liefert er nur eine Exposition dieses Gegenstandes. Er ist, in der Formulierung von Austin, »language of statement« — im Gegensatz zu jenen Texten, die »language of performance« sind,[1] das heißt solchen, die ihren Gegenstand erst konstituieren. Es versteht sich, daß literarische Texte zur zweiten Gruppe gehören. Sie besitzen keine genaue Gegenstandsentsprechung in der »Lebenswelt«, sondern bringen ihre Gegenstände aus den in der »Lebenswelt« vorfindbaren Elementen erst hervor. Diese vorläufig noch grobe Unterscheidung von Texten als Exposition des Gegenstandes beziehungsweise als Hervorbringung des Gegenstandes müssen wir noch weiter differenzieren, um den Status des literarischen Textes zu erreichen. Denn es gibt durchaus Texte, die etwas hervorbringen, ohne dadurch schon literarisch zu sein. So schaffen beispielsweise alle Texte, die Forderungen stellen, Ziele angeben oder Zwecke formulieren, ebenfalls neue Gegenstände, die jedoch erst durch das vom Text entwickelte Maß an Bestimmtheit ihren Gegenstandscharakter gewinnen. Gesetzestexte bilden den paradigmatischen Fall solcher Formen der Sprachlichkeit. Das von ihnen Gemeinte gibt es dann als verbindliche Verhaltensnorm im menschlichen Umgang. Im Gegensatz dazu vermag ein literarischer Text niemals solche Sachverhalte zu schaffen. Kein Wunder also, daß man diese Texte als Fiktionen bezeichnet, denn Fiktion ist Form ohne Realität. Ist aber Literatur wirklich so bar jeder Realität, oder besitzt

[1] Vgl. J. L. Austin, How to do Things with Words. Hg. J. O. Urmson, Cambridge/Massachusetts 1962, S. 1 ff.

sie eine Realität, die sich von der der expositorischen Texte genauso unterscheidet wie von jener, die Gegenstände erzeugt, sofern diese allgemein anerkannte Verhaltensregulative formulieren? Ein literarischer Text bildet weder Gegenstände ab noch erschafft er solche in dem beschriebenen Sinne, bestenfalls wäre er als die Darstellung von Reaktionen auf Gegenstände zu beschreiben.[2] Dies ist auch der Grund dafür, weshalb wir in der Literatur so viele Elemente wiedererkennen, die in unserer Erfahrung ebenfalls eine Rolle spielen. Sie sind nur anders zusammengesetzt, das heißt, sie konstituieren eine uns scheinbar vertraute Welt in einer von unseren Gewohnheiten abweichenden Form. Deshalb besitzt die Intention eines literarischen Textes in unserer Erfahrung nichts vollkommen Identisches. Wenn er Reaktionen auf Gegenstände zu seinem Inhalt hat, dann offeriert er Einstellungen zu der von ihm konstituierten Welt. Seine Realität gründet nicht darin, vorhandene Wirklichkeit abzubilden, sondern darin, Einsichten in diese parat zu halten. Es gehört zu den schier unaustilgbaren Naivitäten der Literaturbetrachtung, zu meinen, Texte bildeten Wirklichkeit ab. Die Wirklichkeit der Texte ist immer erst eine von ihnen konstituierte und damit Reaktion auf Wirklichkeit.

Wenn ein literarischer Text keine wirklichen Gegenstände hervorbringt, so gewinnt er seine Wirklichkeit erst dadurch, daß der Leser die vom Text angebotenen Reaktionen mit vollzieht. Dabei kann der Leser sich allerdings weder auf die Bestimmtheit gegebener Gegenstände noch auf definierte Sachverhalte beziehen, um festzustellen, ob der Text den Gegenstand richtig oder falsch dargestellt hat. Diese Möglichkeit des Überprüfens, die alle expositorischen Texte gewähren, wird vom literarischen Text geradezu verweigert. An diesem Punkt entsteht ein Unbestimmtheitsbetrag, der allen literarischen Texten eigen ist, denn sie lassen sich auf keine lebensweltliche Situation so weit zurückführen, daß sie in ihr aufgingen beziehungsweise mit ihr identisch würden. Lebensweltliche Situationen sind immer real, literarische Texte hingegen fiktional; sie sind daher nur im Lesevorgang, nicht aber in der Welt zu verankern. Wenn der Leser die ihm angebotenen Perspektiven des Textes durchläuft, so bleibt ihm nur die eigene Erfahrung, an die er sich halten kann, um Feststellungen über das vom Text Vermittelte zu treffen. Wird die Welt des Textes auf die eigene Erfahrung projiziert, so kann sich eine sehr differenzierte Skala der Reaktionen ergeben, auf der die Spannung ablesbar wird, die aus der Konfrontation der eigenen Erfahrung mit einer potentiellen Erfahrung entsteht. Zwei extreme

---

[2] Diesen Sachverhalt berührt auch Susanne K. Langer, Feeling and Form. London [4]1967, S. 59: »The solution of the difficulty lies, I think, in the recognition that what art expresses is *not* actual feeling, but ideas of feeling; as language does not express actual things and events but ideas of them.«

Möglichkeiten der Reaktion sind denkbar: Entweder erscheint die Welt des Textes als phantastisch, weil sie allen unseren Gewohnheiten widerspricht, oder aber als banal, weil sie so vollkommen mit diesen zusammenfällt. Damit ist nicht nur angezeigt, wie stark unsere Erfahrungen bei der Realisierung des Textes im Spiele sind, sondern auch, daß in diesem Vorgang immer etwas mit unseren Erfahrungen geschieht.

Daraus ergibt sich die erste Einsicht in den Status des literarischen Textes. Er unterscheidet sich einerseits von anderen Textarten dadurch, daß er weder bestimmte reale Gegenstände expliziert noch solche hervorbringt, und er unterscheidet sich andererseits von den realen Erfahrungen des Lesers dadurch, daß er Einstellungen anbietet und Perspektiven eröffnet, in denen eine durch Erfahrung gekannte Welt anders erscheint. So läßt sich der literarische Text weder mit den realen Gegenständen der »Lebenswelt« noch mit den Erfahrungen des Lesers vollkommen verrechnen. Die mangelnde Deckung erzeugt ein gewisses Maß an Unbestimmtheit. Diese allerdings wird der Leser im Akt der Lektüre »normalisieren«. Auch dafür ließen sich schematische Grenzpunkte auf der Skala sehr differenzierter Reaktionen angeben. Unbestimmtheit läßt sich »normalisieren«, indem man den Text so weit auf die realen und damit verifizierbaren Gegebenheiten bezieht, daß er nur noch als deren Spiegel erscheint. In der Widerspiegelung verlischt dann seine literarische Qualität. Die Unbestimmtheit kann aber auch mit solchen Widerständen ausgestattet sein, daß eine Verrechnung mit der realen Welt nicht möglich ist. Dann etabliert sich die Welt des Textes als Konkurrenz zur bekannten, was nicht ohne Rückwirkungen auf die bekannte bleiben kann. Die reale Welt erscheint nur noch als eine Möglichkeit, die in ihren Voraussetzungen durchschaubar geworden ist. Unbestimmtheit läßt sich jedoch auch im Hinblick auf die jeweils individuellen Erfahrungen des Lesers »normalisieren«. Er kann einen Text auf die eigenen Erfahrungen reduzieren. Durch diese Selbstbestätigung fühlt er sich vielleicht erhoben. Bedingung dafür ist, daß die Normen des eigenen Selbstverständnisses in den Text projiziert werden, wenn die von ihm verfolgte Absicht realisiert werden soll. Auch das ist »Normalisierung« von Unbestimmtheit, die dann verschwindet, wenn die privaten Normen des Lesers die Orientierung im Text verbürgen. Es ist aber auch der Fall denkbar, daß ein Text so massiv den Vorstellungen seiner Leser widerspricht, daß Reaktionen ausgelöst werden, die vom Zuschlagen des Buches bis zur Bereitschaft einer reflexiven Korrektur der eigenen Einstellung reichen können. Dadurch erfolgt ebenfalls ein Abbau von Unbestimmtheit. Sie bildet in jedem Falle die Möglichkeit, den Text an die eigenen Erfahrungen beziehungsweise die eigenen Weltvorstellungen anzuschließen. Geschieht dies, dann verschwindet sie; denn ihre Funktion besteht darin, die Adaptierbarkeit des Textes an höchst individuellen Leserdispositionen zu ermöglichen. Daraus ergibt sich die Eigenart des literarischen Textes. Er ist durch eine eigentümliche Schwebelage charakterisiert, die zwischen der Welt realer Gegenstände und der Erfahrungswelt des Lesers gleichsam hin und her pendelt. Jede Lektüre wird daher zu einem Akt, das oszillierende Gebilde des Textes an Bedeutungen festzumachen, die in der Regel im Lesevorgang selbst erzeugt werden.

Doch damit haben wir den literarischen Text nur von außen beschrieben. Wir müssen nun in einem zweiten Schritt wichtige formale Bedingungen benennen, die im Text selbst Unbestimmtheit hervorbringen. Dabei drängt sich sogleich die Frage auf, wie es überhaupt um den Gegenstand eines solchen Textes bestellt ist, denn er besitzt doch im Bereich empirisch vorhandener Gegenstände keinerlei Entsprechung. Nun, literarische Gegenstände kommen dadurch zustande, daß der Text eine Mannigfaltigkeit von Ansichten entrollt, die den Gegenstand schrittweise hervorbringen und ihn gleichzeitig für die Anschauung des Lesers konkret machen. Wir nennen diese Ansichten im Anschluß an einen von Ingarden geprägten Begriff »schematisierte Ansichten«[3], weil eine jede von ihnen den Gegenstand nicht in einer beiläufigen oder gar zufälligen, sondern in einer repräsentativen Weise vorstellen möchte. Wie groß aber muß nun die Zahl solcher Ansichten sein, damit der literarische Gegenstand ganz deutlich wird? Offensichtlich bedarf es vieler solcher Ansichten, um den literarischen Gegenstand mit zureichender Deutlichkeit vorstellbar zu machen. Damit stoßen wir auf das uns hier interessierende Problem. Jede einzelne Ansicht bringt in der Regel nur einen Aspekt zur Geltung. Sie bestimmt daher den literarischen Gegenstand genauso, wie sie eine neue Bestimmungsbedürftigkeit zurückläßt. Das aber heißt, daß ein sogenannter literarischer Gegenstand nie an das Ende seiner allseitigen Bestimmtheit gelangt. Daß dies so ist, merken wir oft an den Romanschlüssen, die – weil es nun einmal zu Ende gehen muß – vielfach etwas Forciertes besitzen. Der mangelnden Bestimmbarkeit wird dann zum Schluß eine ideologische oder eine utopische Antwort zuteil. Es gibt jedoch auch Romane, die diese Offenheit am Ende eigens artikulieren.

Diese elementare Beschaffenheit des literarischen Textes bedeutet, daß die »schematisierten Ansichten«, durch die der Gegenstand entrollt werden soll, oftmals unvermittelt aneinander stoßen. Der Text besitzt dann einen Schnitt. Die häufigste Verwendung dieser Schnittechnik findet sich dort, wo mehrere Handlungsstränge gleichzeitig ablaufen, aber nacheinander erzählt werden müssen. Die Beziehungen, die zwischen solchen übereinander gelagerten Ansichten bestehen, werden in

[3] Vgl. Roman Ingarden, Das literarische Kunstwerk, Tübingen ²1960, S. 261 ff.

der Regel vom Text nicht ausformuliert, obgleich die Art, in der sie sich zueinander verhalten, für die Intention des Textes wichtig ist. Mit anderen Worten: Zwischen den »schematisierten Ansichten« entsteht eine Leerstelle, die sich durch die Bestimmtheit der aneinander stoßenden Ansichten ergibt.[4] Solche Leerstellen eröffnen dann einen Auslegungsspielraum für die Art, in der man die in den Ansichten vorgestellten Aspekte aufeinander beziehen kann. Sie sind durch den Text selbst überhaupt nicht zu beseitigen. Im Gegenteil, je mehr ein Text seinen

[4] An dieser Stelle müßte eine Auseinandersetzung mit dem von Ingarden gebrauchten Begriff der »Unbestimmtheitsstellen« erfolgen, damit die hier vorgetragene Auffassung von einer scheinbar verwandten Problemstellung deutlich unterschieden werden kann. Eine solche Diskussion würde jedoch den Rahmen eines Vortrags sprengen; deshalb soll sie später bei einer ausführlichen Darstellung der hier nur skizzenhaft entwickelten Überlegungen zum Problem literarischer Kommunikation nachgeholt werden. Dafür wären die folgenden Gesichtspunkte maßgebend: Ingarden benutzt den Begriff der »Unbestimmtheitsstellen«, um literarische Gegenstände von realen, aber auch idealen abzugrenzen. Die »Unbestimmtheitsstellen« bezeichnen daher nur, was den literarischen Gegenständen fehlt: ihre allseitige Definiertheit beziehungsweise die Vollkommenheit ihres Konstituiertseins. Demzufolge kommt es für Ingarden im Kunstwerk vorwiegend darauf an, »unerfüllte Ansichten« in »erfüllte« umzusetzen, und das heißt, so viele »Unbestimmtheitsstellen« wie möglich durch den Kompositionsakt zu beseitigen. Damit wird nicht nur das latente Manko sichtbar, das ihnen anhaftet, sondern auch ihre deutliche Einschränkung auf den Darstellungsaspekt des Kunstwerks. Unbestimmtheit aber ist eine Rezeptionsbedingung des Textes und daher ein wichtiger Faktor für den Wirkungsaspekt des Kunstwerks.

Für Ingarden spielt jedoch diese Funktion kaum eine Rolle, wie es sich seinem Buch »Vom Erkennen des Literarischen Kunstwerks«, Tübingen 1968, entnehmen läßt, in dem die Rezeptionsbedingungen des Werkes analysiert werden. Hier sind es nicht etwa die Unbestimmtheitsstellen, die die »Konkretisierung« des Kunstwerks bewirken, vielmehr ist es die »Ursprungsemotion«, die die »Konkretisierung« des Textes ermöglicht. Der Wirkungsaspekt wird letztlich hier mit modifizierten Kategorien der Einfühlungsästhetik erklärt, so daß das Problem literarischer Kommunikation nicht in den Blick gerät. Folglich sind »Unbestimmtheitsstellen« als das Weglassen von Nebensächlichem, meistens aber als Ergänzungen definiert, wofür Ingarden oft recht triviale Beispiele gibt (vgl. S. 49). »Unbestimmtheitsstellen« brauchen aber auch gar nicht aufgefüllt zu werden; gelegentlich stören sie den künstlerischen Wert, ja, sie vernichten das Kunstwerk, wenn sie, wie in modernen Texten, entsprechend zunehmen. Darüber hinaus fordern für Ingarden die »Unbestimmtheitsstellen« nur eine einzige Aktivität vom Leser: die der Ergänzung. Das aber heißt: Das Auffüllen der »Unbestimmtheitsstellen« tendiert auf eine Komplettierung der polyphonen Harmonie, die für Ingarden eine Grundbedingung des Kunstwerks verkörpert. Bestimmt sich die Ergänzung als Vervollständigung des Weggelassenen, so wird ihr undynamischer Charakter sichtbar. Offensichtlich vermag die polyphone Harmonie richtige und falsche Ergänzungen voneinander zu sondern und damit die Ergänzung durch den Leser zu bestätigen oder entsprechend zu korrigieren. Hinter einer solchen Auffassung steht die klassische Konzeption des Kunstwerks, so daß es konsequenterweise für Ingarden richtige und falsche »Konkretisierungen« gibt.

Darstellungsraster verfeinert, und das heißt, je mannigfaltiger die »schematisierten Ansichten« sind, die den Gegenstand des Textes hervorbringen, desto mehr nehmen die Leerstellen zu. Klassische Beispiele dafür wären etwa die letzten Romane von Joyce, »Ulysses« und »Finnegans Wake«, wo sich durch eine Überpräzisierung des Darstellungsrasters die Unbestimmtheit proportional erhöht. (. . .) Die Leerstellen eines literarischen Textes sind nun keineswegs, wie man vielleicht vermuten könnte, ein Manko, sondern bilden einen elementaren Ansatzpunkt für seine Wirkung. Der Leser wird sie in der Regel bei der Lektüre des Romans nicht eigens bemerken. Dies läßt sich für die meisten Romane bis etwa zur Jahrhundertwende sagen. Dennoch sind sie auf seine Lektüre nicht ganz ohne Einfluß, denn im Lesevorgang werden die »schematisierten Ansichten« kontinuierlich gemacht. Das aber heißt: Der Leser wird die Leerstellen dauernd auffüllen beziehungsweise beseitigen. Indem er sie beseitigt, nutzt er den Auslegungsspielraum und stellt selbst die nicht formulierten Beziehungen zwischen den einzelnen Ansichten her. Daß dies so ist, läßt sich an der einfachen Erfahrungstatsache ablesen, daß die Zweitlektüre eines literarischen Textes oftmals einen von der Erstlektüre abweichenden Eindruck produziert. Die Gründe dafür mögen in der jeweiligen Befindlichkeit des Lesers zu suchen sein, dennoch muß der Text die Bedingungen für unterschiedliche Realisierungen enthalten. Bei einer Zweitlektüre ist man mit ungleich größerer Information über den Text ausgestattet, vor allem dann, wenn der zeitliche Abstand relativ kurz ist. Diese zusätzliche Information bildet die Voraussetzung dafür, daß nun die unformulierten Beziehungen zwischen den einzelnen Textsituationen sowie die dadurch gewährten Zuordnungsmöglichkeiten anders, vielleicht sogar intensiver genutzt werden können. Das Wissen, das nun den Text überschattet, gewärtigt Kombinierbarkeiten, die in der Erstlektüre oftmals dem Blick noch verschlossen waren. Bekannte Vorgänge rücken nun in neue, ja sogar wechselnde Horizonte und erscheinen daher als bereichert, verändert und korrigiert. Von alledem ist im Text selbst nichts formuliert; vielmehr produziert der Leser selbst diese Innovationen. Das aber wäre unmöglich, enthielte der Text nicht einen gewissen Leerstellenbetrag, der den Auslegungsspielraum und die verschiedenartige Adaptierbarkeit des Textes überhaupt erst ermöglichte. In dieser Struktur hält der Text ein Beteiligungsangebot an seine Leser bereit. Sinkt der Leerstellenbetrag in einem fiktionalen Text, dann gerät er in Gefahr, seine Leser zu langweilen, da er sie mit einem steigenden Maß an Bestimmtheit — sei dieses nun ideologisch oder utopisch orientiert — konfrontiert. Erst die Leerstellen gewähren einen Anteil am Mitvollzug und an der Sinnkonstitution des Geschehens. Räumt ein Text diese Chance ein, so wird der Leser die von ihm komponierte

Intention nicht nur für wahrscheinlich, sondern auch für real halten. Denn wir sind im allgemeinen geneigt, das von uns Gemachte als wirklich zu empfinden. Damit aber erwiese sich der Leerstellenbetrag eines Textes als die elementare Bedingung für den Mitvollzug.

Dieser Sachverhalt läßt sich schon an relativ einfachen Beispielen beobachten, von denen wir wenigstens eines herausgreifen wollen. Es gibt eine Publikationsform literarischer Prosa, von der sich sagen ließe, daß sie Unbestimmtheit auf eine besondere Weise nutzt. Gemeint ist der Fortsetzungsroman, dessen Text dem Leser in dosierten Abschnitten geliefert wird. Wenn heute Fortsetzungsromane in Zeitungen erscheinen, so spielt für diese Art der Veröffentlichung der Werbeeffekt eine gewisse Rolle: Der Roman soll eingeführt werden, um ihm ein Publikum zu gewinnen. Im 19. Jahrhundert stand diese Absicht ganz im Vordergrund des Interesses. Die großen realistischen Erzähler warben durch diese Erscheinungsweise um Leser für ihre Romane.[5] Charles Dickens gar schrieb seine Romane nur von Woche zu Woche, und zwischendurch versuchte er, soviel wie möglich darüber zu erfahren, wie sich seine Leser den Fortgang der Handlung dachten.[6] Dabei machte schon das Leserpublikum des 19. Jahrhunderts eine für unseren Zusammenhang aufschlußreiche Erfahrung: Es hielt den in Fortsetzungen gelesenen Roman oftmals für besser als den identischen Text in Buchform.[7] Diese Erfahrung ist wiederholbar, man muß sich nur die

[5] Vgl. dazu Kathleen Tillotson, Novels of the Eighteen-Forties, Oxford (Paperback) 1962, S. 28 ff. u. 33 und George H. Ford, Dickens and his Readers, Princeton 1955, S. 6.

[6] Vgl. Tillotson, S. 34 f. u. 36 f.

[7] Als Dickens die erste, sehr billige Ausgabe seiner Romane veranstaltete, war ihr Erfolg mit demjenigen, die die späteren Ausgaben erzielten, überhaupt nicht zu vergleichen. Die erste Ausgabe von 1846/47 fiel noch in eine Zeit, in der Dickens in Fortsetzungen publizierte; vgl. dazu John Forster, The Life of Charles Dickens I. Hg. A. J. Hoppé, London 1966, S. 448. — Aufschlußreich sind in diesem Zusammenhang zwei weitere Beispiele für die Reaktionen der Leser. »Martin Chuzzlewit«, von Dickens selbst als einer seiner großen Romane bezeichnet, erwies sich bei der Erstveröffentlichung als Fehlschlag. Forster I, S. 285 sowie Ford, S. 43 sind der Meinung, daß dies durch die Umstellung des Publikationsmodus bedingt war; statt wie bisher wöchentlich, erschien dieser Roman in monatlichen Fortsetzungen. Die Pause erwies sich als zu lang. Von Crabb Robinson wissen wir, daß er die in Fortsetzungen veröffentlichten Dickens-Romane so aufregend fand, daß er sich gelegentlich entschloß, lieber auf die Buchform zu warten, um den »Ängsten« zu entgehen, die das noch unabsehbare Geschehen in ihm verursachte; vgl. Ford, S. 41 f. — Darüber hinaus zeigten die von Woche zu Woche komponierten Abschnitte, selbst dann, wenn sie sorgfältiger durchdacht waren, als dies anfänglich der Fall war, wie sehr sie auf Wirkung hin organisiert waren. In der Buchform kam diese Kompositionsweise dann entsprechend zum Vorschein und führte zu kritischen Urteilen der Leser; vgl. Ford, S. 123 f. — Zum besonderen Kontakt zwischen Autor und Leser im Fortsetzungsroman vgl. auch Tillotson, S. 26 ff.

Mühe machen, das Experiment durchzustehen. In der Regel erscheint heute in den Zeitungen eine Romanauswahl, die die Grenze zur Trivialliteratur immer wieder überschreitet, denn es soll ja ein größeres Publikum gewonnen werden. Liest man solche Romane abschnittweise, so können sie bisweilen erträglich sein; liest man sie als Buch, so werden sie unerträglich.

Doch nun zum Sachverhalt, der die Bedingung für solche Unterschiede bildet. Der Fortsetzungsroman arbeitet mit einer Schnitttechnik. Er unterbricht im allgemeinen dort, wo sich eine Spannung gebildet hat, die nach einer Lösung drängt, oder wo man gerne etwas über den Ausgang des soeben Gelesenen erfahren möchte.[8] Das Kappen beziehungsweise Verschleppen der Spannung bildet die Elementarbedingung für den Schnitt. Ein solcher Suspens-Effekt aber bewirkt, daß wir uns die im Augenblick nicht verfügbare Information über den Fortgang des Geschehens vorzustellen versuchen. Wie wird es weitergehen? Indem wir diese und ähnliche Fragen stellen, erhöhen wir unsere Beteiligung am Vollzug des Geschehens. Dickens hat von diesem Sachverhalt schon gewußt; seine Leser wurden ihm zu »Mitautoren«.

Nun ließe sich ein ganzer Katalog von solchen Schnitttechniken entwickeln, die zum großen Teil ungleich raffinierter sind als der recht primitive, aber doch sehr wirksame Suspens-Effekt. Eine andere Form zum Beispiel, den Leser zu einer größeren Kompositionsleistung anzureizen, besteht darin, mit einzelnen Schnitten unvermittelt neue Personen einzuführen, ja, ganz andere Handlungsstränge beginnen zu lassen, so daß sich die Frage nach den Beziehungen zwischen der bisher vertrauten Geschichte und den neuen, unvorhersehbaren Situationen aufdrängt. Daraus ergibt sich dann ein ganzes Geflecht möglicher Verbindungen, deren Reiz darin besteht, daß nun der Leser die unausformulierten Anschlüsse selbst herstellen muß. Angesichts des temporären Informationsentzugs wird sich die Suggestivwirkung selbst von Details steigern, die wiederum die Vorstellung von möglichen Lösungen mobilisieren. In jedem Falle entstehen in solchen Schnitten ständig bestimmte Erwartungen, die, wenn der Roman etwas taugen soll, nicht restlos eingelöst werden dürfen. Damit drängt der Fortsetzungsroman dem Leser eine bestimmte Form der Lektüre auf. Die Unterbrechungen sind kalkulierter als jene, die beim Lesen eines Buches oftmals aus ganz äußerlichen Gründen veranlaßt werden. Im Fortsetzungsroman entspringen sie einer strategischen Absicht. Der Leser wird gezwungen, durch die ihm verordneten Pausen sich immer etwas mehr vorzustellen,

---

und 33. Trollope war der Meinung, daß der Fortsetzungsroman die »long succession of dull pages« vermeidet, die in der Buchform eines Romans nicht gänzlich zu umgehen sind; vgl. Tillotson, S. 40.
[8] Vgl. Tillotson, S. 25 f.

als dies bei kontinuierlicher Lektüre in der Regel der Fall ist. Wenn daher ein Text als Fortsetzungsroman einen anderen Eindruck hinterläßt als in Buchform, so nicht zuletzt deshalb, weil er einen zusätzlichen Betrag an Unbestimmtheit einführt beziehungsweise durch die Pause bis zur nächsten Fortsetzung eine vorhandene Leerstelle eigens akzentuiert. Sein Qualitätsniveau ist keineswegs höher. Er bringt nur eine andere Form der Realisierung zustande, an der der Leser durch das Auffüllen zusätzlicher Leerstellen stärker beteiligt ist. In einem solchen Vorgang zeigt sich bereits, in welchem Maße der Unbestimmtheitsbetrag literarischer Texte die notwendigen Freiheitsgrade schafft, die dem Leser im Kommunikationsakt gewährt werden müssen, damit die »Botschaft« entsprechend empfangen und verarbeitet werden kann. Steigert ein Roman bereits dadurch seine Wirkung, so wird deutlich, welches Gewicht den Leerstellen für die Kommunikation zwischen Text und Leser zukommt.

An diesem Punkt stellt sich nun eine Aufgabe, die wir im Rahmen dieser Diskussion nur benennen, nicht aber lösen können. Es käme zunächst einmal darauf an, das Repertoire von Strukturen sichtbar zu machen, durch das im Text Unbestimmtheit entsteht; ferner gälte es, elementare Aktivitäten beschreibbar zu machen, die der Leser bei der Lektüre zwar nicht bewußt wahrnimmt, die sich aber dennoch vollziehen. Von den vielen Möglichkeiten, Leserreaktionen zu steuern, wollen wir nur eine kurz beleuchten; sie ist gewiß die allereinfachste, kommt aber dafür am häufigsten vor. Gemeint ist folgendes: Wir alle machen bei der Romanlektüre die Beobachtung, daß die erzählte Geschichte mit Betrachtungen des Autors über das Geschehen durchsetzt ist. In solchen Bemerkungen spricht sich vielfach eine Bewertung der erzählten Vorgänge aus. Wir bezeichnen solche vom Autor angestellten Überlegungen als Kommentar. Offensichtlich besitzt die erzählte Geschichte Stellen, an denen sie solcher Erläuterungen bedarf. Im Blick auf unsere bisherige Diskussion ließe sich sagen: Der Autor selbst beseitigt Leerstellen, denn er möchte mit seinen kommentierenden Bemerkungen die Auffassung der Erzählung einheitlich machen. Solange dies jedoch die einzige Funktion des Kommentars bleibt, muß die Beteiligung des Lesers am Vollzug der in der Geschichte liegenden Absicht sinken. Der Autor selbst sagt ihm, wie seine Erzählung zu verstehen sei. Dem Leser bleibt dann bestenfalls noch die Möglichkeit, einer solchen Auffassung zu widersprechen, wenn er aus der erzählten Geschichte andere Eindrücke zu gewinnen glaubt. Nun aber gibt es sehr viele Romane, die zwar mit solchen kommentierenden und bewertenden Bemerkungen durchsetzt sind, ohne jedoch die Geschichte von einem bestimmten, immer durchgehaltenen Standpunkt aus zu interpretieren. Dies läßt sich schon seit Beginn des 18. Jahrhunderts beobachten und findet sich in vielen Romanen, deren historisches Substrat für uns heute relativ uninteressant ist, ohne daß unser Vergnügen bei der Lektüre leidet. Bei solchen Romanen ist der Autor offensichtlich nicht ausschließlich davon geleitet, durch die kommentierenden Partien seines Textes dem Leser das Verstehen der Geschichte vorzuschreiben. Die großen englischen Romane des 18. und 19. Jahrhunderts, denen heute noch eine ungebrochene Lebendigkeit bescheinigt wird, gehören zu diesem Typ. Bei diesen Texten gewinnt man den Eindruck, als ob der Autor mit seinen kommentierenden Hinweisen sich eher von den erzählten Vorgängen distanzieren als ihren Sinn verdolmetschen wollte. Die Kommentare wirken wie bloße Hypothesen und scheinen Bewertungsmöglichkeiten zu implizieren, die sich von den aus den erzählten Vorgängen unmittelbar ableitbaren unterscheiden. Dieser Eindruck wird durch die Tatsache unterstützt, daß die Kommentare zu verschiedenen Situationen wechselnde Standpunkte des Autors erkennen lassen. Soll man dann dem Autor noch trauen, wenn er kommentiert?[9] Oder müßte man besser prüfen, was er zu den erzählten Vorgängen noch eigens bemerkt? Denn oftmals hinterlassen bestimmte Situationen der Romangeschichte einen anderen Eindruck, als ihn die kommentierende Beleuchtung nahezulegen scheint. Hat man da vielleicht unaufmerksam gelesen, oder soll man gar aufgrund des Gelesenen den Kommentar des Autors korrigieren, um die Bewertung der Vorgänge selbst zu finden? Unversehens hat es der Leser dann nicht mehr ausschließlich mit den Romanfiguren zu tun, sondern auch noch mit einem Autor, der sich in der Rolle eines Kommentators zwischen Geschichte und Leser drängt. Nun beschäftigt er den Leser genauso, wie dieser von der Geschichte beschäftigt wird. Die Kommentare provozieren vielfältige Reaktionen. Sie verblüffen, sie reizen zum Widerspruch und decken doch häufig viele unerwartete Seiten am Erzählvorgang auf, die man ohne diese Hinweise nicht wahrgenommen hätte. So liefern solche Kommentare zwar keine verbindlichen Bewertungen des Geschehens, sie stellen aber ein Bewertungsangebot dar, das Wahlmöglichkeiten bereithält. Statt mit einer einheitlichen Optik versehen sie den Leser mit gewissen Einstellungen, die er nachvollziehen muß, um sich das Geschehen entsprechend zu erschließen; sie überziehen die Geschichte mit Beobachterperspektiven, deren Orientierung allerdings wechselt. So eröffnen diese Kommentare einen Bewertungsspielraum, der neue Leerstellen im Text entstehen läßt. Diese liegen nun nicht mehr in der erzählten Geschichte, sondern

---

[9] Wayne C. Booth, The Rhetoric of Fiction, Chicago 1961, S. 211 ff. unterscheidet zwischen einem »reliable« und einem »unreliable narrator«, ohne jedoch diesen Sachverhalt für das Kommunikationsproblem auszuwerten. Der »unreliable narrator« bildet dafür natürlich den interessanteren Typ, denn seine »Unzuverlässigkeit« besitzt eine strategische Absicht, die sich auf die Steuerung des Lesers durch den Text bezieht.

zwischen der Geschichte und den Möglichkeiten ihrer Beurteilung. Sie lassen sich nur beseitigen, indem Urteile über die zur Rede stehenden Vorgänge gefällt werden. Für die Provokation des Urteilsvermögens sorgt der Kommentar auf zweierlei Weise: Indem er die eindeutige Bewertung des Geschehens ausspart, schafft er Leerstellen, die eine Reihe von Erfüllungsvariablen zulassen; da er aber zugleich Möglichkeiten der Bewertung anbietet, sorgt er dafür, daß diese Leerstellen nicht beliebig aufgefüllt werden. So bewirkt diese Struktur zum einen die Beteiligung des Lesers an der Bewertung, zum anderen aber die Kontrolle derjenigen Reaktionen, denen die Bewertung entspringt.

Diese Art der Leserlenkung sei wenigstens ganz kurz an einem interessanten Beispiel solcher Steuerungsvorgänge erläutert. Gesetzt den Fall, ein Autor möchte durch seine Situationsbemerkungen nicht nur den Spielraum der Leserreaktionen kontrollieren, sondern die Reaktion selbst eindeutig machen; wie verfährt er dann? Wenn unsere bisherigen Beobachtungen richtig sind, werden wir nicht erwarten dürfen, daß der Kommentar die gewünschte Reaktion des Lesers detailliert oder sie ihm gar vorschreibt. Der Leser würde dann auf das ihm Vorgeschriebene, nicht aber im Sinne der gehegten Absicht reagieren. Nun das Beispiel: Es ist jene bekannte Stelle aus Dickens' »Oliver Twist«, wo sich das ausgehungerte Kind im Armenhaus mit dem Mut der Verzweiflung aufrafft, eine zweite Portion Suppe zu verlangen. Die Aufsichtspersonen des Armenhauses sind über diese ungeheuerliche Frechheit entsetzt.[10] Was macht der Kommentator? Er pflichtet ihnen nicht nur bei, sondern liefert dafür auch noch die Begründung.[11] Die Reaktion der Leser ist eindeutig, denn der Autor hat seinen Kommentar so angelegt, daß sie ihn verwerfen müssen. Nur so läßt sich die Anteilnahme am Schicksal des Kindes bis zum Eingreifen steigern: Die Leser sollen aus ihren Sesseln gerissen werden. Hier geht es nicht mehr um das Auffüllen einer Leerstelle hinsichtlich der Beurteilung der Situation, sondern um die Totalkorrektur einer falschen Beurteilung. Soll die Aktivität des Lesers am Vollzug des Geschehens gesteigert und eindeutig gemacht werden, so darf das im Text Gesagte nicht so gemeint sein, wie es formuliert ist. In dieser Hinsicht bildet die Dickens-Stelle einen interessanten Grenzfall von Unbestimmtheit. Denn auch hier gilt, was sonst für die Unbestimmtheit als Wirkungsbedingung zutrifft: Das Formulierte darf die Intention des Textes nicht ausschöpfen. — Literarische Texte sind reich an Strukturen der besprochenen Art. Viele davon sind komplizierter als das hier berührte Zusammenspiel zwischen Kommentator und Leser. Zu denken wäre etwa an die Tat-

---

[10] Vgl. Charles Dickens, Oliver Twist (The New Oxford Illustrated Dickens), Oxford 1959, S. 12 f.
[11] Ibid., S. 14 f.

sache, daß wir als Leser auf die Figuren eines Romans ständig reagieren, ohne daß diese ihrerseits auf unsere Einstellungen zu ihnen reagierten. Im Leben ist das bekanntlich anders. Was aber machen wir mit der vom Roman gewährten Freiheit von den alltäglichen Reaktionszwängen? Welche Funktion besitzt diese Form der Unbestimmtheit, die unser Verhalten zu den Figuren herauskehrt und dann alles Weitere uns selbst zu überlassen scheint?

Hier müßten vor allem die technischen Bedingungen zur Sprache kommen, die für die Steuerung der Leseraktionen verantwortlich sind. Dabei käme es in erster Linie darauf an, die Konstitutionsweisen fiktionaler Texte zu analysieren. Denn für ihre Appellstruktur ist es nicht unerheblich, das Verfahren zu kennen, nach dem sie gebaut sind. Zeigen solche Texte beispielsweise eine Schnitt-, Montage- oder Segmentiertechnik, so heißt dies, daß sie eine verhältnismäßig hohe Freigabe hinsichtlich der Anschließbarkeit ihrer Textmuster aneinander gewähren. Sind sie dagegen mehr nach einem Kontrast- oder Oppositionsprinzip organisiert, so ist die Anschließbarkeit der Textmuster relativ stark vorgeschrieben. In dem einen Falle herrscht dann ein relativ hoher Grad von Performanz bei geringer Präskription für die dem Leser abgeforderte Aktivität; im anderen Falle verhält es sich umgekehrt. Ferner wäre es wichtig festzustellen, in welcher Textebene die Leerstellen sitzen und wie es um die jeweilige Frequenz bestellt ist. Sie werden sich im Kommunikationsvorgang anders auswirken, wenn sie vermehrt in den Erzählstrategien und vermindert in der Handlung beziehungsweise im Zusammenspiel der Personen liegen. Sie werden ganz andere Konsequenzen nach sich ziehen, wenn sie sich in der vom Text dem Leser zugeschriebenen Rolle finden. Aber auch für eine andere Art der Klassifikation von Textebenen kann die Frequenz der Leerstellen bedeutsam sein. Sind sie vorwiegend auf die Textsyntax, das heißt auf das im Text erkennbare Regelsystem seines Aufbaus beschränkt, oder sitzen sie verstärkt in der Textpragmatik, das heißt in dem vom Text verfolgten Zweck, oder mehr in der Textsemantik, das heißt in der im Leseakt zu generierenden Bedeutung? Sie werden sich in jedem Falle unterschiedlich auswirken. Wie immer es um ihre Verteilung bestellt sein mag, ihre jeweiligen Folgen für die Steuerung der Leserreaktion ist in erheblichem Ausmaß von der textspezifischen Ebene ihres Vorkommens abhängig. Dieser Sachverhalt indes kann hier nur benannt, nicht aber ausdiskutiert werden.

4.

INGRID GIRSCHNER-WOLDT

Aussagestruktur und Rezeptionsweise

Ausgangspunkt der im folgenden referierten Untersuchung[1] des Zusammenhanges zwischen Aussagestruktur und Rezeptionsweise war die Frage, welche Wirkung politische Lyrik ausüben kann: ob sie bestehende politische Ansichten nur bestärken oder auch verändern kann, ob sie auch Handlungsimpulse vermitteln kann und wie spezifisch diese auf bestimmte politische Situationen oder Aktionen zu konzentrieren sind.

Die Untersuchung einer kleinen Zufallsauswahl politischer Lyrik, die auf diese Fragen Antwort geben sollte, bediente sich allein der Textanalyse, klammerte also literaturhistorische und wirkungsgeschichtliche Fragen ebenso aus wie empirische Erhebungen über faktisches Leserverhalten.

Natürlich kann Textanalyse nicht Aufschluß darüber geben, wie irgendein bestimmter Leser auf einen Text reagiert, an welcher Erfahrung er ihn mißt, wie er ihn beurteilt und ob er sich überhaupt von ihm angesprochen fühlt. All dies ist individuell und situationell verschieden. Man kann jedoch die Bedingungen angeben, unter denen eine Aussage überhaupt für einen Perzipienten verständlich und sinnvoll sein kann, und anhand dieser Bedingungen lassen sich, wie im folgenden gezeigt werden soll, die Wirkungsmöglichkeiten politischer Lyrik recht exakt bestimmen.

Im Normalfall kommunikativen Handelns werden Bedeutung und Sinn einer Aussage nicht allein aus ihrer sprachlichen Gestalt geschlossen, sondern durch die Kenntnis der Situation und der Intention des Gesprächspartners konkretisiert. Auch für schriftliche Äußerungen zwischen einander bekannten Partnern gilt in gewissem Umfang das gleiche. Anders jedoch bei literarischen Texten: hier gilt es, aus den Aussagen selbst auf ihre Bedeutung und die Bedingungen ihres sinnvollen Gebrauchs zu schließen.

Diese Aufgabe wird zumeist spontan geleistet, ohne daß man sich Rechenschaft ablegt über die Textmerkmale, die dieses »richtige«, aussagen-adäquate Rezeptionsverhalten steuern, und auch literaturwissenschaftliche Textanalyse expliziert zwar »richtiges« Verstehen, nicht aber zumeist auch seine Voraussetzungen.

[1] Ingrid Girschner-Woldt, Theorie der modernen politischen Lyrik. Berlin 1971.

Die oben umrissenen Fragen, die über Bedingungen und Möglichkeiten der Wirkung politischer Lyrik Aufschluß verlangen, machen eine Umkehrung der Perspektive notwendig: »Richtiges« Textverständnis wird nicht als Ziel, sondern als Ausgangspunkt einer Analyse begriffen, die darzulegen versucht, wie dieses »richtige« Verständnis zustande kommt, welcher Vorkenntnisse es dazu bedarf, und auf welche Weise es vom Text selbst gesteuert wird.

Als methodisches Instrumentarium dienten dabei Grundprinzipien der Semiotik[2] und der Analyse der Aussagestruktur, wie sie Käte Hamburger entwickelt hat.[3]

Semiotisch kann ein sprachliches Zeichen durch vier verschiedene Aspekte charakterisiert werden: es kann mit anderen Zeichen verknüpft sein (syntaktischer Aspekt), es bezeichnet etwas (sigmatischer Aspekt), es bedeutet etwas (semantischer Aspekt), und es wird von Menschen hervorgebracht und benutzt, es wird verstanden und löst Antwortreaktionen aus (pragmatischer Aspekt). Eine Aussage besteht aus auf bestimmte Art miteinander verknüpften Zeichen, sie bezieht sich auf einen Sachverhalt, sie hat eine bestimmte Bedeutung, und sie dient einem bestimmten Zweck, fungiert als Kommunikationsmittel zwischen Sprecher und Hörer, Expedient und Perzipient. Der Expedient einer Mitteilung benutzt die sprachlichen Zeichen, deren Bedeutungen den Sachverhalt, den er mitteilen will, am exaktesten abbilden, und der Perzipient kann ihn, wenn die Wortbedeutungen intersubjektiv festgelegt sind, »verstehen«, d. h. den vom Expedienten intendierten Sachverhalt wiedererkennen und dem pragmatischen Zweck der Aussage entsprechend darauf reagieren. Sinnlos kann also auch eine verständliche Aussage für einen Perzipienten sein, wenn ihr Verwendungszweck nicht erkennbar ist oder wenn sie in einer bestimmten Situation den von ihr erwarteten Zweck nicht erfüllt.

Die Sprache ist allerdings kein exakt geschliffener Spiegel für die Realität. Ihr Lexikon hat sprachliche Ausdrücke für bestimmte Aspekte und Schematisierungen der Sachverhalte, und ihre Syntax gibt Regeln an für die Beziehungen zwischen den sprachlichen Zeichen, die nicht immer mit den Beziehungen zwischen den Sachverhalten identisch sind. Der Gebrauch von Lexikon und Syntax resultiert aus Konvention und geschichtlicher Entwicklung der Sprachgemeinschaft und ist dem Wandel unterworfen; die Bedeutung eines Wortes kann sich im Laufe der Zeit ändern oder modifizieren, und früher kointendierte Bedeutungsfacetten können in Vergessenheit geraten, ebenso wie ein Wort unterschiedliche Bedeutung für unterschiedliche Gruppen innerhalb der

[2] Vgl. Georg Klaus, Semiotik und Erkenntnistheorie. Ost-Berlin [2]1969.
[3] Käte Hamburger, Die Logik der Dichtung. Stuttgart [2]1968.

Sprachgemeinschaft haben kann. Meist wird ein Sachverhalt also mit bestimmten Verzerrungen in der Sprache abgebildet und damit gedeutet. Zu dieser »unwillkürlichen« Deutung kann natürlich bewußte Interpretation hinzukommen, etwa eine zusätzliche metaphorische Kodierung, deren Bildbereich Bedeutung oder Zweck des Gemeinten konkretisiert oder betont.

Der pragmatische Aspekt einer Aussage ist fundiert in der Aussagestruktur, und er muß, wenn der außersprachliche Kontext, Kommunikationssituation und Interaktion ihn nicht eindeutig festlegen, aus der Aussagestruktur erschlossen werden.

Eine Aussage ist die sprachliche Form eines Urteils über einen Sachverhalt. Ihre semiotische Struktur ist fundiert in der Aussagestruktur, in der das Verhältnis zwischen dem aussagenden Subjekt und dem Objekt seines Urteils sich sprachlich dokumentiert. Die Aussagestruktur ist also eine fixierte Subjekt-Objekt-Relation, an der abzulesen ist, wieweit die Subjektivität des Aussagenden in den Aussageinhalt Eingang findet, welches Maß an intersubjektiver Verbindlichkeit und Verifizierbarkeit der Aussage demnach zukommt.

Das Subjekt der Aussage, ob es nun im Text als »Ich« auftaucht oder nur implizit in ihm enthalten ist, bezeichnet Käte Hamburger als »Aussagesubjekt«, da es meist keine Rückschlüsse auf die Identität des aussagenden Subjektes zuläßt. Sie unterscheidet drei Typen von Wirklichkeitsaussagen mit unterschiedlicher Subjekt-Objekt-Relation, anhand derer sie jeweils das Aussagesubjekt charakterisiert und benennt. Ist der Aussageinhalt für alle möglichen Subjekte gültig und verifizierbar, aber auch ohne jeden Hinweis auf das aussagende Subjekt und seine Intentionen, so nennt Hamburger das Aussagesubjekt »theoretisches Ich«. Ist das Subjekt ebenfalls von intersubjektiver Allgemeinheit, sein Aussageobjekt aber kein Wirklichkeitszusammenhang, sondern ein Zweck, ein Gebot oder ein Gesetz etwa, so handelt es sich um ein »pragmatisches Ich«. Ein Aussagesubjekt schließlich, das aus einem eigenen Erlebnisfeld berichtet, wobei die Fakten zwar objektiv nachprüfbar, in ihrer Deutung aber durch das Subjekt gefärbt sein können, wird als »historisches Ich« bezeichnet.

Von den so charakterisierten Wirklichkeitsaussagen kategorial unterschieden sind fiktive Aussagen. Sie beziehen sich nicht auf einen realen Wirklichkeitszusammenhang, sondern auf dessen Mimesis. Das Aussagesubjekt — Romanfigur, Erzähler oder nichtpersonifizierte Erzählfunktion — ist keine reale Person, sondern eine Fiktion, ein »episches Ich«. Um die in den fiktionalen Aussagen dargestellte Realität sich zu vergegenwärtigen, muß der Leser sie »mit den Augen« des epischen Ichs sehen, d. h. das Erlebnisfeld des epischen Ichs, wie es in den Aussagen sich darstellt, nachvollziehen, ohne es selbständig beurteilen zu können, da ihm kein reales Korrelat zugeordnet ist, an dem er es verifizieren könnte.

Gedichtaussagen dagegen sind reale Wirklichkeitsaussagen, die sich
nach Hamburger von den zuvor beschriebenen dadurch unterscheiden,
daß sie keine Funktion in einem Wirklichkeitszusammenhang haben,
sondern Bedeutung und Zusammenhang nur durch ihre Beziehung auf
das Aussagesubjekt erhalten. In manchen Gedichten behält der Objektpol größere Eigenständigkeit als in anderen, im Extremfall aber verschmilzt er mit dem Subjektpol zu einer Einheit, deren Erlebnisgehalt,
Stimmungsgehalt oder Sinn intersubjektive Allgemeinheit erhält.

Der Charakter des Aussagesubjektes kann, wenn er nicht durch den
situationellen Kontext, in den die Aussage gestellt ist, definiert wird,
nur aus der Aussage selbst erschlossen werden. Das tut Käte Hamburger auch ständig bei den Textbeispielen, die sie anführt. Diesen Rezeptionsprozeß erklärt sie jedoch nicht, wie sie überhaupt auf die Tatsache, daß Sprache nicht nur ausgesagt, sondern auch aufgenommen
wird, selten eingeht. Es ist deshalb notwendig, ihre Definition des Aussagesubjektes zu ergänzen.

Wenn sie davon spricht, daß das Aussageobjekt im Aussagesubjekt
intentional impliziert ist, und wenn sie in die Definition des theoretischen und des pragmatischen Ichs die Intersubjektivität als bestimmendes Merkmal mit aufnimmt, kann man, von der Kommunikationsfunktion der Sprache ausgehend, den Charakter des Aussagesubjektes
bestimmen nach dem Maß, in dem das aussagende Subjekt eine Kointention nicht nur der Wortbedeutungen, sondern der Realitätsdeutung oder des pragmatischen Zieles beim aufnehmenden Subjekt intendiert. Vom Rezeptionsvorgang ausgehend, können wir das Aussagesubjekt demnach definieren als die Klasse aller möglichen Subjekte, die
als aussagende Subjekte der jeweiligen Aussage in Frage kommen, die
also mit dem Aussageinhalt sich identifizieren können. »Identifikation«
bedeutet hier nicht vollständige bewußtseinsmäßige Angleichung, sondern Übereinstimmung mit dem Urteil, das in der Aussage sich manifestiert.

Mit der Fixierung der Subjekt-Objekt-Relation in der Aussagestruktur ist also gleichzeitig das Rezeptionsverhalten des Lesers festgelegt:
Wo er selbst der Klasse der möglichen aussagenden Subjekte angehört,
muß er die Realitätsperspektive oder pragmatische Intention des Aussagesubjektes im Rezeptionsverhalten erst einmal mitvollziehen, die
Aussagen eines historischen Ichs stellen ihm die Aufgabe des Verstehens, die eines epischen Ichs die des Nachvollzuges einer fremden subjektiven Realität — und entsprechend der je von der Aussagestruktur
geforderten Rezeptionsweise variiert auch Ansatzpunkt und Spielraum, den semantischen Aspekt der Aussage zu verifizieren, sich mit

dem pragmatischen Aspekt zu identifizieren oder von ihm zu distanzieren.

Für politische Lyrik wird diese Fixierung des Rezeptionsverhaltens durch die Aussagestruktur zum bestimmenden Kriterium der Wirkungsmöglichkeit: Nicht Verständlichkeit und objektive politische Relevanz der im Gedicht genannten Realitätsaspekte und -deutungen, sondern das durch die Aussagestruktur bedingte Maß ihrer intersubjektiven Verbindlichkeit und Verifizierbarkeit entscheidet darüber, ob der Leser sie im Rezeptionsprozeß als Wirlichkeitsaussage akzeptieren und als solche dann in seiner politischen Urteils- und Willensbildung berücksichtigen kann — zumindest kann man die politische Wirkungsmöglichkeit eines Gedichtes daran messen, ob seine Aussagestruktur einen solchen über die bloße Rezeption hinausgehenden Lernprozeß unterstützen oder behindern kann.

Versucht man, politische Lyrik in bezug auf ihre so definierte Wirkungsmöglichkeit zu untersuchen, so stellt man fest, daß in den meisten Gedichten unterschiedliche Aussagestrukturen nebeneinandergestellt sind, und es zeigt sich, daß Rezeptionsverhalten, Verifizierungsmöglichkeit und »Lernerfolg« nicht isoliert auf die Aussagen je gleicher Struktur bezogen sind, sondern durch den Kontext andersartiger Aussagestrukturen modifiziert oder verändert werden können. Sehr deutlich wird dieser Prozeß am folgenden Gedicht von Erich Fried:

Erich Fried, *Was alles heißt*

1
Warum warst du nicht wie der Baum Trung Quan?
sagt ein Mädchen

Das heißt
ihr Geliebter ist einer von den Verbrannten

Die Blätter des Baumes Trung Quan fangen nicht Feuer
wie Bambusstäbe oder wie Menschenhaut

2
Fauler Hund
heißt eine eiserne Kreuzung
von Fliegerbombe und Dumdumgeschoß
Sicherheitszünder
heißt ein Bauer den man vorantreibt
an einem Strick über ein Minenfeld

Tauziehen
heißt einen Gefangenen
an einem Tau nachschleifen

beim Durchfahren durch ein Dorf
das man so verwarnt

Bündel
heißt eine Leiche
in einer geflochtenen Matte
Ernte
heißt eine Reihe von Bündeln
in einem Feld

3
Manches bedeutet so viel
wie die Laune eines
hohen Beamten oder höheren Offiziers

Und manches bedeutet so wenig
wie das Leben einer
Handvoll Bauern Vater Mutter drei Kinder

4
Befriedung eines Dorfes
heißt nicht nur daß man
verdächtige und denunzierte Bauern enthauptet
Befriedung heißt auch
daß man ihnen die Leber
herausschneidet und in die Luft wirft
Die Leber ist Sitz des Mutes

5
Schwarze Jacken und Hosen tragen
heißt Bauer sein
nicht Vietkong sein

Getötet werden
heißt nachher
Vietkong gewesen sein[4]

In diesem Gedicht finden sich zwei unterschiedliche Aussagestrukturen: Abschnitt 1 ist die Deutung einer individuellen Erlebnissituation, die durch die Aussagestruktur des ersten Verses als fiktiv gekennzeichnet ist; ihr Aussagesubjekt ist demnach ein episches Ich, das adäquate Rezeptionsverhalten der Nachvollzug subjektiver Erfahrungswelt. Das Aussagesubjekt der Abschnitte 2 bis 5 dagegen ist ein theoretisches Ich, die Aussagen sind Wirklichkeitsaussagen — die jedoch nicht oder zu-

[4] Erich Fried, und Vietnam und. Berlin 1966, S. 14. (Die folgende Interpretation ist, wie bei den nächsten Gedichtbeispielen, eine verkürzte Zusammenfassung; ausführlicher jeweils in: Girschner-Woldt, a. a. O.)

mindest nicht vorrangig als solche rezipiert und, wie es möglich wäre, einzeln verifiziert werden, sondern unter dem Einfluß des 1. Abschnittes auf dessen Aussagen bezogen erscheinen. Das rückt die Vietnamesen in die Nähe der Funktion eines lyrischen Ichs und gibt dadurch dem gesamten Gedicht eine lyrische Tönung, die sich auf das Rezeptionsverhalten des Lesers auswirkt: Nicht seine Kenntnisse und Meinungen über die politische Realität des Vietnamkrieges, sondern die subjektiv-emotionale Identifikation mit den Vietnamesen und den moralischen Standards, die durch das von den Amerikanern Berichtete verletzt werden, werden zum Kriterium der Beurteilung des Aussageinhaltes.

Die eigentlich politische Wirkungsmöglichkeit dieses Gedichtes bleibt damit fraglich: Die politische Lage, ihre Vorgeschichte und ihre konkreten Umstände werden nicht erklärt, und von den kämpfenden Parteien hört man nur, wer der einen Seite fälschlicherweise zugerechnet wird und daß auf der anderen vieles von der »Laune eines hohen Beamten oder höheren Offiziers« abhängt. Eine Erklärung der komplexen Situation wird dadurch kaum auch nur ansatzweise gegeben, und die ausschließliche Kontrastierung der Soldatenzynismen mit der »privaten« Sphäre ihrer Opfer scheint von einer politischen Beurteilung eher abzulenken.

Andererseits kann das Gedicht durch den Appell an Mitleid und Entrüstung auch einen Personenkreis erreichen, der sich an politischer Problematik uninteressiert zeigt oder der, abgestumpft durch die tägliche Nachrichtenflut, politisches Geschehen, das sich so weit entfernt von ihm abspielt, gar nicht als »real« in sein Bewußtsein aufnimmt. Zudem trägt die Argumentationsweise des Gedichtes, so unzureichend sie auch für eine Erkenntnis der in Vietnam sich abspielenden Vorgänge ist, doch zur Kritik der einen Seite in einem sehr wichtigen Aspekt bei und kann in diesem Aspekt direkt auf die politische Umwelt des Lesers übertragen werden. Die Konfrontation des Schlagwortes »Befriedung« mit der Praxis seiner Ausführung und den Leiden seiner Opfer richtet zumindest über einen wichtigen Teilbereich der Ideologie, mit der das weltweite amerikanische Engagement sich rechtfertigt, und kann, da die gleiche Macht auch in der Umwelt des deutschen Lesers eine Rolle spielt, auch zu dessen politischer Orientierung beitragen. Ob der Leser die Gedichtaussage allerdings so weit kritisch differenziert und überträgt, bleibt weitgehend von ihm selbst abhängig und wird sich nach dem Bezugssystem richten, das Wissen und Disposition zu kritischem oder unkritischem Verhalten ihm bereitstellen.

Immerhin kann man feststellen, daß die unzureichende und einseitige Information zeitgenössischer Leser über den Vietnamkrieg kaum erwarten läßt, daß die — wenigen — mitgeteilten Fakten ohne diese emotionale »Unterstützung« zu einer veränderten politischen Orientierung führen könnten. Die moralische Bewertung der Realität ist also nicht Selbstzweck, sondern taktisches Mittel, den Leser emotional zu engagieren, um den Aussageinhalt des Gedichtes auf sein eigenes Erlebnisfeld zu beziehen und über diesen »Umweg« die Möglichkeit eines politisch relevanten Lernprozesses überhaupt erst zu eröffnen.

In diesem Punkt ähneln sich viele Gedichte: Sie sprechen die emotionale Sphäre an oder beziehen sich auf Alltägliches oder Historisches aus der Erfahrungswelt des zeitgenössischen Lesers, appellieren also an Gefühle oder Erfahrungen, die der Leser nicht spontan mit aktueller politischer Erfahrung in Verbindung bringt. Dieser Appell an »Unpolitisches« weckt Interesse und das Gefühl des »Betroffenseins«, das es dann allerdings in politische Einsicht und Handlungsbereitschaft umzuwandeln gilt, wenn der Anspruch politischer Lyrik zu Recht besteht. Das geschieht, indem der Leser dazu genötigt wird, die — politisch relevante — Deutung dessen, womit er sich identifiziert hat, im Rezeptionsprozeß nachzuvollziehen oder selbständig zu ergänzen.

Teilweise ist sie in realitätsdeutenden Kodierungen enthalten, die der Leser dekodieren muß, um dem Argumentationsgang des Aussagesubjektes überhaupt folgen zu können. Teilweise aber auch wird der Leser in die Aussagestruktur »integriert« und gezwungen, den Aussageinhalt selbst erst zu komplettieren, so durch suggestive Frage, deren Beantwortung der Leser ergänzt, oder durch Abbruch oder überraschende Wendung eines Erzählzusammenhanges oder Gedankenganges, die ihn zwingt, die fehlenden — oder scheinbar fehlenden — Glieder zu suchen. Zwei Beispiele sollen diesen Vorgang veranschaulichen:

Volker von Törne, *Frage*

> Mein Großvater starb
> an der Westfront;
> mein Vater starb
> an der Ostfront; an was
> sterbe ich?[5]

Weder die Fakten, die es aus seinem Erlebnisfeld mitteilt, noch die anschließenden Überlegungen dienen dazu, das Aussagesubjekt in seiner individuellen Einmaligkeit und subjektiven Befindlichkeit zu charakterisieren. Es ist also ein historisches Ich, mit dessen Erlebnisfeld der Leser sich identifizieren, dessen Überlegungen er also auch auf seine eigenen Erfahrungen beziehen kann. Diese Übertragungsleistung steht viel weniger in seinem Belieben als bei dem Gedicht von Fried, denn

[5] nach: Peter Hamm (Hrsg.), Aussichten. München 1966, S. 83.

die politisch relevante Deutung der Aussagen wird als Antwort auf die offene Schlußfrage von ihm selbst automatisch formuliert. Die Präposition »an«, die die Frage einleitet, knüpft eine Verbindung zu den vorangehenden Aussagesätzen und lenkt so den Leser dazu, aus den Aussagen die Antwort auf die Frage erschließen zu wollen: die unvermutete Bedeutungsverschiebung führt zur Koppelung der durch Aussagen und Frage assoziierten Bedeutungsfelder und regt so den Leser fast zwangsläufig zum Überdenken des assoziativ gefundenen Zusammenhanges an, etwa zu der weiterführenden Frage, ob es wirklich unausweichlich ist, daß jede Generation von einem Krieg wie von einer Epidemie heimgesucht wird.

F. C. Delius, *Nach dem Manöver*

Mein Freund schreibt aus Koblenz:
Mein Freund schreibt aus Erfurt:
Wir schießen nicht gern,
Wir schießen,
aber wir schießen,
aber wir schießen nicht gern.

Von beiden Seiten getroffen,
frag ich, euer Pappkamerad:
Wem ergebe ich mich?[6]

Die unkodierten Aussagesätze und die zitathafte Referierung der Briefinhalte in der ersten Strophe erwecken den Eindruck, daß auch hier ein historisches Ich Wirklichkeitsaussagen über eine dem zeitgenössischen Leser vertraute Erfahrungswelt macht. Die lapidare Nennung des Realitätsbezuges — Koblenz, Erfurt —, die schematische Parallelisierung der Briefinhalte und die deutungsrelevante Charakterisierung der Briefschreiber als »Freund« reichen deshalb aus, eine komplexe und — erfahrungsgemäß — ausweglose Problematik zu evozieren. Diese Interpretation, die sich dem Leser schon in der ersten Strophe automatisch aufdrängt, wird in der zweiten in einem Bild gestaltet, das die Realität transzendiert. Es nimmt die Briefaussagen beim Wort und stellt die Situation dar, in der der in der Realität latente und nur theoretisch und emotional ausgetragene Konflikt in faktischem Geschehen sich entlädt. Dieses Geschehen bleibt metaphorisches Bild — durch die Mehrdeutigkeit der Worte »getroffen« und »Pappkamerad« allerdings nahezu bruchlos mit den Wirklichkeitsaussagen der ersten Strophe verbunden. Das hat die Wirkung, daß das Bild, das den Sub-

---

[6] F. C. Delius, *Kerbholz*. Berlin 1965, S. 30.

jektcharakter des Aussage-Ichs zerstört, kaum als metaphorisch empfunden wird. Die Übereinstimmung seiner Objektwelt mit der realen
Sphäre, von der die erste Strophe spricht, überträgt deren Realitäts-
charakter auf die zweite. Umgekehrt überträgt der Leser, der sich diese
sprachlogischen Zusammenhänge bei der verstehenden Aneignung des
Ganzen natürlich nicht deutlich macht, den Bedeutungsgehalt des Bildes, die Zerstörung des Subjektcharakters, auf das reale Subjekt der
ersten Strophe und damit — da das Aussage-Ich seine eigene Situation
spiegelt — auf sich selbst. Auch dies ein politisch relevanter »Lernprozeß«, da es die politische Realität ist, die die traditionellen Subjektvor-
stellungen und Sozialbeziehungen zerstört. Daß die Aussagen in der
zweiten Strophe als subjektbezogen, das Aussagesubjekt als lyrisches
Ich sich zu erkennen geben, wirkt in diesem Fall nicht als Störung, sondern sogar als Unterstützung des Lernprozesses, der ja eben auf die
Subjektdeutung des Lesers sich beziehen soll.

Auch hier also knüpft das Gedicht an die Eigenerfahrung des Lesers
an, um sie dann zu transzendieren. Wie bei Törne wird der Leser in
einen Reflexionsprozeß involviert, der die volle politische Relevanz
dessen ihm aufzeigt, womit er spontan sich identifizieren konnte.

Auf unterschiedliche Art und mit unterschiedlichem Ziel wird in den
drei Gedichten die Identifikationsmöglichkeit des Lesers genutzt: Während sie bei Fried ein »taktisches« Mittel ist, um Engagement und
Parteinahme in einer bestimmten politischen Situation zu erreichen,
ermöglicht sie bei Törne den Mitvollzug eines politisch relevanten Gedankenganges, bei Delius schließlich wird sie selbst zur »politischen
Realität«, der die Gedichtdeutung gilt. Und schließlich wäre ein weiterer Typus politischer Lyrik zu betrachten, in dem sie alle diese Funktionen gleichzeitig erfüllen soll. Als Beispiel für diesen Typus soll die
deutsche Nationalhymne, »Das Lied der Deutschen« von Hoffmann
von Fallersleben dienen.

Hoffmann von Fallersleben, *Das Lied der Deutschen*

Deutschland, Deutschland über alles, über alles in der Welt,
Wenn es stets zu Schutz und Trutze brüderlich zusammenhält,
Von der Maas bis an die Memel, von der Etsch bis an den Belt:
Deutschland, Deutschland über alles, über alles in der Welt!

Deutsche Frauen, deutsche Treue, deutscher Wein und deutscher Sang
Sollen in der Welt behalten ihren alten, schönen Klang,
Uns zu edler Tat begeistern unser ganzes Leben lang:
Deutsche Frauen, deutsche Treue, deutscher Wein und deutscher Sang!

Einigkeit und Recht und Freiheit für das deutsche Vaterland!
Danach laßt uns alle streben brüderlich mit Herz und Hand!

Einigkeit und Recht und Freiheit sind des Glückes Unterpfand.
Blüh' im Glanze dieses Glückes, blühe, deutsches Vaterland!

Das Gedicht Hoffmanns von Fallersleben will politisch wirken, indem es appelliert, einen bestimmten politischen Zustand herzustellen. Das Aussagesubjekt projiziert seine Wertvorstellungen auf die Realität und ruft dazu auf, diese Wertvorstellungen zu verwirklichen. Inhalt des Gedichtes ist ein theoretischer Gedankengang, die Stropheneinteilung folgt der logischen Aufgliederung dieses Gedankenganges in die Teile: Forderung, detaillierte Auffächerung des Geforderten, Bekräftigung und moralische Begründung der Forderung. Der Aussageinhalt würde sich nicht verändern, wenn er in einem Prosatext dargeboten würde, in der vorliegenden Gedichtform wirkt er jedoch kürzer, prägnanter, mitreißender. Stropheneinteilung und Wortwahl erwecken den Anschein des Volkstümlich-Liedhaften, und die Fiktion des gemeinsamen Singens suggeriert schon etwas von dem Gemeinschaftsgefühl, zu dem das Gedicht aufruft. Durch seinen präskriptiven Charakter unterscheidet sich das Gedicht allerdings von einem Volkslied und rückt in die Nähe eines allgemein verständlichen und allgemeingültigen Kirchenliedes, denn da das »wir« nicht näher präzisiert ist — etwa als die Gemeinschaft derer, die die gleichen politischen Überzeugungen vertreten wie der Autor des Gedichtes —, muß man es aus dem Kontext als die Gesamtheit aller Deutschen verstehen, und Inhalt und Form verleihen dem Aussagesubjekt deutlich die Züge eines pragmatischen Ichs, das ein intersubjektiv verbindliches Handlungsziel verkündet.

Beim Gebrauch als Nationalhymne werden diese Züge vollends zum bestimmenden Merkmal der Aussagestruktur, das Gedicht verliert seine Autonomie und wird zum Bestandteil eines säkularisierten Rituals, der Selbstdarstellung des Staates. Dabei hat der Aussageinhalt eine völlig veränderte Bedeutung angenommen — mehrfach sogar im Laufe der Zeit und der Abfolge unterschiedlicher politischer Systeme, doch die vom Dichter gemeinten Sachverhalte und Interpretationszusammenhänge konnten mühelos durch neue ersetzt werden, die der gleichen Begriffe sich bedienen.

Da die politische Intention sich — in jedem Fall — auf die Identifikation mit dem Aussagesubjekt und die Kointention des Aussageinhaltes beschränkt und die politische Konzeption sich durch ihre Übereinstimmung mit subjektiv-moralischen Normen legitimiert, ist die schlagwortartige Nennung der Legitimationssymbole wirksames Mittel zur Erreichung des politischen Zieles, da Fiktionalisierung oder deutende Kodierung die kritiklose Kointention nicht fördern, sondern eher behindern würde. Das führt jedoch dazu, daß die Bedeutung der Begriffe nicht durch den Gedichtkontext festgelegt ist, wodurch jeder Leser, dem historischer Bedeutungswandel nicht bewußt ist, das gerade zeitgenössische Bedeutungsfeld — etwa von »Einheit« und »Freiheit« — assoziieren kann. Je größer die theoretisch-begriffliche Abstraktion in der Darstellung ist, desto abhängiger wird deshalb der Aussageinhalt vom außerliterarischen Kontext, in den er gestellt ist, desto weniger ist also gewährleistet, daß er bedeutungsmäßig mit sich selbst identisch bleibt.

Andererseits ist das Verständnis jedes repräsentierenden Begriffes, also jedes Eigennamens und jedes direkt die gemeinte Realität evozierenden Realitätsbezuges, abhängig von Wissensschatz und Interpretationsfeld des jeweiligen Lesers. Ein Gedicht wie das von Delius ist deshalb in seiner Wirkungsmöglichkeit begrenzt auf einen Leserkreis mit ganz bestimmtem Wissensschatz, Erfahrungsfeld und politischem Verständnis — wodurch es jedoch möglich wird, das politische Verständnis dieses Leserkreises sehr viel spezifischer in die Gedichtaussage einzubeziehen und zu modifizieren.

Die politischen Zusammenhänge, die das reale Korrelat der Gedichtaussagen bilden, sind in jedem Fall so komplex, daß theoretische Darstellung und argumentierende Begründung der aus der intendierten Deutung ersichtlichen Realitätsperspektive im Gedicht nicht erschöpfend zu leisten ist. Wo die Bedeutung der im Gedicht benutzten Begriffe nicht eindeutig durch den Kontext definiert ist, fließt das Vorverständnis des Lesers also automatisch in den Rezeptionsprozeß mit ein und kann, wo es nicht ausdrücklich als zusätzliches semantisches Potential in die Gedichtaussage integriert wird, zu Fehldeutungen führen oder ein Verständnis überhaupt verhindern. Je mehr nun die Realitätsdeutung des Gedichtes von der des Lesers — und das heißt, wenn die Adressatengruppe nicht eindeutig spezifiziert ist: von der herrschenden Ideologie — abweicht, desto stärker muß sie sich solcher Aussageformen bedienen, die von einfachen Wirklichkeitsaussagen abweichen, um so die semantische Differenz zwischen Gedichturteil und Leservorverständnis zu betonen: Fiktionalisierung, Schematisierung oder deutende Kodierung. Der »Lernprozeß«, zu dem die aussagenadäquate Rezeptionsweise dann führt, scheint demnach eine zwangsläufige Folge aus diesen Darstellungsbedingungen.

Das ist jedoch nicht unbedingt der Fall. An dem Gedicht von Fried beispielsweise läßt sich erkennen, daß eine zu weitgehende Berücksichtigung dieser Darstellungsbedingungen die eigentlich politische Wirkungsmöglichkeit auch aufheben kann: die ansatzweise Fiktionalisierung des Aussageinhaltes und ihre quasi-lyrische Beziehung auf das subjektive Schicksal der Vietnamesen birgt zumindest die Gefahr, einer »privatistischen« Deutung Vorschub zu leisten, die die eigentlich politische Relevanz des Geschehens eher verschleiert.

Vollends deutlich wird diese Gefahr bei einem anderen Gedicht, der

»Todesfuge« von Paul Celan.[7] Trotz des deutlich ausgeprägten Realitätsbezuges und einer für den zeitgenössischen deutschen Leser durchaus politisch relevanten Realitätsdeutung vermag es keine eigentlich politische Wirkung auszuüben. Der Intention gemäß wäre auch hier ein Rezeptionsverhalten, das nach der Bedeutung jeder einzelnen der lyrischen oder kodierten Aussagen fragte und diese dann in einem »zweiten Schritt« entsprechend dem jeweiligen Kontext modifizierte und auf die gemeinte Realität übertrüge. Das wird hier jedoch verhindert durch die rhythmische und klangliche Intensität der Gedichtaussagen. Nicht nur schließt sie zu einer Einheit zusammen, was in der Dekodierung voneinander gesondert und gegeneinander abgewogen werden müßte — diese klanglich-rhythmische Einheit selbst teilt sich dem Leser mit als Erlebniswert oder Stimmungsgehalt des dargestellten Geschehens, gibt statt der politisch relevanten Deutung die subjektiv-emotional relevante und ersetzt so einen Realitätsbezug durch einen anderen. Statt die Richtigkeit der Realitätsdeutung an der Realität zu verifizieren, erfährt der Leser die Wahrheit der Realitätserfahrung als Evidenzerlebnis an sich selbst.

Es ist evident, daß ich hier das beschrieben habe, was traditionell als konstituierendes Element des Lyrischen betrachtet wird: »die Sprache ohne Worte, die auch mit Worten angestimmt werden kann«, wie Emil Staiger es nennt.[8] Ebenso evident ist, daß hier der politischen Lyrik eine Grenze gesetzt ist, der sich zwar affirmative Gedichte wie das von Fallersleben etwas weiter nähern können als kritische, die aber auch sie nicht überschreiten dürfen. Die »Musik der Worte« muß, um im Bild Staigers zu bleiben, Programmusik bleiben; Evidenzerlebnis und »musikalisch« evoziertes Gemeinschaftsgefühl dürfen auch hier den Realitätsbezug nicht zum Verschwinden bringen, auch wenn die Gemeinsamkeit der Intention hier stärker betont wird als ihr politisches Ziel.

Diese Abgrenzungen zeigen deutlich den sprachlogischen Ort politischer Lyrik. Stärker als »rein Lyrisches« (wenn es erlaubt ist, in bezug auf das eben Gesagte diesen Begriff einmal unhistorisch, quasi idealtypisch im Sinne Staigers zu benutzen) und stärker auch als umgangssprachliche Kommunikation ist sie an die exakte Ausbildung und Differenzierung aller semiotischen Aspekte gebunden: Sie muß Realität abbilden, darf aber nicht zum Spiegel der Realität des jeweiligen Lesers werden. Die Bedeutung muß im Text selbst verankert sein, muß aber über ihn hinaus auf die Realität verweisen. Ein Gedicht kann nur dann eine bestimmte Funktion in einem Wirklichkeitszusammenhang aus-

---

[7] Hier gilt das gleiche wie beim vorigen Text. S. auch: Girschner-Woldt, a.a. O., S. 67.

[8] Emil Staiger, Grundbegriffe der Poetik. Zürich [6]1963, S. 18.

üben, wenn Wirlichkeitszusammenhang, Deutung und Intention identifizierbar sind und auch unter veränderten Bedingungen wieder aus der Aussage erschlossen werden können. Wo der sigmatische Aspekt verlorengeht und das Rezeptionserlebnis an die Stelle der bezeichneten Realität tritt und den Blick auf diese verstellt, ist die politische Wirkungsmöglichkeit ebenso beeinträchtigt wie da, wo die Kointention des Gemeinten allein von einer vorausgehenden oder übergreifenden Übereinstimmung von Expedient und Perzipient abhängig ist, wie sie in alltäglicher Kommunikation gegeben sein kann. Von umgangssprachlicher Wirklichkeitsaussage unterscheidet sich politische Lyrik also dadurch, daß sie das Gemeinte nicht nur bezeichnen, sondern auch konkretisieren muß und das Verhalten des Rezipienten als Element dieser Konkretisierung in den Aussageinhalt miteinbeziehen muß. Vom »rein Lyrischen« unterscheidet sie, daß diese Einbeziehung nicht bis zur Absorption führen darf, die den Zeichencharakter aufhebt.

Diese Abgrenzung gegen umgangssprachliche Wirklichkeitsaussage und »rein lyrische« Aussage besagt nun nicht etwa, daß politische Lyrik mit diesen Aussageformen nichts zu tun hätte. Im Gegenteil: ihr Charakteristikum besteht gerade darin, daß sie die Rezeptionsweisen, die beiden korrespondieren, auf spezifische Weise miteinander verbindet und je nach Intention der einen wie der anderen bestimmte Aufgaben für den »Lernprozeß« des Lesers zuweist. Mischung und gegenseitige Relativierung erst ermöglichen die komplexe und intensive Wirkung, in der die spezifischen Möglichkeiten politischer Lyrik liegen.

Diesen Möglichkeiten ist allerdings noch in anderer Beziehung eine Grenze gesetzt.

Je mehr Realitätsdeutung und Intention des Gedichtes von der herrschenden Ideologie abweichen, desto umfassender muß deutende Verformung den Aussageinhalt vom Vorverständnis des Lesers abheben, desto höhere sprachliche und literarische Anforderungen stellt demgemäß der Dekodierungsprozeß an den Leser: sprachliche Flüssigkeit, um die unterschiedlichen Bedeutungsfacetten aus ihrem geläufigen Kontext zu lösen, Kontextungebundenes zu vermeiden und in einen ungewohnten Bedeutungszusammenhang einzupassen, und literarisches Vorverständnis, um das zugrunde liegende semantische Prinzip zu erkennen und anzuwenden.

Sprachliche Flüssigkeit, Abstraktionsvermögen und literarisches Vorverständnis nun sind, wie die Soziolinguistik erkannt hat, in hohem Maße mittelschichtspezifisch, so daß Lyrik, die auf diese Fertigkeiten angewiesen ist, nur einem bestimmten Personenkreis sich erschließen kann.

Damit nicht genug: soll die Revision des Vorverständnisses nicht nur einen objektiven, relativ eng umgrenzten Realitätszusammenhang betreffen, sondern grundlegende Verhaltens- und Orientierungsweisen des Individuums selbst, so kann das Gemeinte auch in deutenden Kodierungen kaum noch dargestellt werden, da die in den Wortbedeutungen verankerten Interpretationsschemata zur unüberwindlichen Barriere werden können. Wo politische Probleme solcherart von Kommunikationsproblemen verstellt werden, ist es folgerichtig, daß sie im Gedicht als Kommunikationsprobleme thematisiert werden, die Sprache selbst zur »Realität« wird, der zuerst einmal die Verständigungsmöglichkeit über die politischen Probleme abgerungen werden muß. Hier allerdings markieren die aufgewiesenen Aussagebedingungen politischer Lyrik selbst eine Grenze politischer Wirkungsmöglichkeit, die auch bei intentionsadäquater Rezeption des Gemeinten zu politisch relevanten Fehldeutungen führen kann. Ein letztes Gedichtbeispiel soll dies verdeutlichen:

F. C. Delius, *Hymne*

Ich habe Angst vor dir, Deutschland,
Wort, den Vätern erfunden, nicht uns,
du mit der tödlichen Hoffnung,
du im doppelt geschwärzten Sarg,
Deutschland, was soll ich mit dir,
nichts, laß mich, geh,
Deutschland, du steinigst uns wieder,
auf der doppelten Zunge zerläufst du,
auf beiden Schneiden
des Schwerts, ich habe Angst vor dir,
Deutschland, ich bitte dich, geh,
laß mir die Sprache und geh,
du, zwischen den Zielen, verwest schon
und noch nicht tot, stirb, Deutschland,
ich bitte dich, laß uns und geh.[9]

»Deutschland«, Thema und Gegenüber des Aussagesubjektes dieses Gedichtes, ist nicht eine geographische oder politische Einheit, sondern ein »Wort«, genauer: die Bedeutung, die traditionell mit dem Begriff »Deutschland« verbunden wird. Diese Bedeutung, die kointentionale Vorstellungswelt der »Väter«, ist die eigentliche »Realität«, da sie verantwortlich ist für die realen Handlungen und Erwartungen der Menschen. In der Aussagestruktur erscheint sie als quasi-personales Gegenüber, als Allegorie, deren Bedeutung allerdings nicht fest umrissen ist, sondern sich erst im Verlauf der Gedichtaussagen dem Leser erschließt.

[9] F. C. Delius, *Kerbholz*, a. a. O., S. 29.

Der metaphorische Bildbereich und die emotional aufgeladene Diktion der Aussagen verdeutlichen allerdings eher die Bedrohlichkeit des Gemeinten als ihre Gründe, realisierbare Gegenkonzeptionen oder gar Änderungsmöglichkeiten werden nicht genannt. Nur ein Gliedsatz, der zwölfte Vers des Gedichtes, hebt sich von der recht undifferenziert artikulierten Angst- und Protesthaltung der übrigen Subjektaussagen ab. »Laß mir die Sprache« ist die einzige inhaltliche Auseinandersetzung mit der umrissenen Realität und die einzige Andeutung einer Gegenposition, interpretierbar aus dem Gegensatz zu dem Schlüsselbegriff »Wort« im zweiten Vers und durch ihn ebenfalls bedeutungsvoll herausgehoben. Der Schlußvers weist diese Gegenposition allerdings als Utopie aus: »*Ich* bitte dich, laß *uns* . . .« Nur das Ich besitzt diese »Sprache«, d. h. das Ziel, ein anderes Verhalten zur Realität zur Grundlage des allgemeinen Sprachgebrauchs zu machen.

Die einzig erschließbare »politische« Intention des Gedichtes, die Herstellung einer Verständigungsmöglichkeit, ist demnach »verwirklicht«, wenn der Leser beim Dekodieren der Gedichtaussagen die Realitätsdeutung des Aussagesubjektes nachvollzieht und so dessen Vereinzelung »aufhebt« — man sieht, daß die metaphorische Darstellung so sehr auf den Argumentationsgang übergreift, daß auch das der Aussagestruktur korrespondierende Rezeptionsverhalten das intendierte politische Verhalten nur »metaphorisch« abbildet.

Stärker noch als bei dem zuvor zitierten Gedicht von Delius, wo die Selbstdeutung des Lesers als reales Korrelat des metaphorischen Bildes fungierte, findet der »Lernprozeß« hier nur am und im Sprachlichen statt. Dort — aber eben nur dort — kann er fundamentale Beziehungen aufdecken und umstrukturieren. Dies aber als politisch relevant zu bezeichnen, heißt allenfalls, den Begriff des »Politischen« über das Maß zu dehnen, bis an eine Grenze schließlich, wo — nicht nur in der Gedichtaussage — die Spiegelung das Gespiegelte verdrängt und die Sprache mit der Realität, der Rezeptionsprozeß mit dem politischen verwechselt wird — und die Gefahr einer solchen Verwechselung wiegt um so schwerer, da gerade der potentielle Leserkreis, der die semantischen Probleme eines solchen Gedichtes zu bewältigen in der Lage ist, für idealistische Fehldeutungen politischer Prozesse von jeher sich am anfälligsten gezeigt hat.

IV.

Ansätze empirischer Wirkungsforschung

1.

ALAN C. PURVES / VICTORIA RIPPERE

Elemente der Antwort auf Literatur

Absicht dieser Untersuchung:

Eine Grundlage zu schaffen für den Vergleich von Reaktionen auf Literatur bei Schülern, Lehrern, Kritikern aus verschiedenen Ländern oder Kulturtraditionen:
  Methoden für die Beschreibung des Prozesses oder der Konstituenten des Schreibens über Literatur aufzuzeigen, mag es sich um kritisches, subkritisches oder nichtkritisches Schreiben handeln;
  die Verfahrensweisen zu untersuchen, deren sich jene bedienen, die durch Literatur zu einer Antwort angeregt werden und über sie schreiben;
  Wissenschaftler mit »Elementen« des Schreibens über Literatur bekannt zu machen, Elementen, die einzelne Schreiber auswählen und beim Abfassen ihrer Äußerungen miteinander verbinden;
  ein Schema für die Inhaltsanalyse schriftlicher Arbeiten über ein literarisches Werk zu entwerfen.

1. Kapitel: Der Begriff der Elemente

I. A. Richards hat mit seinem Werk »Practical Criticism«[1] zweifellos den in diesem Jahrhundert größten Einfluß auf die pädagogische Vermittlung von Literatur ausgeübt. Seine kritische Analyse schriftlicher Arbeiten einer Anzahl von Studenten der Universität von Cambridge hat Wissenschaftler und Kritiker in England und den Vereinigten Staaten veranlaßt, sich die pädagogische, wenn nicht professionelle Notwendigkeit zu vergegenwärtigen, ihre Aufmerksamkeit auf Text, literarische Sprache und Metaphorik sowie Probleme der Interpretation zu konzentrieren. Er wies auf die Notwendigkeit hin, zunächst ein Werk zu verstehen, ehe man sich an eine Beurteilung oder historische Einordnung wagt, und warf die (noch nicht beantwortete) Frage auf, was das Verstehen eines literarischen Werkes involviert. Diese Themen

[1] I. A. Richards, Practical Criticism, New York 1929.

erwiesen sich schon bald nach Erscheinen der oben genannten Arbeit als relevant für die Literatur-Didaktik; sie führten zu einer Revolution der pädagogischen Vermittlung von Literatur, zu einer Revolution, die sich durch das 1938 veröffentlichte Werk »Understanding Poetry«[2] ankündigte. Die meisten der jüngeren literarkritischen Arbeiten berufen sich auf die Grundpositionen von Richards, die meisten Texte und Lehrpläne zur Literatur auf Brooks und Warren. Meinungsstreit entzündet sich nur an Akzenten und Details, denn nur wenige stellen ernsthaft Richards' Standpunkt in Frage, daß »das einzige Ziel aller kritischen Bemühungen ... die Verbesserung der Kommunikation« (S. 11) sei, der Kommunikation zwischen Werk und Kritik.

Der Einfluß von »Practical Criticism« resultiert in erster Linie aus seinen Schlußfolgerungen, nicht aus seiner Methodologie, obgleich Richards die Bedeutung der letzteren unterstreicht. Der vorliegende Forschungsbericht gilt dem Problem der Methodologie. Richards' Textvergleiche ähnlicher Äußerungen über ein spezifisches Werk erwiesen sich als äußerst geeignet für eine kleinere Untersuchung, aus der sich generalisierende Aussagen über eine Personengruppe ableiten lassen. Diese Methode ist jedoch nicht geeignet für einen Vergleich von Gruppen (britische, amerikanische und französische Gruppen von Schülern oder Schüler im Alter von dreizehn oder siebzehn Jahren). Es fehlen Möglichkeiten, die Struktur einer großen Gruppe zu charakterisieren, vor allem aber Möglichkeiten, eine neutrale, öffentliche und umfassende Lektüre einer großen Zahl von schriftlichen Äußerungen über Literatur zu gewährleisten. Die methodologischen Probleme, die »Practical Criticism« aufwirft, verdienen eine genauso eingehende Behandlung wie die Schlußfolgerungen, auch wenn Richards dies nicht im Sinn hatte.

Anlaß der Untersuchung

Als ich die Aufgabe übernahm, an den Vorbereitungen für eine internationale Untersuchung mitzuarbeiten, die klären sollte, wie Schüler, Lehrer und Kritiker verschiedener Länder und unterschiedlicher traditioneller Herkunft über ein literarisches Werk schreiben, da erschien es mir unumgänglich, zuerst das methodologische Problem zu behandeln. Die Untersuchung sollte die Art und Weise schriftlicher Äußerungen vor dem Hintergrund pädagogischer Ziele und Praktiken prüfen, vor dem Hintergrund literarischer Präferenzen und Gewohnhei-

---

[2] Cleanth Brooks u. Robert Penn Warren, Understanding Poetry, New York [3]1960.

ten, der Schulorganisation und des sozioökonomischen Status. Wir suchten eine Methode der Inhaltsanalyse, die auf eine große Vielfalt von Antworten anwendbar, die kritisch solide und neutral sowie weitgehend verständlich wäre. Auch schien es uns, daß die üblichen Etikette — marxistisch, aristotelisch, freudianisch, formalistisch — eher geeignet sind, die Kommunikation zu blockieren, als sie zu intensivieren.

Wir benötigen Mittel der Beschreibung des Prozesses oder der Konstituenten des Schreibens über Literatur, ob es sich nun um kritisches oder subkritisches Schreiben handelt. Statt eine Theorie der Literatur oder des literarischen Werkes zu erörtern, hatten wir die Person in Augenschein zu nehmen, die das Werk liest und über seine Lektüre schreibt. Auch Richards befaßte sich mit dem Leser und mit dem Schreiber, doch seine Begriffe erschienen uns nicht hinreichend spezifisch oder detailliert; sie galten häufig mehr den Hindernissen als den Verfahrensweisen des Lesens und Schreibens.

Ohne in eine längere Diskussion über Ästhetik einzutreten, möchte ich feststellen, daß der Begriff »Literatur« oder »literarisches Werk« eine verbale Kommunikation bezeichnet, die einen Ausdruck der Imagination oder des Intellekts des Künstlers darstellt und die eine ästhetische Reaktion mit Hilfe der Verschmelzung von Inhalt und Form zu erreichen sucht. Es handelt sich mithin um ein ästhetisches Symbol (vgl. Albert Hofstadter, »Truth and Art«, New York, S. 184), und obgleich literarische Form und literarischer Inhalt nicht zu trennen sind, werden sie zum Zwecke der Analyse des inhaltlichen Schreibens *über* Literatur getrennt; man muß daher, wenn auch widerstrebend, diese Trennung beibehalten.

Eine kürzlich erschienene Arbeit, »A Handbook of Critical Approaches to Literature«[3], versucht diese Art der Beschreibung, indem es aufzeigt, wie die folgenden Annäherungsweisen gegenüber einem Roman, einem Schauspiel, einem Gedicht und einer Kurzgeschichte aussehen könnten: text-linguistische, historisch-biographische, moralphilosophische, formalistische, psychologische, archetypische und exponentiale (oder typologische). Doch diese Kategorien sind nicht immer voneinander unterscheidbar und nicht detailliert genug für die Analyse von Aufsätzen. Gleichzeitig können sie dem Leser nahelegen, einen Aufsatz allzu leichtfertig zu kategorisieren und abzutun. In einer früheren Untersuchung befaßte sich James Squire mit den Konstituenten der Antwort auf Literatur und nannte sieben Kategorien (literarische Urteile, interpretatorische Antworten, erzählerische Antworten, assoziative Antworten, innere Beteiligung, präskriptive Urteile und Verschiede-

[3] Wilfred L. Guerin, Earle G. Labor, Lee Morgan u. John R. Willingham, A Handbook of Critical Approaches to Literature, New York 1966.

nes).[4] Diese Kategorien kommen zwar denen nahe, die ich benötigte, doch ich hielt es für notwendig, über diese weitgespannten Kategorien hinauszugehen; auch wollte ich versuchen, einige Überlappungen zu vermeiden, die nach meinem Empfinden in Squires Kategorien vorhanden sind.

Ein höherer Unterscheidungsgrad stellt sich her, wenn man die Verfahrensweisen des Schreibers (s. Fußnote 6) einer Prüfung unterzieht. Die Verfahrensweisen sind Einzeloperationen, *Elemente* des Schreibens über Literatur, deren sich der jeweilige Schreiber bedienen und die er in vielfältiger Weise kombinieren muß, um seinen Aufsatz abfassen zu können. Die Elemente sollten alle Möglichkeiten einschließen, die dem Aufsatzschreiber jederzeit, wenn er sich einem literarischen Werk konfrontiert sieht, offenstehen. Natürlich wird er nicht alle für geeignet halten, doch sie stehen ihm sämtlich zur Verfügung. Einige wird der Schreiber ignorieren, einige besonders betonen, wieder andere für untergeordnet ansehen, wenn er ein literarisches Werk liest und über seine Lektüre berichtet. Die Elemente sind latent vorhanden: Sie umfassen nicht nur jene Verfahrensweise, die Kritiker heute als »kritisch« bezeichnen, sondern auch all jene, die als subkritisch oder nichtkritisch zu gelten haben. Viele glauben z. B. nicht, es sei die Aufgabe des Schreibers, das literarische Werk nachzuerzählen; dennoch wird so verfahren und große Kritiker sind so verfahren. Die Elemente müssen solche Verfahrensweisen in Rechnung stellen.

Die Bestimmbarkeit von Elementen

Ich habe die Elemente mit Bedacht so genannt, um zwei Mißverständnissen vorzubeugen: Erstens, daß sie erschöpfend, zweitens, daß sie taxonomisch seien. Zum ersten Punkt möchte ich sagen, daß die Elemente beschreiben, was wir im Verlauf der Untersuchung entdeckt haben. Wenn wir die Arbeiten anderer Schreiber untersuchen, können weitere Elemente auftauchen, vor allem in anderen Kulturen als der unseren. Die Liste der Elemente basiert auf einer weitgespannten Lektüre zahlreicher Kritiken, angefangen von der Zeit des Aristoteles bis zu schriftlichen Äußerungen vieler Schüler und Lehrer. Sie stellen nach meiner Meinung die von Schreibern benutzten signifikanten Einzelverfahren dar, und obwohl ich mir im klaren darüber bin, daß feinere oder gröbere Unterscheidungsmerkmale als signifikant angesehen werden können, stelle ich mit Zufriedenheit fest, daß meine eigenen zur

---

[4] James R. Squire »The Responses of Adolescents While Reading Four Short Stories«, in: NCTE Research Report Nr. 2, National Council of Teachers of English, Champaign, Ill. 1964.

Beschreibung dienlich und außerdem vielleicht auch für Pädagogen nützlich sein können. Bei der Benennung der Elemente habe ich oberflächliche Klassifizierungen und Pedanterie zu vermeiden und die Möglichkeit auszuschließen versucht, daß Aufsätze nur etikettiert und abgetan werden. Einen Essay »marxistisch« zu nennen, blockiert alle weiteren Gedanken; ihn einen »typologisch-politischen Essay« zu nennen heißt, das Wissensgebiet und das Denken des Autors zu bezeichnen, ohne ihn zu stigmatisieren. Eine Abhandlung über ein literarisches Werk wie auch das Werk selbst sollten beschrieben werden, ohne daß man die Arbeit abtut. Die Elemente sollten daher deskriptiv verwandt werden und zeigen — vor dem Hintergrund der Verschmelzung verschiedener Elemente zu einem Aufsatz —, auf welche Weise ein Autor vorgeht.

Daß die Elemente nicht taxonomisch sind, ergibt sich aus dem ersten Punkt. Die Elemente sind weder in eine Hierarchie gebracht noch einem Einzelprinzip entsprechend angeordnet worden, sondern nach verschiedenen Prinzipien: nach denen der Einstellung des Schreibers und — innerhalb dieser Einstellung — nach denen der verschiedenen Beziehungen unter den Elementen. Diese Beziehungen und die verschiedenen Prinzipien, nach denen sie sich gestalten, werden dem Leser, wie ich meine, einleuchten. Er findet kein formales Arrangement der Elemente von niedrigeren zu höheren, von einfacheren zu komplexeren, von basalen zu dekorativen.

Nach unserer Ansicht sind die Elemente geeignet zur Beschreibung von Aussagen (statements)[5], Artikeln und Aufsätzen von Schülern, Lehrern und Kritikern in den Vereinigten Staaten, Großbritannien, der Bundesrepublik und Belgien. Nach kurzer Übung kann ein Team von Lesern mit einem bemerkenswert hohen Grad an Verläßlichkeit jeder Aussage eines Aufsatzes eine Elementenzahl zuordnen. Ein Diagramm, das die jedem Element zugewiesene Prozentzahl von Sätzen eines Essays angibt, zeigt ein genaues, wenn nicht statistisches Bild eines Aufsatzes. Und dieser auf einen Gruppen-Durchschnitt berechnete Prozentsatz kann ein zuverlässigeres Bild der typischen Annähe-

---

[5] Wir haben den Terminus »Aussage« (statement) gewählt, weil wir ihn für präziser halten als irgendeinen anderen, den wir gefunden haben. Eine Aussage ist, für unsere Zwecke, annähernd äquivalent einem Hauptsatz oder einer prädikativen Behauptung. Für eine verläßliche Bewertung teilte ein Unparteiischer jeden Aufsatz in durchgezählte Aussagen ein, und alle Leser hielten sich an die Entscheidung des Unparteiischen. Auf ähnliche Weise teilte der Unparteiische die Aufsätze in Absätze ein, die annähernd mit den Abschnitten auf dem Papier des Studenten zusammenfielen, oder in die größeren Abschnitte des Entwurfs, sofern das Papier in dieser Form angelegt war. Diese Methode hat sich im allgemeinen als brauchbar erwiesen.

rungsweise einer Anzahl von Schülern liefern, als es eine subjektive Beschreibung vermöchte.

Diese Genauigkeit resultiert, glaube ich, aus der Tatsache, daß die Elemente Sachverhalte eher *beschreiben* als *behaupten,* so daß der Leser sich nicht von der Richtigkeit oder Unrichtigkeit einer Interpretation verführen läßt, sondern sich darauf konzentrieren kann, wie ein Schüler interpretiert. Wenngleich die Frage der Richtigkeit oder Unrichtigkeit den Pädagogen sicherlich interessiert, kann eine Fehlinterpretation am besten korrigiert werden, wenn der Lehrer den Prozeß kennt, der zu ihr geführt hat. Dieser Gedanke von Richards ist sein größter Beitrag zur Theorie dieser Untersuchung.

Die Kategorien

Das erste Problem bei unseren Überlegungen bestand darin, wie man sich die Elemente am besten vorzustellen habe. Aufsätze von Schülern, Befragungen von Lehrern und Briefe von Kritikern, die gebeten worden waren, eine »Grammatik« von möglichen Zugängen zu einem gegebenen literarischen Werk zu skizzieren, ließen erkennen, daß Generalisierungen wie Mimesis, Pragmatismus, Diktion, Moralität und Organizismus nicht ausreichen. Der Grund liegt darin, daß diese allgemeinen Begriffe gewöhnlich mit der Produktion eines Werks und nicht mit seiner Kritik zu tun haben; oder sie beziehen sich mehr auf die ästhetische Theorie als auf das Vorgehen von Leuten, die über ein literarisches Werk schreiben. Eine Untersuchung der Antworten auf Literatur ergab, daß die beste Unterteilung jene ist, die auf der Einstellung des Schreibers gegenüber dem Werk basiert, denn das Problem scheint in der Beschreibung der Beziehungen zwischen dem Schreiber[6] (bzw. seiner Welt) und dem Text (bzw. der Literatur) zu liegen. Neben Squire haben sich andere Autoren zu solchen Einstellungen geäußert, vor allem René Wellek und Austin Warren mit ihrer Unterscheidung von »intrinsisch« und »extrinsisch«, R. S. Crane mit »induktiv« und »deduktiv« sowie Murray Krieger und Eliseo Viva mit ihrem Begriff des »Konzeptualismus«.[7] Für unsere Zwecke sind solche Formulierungen jedoch aufgrund ihrer Ungenauigkeit und Unvollständig-

---

[6] Zur begrifflichen Klärung: Mit *Schreiber* ist der Schreiber eines Aufsatzes über Literatur gemeint, mit *Autor* der Autor eines literarischen Werkes und mit *Leser* jemand, der den Aufsatz bewertet.

[7] René Wellek und Austin Warren, Theory of Literature, New York 1942; Ronald S. Crane, The Language of Criticism and the Structure of Poetry, Toronto 1953; Murray Krieger, The New Apologists for Poetry, Bloomington 1963; Eliseo Viva, The Artistic Transaction, Columbus 1963; vgl. Meyer H. Abrams, The Mirror and the Lamp, New York 1953.

keit problematisch. Einige sind ungenau insofern, als ihre Bedeutungen sich überlappen und die Klassifizierung von Aufsätzen zuweilen strittig machen. Andere sind unvollständig, weil sie nicht alles Schreiben über Literatur adäquat abdecken, selbst wenn sie einen großen Teil erfassen.

Wenn man den Schreiber oder das Publikum und ihre Beziehungen zu den drei traditionellen »Elementen« der ästhetischen Theorie — dem Werk, dem »Universum«[8], mit dem das Werk sich befaßt, und dem Künstler (einschließlich des literarischen und des historischen Kontexts[9], in dem er sich bewegt) — betrachtet, dann kann man vier allgemeine Beziehungen feststellen: die direkte Interaktion zwischen Schreiber und Werk (einschließlich vieler Hemmungen dieser Interaktion), die Auffassung des Schreibers vom Werk und seinem Autor als Objekten, die vom Schreiber hergestellte Beziehung zwischen dem im Werk porträtierten Universum zu dem Universum, wie er es versteht, und die vom Schreiber vorgenommene Beurteilung des Werks in Relation zu dem Künstler, dem Universum oder dem Schreiber selbst. Diese vier Beziehungen definieren die Kategorien, unter welche die Elemente fallen.

Engagierte Beurteilung, die erste Kategorie, bezeichnet die verschiedenen Möglichkeiten, die dem Schreiber offenstehen, seine Hingabe an das literarische Werk anzudeuten, Möglichkeiten, seinen Leser über die Art und Weise zu informieren, in der er das Werk oder seine verschiedenen Aspekte erfahren hat. Engagierte Beurteilung ist häufig Gegenstand pädagogischer Geringschätzung, weil sie höchst subjektiv und unzugänglich für Logik oder auch Überredung ist. Dennoch können aus dem Versuch des Schreibers, seine innere Beurteilung bei der Lektüre des Werks oder seine private Reaktion auf das Werk zu erörtern, viele ausgezeichnete Kritiken resultieren. Sicherlich steht im Hintergrund aller Kritiken diese Art von Beurteilung, das heißt das Einverständnis des Schreibers mit der Existenz des Werks sowohl als literarisches Ereignis wie als literarische Tatsache.

Die zweite Kategorie, die *Perzeption,* erklärt sich beinahe von selbst: Sie umfaßt die Art und Weise, wie jemand das Werk als ein Objekt betrachtet, das von ihm unterschieden und — ausgenommen, es handelt sich um ein Werk, dessen Autor der Schreiber kennt — außer-

[8] Ich verwende Meyer Abrams' Terminus (The Mirror and the Lamp, S. 6) für die »existierenden Dinge«, von denen sich das Thema des Werkes herleitet. Verschiedene Autoren oder verschiedene Schreiber, die das gleiche Werk beurteilen, können sich das Universum in mannigfaltiger Weise vorstellen.
[9] Dieser Kontext kann mit dem Universum des Werks zusammenfallen oder nicht. »Ivanhoes« Universum war das mittelalterliche England, Sir Walter Scotts Kontext war das Königreich Schottland; sicher hat sein Kontext die Konstruktion seines Universums beeinflußt.

halb seiner Betrachtungsweise der Welt liegt. Diese Perzeption (analog dem »Verstehen«) ist analytisch, synthetisch oder klassifikatorisch und behandelt das Werk als isoliert oder als ein historisches Faktum, das in Beziehung zu einem Kontext gesehen werden muß. Wenn die Perzeption das Werk als isoliert betrachtet, dann als eine in sich geschlossene Entität oder als das Produkt eines Künstlers. Daher mag sich der Schreiber z. B. bei der Erörterung von Metaphorik oder Struktur auf »den Autor« beziehen oder nicht, in jedem Fall geschieht das gleiche, soweit es die Elemente betrifft — d. h. Erörtern von Metaphorik oder Struktur. Es erscheint als sinnlose Verdoppelung, zwei Reihen paralleler Elemente zu verwenden, eine, die sich auf Äußerungen bezieht wie »Das Werk hat eine dreiteilige Struktur«, die andere auf Äußerungen wie »Der Autor hat eine dreiteilige Struktur geschaffen«. Obgleich es interessant ist, zwischen den beiden Aussagen zu unterscheiden, ist man doch niemals sicher, ob die Unterscheidung eine wirkliche Unterscheidung zwischen zwei Akten der Perzeption darstellt oder lediglich das Resultat rhetorischer Spitzfindigkeiten des Lehrers. Es erscheint mir produktiver, diese Frage auszuklammern und sich mit anderen zu beschäftigen.

Hinsichtlich der Elemente der Perzeption stellt sich eine andere Frage: ob sie sich tatsächlich auf das aktuelle Werk beziehen oder nicht. Wenn man davon spricht, daß ein Schreiber den Rhythmus eines Gedichts anführt, spricht man dann von dem Rhythmus unabhängig von der Wahrnehmung des Schreibers oder von dem Rhythmus, wie er ihn versteht? Um nicht in ein erkenntnistheoretisches Spinnengewebe zu geraten und dem Leser eines Aufsatzes gleichzeitig die Möglichkeit zu geben, eine »falsche« Aussage (wenn etwa der Schreiber behauptet, ein Gedicht habe fünf Zeilen, wenn es tatsächlich sechs hat) zu klassifizieren, sollten wir betonen, daß wir über perzipierte Phänomene sprechen. Obgleich die Termini für die Elemente der Perzeption andeuten, daß sie sich auf Phänomene beziehen, werden sie hier als ein Kürzel benutzt und bezeichnen stets die geschilderte Perzeption.

Falls der Schreiber das »Anderssein« des Werks konstatiert — daß nämlich das Werk jenseits der Erfahrung des Schreibers existiert —, dann wird er es mit der ihm bekannten Welt in Verbindung zu bringen suchen. Ich habe diesen Prozeß *Interpretation* genannt, den Versuch, den Sinngehalt des Werks zu entdecken, Generalisierungen darüber zu äußern, Schlüsse daraus zu ziehen, Analogien zu dem Universum herzustellen, das der Schreiber bewohnt. Diese Analogien werden häufig aus der Welt an das Werk herangetragen; sie ähneln einigen der »Inventar-Reaktionen« Richards' (weitere habitualisierte Reaktionen treten beim Engagement auf). Das Werk wird nicht als literarisches oder nicht ausschließlich als literarisches Objekt angesehen, sondern als ein

»Heterokosmos«, der sich in Beziehung setzen läßt zur Welt des Schreibers.

Um die Unterscheidung zwischen Perzeption und Interpretation zu klären, dürfte eine Unterscheidung zwischen ästhetischem Objekt und ästhetischem Symbol sinnvoll sein. Wir können das Werk behandeln, als sei es ein Objekt, können seine Gattung und seine Unterscheidungsmerkmale betrachten, seine Konstituenten analysieren, seinen Aufbau zur Kenntnis nehmen und es ansonsten so beschreiben, wie wir glauben, daß es ist. Diese Beschreibung ist empirisch verifizierbar — wenn auch in Grenzen, denn das »Ding an sich« (deutsch im Original) ist nicht bestimmbar. Interpretation hingegen ist ein projektives Mittel zum Verstehen von Bedeutung. Man kann sie als Schnittpunkt zwischen der Welt oder der Erfahrung des Schreibers und der neuen Erfahrung mit dem Werk auffassen. Der Schreiber kann aus dem Werk keine Bedeutung extrahieren ohne Bezugnahme auf seine früheren Erfahrungen mit Worten oder ihren Bezügen; er findet keinen Zugang zu dem im Werk abgebildeten Universum ohne Rekurs auf das Universum, das er bereits kennt. In gewisser Hinsicht ist daher jede Interpretation eines literarischen Werkes notgedrungen einmalig, auch wenn sich in einer Anzahl von Interpretationen des gleichen Werks viele gemeinsame Faktoren finden lassen, genug jedenfalls, um von einer »basalen Bedeutung« zu sprechen.

Interpretation kann sich entweder auf die Form oder auch auf den Inhalt beziehen. Wenn es sich um die Form handelt, dann besteht Interpretation darin, Schlüsse aus einem formalen Aspekt des Werks zu ziehen, was heißen soll, daß der formale Aspekt eine über sich hinauszielende Bedeutung besitzt oder daß er der symbolische Ausdruck von Bezügen ist, die im Werk angedeutet sein mögen oder nicht. Die Bedeutung von Bezügen mag tatsächlich bei einer großen Zahl von Schreibern auf der Hand liegen, doch sie sind nicht Teil des literarischen Objekts; selbst in den geringfügigsten Fällen müssen sie hinzugefügt werden. Wenn die Interpretation sich auf den Inhalt bezieht, kann sie so simpel sein wie die abgeleitete Generalisierung, es handele sich um Charakter-Analyse, denn eine solche Generalisierung basiert auf einem Wissen oder einer bereits vorhandenen Vorstellung von der menschlichen Natur. Generalisierungen führen zu komplexeren Interpretationen: So kann man das Werk als die Welt nachahmend ansehen, als eine Destillation oder Abstraktion der Welt und als ein Medium für Beurteilung oder Didaktik (vielleicht als Beurteilung durch den Autor oder durch den Schreiber selbst).

Bewertung, die letzte Kategorie, umfaßt die Aussagen eines Schreibers darüber, warum er ein Werk für gut oder schlecht hält. Sein Urteil mag der Schreiber von einem persönlichen oder einem objektiven Kriterium herleiten. Die Kriterien bestimmen die Elemente. Die Anordnung der Elemente in dieser Kategorie gleicht der bei den anderen Kategorien, denn die Bewertung eines Werks basiert auf engagiertem Beteiligtsein, auf Perzeption oder Interpretation des Betreffenden.

Die vier Kategorien bilden den allgemeinen Bezugsrahmen der Elemente, doch sie stehen in keiner besonderen logischen, psychologischen
oder kritisch-theoretischen Ordnung. In einem Aufsatz, ja selbst in
einem Gedanken des Schreibers, kann jede Kategorie vor allen anderen
den Vorrang haben. Das heißt, das Schreiben über das eigene Engagement gegenüber einem Werk kann der analytischen Perzeption oder
der Interpretation vorausgehen oder sich aus ihnen ergeben; die Beurteilung eines Werks kann spontan sein oder aus einer gründlichen Prüfung des Textes resultieren. Außerdem kann ein wohlfundierter Aufsatz
weitgehend einer Kategorie oder auch einer Subkategorie wie der Atmosphäre, den Eindrücken des Schreibers oder der Ableitung von Symbolen gewidmet sein. Der Aufsatz braucht nicht eine vollständige Behandlung des Werks durch den Schreiber zu beinhalten, doch wenn er
fundiert ist, wird er rhetorisch effektiv und kohärent sein.

(Kap. 2 erläutert sämtliche Kategorien an Beispielen. Siehe dazu Anhang A und B. Kap. 3 erörtert Möglichkeiten der tabellarischen Erfassung und graphischen Abbildung von Ergebnissen.)

4. Kapitel: Implikationen für die Pädagogik

Jeder Versuch, eine Disziplin oder einen Aspekt der Disziplin zu definieren, ist ein zweischneidiges Schwert. Obwohl Definitionen Beschreibung und Unterscheidung gestatten, geben sie uns doch sehr häufig die
Berechtigung, uns selbst und anderen Beschränkungen aufzuerlegen.
Hinter der Sammlung von Elementen des Schreibens über ein Literaturwerk steht schlicht der Gedanke, die Vielfalt von Antworten auf
ein solches Werk darzustellen — eine Vielfalt, die vergangene und gegenwärtige, anspruchsvolle und naive Schreibweisen einschließt. Als
wir feststellten, daß man dieser Vielfalt eine Ordnung unterlegen
kann, wurde uns auch klar, in welcher Weise diese Ordnung mißbraucht werden kann.

Die Elemente des Schreibens über Literatur sind neutral; doch als
ich mit Lehrern aus den Vereinigten Staaten und aus anderen Ländern
sprach, mußte ich erkennen, daß nicht alle diese Elemente als neutral
ansehen. Wie so häufig auf dieser Welt heftete man den Elementen sofort Werte an oder fragte, ob solche Werte existierten. »Enthält die

beste Arbeit die meisten Elemente?« — »Ist die Arbeit, die nicht bewertet, schlechter als die, die es tut?« — »Meine Schüler schreiben nur über ihr Engagement, ist das nicht schrecklich?« Alle diese Fragen würde ich verneinen. Was ich dargestellt habe, sind die verschiedenen Formen, welche die Antwort eines Schülers auf Literatur annehmen kann. Einige Elemente sind latent in jedem vorhanden, andere müssen notwendigerweise erlernt werden. Aufbau und gedankliche Abfolge der Antwort haben einen ungeheuren Spielraum an Möglichkeiten — man denke nur an die Zahl der Erörterungen, Aufsätze, Artikel und Bücher über »Hamlet«. Der Wert jedes Aufbaus liegt in erster Linie in der Art und Weise, wie er präsentiert wird, in der Genauigkeit der Perzeption, in der Schlüssigkeit der Interpretation, in der Überzeugungskraft der bewertenden Position, in der Intensität des bezeugten Engagements. Umgekehrt ist die dürftige Arbeit nicht dürftig, weil sie von Personen spricht statt von Standpunkten, weil sie die moralische Rangordnung über die formale stellt, weil sie die Personen und nicht den Wert des Werkes für die Öffentlichkeit hervorhebt, weil sie dem Werk eine psychologische, aber nicht eine mythische Bedeutung beimißt. Jede dieser Bewertungen einer Arbeit über Literatur gilt nur für den Einzelfall; wir alle wissen, daß das endgültige Buch über »Hamlet« niemals geschrieben wird.

Doch welchen Wert haben die Elemente des Schreibens über Literatur für den Lehrer, wenn sie nicht in eine hierarchische Ordnung gebracht werden können? Ihr Wert bemißt sich nach ihrer Neutralität; er liegt in der Tatsache begründet, daß in einem Aufsatz oder in einer Erörterung jedes Element so gut ist wie das andere. Wenn der Lehrer dies bedenkt, ist er unabhängig von einem auferlegten System, ist frei, sein eigenes System zu schaffen, wenn er es wünscht, frei, dem Schüler die Konsequenzen eines von ihm akzeptierten Systems zu zeigen, frei auch, die Sensibilität des Schülers zu entwickeln und zu bilden.

Nehmen wir an, eine Oberschulklasse liest »A Tale of Two Cities«. Nehmen wir ferner an, daß von drei Schülern der Klasse einer sofort erklärt: »Dieses Buch handelt nur von den Schrecken der Revolution.« Der zweite sagt: »Nein, es handelt von Reisen. Dickens läßt seine Helden durch Zeit und Raum reisen, und alle ihre Reisen stehen miteinander in Verbindung.« Der dritte meint gequält: »Herr Lehrer, ich weiß nicht, worüber sie sprechen, doch ich möchte sagen, daß Dickens bestimmt eine aufregende Geschichte geschrieben hat und daß ich mich richtig in Sidney Carton hineinversetzen kann.« Unter dem Gesichtspunkt der Elemente betrachtet, interpretiert der erste Schüler die Geschichte in sozialorientierter Weise, der zweite beschreibt ihre Struktur, und der dritte bringt seine Identifizierung zum Ausdruck. (Es erübrigt sich zu sagen, daß diese drei Kommentare hypothetisch sind und daß

nur wenige Schüler sich so ungezwungen oder so positiv äußern.) In
dieser Situation hat der Lehrer mehrere Möglichkeiten. Er könnte eine
der Antworten — sagen wir, die erste — herausnehmen und sie ausführlich erörtern. Dieses Vorgehen könnte jedoch die beiden anderen Schüler deprimieren. Er könnte sogar sagen: »Ihr habt alle drei den entscheidenden Punkt übersehen. Das Buch handelt von der Auferste-
hung« (typologisch-archetypische Interpretation), doch dies wäre nicht
die beste Pädagogik. Er könnte sich ferner bemühen, die Antworten zu
vertiefen: »Warum glaubst du, es handele von Schrecken?« — »Wie,
glaubst du, stellt er die Verbindung her?« — »Was gibt dir das Gefühl,
du könntest dich in ihn hineinversetzen?« Dann könnte er fragen«,
welche Verbindungen zwischen den drei Antworten bestehen.

Wählen wir die letzte Methode! Jeden Schüler aufzufordern, er
solle seine erste Antwort weiter ausführen, heißt, ihn aufzufordern, für
seine Worte verantwortlich zu sein. Wer eine zusammenfassende Äußerung über ein literarisches Werk abgibt, sollte in der Lage sein, diese
Äußerung zu vertreten, und dafür besitzt er eine Vielfalt von Hilfs-
mitteln. Die Mittel hängen zu einem großen Teil vom Ergebnis ab. Im
1. Kapitel habe ich vier Hauptergebnisse genannt: Engagement, Perzeption, Interpretation und Bewertung.

Die Bildung von Verantwortung für jemandes Ausdruck von Engagement ist zum Teil Bildung von Selbst-Bewußtsein. Wir können unsere Identifizierung mit einem Text nicht beweisen. Wir können andere
nicht überreden, unsere Reaktionen, unsere Zustimmung, unsere Eindrücke zu übernehmen. Wir können sie nur beschreiben und erklären.
Wir können sagen, welches die Natur unseres Engagements ist, wie tief
es geht, und wir können zeigen, was uns veranlaßt hat, uns zu engagieren. Der Schüler, der erklärte, er habe sich »richtig in Sidney Carton
hineinversetzt«, könnte uns erklären, was er mit »richtig hineinversetzt« meint, und könnte uns vielleicht sagen, wie er zu dem Gefühl
gekommen ist. Eine solche Erörterung würde sich wahrscheinlich auf
die Interpretation der Figur beziehen, auf die Beschreibung des Charakters und auf Charakterisierung, vielleicht auf den Stil, auf Aspekte
der Diktion und auf die Bewertung des Werks. Im Idealfall würde der
Prozeß der Durchleuchtung des Engagements zu einer Wahrnehmung
der literarischen Kräfte, die auf das Individuum einwirken, seiner
Wertvorstellungen und seiner Sensibilität führen — wobei die erwek-
kende Kraft des Engagements nicht verlorenginge. Diese Art von Erörterung kann meiner Ansicht nach früh in der Schulzeit des Kindes
beginnen, vielleicht früher als die Erörterung komplexer Perzeptionen
oder Interpretationen, weil das Kind immer auf seine eigene Begegnung mit dem Werk rekurriert.

Auch die Erörterung von Wertvorstellungen kann früh einsetzen, da

Bewertung, wenn auch in einem geringeren Maße als Engagement, tautologisch und letztlich unantastbar ist. Zu sagen: »Ich bin durch das Werk beeindruckt« und zu sagen: »Das Werk ist gut« sind Behauptungen, die nur durch ihr Gegenteil verneint werden können, und solche Verneinungen müssen nicht unbedingt Negationen sein. Der Lehrer mag etwas verneinen, doch sein Verneinen wird zur Erziehung des Schülers beitragen. Wenn der Lehrer seine Verneinung erklärt, wenn er sagt, warum er nicht beeindruckt war und/oder warum er das Werk nicht für gut hält, dann kann er mit seiner Standpunkterklärung den Schüler vielleicht zu einem Sinneswandel bewegen. Die Erörterung von Gründen ist erzieherisch, nicht die Erörterung von Schlußfolgerungen.

Dies ist bei der Perzeption nicht der Fall. Wenn der Schüler seine perzeptuelle Aussage prüft, kann er nur auf den Text zurückgreifen. Der Schüler, der die Aussage über die Reisen in »A Tale of Two Cities« machte, muß seine Verallgemeinerung belegen, indem er zeigt, daß die Figuren tatsächlich beständig zwischen London und Paris, zwischen gestern und heute hin und herreisen. Kurz, er muß die erzählerische Linie und Handlung des Werks sowie seine Metaphorik beachten. Sie bilden die Daten und nicht die Gründe seiner Aussage; er kann die Validität seiner Aussagen beweisen, indem er zeigt, daß seine Daten ausreichend sind. Ein Kommentar wie der über die Reisen ist natürlich komplex genug, daß Raum bleibt für Zweifel hinsichtlich der ausreichenden Menge an Daten, anders als bei einfachen perzeptuellen Aussagen wie »Das Gedicht ist in fünfhebigen Jamben geschrieben« oder »Der Erzähler ist der Held«. Solche Aussagen sind in Verbindung mit einem konventionellen Begriffsinventar durch den Text selbst verifizierbar. Zum Beispiel muß *Held* bedeuten, was die Mehrheit der Leser darunter versteht, oder der Terminus muß neu definiert werden, entsprechend den Absichten des Schreibers (wie *Protagonist* oder *Kämpfer*): Sowohl Definition wie Redefinition sind zur Verifizierung einer Aussage über ein literarisches Faktum geeignet. In ähnlicher Weise ist eine klassifikatorische Aussage auf empirische Verifizierung angewiesen, sogar eine Aussage über einen so umstrittenen Gegenstand wie Intention. Wenn ein Autor die Intention ankündigt, bei seinem nächsten Versuch den »großen amerikanischen Roman« zu schreiben, und der Schüler dann feststellt, daß der nächste Roman des Autors ein weites Panorama asiatischer Sitten darstellt, dann kann der Schüler behaupten: »Der Roman von X erfüllt nicht die angekündigte Intention.« Wenn auch viele die Wichtigkeit dieser Aussage bezweifeln mögen, werden nur wenige nicht mit ihr übereinstimmen und noch weniger werden ihre Genauigkeit bestreiten. Perzeptuelle Aussagen sind objektive, generalisierende Aussagen über objektive Phänomene; die verantwortliche Aussage verletzt nicht die Integrität des literarischen Werks.

Interpretative Aussagen stimmen mit den perzeptuellen und den bewertenden darin überein, daß sie sich von den Daten des Textes herleiten; doch sie kombinieren diese Daten mit den Gründen für die Interpretation. Der Schüler, der behauptet, »A Tale of Two Cities« handele von den Schrecken der Revolution, muß zunächst nachweisen, daß die Haltung des Autors gegenüber einer bestimmten Revolution Abscheu ist, daß der Autor die Revolution verurteilt. Wenn er diese nicht leichte Aufgabe bewältigt hat, muß er anschließend nachweisen, daß eine Haltung gegenüber einer Revolution ein Beispiel für eine ähnliche Haltung gegenüber allen Revolutionen darstellt, daß letztlich die Französische Revolution ein Symbol für Revolutionen überhaupt ist. Den zweiten Punkt kann man bestreiten, indem man behauptet, das Symbol sei kein Symbol, oder indem man behauptet, daß der Gegenstand des Abscheus nicht die Revolution, sondern der Pöbel sei. Dieser Betonungswandel vom Politischen zum Sozialen kann wahrscheinlich nicht mit einem Rekurs auf den Text begründet werden, denn der Text erlaubt beide Betonungen. »Es hängt davon ab, wie man es sieht«, lautet der übliche Einwand von Schülern, deren Interpretation vom Lehrer kritisiert wird. Das »es« wird zu häufig als Text angesehen, doch ist »es« nicht vielmehr die Welt oder die Welt im Text? Die Welt kann man auf verschiedene Weise betrachten. So auch den Heterokosmos, die andere Welt, das heißt die literarische Abbildung der Welt.

Dieser Art allgemeiner Interpretation ähneln die besonderen Interpretationen, die wir Charakteranalyse oder stilistische Interpretationen nennen. Auch sie erfordern Einverständnis mit der Grundlage der Interpretation, mag es sich um Psychologie, Logik oder Symbolismus handeln. Wenn jemand von Coleridges Verszeilen

When mountain-surges bellowing deep
With an uncouth monster-leap
   Plung'd foaming to the shore,

sagt: »Der Rhythmus dieser Zeilen ahmt die Bewegung der Brandung nach«, dann postuliert er sowohl eine Verbindung zwischen Klang und Bedeutung wie auch die Vorstellung, die Brandung habe einen charakteristischen Rhythmus. Bevor man dem zustimmen kann, müssen die literarischen wie die »natürlichen« Gegebenheiten akzeptiert werden. Auf ähnliche Weise verlangt die Behauptung, Sidney Carton sei ein junger Mann, dessen Charakteristikum Verzweiflung sei, nach Akzeptierung oder begründeter Einigung über die Beziehung zwischen dem porträtierten Sidney Carton und dem Charakteristikum und über das Wesen des Charakteristikums selbst.

Eine Aussage aufgrund einer der Kategorien verlangt daher Wissen über die Implikationen dieser Aussage, wie sie sich hinsichtlich des Aufsatzschreibers, des literarischen Werks und der rationalen Gesprächswelt ergeben. Ich meine, daß ein Lehrer, der diese Grundlagen, Implikationen und Beziehungen aufdeckt, seinen Schülern die Möglichkeit gibt, sich dessen, was sie tun, bewußt zu werden — sich ihrer selbst bewußt und damit selbstsicher zu werden.

Blockiert dieses Selbst-Bewußtsein die Freude an der Literatur? Alles in allem kann man sagen, daß Engagement das primäre Ziel literarischer Erziehung bildet, und zwar deshalb, weil ohne Engagement — ausgesprochen oder unausgesprochen — die Lektüre von Literatur wenig Sinn hat. Sie wird dann zu einer mechanischen Übung, die allein dem Zweck dient, der spitzfindigste und auf Haarspaltereien versessene Diskutant zu werden. Eine komplexe mythologische Interpretation von »Huckleberry Finn« ist wertlos, wenn niemand das Buch lesen will; ihr Wert ist fragwürdig, wenn sie wichtiger wird als das Buch. Das gedankenlose Verschlingen von Büchern ist in gleicher Weise nur peripher erzieherisch wie eine komplizierte, nur um ihrer selbst willen angestellte Analyse. Es gibt jedoch ein Gegengewicht; es scheint in den Bemühungen der literarischen Erziehung zu liegen. Man läßt Schüler »Huckleberry Finn« nicht nur lesen, um für Unterhaltung zu sorgen oder um Untersuchungen über Mark Twains Haltung gegenüber Sir Walter Scott zu erhalten. Man fordert Schüler auf, den Roman zu lesen, um ihre Reaktion und ihre Reaktionsfähigkeit zu entwickeln; und die Schüler entwickeln solche Fähigkeiten, indem sie sich selbst, ihre Welt und den Roman hinterfragen. Die Funktion des Lehrers besteht darin, die Fähigkeit zum Hinterfragen zu stärken und das Hinterfragen anregend und stimulierend zu gestalten. Und vielleicht schmerzlich, denn Selbstprüfung ist nicht immer angenehm, und ganz gewiß sollte es niemals eine anödende Übung sein.

Die Elemente liefern ein Instrument für diese Prüfung, wenn auch nicht das einzige. Nicht gedacht als großes Allheilmittel für die Erziehung, können sie dem Lehrer dennoch dabei helfen, seine Schüler durch den schwierigen Prozeß zu geleiten, eine verantwortliche Haltung sich selbst und der Literatur gegenüber zu erlangen. Außerdem können sie als Ansatzpunkt für die Curriculum-Forschung dienen. Die vier Kategorien der Antwort auf Literatur sind, so würde ich denken, in jedem Schüler latent vorhanden, selbst bei Grundschülern. Das Kind, das die Geschichte immer wieder auf die gleiche Weise lesen möchte, begreift die Form und wird durch sie engagiert. Das Kind, das erklärt: »Pooh ist ein lustiger Bär«, beginnt mit Interpretation, und das Kind, das meint: »Dieser Teil ist gut, weil es da spukt«, nimmt eine bewertende Haltung ein. Engagement ist im Kind angelegt, wie auch Perzeption, Interpretation und Bewertung. Die kindliche Antwort ist proteisch; sie kann undiszipliniert werden, wenn das Kind keine Möglichkeiten erhält, seine Antworten zu ordnen. Die Alternativen hängen von den Resultaten ab, die der Lehrplan spezifiziert.

Lehrplanziele in Literatur betonen alle vier Antwortkategorien, wenn sie Termini wie »Würdigung«, »Verständnis für unser literarisches Erbe«, »Sinngehalte in der Literatur auffinden«, »kritische Maßstäbe und Einstellungen entwickeln« verwenden. Alle diese Banalitäten werden in fast jedem Lehrplanverzeichnis mehr oder weniger hervorgehoben (aber immer hervorgehoben). Aus diesem Grunde — und damit kehre ich zur dritten Möglichkeit zurück, die dem Lehrer bei »A Tale of Two Cities« offensteht, nämlich Zusammenhänge zwischen den verschiedenen Aussagen seiner Schüler zu finden — setzen die Kategorien und Elemente den Lehrer instand, zu einer synoptischen Erfassung des Reaktionsprozesses zu gelangen. Offensichtlich gibt es Verbindungsfäden, vielleicht sogar Bindeglieder, zwischen verschiedenen Aussagen, zwischen der objektivierten Empfindung des Schreckens bei einem Leser und dem subjektiven Gefühl der Erregung und Identifizierung bei einem anderen, zwischen beiden Empfindungen und dem erkannten Muster der Reisen und/oder dem interpretierten Muster der Auferstehungen. Das wichtigste Bindeglied ist das Werk. Alles in allem ist es gleichzeitig ein Ding — eine durch die Worte des Autors vermittelte Vision — und viele Dinge — die Erfahrungen der Leser bei der Lektüre. Ein anderes Bindeglied ist der Prozeß des Sprechens oder Schreibens über Literatur, wie er im ersten Kapitel dieser Arbeit skizziert wurde. Diese beiden Bindeglieder, das literarische Werk und das darauf reagierende Individuum, bilden nach meiner Meinung die Brennpunkte aller Aussagen, die der einzelne über ein Werk machen kann; diese beiden theoretischen Brennpunkte können durchaus als pädagogische dienen. Der Lehrer oder der für Lehrpläne Verantwortliche kann alle möglichen Lehrpläne und Stundenpläne oder -einheiten aufgrund der Beziehungen zusammenstellen, die zwischen dem Werk und dem Individuum sowie zwischen diesen beiden, gemeinsam und einzeln, und dem Autor, dem Literaturbereich und der Welt des Individuums bestehen. Ein Lehrplan-Modell könnte auf dem Engagement und seiner Durchleuchtung beruhen; das würde notwendigerweise zur Perzeption der Einzel- und Gesamtfaktoren führen, die Engagement bewirken, sowie möglicherweise zur Interpretation, zur Klassifikation wie Geschichte der Literatur und zur Bewertung. Ein anderes Modell könnte von Perzeptions-Übungen ausgehen und zur Interpretation und Bewertung weiterschreiten. Ein drittes könnte mit Bewertung beginnen, ein viertes mit Klassifizierung. Neben diesen allgemeinen Ansatzpunkten sind weitere für die Entwicklung spezifischer Teile des Lehrplans verfügbar.

Keines dieser Modelle ist wirklich neu; sie definieren bereits bestehende Lehrplan-Einheiten, allerdings in Begriffen, die nicht ganz denen entsprechen, die gewöhnlich zur Definition verwandt werden. Die Kategorien und Elemente ermöglichen nach meiner Ansicht besser als andere Konzepte Denkmöglichkeiten über Lehrpläne und Lehrprozesse, die weniger durch »beladene« Termini behindert sind als andere Denkweisen. Außerdem bieten sie Möglichkeiten zur Organisierung eines Lehrplanes. Vor allem aber lassen sie den Lehrer erkennen, daß seine Lehrplan-Organisierung eine von vielen möglichen ist, daß sie eine Wahl darstellt und daß sie, vielleicht notwendigerweise, nicht allumfassend sein kann. Der Lehrer, der damit davor bewahrt wird, auf sein »Monster« fälschlicherweise stolz zu sein, sieht sich ermutigt, in der Handhabung literarischer Übungen flexibel zu sein. Um die Vorläufigkeit seiner Schlußfolgerungen zu wissen und sowohl Scheitern wie Gelingen seines Vorgehens zu erkennen: diese beiden Erfahrungen sind am wichtigsten für Schüler und Lehrer bei ihrem Versuch, in der menschlichsten aller Studien menschlich zu sein.

Anhang A
Praktische Anleitung
(von Victoria Rippere)

Um das theoretische Wissen über die Elemente auf die aktuelle Lektüre von Schüleraufsätzen und professionellen Literaturkritiken anwenden zu können, muß man sich ein Arsenal von neuen Lesegewohnheiten und -konventionen zu eigen machen. Die Lektüre eines Aufsatzes aufgrund der darin enthaltenen Elemente unterscheidet sich in zweifacher Hinsicht von der üblichen Lektüre oder Einstufung von Aufsätzen über literarische Werke. Erstens zielt die Absicht der Lektüre anhand von Elementen auf Beschreibung und Klassifizierung der im Aufsatz enthaltenen Aussagen und nicht auf seine Bewertung oder auf Informiertwerden durch den Aufsatz. Zweitens geschieht die Klassifizierung von Aussagen auf der Grundlage des in ihnen entfalteten Prozesses sowie des von ihnen behandelten Themas und nicht auf der Grundlage des Stils oder der Behauptungen, die sie aufstellen.

Die Methode der Lektüre anhand von Elementen ist im Grunde eine Art von Reduktion. Die Aussage wird um die darin enthaltene Behauptung auf eine Themen-Einheit reduziert. Um die Termini zu klären: Das *Thema,* der *Gegenstand* einer Aussage ist das in ihr Besprochene; die *Behauptung* einer Aussage ist das über das Thema Ausgesagte. In den beiden Sätzen »Es regnet« und »Es regnet nicht« liegt z. B. die Behauptung in dem Ob-oder-nicht; Thema ist das Wetter. Oft ist es notwendig, die Aussagen auf ihr Thema zu reduzieren, um durch die Worte hindurch bis zu dem hinter ihnen liegenden Gedankenprozeß zu stoßen, um zwischen zwei Aussagen, die gleich »klingen«, die jedoch über ganz unterschiedliche Dinge *sprechen,* unterscheiden zu können.

Nehmen wir z. B. die drei folgenden Sätze aus Schüleraufsätzen:

x »Ich habe nicht verstanden, warum Holden so gehandelt hat.«

y »Ich habe nicht verstanden, was mit Holden am Schluß tatsächlich geschehen ist.«

z »Ich habe die Bedeutung von ›The Catcher in the Rye‹ nicht verstanden.«

Auf den ersten Blick sehen alle drei Sätze mehr oder weniger gleich aus. Alle drei Schreiber haben etwas nicht verstanden; ihre Aufsätze würden wahrscheinlich entsprechend eingestuft, wenn sie auf »Richtigkeit« hin gelesen würden. Obwohl alle drei Schreiber ihr Nichtverstehen äußern, spricht doch jeder über einen anderen Verstehensbereich. Schreiber x spricht über die Motivation der Figur, Schreiber y erklärt, daß er bei der Lektüre der Geschichte nicht genügend Hintergrund-Erfahrung hatte, um mit der darin bereits implizit enthaltenen Information effektiv umgehen zu können, und Schreiber z äußert die allgemein interpretative Aussage »Die Geschichte hat eine Bedeutung«, doch kann er diese Bedeutung nicht definieren.

Wie gelangt der Leser zu diesen Unterscheidungen? Auf den folgenden Seiten wollen wir die »Grundregeln« und Techniken definieren und erklären, die sich als hilfreich und effizient bei der Lektüre und Einordnung von Aufsätzen hinsichtlich der darin enthaltenen Elemente erwiesen haben.

1. Die Aussage als Einheit

   Die in einem Aufsatz festzustellende basale Einheit ist, jedenfalls für praktische Überlegungen, die Aussage.[1] Eine Aussage wird häufig als etwas angesehen, das sich durch seine eingrenzende Interpunktion hervorhebt, einschließlich der Satzfragmente und Epitheta. »Halt! Keine Anführungszeichen!« zählt als zwei Aussagen.

[1] Unser Terminus *Aussage* (statement) hat als linguistische Parallele Kellogg W. Hunts »T-Einheit« (»T-Unit«), eine Einheit, die »grammatisch als Satz angesehen werden kann«. »Grammatical Structure Written at Three Grade Levels«, in: National Council of Teachers of English Research Report Nr. 3, Champaign, Ill. 1965, S. 21. Die T-Einheit als linguistische Einheit, entsprechend der Struktur, ist jedoch nicht notwendig eine »literarische« Einheit; ein Schreiber verwendet gewöhnlich bewußt einfache, periodische oder zusammengesetzte Sätze und auch Fragmente, um Bedeutungen, Nuancen und Beziehungen zu vermitteln. Von daher ist die Aussage die hier zu ermittelnde basale Einheit.

2. Die Aussage als einzelne Entität

Die Aussage muß als einzelne Entität behandelt werden, damit das darin enthaltene Element unabhängig ist von dem Kontext, in dem es auftritt. Die Behandlung der Aussage als vom Kontext unabhängige Entität hilft dem Leser, Vermutungen über den Schreiber zu vermeiden, d. h. Intentionen, die nicht explizit geäußert werden, zu erahnen zu suchen. In der Pilotstudie, die mit den Elementen operierte, schrieb z. B. eine dreizehnjährige Amerikanerin: »Dies ist eine schreckliche Geschichte. Keine Anführungszeichen.« Die Leser waren zunächst hinsichtlich der Einordnung dieser beiden Aussagen unterschiedlicher Meinung. Ein Leser schlug vor, beide sollten als »Bewertung — formal« eingestuft werden. Ein anderer betonte jedoch, wenn auch das Weglassen von Anführungszeichen in den Dialogen der Geschichte der Grund für die Verwerfung durch die Schreiberin gewesen sein könne, sei der erstgenannte Leser dennoch nicht in der Lage, dies anhand der niedergeschriebenen Sätze mit Sicherheit zu behaupten; die fehlenden Anführungszeichen könnten ebensogut auch nicht der Grund dafür sein, daß die Schreiberin die Geschichte für schrecklich hält. Die Sätze wurden schließlich als »Bewertung — unspezifisch« und »Perzeption — Grammatik und Typographie« eingestuft, wobei jede Antwort der Schreiberin behandelt wurde, als sei sie unabhängig von der anderen geäußert worden.

3. Die durchgezählten und hervorgehobenen Aufsatz-Aussagen

a. Kennzeichnung einfacher Sätze

In der Pilotstudie erwies es sich als nützlich, jede einfache Aussage eines Aufsatzes mit einer kleinen, hochgestellten Zahl zu versehen (z. B. »Ich mag das Gedicht«.[1]) und einen Schrägstrich zwischen zwei Aussagen zu setzen (z. B. »Ich mag das Gedicht./[1] Es ist ein Sonett./[2]). Aussagen wurden durchlaufend gezählt, und zwar innerhalb des ganzen Aufsatzes und nicht innerhalb eines Absatzes und innerhalb von Passagen des Absatzes.[2]

b. Kennzeichnung zusammengesetzter und periodischer Konstruktionen in Aussagen

Da jeder Satzteil eines zusammengesetzten oder komplexen Satzes verschiedene Elemente enthalten kann, ist es ratsam, alle zusammengesetzten oder komplexen Sätze für eine besondere Behandlung auszusparen. Dazu eignet sich ein doppelter Schrägstrich (z. B. / /). Die Einstufung dieser Konstruktionen wird unter 8 erörtert.

---

[2] Die Hochziffern verweisen auf einen hier nicht wiedergegebenen Abschnitt, dessen Ergebnisse in Anhang C mitgeteilt werden. (Anm. d. Hrsg.)

4. Klassifikationssystem

Das Spezifizierungssystem bei der Einstufung von Aufsätzen ergibt sich aus Kategorie, Subkategorie und Element. Es ist häufig leichter, einen Satz in der Kategorie oder Subkategorie unterzubringen, als genau zu entscheiden, welches Element er enthält, vor allem in Fällen von interpretativen oder bewertenden Aussagen. In Zweifelsfällen sollte sich der Leser auf die Definitionen und Erklärungen der Einzelelemente beziehen.

5. Reduktion

Für die Zwecke dieser Art von Inhaltsanalyse wird unterstellt, daß die meisten Sätze eine Grundform (z. B. »Er ist«) und drei Transformationen haben: negativ (»Er ist nicht«), interrogativ (»Ist er?«) und negativ-interrogativ (»Ist er nicht?«). Eine für die Auflistung von Elementen unabdingbare Technik besteht in der Reduktion ungewisser indikativischer Sätze auf ihre basale, positive Form.[3] Reduktion ist besonders nützlich zur Behandlung von Tendenzen, sich auf Kosten des Themas auf Behauptungen zu konzentrieren. Wenn ein Schreiber z. B. äußert: »Ich habe mich überhaupt nicht mit Lady Macbeth identifiziert«, spricht er trotz seiner Erklärung, er habe sich nicht identifiziert, über Identifizierung; die Reduzierung des Satzes auf das basale »Ich identifizierte mich« läßt das Thema einer Aussage deutlich hervortreten.

6. Das Lesen von Fragen

Wenn in direkten oder indirekten Fragen die Worte »Wie«, »Wo« und »Warum« auftauchen, dann erweist es sich als nützliche Übereinkunft, sie bei reduzierten Fragen folgendermaßen zu »lesen«: »in irgendeiner Art«, »zu irgendeiner Zeit«, »an irgendeinem Ort« und »aus irgendeinem Grund«. Die direkte Frage: »Wann hat der Autor dies geschrieben?« wird nach Reduzierung zu einer Aussage entweder historischer oder biographischer Klassifizierung: »Der Autor schrieb dies zu irgendeiner Zeit« (in der Geschichte, in seinem Leben während seiner Laufbahn als Schriftsteller). Die indirekte Frage: »Ich weiß nicht, warum der Autor dies geschrieben hat«, reduziert sich auf eine Aussage über die Intentionen des Autors: »Der Autor schrieb dies aus irgendeinem Grunde.«

7. Schlüsselworte

Bestimmte Worte — Nomina, Verben, Adjektive, Artikel und Adverbien — können auf Kategorie, Subkategorie und sogar Element hinweisen. Auch wenn solche Schlüsselworte durch den Kontext

---

[3] In diese Untersuchung wurden passivische Tranformationen nicht aufgenommen, weil sie für die Inhaltsanalyse kein Problem darstellen und nicht reduziert zu werden brauchen.

modifiziert sein können, kann der Leser sich viel Zeit bei der Einordnung von Aufsätzen ersparen, wenn er nach ihnen Ausschau hält.

a. Nomina: Der Schreiber benutzt häufig einen Begriff (oder ein Synonym), durch das eines der Elemente definiert wird. Dies trifft am häufigsten auf perzeptuelle Aussagen zu.

»Es handelt sich um eine distanzierte *Tonart*«.

»Man findet sehr wenig *Metaphorik*.«

b. Verben:

(1) Wenn ein Schreiber von sich in der ersten Person spricht, dann läßt das von ihm benutzte Verb häufig die Richtung, wenn nicht die genaue Art seines Denkens erkennen. »Ich mag« z. B. leitet ein persönliches Urteil ein, das entweder der Form des Werks, dem Werk als ganzem oder einigen Aspekten seines Inhalts gilt.

(2) Modalverben oder Tempusformen können häufig als Schlüssel für ein Element dienen, vor allem in bestimmten Randfällen, wenn es ungewiß ist, auf wen das Verb sich bezieht. Man vergleiche die folgenden Aussagen, die aus Schüleraufsätzen über William Carlos Williams' Geschichte »The Use of Force« stammen:

(a) »Der Arzt hätte dem Kind ein Beruhigungsmittel geben sollen.«

(b) »Wenn ich der Arzt gewesen wäre, hätte ich dem Kind ein Beruhigungsmittel gegeben.«

(c) »Wenn ich der Autor wäre, hätte ich den Arzt dem Kind ein Beruhigungsmittel geben lassen.«

(d) »In einem solchen Fall hätte ein Arzt dem Kind ein Beruhigungsmittel gegeben.«

(e) »Das Kind fürchtete wahrscheinlich, der Arzt könne ihm ein Beruhigungsmittel geben.«

In allen fünf Fällen verglichen die Schreiber das Werk mit einer Realität, die ihnen vertrauter war als die Realität des Werks. Trotz basaler Ähnlichkeiten enthält jedoch jede Aussage ein anderes Element.

Die Aussage (a) ist ein Beispiel für die *moralische Reaktion* des Schreibers auf Figuren oder Ereignisse. Er billigt das »Anderssein« des Werkes nicht und behandelt die Situation der Geschichte, als wenn sie sich in der Realität zugetragen hätte. Er beurteilt das Verhalten der Figur in der Situation aufgrund seiner eigenen persönlichen, implizit moralischen Kriterien. Der Schlüssel für die Einordnung der Aussage liegt in der unqualifizierten Forderung, die

Figur hätte etwas anderes tun sollen, als sie tatsächlich in der Geschichte getan hat.

Das Element in der Aussage (b) ist *Identifizierung*. Der Schreiber benutzt sich als Kriterium bei der Beurteilung der Handlung der Figur. Die im Gegensatz zum Faktum stehende Bedingung (Wenn ich wäre, würde ich . . .), die sich auf den Schreiber und die Figur bezieht, dient als Schlüssel zur Auffindung des Elements.

Die im Gegensatz zum Faktum stehende Bedingung in (c), die sich auf den Schreiber und den Autor bezieht, läßt erkennen, daß *Nacherzählen* das Element der Aussage darstellt. Während der Schreiber eine gegebene Geschichte als Ausgangspunkt benutzt, postuliert er seine eigene Version der Geschichte.

In der Aussage (d) erklärt der Schreiber, was geschehen würde, wenn die Situation real wäre. Das unterscheidet sich von der moralischen Reaktion auf den Inhalt insofern, als der Schreiber in diesem Fall die Situation mit einer Realität vergleicht, die für die Geschichte keine Rolle spielt. Sein Kriterium ist Normalität. Das Schlüsselwort bildet der unbestimmte Artikel; vermutlich würde *jeder* Arzt so handeln. Das Werk wird als Spiegel der Wirklichkeit betrachtet; das Element ist *Interpretation — mimetisch-sozial.* Der Schlüssel zum Element in der Aussage (e) ist das Wort »wahrscheinlich«. Das Element ist *Charakter-Analyse,* eine Schlußfolgerung hinsichtlich der Figur, die der Schreiber aufgrund seiner Kenntnis menschlichen Verhaltens zieht.

c.   Adjektive:

Wenn der Schreiber Adjektive benutzt, die ein Werturteil implizieren (»gut«, »schlecht«, ihre Komparativ- und Superlativformen und Adverbien), Adjektive, die sich auf Inhalt, Personen und Ereignisse eines Werkes beziehen, dann stellt sein Satz höchstwahrscheinlich eine moralische Reaktion dar. (Wenn das Urteil implizit in dem Werk, über das er schreibt, enthalten ist, dann kann es sich auch um eine perzeptuelle oder interpretative Aussage handeln.) Werden solche Adjektive (und ihre Adverbien) bezüglich der Form, der Rhetorik und des Werks als ganzen benutzt, dann stehen sie höchstwahrscheinlich in Verbindung mit einer bewertenden Aussage.

»Das Verhalten der Figur ist schrecklich.« (Wahrscheinlich eine moralische Reaktion)

»Das thematische Wechselspiel von Licht und Dunkelheit ist gut gelungen.« (Bewertung — rhetorisch)

d. Artikel:
Wie wir am Beispiel (d) des Abschnitts über Verben gesehen
haben (»In einem solchen Fall hätte ein Arzt dem Kind ein
Beruhigungsmittel gegeben«), kann der unbestimmte Artikel
das Element einer Aussage, in der es vorkommt, erkennen
lassen. Das gleiche gilt für Nomina, die im kollektiven Sinne
ohne Artikel benutzt werden, und für bestimmte Artikel, die
in Verbindung mit einer Nominalklasse benutzt werden.

»Diese Geschichte handelt von Ärzten und Kindern.«
(Typologisch-sozial)
»Diese Geschichte handelt vom Sieg des Kindes über die
Erwachsenen.« (Typologisch-sozial)

e. Adverbien:
Auch Adverbien wie »normalerweise«, »häufig«, »gewöhnlich«, »generell« modifizieren in vielen Fällen mimetisch-inter-
pretative Aussagen. Sie beziehen sich auf »uns«, auf »Leute«
oder Gruppen und Klassen von Leuten (»Erwachsene«, »die
Armen«, »kranke Leute«), darauf, wie »wir«, »Leute« oder
die genannten Gruppen sind, und auf ihr Handeln in der
Realität.

»Normalerweise behaupten Ehepaare gegenüber ihren
Freunden nicht, daß sie einen Sohn haben, wenn sie tatsächlich keinen haben.«

Solche Aussagen sind eher mimetisch als typologisch, weil sie
das Werk und die Welt vergleichen und nicht ihre jeweiligen
Muster.

8. Einordnung zusammengesetzter und komplexer Aussagen
Je nach dem Maß an Genauigkeit, mit dem der Leser an die
Lektüre herangehen möchte, kann er jede Aussage bestimmter zusammengesetzter und komplexer Konstruktionen getrennt aufführen. Als zwei Sätze werden solche Sätze aufgeführt, die durch
Beiordnungen (*und, aber, oder, weder, denn*) oder unterordnende
Konjunktionen, die als beiordnende Konjunktionen (*jedoch, bisweilen, obgleich*) verwandt werden, miteinander verbunden sind.
Sätze mit kausaler und konditionaler Unterordnung (*da, weil,
wenn* und gelegentlich *obgleich*) werden weiterhin als ein Satz
aufgeführt. Obgleich dieses Verfahren aufgrund der zu behandeln-
den Materialmenge für unsere Pilotstudie nicht in Frage kam,
könnte es sich für Lehrer mit Klassen von normaler Größe durchaus als nützlich erweisen.
Wenn der Leser nicht jede Aussage getrennt aufführen möchte,
dann kann er jede zusammengesetzte oder komplexe Aussage als
ein spezifisches Beispiel für eine höhere Generalisierung aufführen.

»Ich glaube, der Titel ist zutreffend, doch ein anderer wäre noch zutreffender.« Obgleich der zweite Satzteil einer Redaktion (*Nacherzählung*) nahekommt, ist der Satz als ganzes eine Aussage über die Kohärenz des Werkes als ästhetisches Objekt und würde als *Bewertung — formal* eingeordnet.

»Die Geschichte, nichts mehr als eine soziale Studie, sollte nicht unter stilistischen und rhetorischen Gesichtspunkten analysiert werden.« Obwohl der erste Teil des Satzes das Werk klassifiziert, ist er der Aussage im zweiten Satzteil mit seiner perzeptuellen Einstellung unterzuordnen.

9. Einfache Sätze mit mehr als einem Element

   a. Alle Elemente von derselben Kategorie

   Wenn ein einfacher Satz mehr als ein Element enthält (wie in einer Reihe prädikativer Adjektive) und alle Elemente zur selben Kategorie (oder Subkategorie) gehören, kann die Aussage als das generelle oder unspezifische Element dieser Kategorie (oder Subkategorie) eingeordnet werden. Forscher werden den Satz jedoch aufgliedern wollen.

   Die Aussage: »Dies ist eine aufregende *(affektiv),* überzeugend realistische *(mimetische Plausibilität)* und gut geschriebene *(rhetorisch)* Geschichte« würde unter *Bewertung — unspezifiziert* aufgeführt.

   Die Aussage: »Die Motivationen der Figur *(mimetisch-psychologisch)* und ihre sozialen Interaktionen *(mimetisch-sozial)* gleichen denen realer Menschen« würde unter *allgemein mimetisch* aufgeführt.

   b. Elemente aus verschiedenen Kategorien

   Wenn eine einfache Aussage mehr als ein Element enthält und diese Elemente verschiedenen Kategorien angehören, kann der Satz auf zwei separate Aussagen reduziert und als solcher aufgeführt oder in die Kategorie V (unklassifizierbar) eingeordnet und später untersucht werden.

   Der Satz »Diese Geschichte ist unglaublich und nicht interpunktiert« würde auf die Aussage »Diese Geschichte ist unglaublich« und »Diese Geschichte ist nicht interpunktiert« reduziert; die Einzelaussagen würden unter *Engagement — Zustimmung* und *Perzeption — Grammatik und Typographie* eingeordnet.

10. Einordnung von Absätzen

    Obgleich es theoretisch möglich sein sollte, jeden Absatz eines Aufsatzes einer Gesamtliste von Elementen zuzuordnen, hat sich bei der Pilotstudie gezeigt, daß solch eine Zuordnung sich nicht mit nennenswerter Schlüssigkeit und Sicherheit bewerkstelligen läßt.

Der Grund für diese Schwierigkeit liegt in der allgemeinen Viel-
fältigkeit der weitgehend ineinander verzahnten Satzgruppen, die
man gemeinhin Absätze nennt. Die Satzgruppen zeigen nicht die
klare und kohärente Struktur, von der eine Einordnung von Absätzen abhängt.

11. Einordnung von Aufsätzen

    Obgleich es schwierig ist, den Absätzen ein dominierendes Element
    zuzuordnen, ist es relativ leicht, sich für ein oder zwei Elemente
    zu entscheiden, die das allgemeine Vorgehen eines Aufsatzes cha-
    rakterisieren. Der Leser betrachtet jeden Aufsatz als Summe seiner
    Einzelteile, die gewöhnlich eine höhere Generalisierung jener Teile
    oder den spezifischen Fall einer noch höheren Generalisierung dar-
    stellt. Im ersten Fall besteht ein Aufsatz z. B. aus Aussagen über
    Figuren (verstandene und interpretierte); das Abschließen eines
    Aufsatzes mit einem zusammenfassenden, psychologisch interpre-
    tierenden Satz würde als psychologische Interpretation eingeord-
    net, wobei die Subkategorie (ob mimetisch, typologisch oder be-
    lehrend) von dem Satz selbst abhinge. Als Beispiel für den zwei-
    ten Fall würde ein Aufsatz gelten, der sich aus Aussagen über
    Metaphern und Bildkraft (die meistens verstanden werden) zu-
    sammensetzt und mit einer Generalisierung schließt; dieser Auf-
    satz würde unter *literarische Techniken* aufgeführt. Wie man
    sieht, ist die Grundlage für die Einordnung auf diesem Niveau
    weniger »objektiv« als die Satz-für-Satz-Einordnung. Nichtsde-
    stoweniger hat ein erfahrener Lehrer wenig Mühe, einen Aufsatz
    einem Element zuzuordnen, und noch weniger Mühe, ihn unter
    einer Kategorie zu subsumieren.

    Einordnungen auf diesem Niveau schließen häufig Elemente
    oder Subkategorien ein, die die Verfahrensweise oder den Zugang
    beschreiben (Beziehung rhetorischer Teile zum rhetorischen Gan-
    zen; Beziehung zwischen Technik und Bedeutung; Charakter-
    Analyse etc.).

12. Daten

    Eine unvermeidliche Begleiterscheinung bei der Lektüre aufgrund
    von Elementen ist ein Auswuchern von Daten bei der numerischen
    Kodifizierung jedes Satzes. Diese Informationen sollten besser zu
    Papier gebracht werden, da es in der Natur von Zahlen liegt,
    schnell und gründlich vergessen zu werden. Zahlenlisten können
    in jeder angemessenen Weise angelegt werden. In Anhang C zei-
    gen wir ein Beispiel.

Anhang B:
Zusammenfassung und Kodifizierungsliste
Elemente des Schreibens über ein literarisches Werk

Die folgende Zusammenfassung dient dem Zweck, Schüleraufsätze einzuordnen und zu referieren. Jede Kategorie, jede Subkategorie und jedes Element erhalten eine dreiteilige Kodifizierungszahl. Die erste Zif-
fer bezeichnet die Kategorie, die zweite die Subkategorie und die dritte
das Element. Die Kategorie- und Subkategorie-Titel sind kursiv gedruckt; so sind die Kodifizierungszahlen leicht zu erkennen, was für
eine weitgespannte Untersuchung höchst nützlich sein kann.

100 *Allgemeines Engagement*
110 *Antwort auf Literatur*
    111 Reaktion auf den Autor
    112 Zustimmung
    113 Moralische Neigung
120 *Reaktion auf die Form*
    121 Neubelebung der Wirkung
    122 Wortassoziationen
    123 Nacherzählung
130 *Reaktion auf den Inhalt*
    131 Moralische Reaktion
    132 Konjektur
    133 Identifizierung
    134 Beziehung zwischen Ereignissen im Werk und denen im Le-
        ben des Schreibers
200 *Allgemeine Perzeption*
    201 Anführen von Haltungen
    202 Objektive Perzeption
    203 Verstehendes Lesen
    204 Unspezifizierter Stil
210 *Sprache*
    211 Morphologie und Typographie
    212 Syntax
    213 Klang und Klangmuster
    214 Diktion
    215 Etymologie, Lexikographie und Dialekt
220 *Literarische Techniken*
    221 Rhetorische Techniken
    222 Metaphern
    223 Bildliche Darstellung
    224 Anspielungen
    225 Konventionelle Symbole

Anhang C:
Vorschlag für einen Auflistungsbogen

Jeder Aufsatz wird unter einer Kolumne aufgeführt. Sätze sind zu Absätzen gruppiert und vertikal aufgelistet. Der thematische Satz in jedem Absatz kann von den ihn erläuternden Sätzen durch Unterstreichen mit einem Rotstift abgehoben werden. Auf diese Weise werden die Verteilung der Sätze in den Absätzen, die Länge der Absätze und der Prozeß der logischen und thematisch-erläuternden Beziehungen innerhalb des Absatzes graphisch klar dargestellt.

Für Lehrer dürfte es interessant und aufhellend sein, die Bögen verschiedener Personengruppen miteinander zu vergleichen — Mädchen und Jungen, gute und durchschnittliche Schüler, humanitär orientierte und wissenschaftlich orientierte Schüler. Ein vielleicht mehr unmittelbar praktischer Vorschlag liefe darauf hinaus, verschiedene Aufsätze jedes Schülers über ein Quartal oder ein Semester hin auf einem Einzelbogen aufzuführen und über einen längeren Zeitraum hinweg die Beständigkeit oder den Wandel in seiner Schreibweise über Literatur zu verfolgen.

Auflistungsbogen

	1. Schüler			2. Schüler			3. Schüler			4. Schüler	
Absatz	Satz		Absatz	Satz		Absatz	Satz		Absatz	Satz	
	Kat.	El.		Kat.	El.		Kat.	El.		Kat.	El.

2.

Heinz Hillmann

Rezeption – empirisch

Das Wiedersehen

Ein Mann, der Herrn K. lange nicht gesehen hatte, begrüßte ihn mit den Worten: »*Sie haben sich gar nicht verändert.*« »*Oh!*« *sagte Herr K. und erbleichte.*

Dieser Brecht-Text wurde mit der Bitte »Äußern Sie sich zu diesem Text« zur sofortigen schriftlichen Beantwortung vorgelegt. Etwa drei-hundert Versuchspersonen: drei Berufsschulklassen, acht Klassen einer Berufsaufbauschule, vier Gymnasialklassen, davon drei Unterprimen; je einem Dutzend Studenten der Germanistik und nichtphilologischer Fächer; einigen Damen und Herren der Stadt Basel. Hier konzentriere ich mich auf die Antworten der ungefähr gleichaltrigen Berufsschüler und Unterprimaner (zwischen 16 und 24 Jahren, die meisten um 17).

Die Antworten sollten ursprünglich eine genauere Analyse der Vor-gänge beim Verstehen von Texten ermöglichen[1]; dazu war das relativ umfangreiche Material auch geeignet. Da erst im Verlauf der Auswer-tung weitere Fragen auftauchten, die schon vor der Erhebung hätten berücksichtigt werden müssen — wie etwa die Abhängigkeit der Inter-pretationen von der Zugehörigkeit zu einer sozialen Gruppe —, sind hier nur vorläufige, zu wenig spezifische und nicht unbedingt reprä-sentative Ergebnisse erzielt worden.

Um zu vermeiden, daß bloß interessante Einzelfälle als solche inter-pretiert, oder solche Einzelfälle für repräsentativ erklärt werden, ohne daß ihr Geltungsbereich genau abgesteckt würde, muß man ein Schema der Interpretation ausarbeiten[2] und Qualitäten angeben. Das hier aufgestellte Schema ordnet nach bestimmten Motiven größere Inter-

---

[1] Der Brecht-Text wurde gewählt, weil er kurz ist — die komplexe Analyse der Antworten im Verhältnis zum Text mußte überschaubar bleiben; weil er dem Verstehen gewisse Schwierigkeiten bereitet — ein zu glatt verstehbarer Text läßt nicht genügend Einblicke in den Verstehensvorgang zu.

[2] Das ist ein im wesentlichen induktiver Vorgang (vgl. dazu z. B. Leví-Strauss): Man ordnet Interpretationen in bestimmte Gruppen (orientiert an den Antworten, nicht etwa an der sozialen Herkunft der Interpreten). Ist dabei wegen allzuvieler Überschneidungen eine klare Gruppenbildung kaum möglich, wie hier in unserem Falle, muß man die Interpretationen in Teile zerlegen.

pretationsteile, die sich auf bestimmte Textteile beziehen[3], also nicht ganze Interpretationen. — Jedoch kann im Einzelfall einmal ein sogenannter »Interpretationsteil« eine ganze Interpretation ausmachen[4]; oder auch, wenn andere Aspekte auftauchen, dominieren; meist sind in einer ganzen Interpretation die Teile auf eine bestimmte — relevante — Weise kombiniert.

Das Schema läßt bei der Auswertung sowohl Rückschlüsse auf die Lesergruppen zu, wie ich zeigen werde; als auch Rückschlüsse auf den Text zu, was ich nur andeuten kann.

A. Feststellung einer konventionellen Redewendung und Stellungnahme dazu:

1 Zustimmung

z. B. ich bekomme Besuch von einem früheren Bekannten, das erste was er sagt, du hast dich gar nicht verändert . . .
egal ob der Satz nun wirklich seiner Meinung entspricht, jedenfalls bin ich glücklich, so etwas von anderen zu hören. (Hauswirtschaftsschülerin)

2 Kritik

Ich würde diesen Ausspruch nicht gebraucht haben. Ich meine, daß dieser Satz auch hier ganz automatisch und ohne Beziehung gefallen ist. Wahrscheinlich bezweckt man mit solchen oder ähnlichen dummen Redensarten eine Einleitung zu einem längeren Gespräch, welches aber dadurch schon am Ende ist, bevor es angefangen hat. (Arzthelferin)

Das ist eine allgemeine Redensart. Die Menschen reden etwas vor sich hin und denken nicht darüber nach, weil sie, wie in diesem Beispiel, keinen Gesprächsstoff haben und doch den Kontakt der anderen Menschen suchen. (Berufsschülerin)

Ganz einfach und klar umreißt Brecht die Situation unter den Menschen: das Aneinandervorbeireden und Einanderfremdsein. . . . Brecht will uns hiermit einen Denkansatz geben, daß wir über unsere Beziehung zu anderen Menschen nachdenken. Andererseits kann man es auch allgemein auf die Gesellschaft beziehen und darüber nachdenken. (Unterprimanerin)

Brecht klagt uns . . . an, daß wir mit unserer Sprache so nachlässig umgehen, nicht reflektieren . . . (Unterprimanerin)

---

[3] Eine weitere Zerlegung in kleinste Teile, etwa bis zu dem Typ: »Oh-sagen und erbleichen bedeutet Erschrecken«, etc. erwies sich als unnötig. Dementsprechend handelt es sich um größere Bedeutungsgruppen, wie etwa »er erschrickt, weil er glaubt, dünner geworden zu sein«.
[4] Vergleiche das Beispiel in Anm. 5.

3 Ablehnung vorschneller Urteile, unzulässiger Schlüsse von Äußerem auf Inneres.

Der Mann kann doch nicht wissen, nach einer langen Zeit, ob er sich verändert hat, schon bei der Begegnung. (Hauswirtschaftsschülerin)

Daß Herr K. sich vielleicht verändert hat, daran denkt er nicht ... Das sind die Vorurteile. (Arzthelferin)

B. Feststellung der Arten wirklicher oder erwünschter Veränderung bei Herrn K.

1 Aussehen (Schönheit, Farbe, Gesundheit, Gewicht)

Herr K. war vielleicht zu einer Schönheitskur. (Arzthelferin)

Herr K. hat schlecht ausgesehen und eine Operation machen lassen. (Hauswirtschaftsschülerin)

Nun war ich schon so lange in Amerika und habe doch keine Farbe bekommen. (Berufsschülerin)

... daß Herr K., der inzwischen genesen ist, noch genau so kränklich aussieht. (Berufsschülerin)

... daß er vorher nicht gerade schlank gewesen ist und nun eine Schlankheitskur hinter sich hat und sehr enttäuscht ist, daß es einigen Leuten nicht mal auffällt. (Hauswirtschaftsschülerin)

2 Sozialer Aufstieg. Verbesserung in Beruf, Milieu, Lebensgewohnheiten, Benehmen.

Herr K. ist inzwischen Direktor oder etwas Ähnliches geworden. (Hauswirtschaftsschülerin)

... daß er sich bessere Kleidung leisten kann, öfter in Urlaub fährt. (Arzthelferin)

Wenn Herr K. zum Beispiel im Urlaub war und dort mit reichen Leuten zusammen war, kann es sein, daß er sich nachher anders benimmt und spricht. (Hauswirtschaftsschülerin)

3 Moralische Vervollkommnung

(Den engen Zusammenhang zwischen »moralischer Vervollkommnung« und sozialem Aufstieg zeigt natürlich nur eine Interpretation, da er den Schülern gerade nicht bewußt ist: ihnen erscheint als moralische Leistung, was in Wirklichkeit nur internalisierter Zwang zur Anpassung oder zum Aufstieg ist. Dementsprechend erwarten sie auch von außen Anerkennung für ihre »moralische Vervollkommnung«, wie gleich die beiden ersten Beispiele zeigen.)

Herr K. erbleicht, weil er geglaubt hat, sich im Wesen oder im Charakter positiv verändert zu haben... Herr K. war bemüht, sich so zu verändern, daß man sich in diesem Punkt nicht mehr über ihn beklagen kann, und er hofft, Herr K. würde ihn jetzt mit anderen Augen beurteilen. Als dieser ihn jedoch mit den Worten begrüßt »...«, glaubt er, wirklich der alte geblieben zu sein. (Fachoberschüler; mittlere Reife und Lehre)

Er hat wohl versucht sich in der Zwischenzeit zum Positiven zu ändern. ... nun sieht er, daß seine Bemühungen nichts genutzt haben. Er sucht überall eine Bestätigung für seine Bemühungen, aber er erntet genau das Gegenteil. Er ist frustriert und sogar resigniert von diesem Satz...
(Fachoberschüler, mittlere Reife und Lehre)

Zum letzten Beispiel ist zu sagen, daß der Mensch dauernd bemüht ist, sich zu verbessern. Unsere Gesellschaft verlangt von uns, daß wir uns leistungsmäßig steigern. Haben wir einen VW, werden wir von der Gesellschaft angestachelt, uns einen größeren und besseren Wagen zu kaufen. (Berufsschülerin)

Man wünscht sich ja meistens, daß man sich verändert, mag es charakterlich sein, körperlich, finanziell oder äußerlich. Vielleicht dachte Herr K. auch (wenn er selbst sich nicht in diesem Sinne verändert hat), daß der Bekannte sich völlig verändert hätte und erschrak, als er das Gegenteil von sich hörte? (Arzthelferin)

Herr K. war charakterisch nicht gut, stammt aus einem niedrigen Milieu, hat sich aber gebessert. (Hauswirtschaftsschülerin)

... Mochte vielleicht schlechte Charaktereigenschaften gehabt haben und glaubte sie vertuschen zu können. (Arzthelferin)

War liederlich bei der Arbeit, lief liederlich herum und hat sich zu seinem Vorteil verändert. (Hauswirtschaftsschülerin)

Ich nehme an, daß Herr K. früher als unbequemer um nicht zu sagen als Außenseiter galt... hat selbst erkannt, daß er sich in vergangener Zeit nicht richtig verhalten hat. (Fachoberschüler)

4 Persönlichkeitsentwicklung

Man sollte sich doch entwickeln, auf eine menschlich höhere Stufe kommen. (Antiquitätensammlerin, Ende 40)

Jeder Mensch ist bestrebt, sich auf irgendeine Weise zu entwickeln, dem Vollkommenen sich anzugleichen. (Hauswirtschaftsschülerin)

Da der Mensch aber nun einmal ein Lebewesen ist und er älter wird und damit auch einem Prozeß der Umwandlung (Zellerneuerung, Wissens- und Wesenserweiterung) unterliegt, mußte er sich zwangsläufig ändern. (Unterprimaner)

Herr K. möchte sich verändern. Gerade das Nichtverändern ist für ihn ein Zeichen des Alterns = Stehenbleibens. (Altertumswissenschaftler, 56)

... daß er selbst eine Weiterentwicklung und Veränderung seines Ichs in sich vollzogen zu haben glaubte. (Unterprimanerin)

5 Entwicklung im Sinne von Lernen, Erfahrungen machen, Reflektiertwerden

(Zwischen B 4 und B 5 besteht eine Verwandtschaft, beides fällt in etwa unter den bildungsbürgerlichen Entwicklungsbegriff. Hier liegt aber der Akzent weniger auf der Persönlichkeit als auf dem wissensmäßigen Verhalten.)

... daß er nicht reifer geworden ist. Nichts dazu gelernt hat. Keine Erfahrungen gesammelt hat ... auf dem geistigen Stand von vor einiger Zeit stehen geblieben ist und das ist äußerst negativ. (Unterprimanerin)

... daß er auf seinem früheren Stand (in jeder Beziehung, z. B. Bildung, Erfahrung, Menschenkenntnis) stehen geblieben ist, und sich nicht weiter entwickelt hat. (Unterprimanerin)

Die Bewußtwerdung und die daraus mögliche Änderung will Brecht erreichen. (Unterprimanerin)

Sinnlicher Erkenntnisschatz erweitert sich in der Erfahrung der sich verändernden Umwelt; diese Erfahrungen müssen theoretisch überprüft werden; so entsteht schöpferisches Denken statt Dogmatismus. (Unterprimaner) (Von mir referiert.)

C. Anormale bis kriminelle Vergangenheit, Besserung oder getarnte Fortsetzung des alten Verhaltens.

(Genau genommen gehört auch C unter die »Arten der Veränderung« [B]; nur erscheint der hier eigens erwähnte Status Herrn K.s in der Vergangenheit in besonders negativer Form.)

Der Mann ist meiner Meinung nach ein Kriminalbeamter, der gerade einen alten Stammkunden auf frischer Tat ertappt hat und ihn, weil er ihn schon des öfteren erwischt hat und seine Methoden kennt, so begrüßt. Er erbleichte, als er sah, daß es wiederum der Mann war, der ihm schon einige Male zu einem kostenlosen Aufenthalt hinter Gittern verholfen hatte. (Berufsschüler)

... daß er früher irgendein Verbrechen begangen oder einer politischen Richtung angehangen hat und daß er dieses gerne vergessen will und auch sein Aussehen verändert hat. (Fachoberschüler)

Zum Beispiel hat ein Mann mal im Gefängnis gesessen, wegen eines Diebstahls oder wegen einer Schlägerei etc. und hat sich jetzt wieder in die Gesellschaft eingegliedert, dann würde er bestimmt bei der Begrüßung einen Schock bekommen. Oder wenn er dem Alkohol verfallen war und jetzt nicht mehr trinkt. (Berufsschülerin)

Die beiden Herren könnten früher bei etwas unseriösen Geschäften zusammengearbeitet haben ... Der andere Herr wurde inzwischen seriös. Bei diesem Wiedersehen wurde Herr K. von seinem früheren Kollegen ertappt. (Berufsschüler)

2 *Schlechtes Gewissen über anormale bis asoziale kriminelle Vergangenheit, Verdrängung oder Besserung.*

(Die enge Beziehung von C 2 zu »moralische Vervollkommnung« [B 3] fällt in vielen Beispielen auf. Vermutlich ist die schlechte Vergangenheit [insbesondere krimineller Art] ein gesteigerter Ausdruck für Abweichungserlebnisse mit entsprechender Sanktionsangst, wobei die Gattung Kriminalstück als Symbol dient. Ich führe nochmals ein Beispiel aus B 3 an.)

... daß Herr K. früher als unbequemer, um nicht zu sagen als Außenseiter galt ... hat selbst erkannt, daß er sich in vergangener Zeit nicht richtig verhalten hat. (Fachoberschüler)

... wird unliebsam an seine Vergangenheit erinnert ... war früher nicht sehr beliebt. (Hauswirtschaftsschülerin)

Vielleicht war Herr K. in früheren Zeiten ein lasterhafter Mensch, der auch mal mit dem Gesetz aneinander geraten war ... hat aber inzwischen versucht, von seinem lasterhaften Leben loszukommen und ein Leben in geordneten Verhältnissen zu leben ... Wollte die Vergangenheit begraben. (Berufsschülerin)

Herr K. ist inzwischen Direktor geworden ... Er kann ja zur Zeit, als sie sich zum letzten Mal sahen, irgendwie kein gutes Benehmen oder irgendwelche andern Sachen gemacht haben, und Angewohnheit gehabt, an die er sich nicht gerne erinnert und sich vielleicht gebessert hat. (Hauswirtschaftsschülerin)

Es passiert ein Unfall. Herr K. sitzt am Steuer des Wagens, der den Unfall verschuldet hat. Einer der Polizisten ... erkennt in Herrn K. einen alten Kumpel aus früherer Kriegszeit, einen wilden, ehrgeizigen Scharfschützen aus seinem Bataillon. Auf seine Worte »Sie haben sich gar nicht verändert« erbleicht Herr K. Im selben Moment ist ihm klar geworden, daß er es gewesen ist, der den Unfall verschuldet hat. (Fachoberschüler)

Sieht man von den nicht unbeträchtlichen Differenzierungen zwischen Klassen gleicher oder ähnlicher Schularten ab und unterteilt die Antworten nur sehr grob nach Berufsschülern und Gymnasialschülern, zeigen sich signifikante quantitative Unterschiede (siehe Tabelle): Kritik

Anz.	Schulart	Geschl.	–0–	A1	A2	A3	B1	B2	B3	B4	B5	C1	C2
15	Unterprima	weibl.			11	2			2	10	4		1
17	Unterprima	männl.			6	3	2		4	5	2	1	
23	Unterprima	gem.		2	6	3	2		3	1		4	4
55	Gymnasium			2	23	8	4		9	16	6	5	5
	in %			3,6	41,8	14,5	7,2		16,3	29	10,9	9	9
7	Fachoberschule	männl.			2	1	2		2	1		2	
16	Fachoberschule	männl.			3	1	2	1	9			3	8
34	Arzthelf. I. Kl.	weibl.	11	3	3	5	15	3	4			2	1
31	II. Kl.	weibl.	10	3	4	3	7	3	3			2	3
16	Hauswirtschaftsschule I. Kl.	weibl.	6	4			2	2	1			1	1
21	II. Kl.	weibl.	4	1	2	2	4	1	3	1		2	8
125	Berufsaufbauschule		31	11	14	12	32	10	22	2		12	21
94	in % (125—31)		24,8	11,7	14,8	12,7	34	10,6	23,4	2,1		12,7	22,3
23	Berufsschule I. Kl.	gem.	7		2	1	8	2	2			4	2
18	II. Kl.	gem.	6				5	1			1	5	2
15	III. Kl.	gem.	3		7	1	2	1	1			3	2
56	Berufsschule		16		9	2	15	4	3		1	12	6
40	in % (56—16)		28,4		22,5	5	37,5	10	7,5		2,5	30	15
55	Gymnasium		0	3,6	41,8	14,5	7,2	0	16,3	29	10,9	9	9
	Berufs- und Berufsaufbauschule		25,9	8,2	17,1	10,4	35	9,7	18,6	1,4	0,7	17,8	20,1
134	in % (181—47)												

an Konvention, vorschnellem Urteil, usw. (A 2. 3) findet sich in beiden
Gruppen, allerdings sehr viel häufiger bei den Gymnasiasten als bei
den Berufsschülern, die auch Zustimmung zu Konvention kennen (A 1).
Besonders auffällig ist die sehr hohe Quote bei Veränderung des Aus-
sehens (B 1) und des sozialen Status (B 2) in der Gruppe der Berufsschüler, während umgekehrt in der Gruppe der Gymnasialschüler relativ hohe Quoten für Persönlichkeitsentwicklung (B 4) und Erfahrung,
Lernen (B 5) vorliegen; möglicherweise ist die ungefähr gleich hohe
Quote für »moralische Vervollkommnung« (B 3) bei den Berufsschülern
mehr im Sinne von B 2, bei den Gymnasiasten im Sinne von B 4 zu
werten. Das legen auch die ja in engem Zusammenhang zu B 3 stehenden Interpretationen »Kriminalschema« (C 1) und »schlechtes Gewissen« (C 2) nahe, die bei den Berufsschülern doppelt so häufig vorkom-
men wie bei den Gymnasiasten. Außerdem nehmen diese die Interpretationen C 1. 2 eher distanziert und versuchsweise vor, während jene
sich deutlich identifizieren. — Überhaupt ist eine Auswertung der Quan-
titäten bedenklich, die nicht den Intensitätsgrad und Umfang der den
einzelnen Themen gewidmeten Interpretationsteile berücksichtigt; letzteres ist allerdings hier nicht zu dokumentieren.[5] Die sich aus dem Ver-
teilungsschema ergebenden Tendenzen zeigen sich natürlich nicht in jeder Einzelinterpretation; es gibt graduelle Differenzen bis zur Abweichung von der Gruppentendenz. Natürlich gibt es aber auch Einzel-
interpretationen, die die Grundtendenz in extremer Weise verdeutlichen. Dafür je ein Beispiel:

Ich verstehe nicht so ganz, warum Herr K. erbleichte, denn ich würde es als
Kompliment ansehen, wenn mir jemand nach langer Zeit sagen würde, ich
habe mich nicht verändert. Wenn man es vom Äußeren her betrachtet. (A 1)
Vielleicht ist Herr K. ja inzwischen Direktor geworden. (B 2) Eventuell
aber sah er früher nicht so gut aus und diese Worte haben ihn gekränkt. (B
1) Er kann ja zur Zeit, als sie sich zum letzten Mal sahen, irgendwie kein
gutes Benehmen (B 2. 3) oder irgendwelche anderen Sachen gemacht haben,

---

[5] Als ein Beispiel mag folgende Interpretation einer Berufsschülerin gelten:
»Oh«, sagte Herr K. und erbleichte. Er dachte bei sich:
1) »Nun habe ich für die Massagen und die Bäder soviel Geld ausgegeben und
habe mich trotzdem nicht verändert. Was soll ich denn noch alles machen? Ich
kann doch nicht jeden Tag diese Handlung über mich ergehen lassen.«
2) »Was, bin ich immer noch so dick wie früher? Das ganze Zeug taugt aber
auch gar nichts. Dabei habe ich gerade heute meiner Verlobten (verbessert aus
›meinem Verlobten‹, was deutlich die Identifikation zeigt!) geschrieben,
daß ich wieder abgenommen habe.«
3) »Sehe ich immer noch so schlecht aus wie letztes Jahr, als wir uns zum letzten Mal sahen?«
4) »So, finden Sie?« sagte Herr K. in seiner Eitelkeit gekränkt. »Gerade heute
sah ich alte Freunde von mir wieder, die sagten, daß ich mich sehr zu meinem
Vorteil verändert habe.«

und Angewohnheiten gehabt, an die er sich nicht gerne erinnert (C 2) und sich vielleicht gebessert hat. (B 3) (Hauswirtschaftsschülerin)

Der Text zeigt die Sinnlosigkeit der Floskeln auf, die wir im Umgang mit Menschen benutzen. (A 2) Jeder Mensch hofft, in einem bestimmten Zeitraum eine Weiterentwicklung zu vollziehen und nicht an einem Punkt stehenzubleiben. (B 4. 5) Es ist daher ein Grund zum ... tiefsten Erschrecken, wenn Herrn K. gesagt wird, er hätte sich überhaupt nicht verändert.

In den »Geschichten von Herrn Keuner« stellt Brecht kurze Begebenheiten aus dem täglichen Leben eines Menschen dar, in denen meistens solche selbstverständlich gebrauchten Verhaltensweisen aufgezeigt werden, über die sonst der Leser dieser Geschichten vorher nie nachgedacht hat. Brecht zwingt dazu, sich über diese Dinge einmal Gedanken zu machen, nachdem der Leser erschreckt bemerkt hat, wie gedankenlos auch er diese Floskeln ... gebraucht (A 2. = B 5) ... Erst dann fällt dem Leser auf, daß diese so oft gebrauchten Sätze nur dastehen, um dem Redenden eigenes Denken zu ersparen. Anstatt sich Gedanken zu machen über Herrn K. und diese Gedanken in eigenen Worten auszudrücken, sagt er ganz allgemein: »Wie nett ...« Durch diese Möglichkeit, in eine Floskel auszuweichen, wird der Mensch nicht gezwungen, sich seiner Gleichgültigkeit dem Mitmenschen gegenüber bewußt zu werden. Die Bewußtwerdung und die daraus mögliche Änderung will Brecht mit diesen »Geschichten« erreichen. (B 5) (Unterprimanerin)

Die Art der konkreten Antworten und ihre in der Tabelle sichtbar werdende Tendenz sagt einerseits etwas über die Struktur des Textes — freilich nur in Relation zu den untersuchten Lesergruppen — aus; darauf können wir hier nicht näher eingehen. Sie zeigt andererseits deutlich, wie weitgehend, wenn nicht überhaupt ausschließlich die Aktualisierung abhängig ist von der sozialen Gruppe bzw. ihrer Sozialisation in der Schule.

Dieses Ergebnis wäre rein theoretisch prognostizierbar gewesen; es bringt weder für den Sozialpsychologen noch für den hermeneutisch geschulten Germanisten oder Rezeptionsforscher neue Erkenntnisse. Überraschend ist eigentlich nur die Fülle der sehr krassen Einzelfälle[6], insbesondere bei den Berufsschülern. Gewiß, die Leerstellen-Quote dieses Textes ist relativ groß; aber Texte mit niedrigerer Quote könnten — was ebenfalls empirisch zu untersuchen wäre — ähnliche Folgen haben, besonders bei den Möglichkeiten nuancierterer Aktualisierung durch gebildete Leser. Gewiß, hier haben sich Leser extrem geringer literarischer Bildung geäußert, aber selbst bei extrem gebildeten wie etwa Germanisten dürfte die Rezeptionsstruktur im Prinzip nicht anders aussehen; nur sie selbst merken es nicht, weil sie in einer mehr oder

---

[6] Würde man überspitzen, könnte man sagen, daß hier nicht der Satz »Der Text wirkt auf den Leser«, sondern eher der umgekehrte Satz »Der Leser wirkt auf den Text« gilt.

weniger homogenen Gruppe auf konventionalisierte Weise aktualisieren. Erst wenn wir die Aktualisierungen einer heterogenen Gruppe studieren, die sonst auf Grund der gesellschaftlichen Distribution von Bildung und »hoher« Literatur nicht erreicht wird, oder deren gelegentliche Aktualisierungen uns nicht erreichen, könnten wir darauf aufmerksam werden.

Die empirische Erforschung von Material kann einmal Grundmechanismen der Rezeption bloßlegen, die sonst wegen der Gruppenhomogenität der Analysierenden und der Nuanciertheit und Komplexität der analysierten Fälle leicht verdeckt bleiben. Ich werde eine vorläufig noch recht schematische Formel für solche Grundmechanismen gleich andeuten. — Sie könnte damit einerseits Schriftstellern helfen, die, heute von ihren Lesern weit entfernt und von ihren Rezensenten über diese kaum informiert, nicht mehr an der Vorverständnisstruktur intendierter Zielgruppen vorbei —, also schichtenspezifisch schreiben wollen (Veränderung der Schreibart bei angenommener Konstanz der Leser.) — Sie könnte andererseits für die Literaturpädagogik fruchtbar gemacht werden, solange Schriftsteller mittlerer und erster Größe noch nicht wirklich für Zielgruppen schreiben, aber dennoch etwas zu sagen haben (Veränderung von Lesern bei angenommener Konstanz von Texten).

Da die spätere Praxis des größten Teils unserer Studenten die Literaturpädagogik ist, kommt es mir im Augenblick auf die Entwicklung der zuletzt genannten Möglichkeit an. Voraussetzung ist, daß man Rezeptionsmechanismen in den Griff bekommt, denn Strategien einer Leserveränderung setzen die Analyse der normalerweise ablaufenden Vorgänge voraus. Die oben aufgewiesene gruppenspezifische Rezeption reicht dafür noch nicht aus; eine Untersuchung des vorliegenden Materials läßt jedoch noch eine präzisere Formel zu: Rezeption vollzieht sich als Annahme von Voraussetzungen, die im Text nicht gemacht werden (Substitution); als Auswahl eines, Weglassen eines anderen Teils von Voraussetzungen, die im Text gemacht werden (Selektion); als Verbindung der substituierten und der selektierten Voraussetzungen zu einem anderen als dem im Text gegebenen Bedeutungszusammenhang (Deformation). In diesen — stets natürlich in Wechselwirkung auftretenden — Momenten zeigt sich die Subjektivität des Rezipienten.

Ein Nachweis der ganzen Rezeptionsformel ist hier nicht möglich, ich beschränke mich im wesentlichen auf das erstgenannte Moment. Es ist besonders auffällig, zeigt sich besonders deutlich, und zwar u. a. an Assoziationen, an Sentenzen, an Füllungen von Leerstellen.

Vielleicht kann man es damit vergleichen, wenn sich zwei Frauen treffen, die eine hat heute ihr gutes neues Kleid an und hat sich besonders ge-

schminkt. Wenn ihr nun jemand sagen würde: Sie haben sich gar nicht verändert, würde sie vielleicht auch blaß werden und sich ärgern.

Die Assoziation dieser Hauswirtschaftsschülerin ist an der Formel
»Vielleicht kann man es damit vergleichen« schon als solche leicht erkennbar. Sie bezieht sich auf ihren Lebensbereich, bezeichnet eine ihr
wichtige soziale Situation und die damit verbundenen Gefühle und
Werte, wie z. B. soziale Anerkennung, die sie sich — man beachte, daß
sich hier zwei Frauen wie Kriemhild und Brunhilde treffen, nicht eine
Frau und ein Mann! — durch bestimmte Symbole und Rituale zu verschaffen sucht. Veränderung ist für sie äußere Anhebung ihres Status,
ein Wert, den sie anerkannt wissen will und dessen Nichtanerkennung
Unlustgefühle auslöst.

Die Assoziation äußert sich bei der Interpretation als direkte Projektion, wobei die Schülerin Leerstellen im Text füllt (und manche
allererst erfindet):

> Sicher hätte Herr K. gerne gehört, daß er sich zu seinem Vorteil verändert
> hätte. Denn eventuell hat sich Herr K. auf dieses Wiedersehen vorbereitet
> (Leerstellenfüllung). Es könnte ja sein, daß Herr K. vorher nicht gerade
> schlank gewesen ist (Leerstellenfüllung) und nun eine Schlankheitskur hin-
> ter sich hat (Leerstellenfüllung) und sehr enttäuscht ist, daß es einigen Leu-
> ten nicht einmal auffällt.

Die Schülerin kann ein Verständnis des Textes, wie gerade die Leer-
stellenfüllungen zeigen, überhaupt nur aus ihrem Vorverständnishorizont gewinnen (Projektion ist notwendig), und sie würde aufgrund
dieser Vorverständnisstruktur niemals anders auf einen Text reagieren
(Projektion ist unvermeidbar).

Würde der Literaturpädagoge diese Projektion unterdrücken und
statt dessen Objektivität fordern, würde er nur noch, wenn überhaupt
irgend etwas, abstrakte Textparaphrasen vom Typ: Zwei Männer
treffen sich, etc. erhalten; eine Unterprimanerin z. B. schreibt und steht
mit Deutungen dieser Art keineswegs allein: »Die Überschrift ›Wiedersehen‹ deutet darauf hin, daß früher schon mal eine Begegnung
stattgefunden hat«. In der konkreten Assoziation steckt die gesamte
Substanz des konkreten Subjekts, und insofern wäre die Unterdrück-
kung der Projektion zugleich die Unterdrückung des Subjekts. Im
mehrfach wiederholten Prozeß einer Literaturpädagogik dieser Art
würde etwa folgendes geschehen: Die Schülerin vollzieht in der Klasse
das geforderte objektivistische Interpretationsritual (Paraphrase, Bestimmung der Gattung, der Sprachmerkmale, der Personengestaltung,
der Literaturepochen, des Literatur-»wesens«), geht aber zugleich in
die innere Emigration, wo sie sich denkt, was sie assoziiert; nach einer
Weile gewöhnt sie sich auch das ab und vollzieht auch innerlich das

Interpretationsritual mit; aus der Schule entlassen, will sie mit Literatur nichts mehr zu tun haben, liest alle anderen Texte wie vor Beginn des Deutschunterrichts.

Bei einem weiteren Beispiel sind Assoziation und Sentenz eng verbunden:

> Dieses Erbleichen erscheint mir ziemlich verständlich. Denn wer hört schon gern, daß er sich nicht weiter entwickelt hat. Mir würde es genau so gehen, wie Herrn K., z. B. wenn ich Verwandte besuche, äußern sie sich genau so wie der Mann... Dieses empfinde ich als äußerst unpassend, denn ich glaube, daß ich mich ständig weiterentwickle, genau wie jeder andere Mensch es auch tut, oder tun sollte. Selbst wenn man die Worte des Mannes nur auf äußerliche Erscheinungen bezieht, ist die Aussage unzutreffend.
>
> Vor allem, wenn man als Kind immer wieder hört: Du hast dich gar nicht verändert, ist man nicht gerade begeistert, denn man will unbedingt erwachsener aussehen. Der Mann ... wird sich nicht über die eigentliche Bedeutung seiner Worte bewußt gewesen sein, und diese mehr oder minder als Floskel gesagt haben ...

Auch diese Unterprimanerin arbeitet deutlich mit Assoziationen, die Vergleichsformel ist hier durch die Formel »z. B« und »wenn man« ersetzt; sie bringt zwei Beispiele, den Verwandtenbesuch für die innere Entwicklung, offenbar direkt auf ihre Gegenwart bezogen (sie ist 18), die Erwachsenenäußerung gegenüber dem Kind für die äußere Entwicklung, offenbar als Erinnerung. Auch ihre Assoziationen beziehen sich auf für sie wichtige soziale Situationen, Begegnungen eines jungen, sich entwickelnden Mädchens mit der Erwachsenenwelt; ihre innere und äußere Dynamik wird dabei entweder unterdrückt oder/und ignoriert, gar nicht beachtet, wie die Bemerkung über die Floskelhaftigkeit zeigt. Auch dieser Schülerin geht es um soziale Anerkennung, aber eher im Sinne der Forderung, der Auseinandersetzung; und nur da, wo sie ihr nicht zuteil wird, reagiert sie mit dem Statussymbol des Alters: »Man will unbedingt erwachsener aussehen.«

Damit formuliert sie eine Sentenz, die ganz deutlich einen Wert ausdrückt: Sie bejaht eine Veränderung im Sinne äußerer Entwicklung, des Erwachsenwerdens. Sie formuliert aber noch eine weitere Sentenz: »denn ich glaube, daß ich mich ständig weiter entwickle, genau wie jeder Mensch es tut, oder tun sollte«. Der individuelle Wert »innere Entwicklung« wird sogar zum allgemeinen Gesetz erklärt, von dessen Norm niemand abweichen darf. — Urteile, die sich nicht an dieser Norm orientieren, werden von ihr aus als »unzutreffend« bezeichnet: Sie werden einmal als falsch, zum andern als oberflächlich und nicht bewußt kritisiert. Die Schülerin wehrt sich gegen die sie beengende Umwelt offenbar durch Kritik.

Die Sentenzen formulieren die gleiche Vorverständnisstruktur des

Subjekts wie die Assoziationen, die geheime Identität zwischen »Gesetz« und »Einzelfall« wird durch das explizit gebrauchte »Ich« deutlich herausgehoben.

An dieser Schülerin dürfte sich der Literaturpädagoge, der die Projektion unterdrücken möchte, wohl die Zähne ausbeißen. Offenbar hat er das auch schon versucht. Der letzte Satz der hier fast vollständig wiedergegebenen Interpretation lautet:

> Ich bin mir nicht bewußt, welche Bedeutung dieser Text hat, den Text empfinde ich als gut.

Die Schülerin hat offenbar das Gefühl, nicht ordnungsgemäß interpretiert, d. h. keine objektiven, sondern nur subjektive Äußerungen gemacht zu haben — was in der Tat auch der Fall ist. Sie hat zwar wichtige Momente des Textes (Floskelhaftigkeit der Rede des Mannes, darin enthaltener Wert »Nichtveränderung«, entsprechende Kritik K. s. an beidem) sowie deren Zusammenhang interpretatorisch beachtet, aber auf einer Ebene außerhalb des Textes, der Analogieebene ihres höchst eigenen Lebens. Das soll offenbar die sonst gut ausgebildete Klasse nicht tun, wie die fast ausnahmslos innerhalb einer eingespielten Sprach- und Entfremdungskritik und Reflexionsfreude vollzogenen Interpretationen zeigen.[7] Damit gerät die Schülerin in eine Opposition, die sich als innerer Konflikt spiegelt: Obwohl sie den Text sehr wohl verstanden und sich selbst in ihm erkannt hat — weshalb sie ihn auch als gut empfindet —, glaubt sie nicht zu wissen, welche Bedeutung er »selbst« hat. Daß das allerdings auch ein positives und für die Interpretation fruchtbares Differenz-Gefühl sein kann, werde ich noch andeuten.

Neben dem bisher vorgestellten Typus von Assoziationen und Sentenzen, die sich auf die eigene unmittelbare Lebenspraxis beziehen, gibt es einen Typus, dessen fatale Varianten ich hier nur andeuten kann. Es sind die literarischen Assoziationen einer bestimmten Berufsgruppe, der Germanisten.

Eine Gymnasialschülerin, die scheinbar rein immanent interpretiert, dabei aber kräftig Leerstellen ausfüllt und diese Füllungen dann wieder verwirft, so daß sie am Ende der zweiten Erwägung nichts mehr in der Hand hat, fährt fort:

> Ein dritte Möglichkeit ist, daß Herr K. (da das Stück von Brecht ist) im Krieg ein Nationalsozialist gewesen ist und an dem Tod vieler Menschen nicht ganz unschuldig ist. Der Mann kann eines seiner Opfer gewesen sein, das ihn nun höhnisch oder auch vorwurfsvoll begrüßt ... Herr K. reagiert mit Angst und schlechtem Gewissen.

---

[7] Vgl. das 3. Beispiel von A 2. (In der Tabelle die erste Unterprima.)

Auch diese Schülerin hat eine Assoziation, und zwar eine literarische, auf den Autor oder besser das Werk Brechts, möglicherweise auf »Furcht und Elend des dritten Reiches« oder »Aufhaltsamer Aufstieg« oder »Maßnahmen gegen die Gewalt«. Eine Formulierung und Reflexion der eigenen Lebenspraxis wie die vorige Schülerin hat sie — wie übrigens fast alle Schüler ihrer Klasse[8] — geopfert. Was hat sie dabei gewonnen? Das Problem des Faschismus erscheint personalisiert, moralisiert, psychologisiert, was allerdings diese kurze Szene, wird sie auf diese Weise analogisiert, auch anders kaum zuließe. Aber die Schülerin hätte ja durchaus die Chance gehabt, dieses Textstück durch weitergehende Assoziationen auf Brechts Werk andeutungsweise zu korrigieren. Ich bin nicht sicher, ob es Zufall oder Symptom ist, daß die vorgetragenen Assoziationen genau im Vorverständnishorizont dessen liegen, was Haug »hilflosen Antifaschismus« genannt hat. Wenn das letztere der Fall ist, so hätte auch eine weitergehende Lektüre der anderen Werke Brechts nur eine im Prinzip ähnliche Projektion erbracht. Die Projektion dieser Gymnasialschülerin zeigte sich dann eingebettet in die Vorverständnisstruktur und entsprechende Projektionen einer ganzen Gruppe, ja darüber hinaus eines wesentlichen Teils der BRD-Gesellschaft. Die von uns *geforderte* Literaturpädagogik müßte in diesem Fall auf die *bestehende* Literaturpädagogik selbst gerichtet werden.

Was die innerhalb einer älteren Germanistik konventionalisierte Assoziationsrichtung, analoge oder Parallelstellen des Autors bei der Textinterpretation statt Analogien zur eigenen oder gesellschaftlichen Realpraxis heranzuziehen, für Konsequenzen haben kann, möchte ich an zwei Beispielen, die von Studenten meiner Vorlesung stammen, nur andeuten. (Der Autor von »Wiedersehen« war nicht genannt worden und diesen Studenten auch nicht bekannt.)

> Der Mann gebraucht eine floskelhafte Redewendung, will eigentlich nichts weiter sagen. Herr K. nimmt aber das Gesagte ernst, hält es für eine Anklage einer anonymen Instanz; er erschrickt, weil er sich vor dieser Anklage schuldig fühlt.

Der Interpret nahm an, der Text stamme von Kafka.

> Der Mann hat sich vor Jahren von Herrn K. ein Bild gemacht. Jetzt überprüft er dieses Bild nicht neu, sondern hält es für selbstverständlich, daß Herr K. ihm entspricht. Der Mann zwängt Herrn K. in eine Rolle, darüber erschrickt Herr K.

Die Interpretin behauptete, »Wiedersehen« in Frischs Tagebuch gelesen zu haben. Dort steht es nicht!

[8] In der Tabelle die 3. Unterprima.

Die beiden Fälle zeigen deutlich, wie der Germanist »geschult« ist, zu interpretieren. Eine Schülerin der oben erwähnten Gymnasialklasse[9] drückt das sehr plastisch aus, wenn sie beginnt: »Ausgangspunkt: Da es eine Kurzgeschichte von Brecht ist, versucht man sofort eine soziale oder gesellschaftliche Kritik zu sehen.« Leerstellen wurden sogleich im Sinne des Gesamtwerks, nicht der Lebenspraxis, gefüllt. Diese kann zwar noch darin enthalten sein, aber sie ist fast ungreifbar geworden, sie versteht sich im »geschulten« Vorverständnis. Zugleich damit hat der Interpret den Prozeß der Bildung seines Werkvorverständnisses vergessen, kennt also dessen Geschichte nicht mehr, setzt sie statisch, kann sie entsprechend auch am jeweils neuen Text nicht mehr flüssig machen.

Überblickt man die Gesamtheit der Interpretationen von Gymnasiasten einerseits, Berufsschülern andererseits, so ist ganz deutlich, daß diese ganz ungeniert und mit m. E. erfreulicher Selbstverständlichkeit den Text auf ihre Lebensprobleme beziehen und stets »Ich« sagen, während jene sich davor genieren und den Text auf alle möglichen Vorurteile über die Gesellschaft oder die Literatur oder einen Autor beziehen und das »man« der passivischen Konstruktion vorziehen. Natürlich reproduzieren auch die Berufsschüler die Vorurteile ihrer Gesellschaft, jedoch erscheinen sie nicht als Bildung.

Hatten wir im ersten Durchgang die Aktualisierungstendenzen des Bewußtseins bestimmter Gruppen zeigen können, so macht der zweite Durchgang deutlich, daß und wie innerhalb solcher Gruppen die Subjektivität des einzelnen Lesers zur Erscheinung kommt. In der Praxis wird man darauf achten, daß das möglichst rein und unverfälscht geschieht: Vermutlich ist das am ehesten in schriftlichen Aktualisierungen, wie sie deshalb auch hier von den Schülern erbeten wurden, der Fall, während bei kollektiven Interpretationen (im Klassen- oder Seminargespräch) Vermittlungen zwischen den Gesprächspartnern stattfinden, die eine scharfe Profilierung der Subjektivität verhindern und ihre Erkennung bzw. Selbsterkennung erschweren.

Aber mit der Profilierung der Subjektivität allein kann es ja nicht getan sein. Das wäre etwa so, als wenn der Psychotherapeut mit der Aufzeichnung der Interviews und dem Protokoll der Träume aufhören würde. Der Psychotherapeut stellt vielmehr jetzt die »Narrationen« seines Patienten dem eigenen »Schema« gegenüber, um ihm eine Einsicht in die Struktur seiner Vorstellungen und ihrer Ursachen zu vermitteln und ihn eine alternative Lebenspraxis zunächst simulieren zu lassen. Analog dazu würde der Literaturpädagoge (= Psychotherapeut) nun die Aktualisierungen (= Narrationen) des Schülers (= Pa-

---

[9] 3. Unterprima der Tabelle.

tient) zusammen mit dem Text selbst (= Schema) konfrontieren, und zwar mit der gleichen Absicht.

Wie kann ein solcher Prozeß im Modell aussehen? Im Verstehensverlauf müßten sowohl die, am Material beschriebene, Beschränkung des Subjekts wie auch ihre Negation durch den Text eigens gesetzt und thematisiert werden, und zwar in dieser Reihenfolge: Durch rigorosen Subjektivismus zur Objektivität und zurück zu der mit dem »Objekt« (genauer dem potentiellen Text-Subjekt) vermittelten Subjektivität. Idealtypisch ließe sich das in drei Phasen auseinanderlegen, die sich zwar realiter nie so säuberlich scheiden lassen, aber doch als solche bewußt werden müßten.

1. Phase: Projektion ist ein notwendiges und unvermeidbares Moment des Textverstehens. Sie darf deshalb nicht etwa unterdrückt werden (z. B. durch »objektivistische« Verfahren), sondern muß im Gegenteil provoziert und auf die Spitze getrieben werden. (Das gilt auch für Texte der Vergangenheit, die auf diese Weise kraß enthistorisiert werden!)

2. Phase: Die so entstehende Diskrepanz zwischen der intentionalen Bedeutung des Textes und der deutlich ausformulierten individuellen Aktualisierung, die interpretatorische Differenz — wie ich das nennen möchte — wird fruchtbar gemacht. Die unbewußt zur Erscheinung gekommene Subjektivität wird dem Leser jetzt bewußt gemacht, indem sie dem Text selbst bzw. einer 2.—n. Aktualisierung gegenübergestellt wird, wobei auch die intentionale Bedeutung des Textes greifbar wird. Dabei sind jetzt »objektivistische«, nach bestimmten Regeln ablaufende Verfahren brauchbar und notwendig.

3. Phase: Der bis hierhin getriebene Prozeß wird explizit gemacht, d. h. der durchgemachte Lernvorgang wird auf die ursprüngliche Vorverständnisstruktur und die soziale Situation, aus der sie hervorging, zurückbezogen. Es wird in einer Art Simulation von Praxis gefragt, ob der Leser mit den vom Text angebotenen Denk- und Verhaltensalternativen etwas anfangen könnte.[10]

Wenn man bedenkt, daß der Brecht-Text den weitaus größten Teil der Vorverständnisstrukturen, aus denen heraus er hier aktualisiert wurde,

---

[10] Dieses ganze Modell ist möglicherweise nur durchführbar, wenn der Bedeutungsumfang des Textes den Bewußtseinsumfang des Lesers (oder der Leser) überschreitet. Was geschieht, wenn der Bedeutungsumfang deckungsgleich ist, oder den Bewußtseinsumfang des Lesers unterschreitet, müßte eigens ausprobiert werden.

kritisiert, oder allgemeiner: Wenn man die kritische Potenz von Literatur nicht im Leseakt verschwinden sehen, sondern für den Leser wirksam und brauchbar machen will, so müßte — da ja die vorliegende Literatur das aus eigener Kraft nur selten schafft — ihr eine Literaturpädagogik an die Seite treten. Ihre Aufgabe wäre es, sowohl dem Leser gegenüber dem Text zu seinem Recht zu verhelfen, wie auch dem Text gegenüber dem Leser, allerdings nicht um des Textes, sondern um des Lesers willen.

Die Rezeptionsforschung dagegen tendiert dazu, das Recht, das sich die Leser willkürlich herausgenommen haben, beschreibend so weitgehend zu akzeptieren, daß sie faktisch die These von einem unverbindlichen Meinungspluralismus vertritt.[11] Die konkrete Text-Leser-Relation darf nicht in die Sätze »Allein die intentionale Textbedeutung gilt« — »Allein die jeweilige Aktualisierung gilt« auseinandergerissen werden, die dann die Grundlage einer objektivistischen und einer subjektivistischen Wissenschaftskonzeption bilden. Wo das geschieht, ist es die Folge einer Praxislosigkeit der entsprechenden Wissenschaft. Die Vermittlung der beiden Seiten ist nicht primär ein theoretisches, sondern ein praktisches Problem; die Vermittlung ist ein durch die Literaturpädagogik für den einzelnen Leser und einzelne Lesergruppen jeweils neu in Gang zu setzender Prozeß, bei dem es um die Veränderung dieser Leser geht. Orientiert sich die Fachwissenschaft an dieser ihrer Praxis, dann werden viele der theoretischen Probleme leichter lösbar erscheinen, manche sich als bloßer Schein auflösen.

Nachtrag zur Diskussion

Äußerungen wie »Text selbst« — »Text-Subjekt« — »objektivistische Verfahren«, wobei die letzte Formulierung noch in eine paradoxe Spannung zur zweiten gerät; oder auch Vorverständnisstrukturen der Leser, die der Text gerade kritisiert, eine Aussage, in der offensichtlich eine objektive Interpretation vorausgesetzt wird; schließlich gar der Anspruch, das von K. R. Mandelkow herausgearbeitete theoretische Dilemma der einander unversöhnlich gegenüberstehenden Wirkungs- und Rezeptionsauffassungen sei praktisch zu überwinden: das alles forderte in der Diskussion mit Recht die Frage heraus, ob denn die ob-

---

11 Im Gymnasium liest sich das so: »Sicher werden andere Leser ... andere Vermutungen haben. Der letzte Satz regt die Phantasie jedes Lesers an.« Oder: »Jeder Leser macht sich andere Gedanken über den kurzen Text. Dies sollte vielleicht damit erreicht werden.« (Im letzten Fall wird die subjektive Unfähigkeit auch noch zum objektiven Merkmal des Textes — oder gar der Kunst überhaupt! — gemacht.)

jektivierende Phase theoretisch überhaupt möglich sei und wie sie, wenn das der Fall sein sollte, konkret durchgeführt werden könne.

Versteht man unter Objektivität einen unter gemeinsam akzeptierten und konsequent durchgehaltenen Regeln aller an der Textauslegung Beteiligten erzielten, d. i. wissenschaftlichen Konsens, also Intersubjektivität (unter Einbeziehung des Text-Subjekts), dann ist eine solche Objektivität zweifellos möglich (Nichtkonsensus dürfte sich nur ergeben, wenn entweder andere Regeln von einzelnen angesetzt oder die gemeinsam akzeptierten Regeln nicht konsequent durchgehalten sind.)

Der solche Objektivität ermöglichende Vorgang muß im Prinzip, methodologisch gesehen, die Umkehrung des Rezeptionsvorgangs sein. Dementsprechend müßte die oben aufgestellte Formel (vgl. S. 228) als methodologischer Satz ebenfalls umgekehrt werden: Substitutionen sind rückgängig zu machen; statt Selektion eines Teils müssen möglichst viele oder gar alle Textvoraussetzungen berücksichtigt werden; diese sind in kleineren, die kleineren in größeren Zusammenhängen zu Bedeutungseinheiten zu formieren.

Diese methodologische Formulierung aber gibt sich echt objektivistisch, weil sie außer acht läßt, daß die Sammlung aller Textmomente und die Formierung ihrer Zusammenhänge natürlich nichts anderes als ein zweiter Lesevorgang ist, also wieder eine Rezeption, für die die Formel mit ihren einzelnen Momenten gilt — insofern wäre also die konsequente Umkehrung eine objektivistische Illusion und schlechterdings unmöglich. Jedoch fällt man mit der zweiten Aktualisierung keineswegs auf die Stufe der ersten Aktualisierung zurück; denn die interpretatorische Differenz ist ja inzwischen bewußt geworden und wird nun unter Einhaltung gewisser — den Subjektivismus steuernder — Regeln zur Annäherung an den Text fruchtbar gemacht. In einem solchen Vorgang verlieren übrigens »objektivistische« Verfahren ihre objektivistische Illusion, sind hermeneutische Teilschritte in einem hermeneutischen Gesamtvorgang. — Die objektivierende Phase vollzieht sich also in den Aktualisierungen 2—n; diese sind bei Interpretationen in Gruppen diejenigen der Gruppenteilnehmer, bei Interpretationen einzelner diejenigen des einzelnen oder die von ihm einbezogenen Aktualisierungen anderer (wie etwa bei historischen Rezeptionsanalysen).

Die tendenzielle Umkehrung der Rezeption in den Aktualisierungen 2—n vollzieht sich m. E. — was noch genauerer Untersuchungen bedarf — in einer Art Frage-Antwort-Spiel zwischen Leser und Text, oder genau zwischen Interpretationssubjekt und Text-Subjekt. In einem wirklichen Gespräch antwortet der 1. Sprecher, wenn der 2. Sprecher auf seine Aussage reagiert hat, mit »ja, so habe ich«; »nein, so habe ich es nicht«; oder »ungefähr, genauer habe ich es folgendermaßen gemeint«, d. h. er bestätigt, verneint, korrigiert den Verstehensakt des 2. Sprechers durch seine Antwort. Im »unwirklichen« Frage-Antwort-Spiel einer Interpretation kann der Text nicht von sich aus antworten, sondern der Interpret muß ihm seine eigene Stimme leihen und ihn damit erst zu einem »Text-Subjekt« machen. Genau das geschieht in den Aktualisierungen der 2. Phase. — Das im Gespräch Übliche wird übrigens in der philologischen Textinterpretation stets bei der Deutung durch Parallelstellen geübt. Der Akt des Stimme-Leihens macht von anderer Seite deutlich, daß auch der zweite Aktualisierungsvorgang eben eine Rezeption ist.

Ist also, wie ich mit diesen Überlegungen zu zeigen versuchte, Objektivität im oben definierten Sinne theoretisch möglich, so ist ihre praktische Durchführung nur ein Problem der Zeit und des Geschicks und einer gewissen Disziplin.

3.

Werner Bauer, Renate Braunschweig-Ullmann,
Helmtrud Brodmann, Monika Bühr, Brigitte Keisers,
Wolfram Mauser

Text und Rezeption

Wirkungsanalyse zeitgenössischer Lyrik am Beispiel des Gedichts »FADENSONNEN« von Paul Celan

Der folgende Text ist ein Auszug aus dem 1972 erschienenen Buch, das eine Theorie zur Wirkungsanalyse vorlegt und den Verlauf und die Ergebnisse einer im Wintersemester 1969/70 an der Universität Freiburg/Br. durchgeführten empirischen Untersuchung zur Rezeption eines Gedichtes von Paul Celan darstellt.

Eine gekürzte Fassung der Theorie (zurückgehend auf die Vorveröffentlichung der Theorie in den Linguistischen Berichten 10, 1970) und des Fragebogens sowie eine Zusammenfassung der Ergebnisse in Hinblick auf drei wesentliche Aspekte dieses Experiments sind im folgenden abgedruckt.

Es sei jedoch darauf hingewiesen, daß für das Verständnis des Experiments wichtige Teile hier nicht aufgenommen werden konnten, z. B.: Voraussetzungen der Befragung (Vorversuche), detaillierte Datenauswertung, Darstellung eines strukturierten Assoziationsraumes zu den Metaphern, Dimensionsanalytische Untersuchung zu den Metaphern und die Analyse der Beziehungen zwischen Assoziationen und Interpretationsansätzen.

I.

1. Theorie einer literarischen Wirkungsanalyse

Die Wirkungsanalyse soll verstanden werden als Versuch, die Direktwirkung eines literarischen Textes auf kontrastierende Lesergruppen und Einzelleser zu analysieren.

1.1. Unter *Wirkung* wird hier verstanden: Das »Einwirken« eines Textes auf den jeweiligen Leser im Rahmen des unmittelbaren Kommunikationsprozesses. Wirkung ist nicht im Sinn der traditionellen Wirkungsästhetik zu verstehen; sie steht dem Vorgang des »Wirkens« näher als dem Zustand der abgeschlossenen »Auswirkung« und bezeichnet die Stimulation des Lesers durch den Text. Diese Wirkung ist nur aus der Spontanantwort des Lesers erschließbar, in der sich der Wirkungsprozeß manifestiert.

1.2. Die Wirkungsanalyse zielt darauf, in einem *synchronischen Schnitt* die Wirkung eines bestimmten Textes auf bestimmte Leser anhand deren Aussagen zum Text in einem Strukturschema darzustellen. Inhalt dieses Schemas sind die feldartigen Zusammenhänge innerhalb des durch den Text vorgegebenen Bedeutungsrahmens (Semantischen Rahmens) für mögliche Antworten. Dieser *Semantische Rahmen* umspannt das mikrosemantische sowie das makrosemantische Feld des jeweiligen Textes (vgl. 6.2.). Das zu erstellende Schema besitzt Vollständigkeitsanspruch für den Zeitpunkt der Untersuchung, bleibt dagegen in Richtung auf die Zukunft offen.

1.3. Als geeignete *Arbeitsinstrumente* der literarischen Wirkungsanalyse werden betrachtet:

1.3.1. die empirische Untersuchung in Form einer *schriftlichen Befragung,* die in begrenzter Zeit durchzuführen ist; diese Art der Untersuchung ist zur Überprüfung des methodischen Modells der Wirkungsanalyse anzuwenden. —

1.3.2. die *mündliche Diskussion* des jeweiligen Textes innerhalb einer Gruppe; diese Art des Vorgehens eignet sich für die Anwendung der Wirkungsanalyse auf breiterer Ebene. —

1.4. Der *Anwendungsbereich* der Wirkungsanalyse beschränkt sich zunächst auf einen bestimmten Typ literarischer Texte. Der Text soll folgende Bedingungen erfüllen:

1.4.1. Er soll einen so *begrenzten Umfang* haben, daß es den Lesern möglich ist, den Text in kurzer Zeit und *ohne Unterbrechung* durchzulesen (Erhaltung des ungestörten Rezeptionsvorgangs und der spontanen Reaktion des Lesers auf den Text als Ganzes).

1.4.2. Er soll *Multivalenz* besitzen, d. h. keine eindeutige Information enthalten, sondern eine Vielzahl kontrastierender Bedeutungsstränge, die eine »Aktivierung« des Lesers provozieren; dieser wird angesprochen und gibt eine Antwort (Reaktion) im Sinne einer »Interpretation«.[1]

2. Kommunikationsmodell

Wirkung ist nicht als unabhängiges Einzelphänomen zu betrachten, sondern im Gesamtzusammenhang des Kommunikationsprozesses, innerhalb dessen ein literarischer Text situiert ist. Wirkung ist ablesbar an der manifesten Reaktion auf einen Stimulus.

2.1. Unter *Stimulus* wird hier verstanden: der auf den Leser ein-

[1] Nicht gemeint ist hier der herkömmliche literaturwissenschaftliche Begriff der Werkinterpretation (als Ergebnis einer wissenschaftlichen Textanalyse). »Interpretation« wird in der Folge nur als Hilfsbegriff eingesetzt; gemeint ist damit die »makrosemantische Verarbeitung« des Primärtextes durch den Leser.

wirkende Text, der durch die Intention des Autors und die von ihm gewählte Art sprachlicher Codierung determiniert ist.

2.2. Unter manifester *Reaktion* wird verstanden: die vom Leser sprachlich codierte Antwort auf den Stimulus. Diese ist durch folgende Faktoren determiniert: durch den Stimulus selbst, durch die Art der Decodierung des Textes sowie durch die vom Leser gewählte Art der Encodierung seiner Antwort, wobei der Einfluß subjektiver Wirkungsfaktoren unterschiedlicher Art zu berücksichtigen ist.

2.3. Die Vorgänge der Stimulation und der Reaktion sind, als psychologische Faktoren, mit dem Arbeitsinstrument der literarischen Wirkungsanalyse nicht unmittelbar zu erfassen.

2.3.1. Beide Vorgänge in ihrer Wechselbeziehung werden in der Terminologie der Wirkungsanalyse zusammenfassend als Prozeß der Aktivierung des Lesers bezeichnet. Da sie hier außerhalb des engeren Forschungsinteresses stehen, wird bewußt darauf verzichtet, anhand von Analogieschlüssen aus dem vorliegenden Versuchsmaterial direkte Aussagen über sie zu machen.

2.3.2. Ebensowenig unmittelbar zu erfassen sind die Person des Autors (Senders) und die Person des Lesers (Empfängers), da beide in dem hier betrachteten Kommunikationsmodell de facto nicht gegenwärtig sind.

2.4. Die beiden *analysierbaren* Faktoren des Kommunikationsprozesses sind: Text[1]) (Primärtext) und Text[2]) (Metatext).

2.4.1. Text[1]) (output) enthält die vom Autor mithilfe des Mediums der Sprache (Code) encodierte Information. Er wirkt auf den Leser als Stimulus. Die ursprüngliche Output-Funktion von Text[1]) wird durch den Vorgang des Einwirkens transformiert: aus der Perspektive des Lesers erhält Text[1]) Inputfunktion.

2.4.2. Text[2]) (output) enthält das vom Leser ebenfalls durch das Medium der Sprache encodierte, vielfach determinierte, manifeste Resultat seiner Reaktion auf Text[1]). Der Produktion von Text[2]) durch den Leser gehen folgende Reaktionsvorgänge voraus:

2.4.2.1. Der Leser reagiert auf Text[1]), indem er mittels seiner Sprachkompetenz versucht, die gegebene Information semantisch zu decodieren *(mikrosemantische Verarbeitung)*.

Dieser Vorgang wird als *Verstehensprozeß* bezeichnet (Perzeption).

2.4.2.2. Der Leser vollzieht in Ergänzung zu der semantischen Decodierung eine individuelle Decodierung von Text[1]), in welcher dessen Zuordnung zum Erwartungsprogramm des Lesers erfolgt. Durch die von der Erwartung des Lesers gesteuerte selektive Kombination erkannter Bedeutungskomponenten wird gleichzeitig die Encodierung des Reaktionsprogrammes in Text[2]) vorbereitet *(makrosemantische Verarbeitung)*.

Dieser Vorgang wird als *Reaktionsprozeß* im engeren Sinne bezeichnet (Interpretation).

2.4.2.3. Verstehensprozeß sowie Reaktionsprozeß setzen sich aus einer potentiellen und einer aktuellen Stufe zusammen. In ihrer Gesamtheit bilden sie den Rezeptionsprozeß.

3. Erwartungshorizont

Art und Verlauf des Rezeptionsprozesses sowie der aus ihm resultierende Text[2]) sind bedingt durch das Verhältnis von Text[1]) und dem Erwartungskomplex des Lesers zum Zeitpunkt der Lektüre.

Die *Erwartung* des Lesers[2] kann sich aus folgenden Komponenten zusammensetzen:

3.1. Erwartungen aus Erfahrungen *sprachlicher Art* (d. h. akustische, grammatische und semantische Erfahrung);

3.2. Erwartung aus Erfahrungen im *Umgang mit Texten,* insbesondere *literarischen Texten:* stilistische und rhetorische Erfahrung; Erfahrung, die aus einem Vorwissen über bestimmte Textarten besteht (u. a. d. Voraussetzen einer »Forderung« an den Leser, im Text eine bestimmte, vom Autor verschlüsselte Intention zu suchen);

3.3. Erwartung, die aus *individuellen Erfahrungen* verschiedener Art resultiert, wie: emotionale Erfahrung; sozial determinierte Erfahrung; kommunikationspsychologische Erfahrung; kulturelle Erfahrung (Wissens- und Erkenntnisspeicher), »Bildung« im weitesten Sinne.

3.4. Erwartung, die nicht in den Gesamtbestand der Erfahrung des Lesers einzuordnen ist, sondern sich erst unmittelbar im *Augenblick der Lektüre* aus der *persönlichen Situation* des Lesers ergibt und von unvorhersehbaren und nicht voll analysierbaren Faktoren beeinflußt wird.

4. Der Leser

Ausgangspunkt für die Definition des *Lesers* im Rahmen der Wirkungsanalyse ist nicht der Literaturspezialist oder der sog. »Superreader« (Riffaterre),[3] sondern der Leser, der folgende Mindestvoraussetzungen erfüllt:

4.1. *durchschnittliche Sprachkompetenz* für das Idiom, in dem Text[1]) encodiert ist; d. h. der Leser verfügt über den Wortschatz und die

---

[2] Vgl. H. R. Jauß: Literaturgeschichte als Provokation. Frankfurt 1970 (edition suhrkamp), S. 177.
[3] Vgl. M. Riffaterre: Describing Poetic Structures. Two approaches to Baudelaire's »Les Chats«. In: Yale French Studies, 36/37 (1966), S. 200—242.

grammatischen Transformationsregeln, die für die sprachliche Kommunikation zwischen allen Bildungsschichten der entsprechenden Sprachgruppe ausreichen;

4.2. das Vorhandensein eines Mittelwertes an *semantischem Bewußtsein;* d. h. der Leser besitzt eine ausreichende Kenntnis der Bedeutungskomponenten der vom Autor gebrauchten Wörter und deren Funktionen im jeweiligen Sprachsystem;

4.3. die Fähigkeit, das durch den Besitz des *sprachlichen Codes* (= 4.1. + 4.2.) semantisch Bekannte zur *Decodierung von semantisch Unbekanntem* (z. B. Neologismen oder Metaphern) einzusetzen.

4.4. Bezüglich der allgemeinen Bildungsvoraussetzungen und der literarischen Erfahrung des Lesers soll zunächst keine präzise Bedingung gestellt werden.

4.5. Neben dem sprachlichen Code ist der *ästhetische Code* zu berücksichtigen. Er kann jedoch nicht wie jener als Bedingung angesetzt werden, da es sich um einen potentiellen Faktor handelt, der sich erst im Vorgang des Lesens realisiert. Der ästhetische Code baut zwar auf der Kenntnis des sprachlichen Codes auf, konstituiert sich aber erst im fortschreitenden Prozeß der Rezeption. Der ästhetische Code ist entscheidend für die Individualität und Poetizität (s. 5) von Text [1]).

5. Poetizität

Die Wirkungsanalyse berücksichtigt neben anderen von der traditionellen Lit.wiss. begründeten Kriterien einen bisher wenig beachteten Aspekt der Poetizität eines Textes.

5.1. Unter *Poetizität* wird der Kunstcharakter eines literarischen Textes verstanden.[4]

5.2. *Wirkung* im Sinn von »Einwirken«, als Auslösungsfaktor des Rezeptionsprozesses, wird als ein entscheidendes Indiz für die Poetizität eines Textes betrachtet. Poetizität ist manifest in der erfolgten *Aktivierung* des Lesers [Gesamtheit der Texte [2]); vgl. 1.4.2. + 2.4.2.].

5.3. Die Aktivierung des Lesers kann ausgelöst werden durch: a) Koinzidenz der Erwartung des Lesers mit Text [1]), sowie b) Divergenz zwischen der Erwartung des Lesers und Text [1]). Entscheidend ist jedoch nicht die Erfüllung der Erwartung im Leser, sondern die *Art* der vom

---

[4] Der Begriff darf nicht mit der »poetischen Funktion« bei Jakobson verwechselt werden, die den Kunstcharakter nur auf der formalen Ebene, in der Textstruktur, bestimmt; Poetizität schließt, in Anlehnung an Riffaterres Begriff des »poetic phenomenon«, auch den Inhalt des Textes und die Art seiner Rezeption ein.

Text ausgelösten Aktivierung. *Nicht jede* Aktivierung des Lesers ist Zeichen der Poetizität eines Textes.

5.4. Zu unterscheiden ist zwischen einer Aktivierung, in der die Leserreaktion durch eine im Text enthaltene Tendenz im voraus in einer *bestimmten Richtung* festgelegt ist, und einer Aktivierung innerhalb eines für variierende und kontrastierende Reaktionen *offenen Rahmens,* der durch die Textstruktur vorgegeben ist.

5.4.1. Texte, die ausschließlich eine vordeterminierte Aktivierung bewirken, können nicht als poetische Texte im eigentlichen Sinn betrachtet werden.

5.4.2. Auch literarische Texte, die durch einen zusätzlichen Informationskontext eine eindeutige Decodierung nahelegen und daher indirekt vorderterminiert sind, entsprechen nicht dem spezifischen Poetizitätsanspruch der Wirkungsanalyse.

6. Multivalenz

Das spezifische Kriterium für *Poetizität* ist, aus der Perspektive der Wirkungsanalyse, die Multivalenz eines Textes.

6.1. Unter *Multivalenz* eines Textes wird verstanden: das Vorhandensein einer Vielzahl variierender, kontrastierender, einander teilweise ausschließender Bedeutungsstränge, die gleichberechtigt nebeneinander stehen.

6.2. Der Multivalenz der semantischen Struktur eines Textes entspricht im Bereich der Rezeption die Vielfalt der durch Text [1]) auslösbaren Aktivierungsprozesse bei verschiedenen Lesern. Die in Text[1]) enthaltenen reellen und potentiellen Bedeutungskomponenten geben den Lesern unterschiedliche, aber nicht unbegrenzte Möglichkeiten der Reaktion und der Aktualisierung des Textes. Sämtliche Vorgänge der Aktivierung des Lesers verlaufen innerhalb des durch die Textstruktur vorgegebenen Bedeutungsrahmens. Die möglichen Reaktionen der Leser auf Text[1]) [manifest in Text[2])] stehen in einem strukturierten Wirkungszusammenhang, dem *Semantischen Rahmen,* welcher der semantischen Struktur von Text[1]) entspricht.

6.2.1. Dieser Semantische Rahmen des Textes setzt sich aus einem mikrosemantischen und einem makrosemantischen Feld zusammen.

6.2.1.1. Unter dem *mikrosemantischen Feld* eines Textes ist zu verstehen: die Gesamtheit der in ihm enthaltenen einzelnen Bedeutungselemente. Indem der Leser das mikrosemantische Feld realisiert, aktualisiert er, mehr oder weniger bewußt, die einzelnen Bedeutungseinheiten und benennt sie. Die Realisierung des mikrosemantischen Feldes erfolgt in *komplementären* Schritten, d. h. das vorgegebene Feld reeller und potentieller Bedeutungselemente wird vom Leser durch *sukzessive Auswahl- und Benennungsschritte* annähernd gefüllt.

6.2.1.2. Unter dem *makrosemantischen Feld* eines Textes ist zu verstehen: eine durch die mikrosemantischen Elemente des Textes vorgegebene Anzahl *kohärenter Sinnaussagen* über Text [1]). Innerhalb eines durch den Text vorgegebenen Sinn-Rahmens stehen *mehrere gleichwertige* Sinnaussagen nebeneinander. Der Leser wählt *alternativ* eine der Aussagen bzw. kombiniert alternativ Teile der »verfügbaren« Sinnaussagen miteinander. Das makrosemantische Feld ist, ebenso wie das mikrosemantische Feld, durch die Textstruktur bedingt; es bildet den *Kern der Multivalenz* des Textes.

6.2.2. Die These, daß in der Textstruktur selbst eine Anzahl verfügbarer Sinnaussagen enthalten sei, entfernt sich bewußt von der Annahme, der Text beinhalte *einen* konkreten Sinn. Zwischen dem Leser und dem Wirkungsanalytiker besteht insofern ein Unterschied, als der Leser nur die von ihm gewählte Sinnaussage erfaßt, der Analytiker jedoch anhand der ihm verfügbaren Metatexte die *Rezeptionsstruktur des Textes* (d. h. die Struktur sämtlicher Sinnaussagen über den Text) darzustellen vermag.

Seine Zielvorstellung trifft sich mit der Forderung, die Roland Barthes in anderem Zusammenhang etwa zur selben Zeit formuliert hat:

»Interpréter un texte, ce n'est pas lui donner un sens (plus ou moins fondé, plus ou moins libre) c'est au contraire apprécier de quel *pluriel* il est fait«.[5]

II. Erläuterungen zum Experiment

Die Wirkungsanalyse fand ihre erste experimentelle Anwendung an einem Text von Paul Celan, *Fadensonnen*.[6]

Dieser Text erfüllt insofern die in 1.4. gestellten Bedingungen, als er nur 21 Worte umfaßt und aufgrund der »Dunkelheit« seiner Metaphernstruktur, wie sie in der Voruntersuchung deutlich wurde, nicht *eindeutig* verstanden und interpretiert werden kann.

Es konnte erwartet werden, daß der durchschnittliche Leser fähig ist, diesen Text in kurzer Zeit ohne Unterbrechung durchzulesen und sich im Anschluß an die Lektüre — ohne besondere Anleitung oder Steuerung — Gedanken über den Text zu machen.

Dieser Celan-Text wurde dem Leser innerhalb eines Fragebogens vorgelegt, dessen erster Fragenkomplex den Erwartungshorizont des

[5] R. Barthes, »S/Z«, Paris 1970, S. 11.
[6] in: Paul Celan, Atemwende. Frankfurt 1967, S. 22.

Lesers und dessen *Einstellung* zu zeitgenössischer Lyrik ermitteln soll, während durch die Fragen des zweiten Teils die *spontane Reaktion* des Lesers auf den Text selbst analysiert werden soll. Der erste Teil des Fragebogens, der für die endgültige Fassung verkürzt wurde, um eine zu große Beanspruchung des Lesers durch Überlänge des Versuchs zu vermeiden, dient als empirisches Hilfsinstrument zur Ermittlung von Einzelinformationen, deren Ergebnisse zur Motivation der in Teil 2 eventuell auftretenden Verständnisbarrieren oder Reaktionsausfälle einzusetzen sind.

Dieser erste Teil umfaßt die Fragen 1 bis 10, die hier aus Gründen der Platzersparnis ohne die im Fragebogen vorformalisierten Antwortmöglichkeiten wiedergegeben werden:

(1) Was lesen Sie in Ihrer Freizeit am liebsten?
(2) Lesen Sie auch zeitgenössische Gedichte?
(3) Wann haben Sie zuletzt ein zeitgenössisches Gedicht gelesen, an das Sie sich noch erinnern können?
(4) Wären Sie dafür, daß in der Schule zeitgenössische Lyrik (Texte, nach 1945 geschrieben) behandelt wird?
(5) Was sind, Ihrer Meinung nach, die wichtigsten Merkmale zeitgenössischer Lyrik?
(6) Wie stehen Sie zu dieser Aussage? »Auch für den aufgeschlossenen Leser ist es schwierig, manchmal unmöglich, moderne Gedichte zu verstehen.«
(7) Was erwarten Sie von einem zeitgenössischen Gedicht?
(8) Verstehen Sie das zeitgenössische Gedicht als Ausdruck eines schicksalhaften Erlebnisses des Dichters?
(9) Sollte der Leser in einer Stimmung sein, die der des Dichters nahekommt, um Zugang zu dem Gedicht finden zu können?
(10) Meinen Sie, daß es notwendig zum Verständnis des zeitgenössischen Gedichtes gehört, das herauszufinden, was der Autor ausdrücken will?

Der zentrale, unmittelbar die Wirkung des Textes betreffende Teil des Fragebogens umfaßt die Fragen 11 bis 31 und wird hier abgedruckt:

(11) Lesen Sie das folgende Gedicht bitte einmal aufmerksam durch!
Fadensonnen[7]
über der grauschwarzen Ödnis.
Ein baum-

---

[7] In den Gedichtausgaben ist das Wort FADENSONNEN in Großbuchstaben gedruckt; hier wurde bewußt darauf verzichtet, um nicht den Eindruck zu erwecken, es handle sich um den Titel des Gedichtes.

hoher Gedanke
greift sich den Lichtton: es sind
noch Lieder zu singen jenseits
der Menschen.

(12) Wie finden Sie das Gedicht?

    1 ☐ gut
    2 ☐ mittelmäßig
    3 ☐ schlecht
    4 ☐ kann ich nicht beurteilen

(13) Was fällt Ihnen zuerst dazu ein?

(14) Finden Sie das Gedicht nach der ersten Lektüre unverständlich?

    ☐ Ja
    ☐ mit Einschränkung
    ☐ Nein

(15) Welches Wort fällt Ihnen am meisten auf?

(16) Bitte bewerten Sie die einzelnen Worte des Gedichts, indem Sie sie
ihrer Wichtigkeit nach durchnumerieren. Das Wort, das Ihnen am
wichtigsten erscheint, erhält also die 1, das nächstwichtige die 2
usw. (es können beliebig viele Worte unter einer Zahl zusammen-
gefaßt werden.)

    1 Fadensonnen   ☐
    2 über   ☐
    3 grauschwarzen   ☐
    4 Ödnis   ☐
    5 baum/hoher   ☐
    6 Gedanke   ☐
    7 greift sich   ☐
    8 Lichtton   ☐
    9 noch   ☐
  10 Lieder   ☐
  11 zu singen   ☐
  12 jenseits   ☐
  13 Menschen   ☐

(17) Welche Worte sind Ihnen schwer verständlich?
Bitte ankreuzen! (Mehrere Antworten sind möglich)

    0 ☐ kein Wort
    1 ☐ Fadensonnen
    2 ☐ über
    3 ☐ grauschwarzen
    4 ☐ Ödnis
    5 ☐ baum/hoher
    6 ☐ Gedanke
    7 ☐ greift sich

8 ☐ Lichtton
9 ☐ noch
10 ☐ Lieder
11 ☐ zu singen
12 ☐ jenseits
13 ☐ Menschen

(18) Was fällt Ihnen zuerst ein bei:

1 Fadensonnen: _____

_____

2 baum/hoher Gedanke: _____

_____

3 Lichtton: _____

_____

(19) Welche Worte fallen Ihnen sonst noch ein zu:

1 Fadensonnen: _____

_____

2 baum/hoher Gedanke: _____

_____

3 Lichtton: _____

_____

(20) An welche Werke aus der Dichtung, bildenden Kunst oder der Musik denken Sie bei:

1 Fadensonnen: _____
2 baum/hoher Gedanke: _____
3 Lichtton: _____

(21) Was fällt Ihnen ein zu:

1 Ödnis: _____

_____

2 Lieder: _____

_____

3 jenseits: _____

_____

(22) Welche Farben verbinden Sie mit

1 Fadensonnen _____
2 Ödnis (außer »grauschwarz«) _____
3 baum/hoher Gedanke _____
4 Lichtton _____
5 Lieder _____
6 jenseits der Menschen _____

In den folgenden Punkten soll der Bedeutungsraum der Worte FA-DENSONNEN, LICHTTON und BAUM/HOHER GEDANKE bestimmt werden. Wir bitten Sie, die gegebenen Worte auf einer Reihe beschreibender Skalen zu beurteilen. Kennzeichnen Sie die Stelle, die dem Wort auf den Skalen zukommt, bitte mit einem Kreuz.

Zum Gebrauch der Zahlen:
Die hier gegebenen Zwischenwerte geben Ihnen die Möglichkeit der genaueren Abstufung zwischen den Extremwerten 1 und 7. Die Zahl 4 entspricht einem neutralen Wert, der »sowohl als auch« bedeutet.

Wählen Sie 2 oder 6, wenn das zu bestimmende Wort dem einen oder anderen Adjektiv *ziemlich nahe* in seiner Bedeutung kommt.

Wählen Sie 3 oder 5, wenn das Wort in seiner Bedeutung *nur leicht* in die eine oder andere Richtung weist.

Bitte kreuzen Sie jeweils nur eine Zahl an und setzen Sie Ihr Kreuz nicht zwischen zwei Zahlen!

Beispiele:
1. Wenn Sie meinen, daß das Wort extrem »schön« bzw. »häßlich« ist, sollten Sie Ihr Kreuz so setzen:

Hochhaus

(1)   (2)   (3)   (4)   (5)   (6)   (7)

oder

schön : .X.: ......: ......: ......: ......: ......: ......: häßlich
schön : ......: ......: ......: ......: ......: ......: .X.: häßlich

2. Wenn Sie meinen, daß das Wort ziemlich »stark« bzw. »schwach« ist, sollten Sie Ihr Kreuz so setzen:

(1)   (2)   (3)   (4)   (5)   (6)   (7)

oder

stark : ......: .X.: ......: ......: ......: ......: ......: schwach
stark : ......: ......: ......: ......: ......: .X.: ......: schwach

3. Wenn Sie meinen, daß das Wort nur leicht »aktiv« bzw. »passiv« wirkt, sollten Sie Ihr Kreuz so setzen:

(1)   (2)   (3)   (4)   (5)   (6)   (7)

oder

aktiv : ......: ......: .X.: ......: ......: ......: ......: passiv
aktiv : ......: ......: ......: ......: .X.: ......: ......: passiv

4. Die Richtung, in die Sie Ihr Kreuz setzen, hängt davon ab, welches der beiden Adjektive der Skala charakteristischer für das Wort ist, das Sie beurteilen sollen. Wenn Sie meinen, daß bei einigen Skalen das Wort *neutral* ist, d. h. wenn es gleicherweise auf beide Adjektive bezogen ist, setzen Sie Ihr Kreuz bitte in die Mitte.

Wichtig: Bitte treffen Sie auch dann eine Entscheidung, wenn Ihnen einige der gegebenen Begriffspaare für das zu bestimmende Wort nicht sehr zutreffend erscheinen. Es geht hier mehr um die assoziative Einstufung als um die genaue Beschreibung.

(23) FADENSONNEN
(1) (2) (3) (4) (5) (6) (7)

1. unvorstellbar : ....: ....: ....: ....: ....: ....: vorstellbar
2. häufig : ....: ....: ....: ....: ....: ....: selten
3. häßlich : ....: ....: ....: ....: ....: ....: schön
4. schwach : ....: ....: ....: ....: ....: ....: stark
5. starr : ....: ....: ....: ....: ....: ....: bewegt
6. ungegenständlich : ....: ....: ....: ....: ....: ....: gegenständlich
7. gewöhnlich : ....: ....: ....: ....: ....: ....: ungewöhnlich
8. komplex : ....: ....: ....: ....: ....: ....: einfach
9. dunkel : ....: ....: ....: ....: ....: ....: hell
10. tot : ....: ....: ....: ....: ....: ....: lebendig
11. fern : ....: ....: ....: ....: ....: ....: nah
12. unwichtig : ....: ....: ....: ....: ....: ....: wichtig
13. unheimlich : ....: ....: ....: ....: ....: ....: vertraut
14. weich : ....: ....: ....: ....: ....: ....: hart
15. unbestimmt : ....: ....: ....: ....: ....: ....: bestimmt
16. übernatürlich : ....: ....: ....: ....: ....: ....: natürlich
17. pessimistisch : ....: ....: ....: ....: ....: ....: optimistisch
18. unwirklich : ....: ....: ....: ....: ....: ....: wirklich
19. grell : ....: ....: ....: ....: ....: ....: gedämpft
20. fade : ....: ....: ....: ....: ....: ....: frisch
21. matt : ....: ....: ....: ....: ....: ....: glänzend

(24) LICHTTON
(1) (2) (3) (4) (5) (6) (7)

01. undurchsichtig : ....: ....: ....: ....: ....: ....: transparent
02. kalt : ....: ....: ....: ....: ....: ....: warm
03. diffus : ....: ....: ....: ....: ....: ....: konzentriert
04. unsichtbar : ....: ....: ....: ....: ....: ....: sichtbar
05. unhörbar : ....: ....: ....: ....: ....: ....: hörbar
06. dissonant : ....: ....: ....: ....: ....: ....: harmonisch
1. unvorstellbar : ....: ....: ....: ....: ....: ....: vorstellbar
2. häufig : ....: ....: ....: ....: ....: ....: selten
3. häßlich : ....: ....: ....: ....: ....: ....: schön
4. schwach : ....: ....: ....: ....: ....: ....: stark
5. starr : ....: ....: ....: ....: ....: ....: bewegt
6. ungegenständlich : ....: ....: ....: ....: ....: ....: gegenständlich
7. gewöhnlich : ....: ....: ....: ....: ....: ....: ungewöhnlich
8. komplex : ....: ....: ....: ....: ....: ....: einfach
9. dunkel : ....: ....: ....: ....: ....: ....: hell
10. tot : ....: ....: ....: ....: ....: ....: lebendig
11. fern : ....: ....: ....: ....: ....: ....: nah

(1)   (2)   (3)   (4)   (5)   (6)   (7)

12. unwichtig   : ...... : ...... : ...... : ...... : ...... : ...... : wichtig
13. unheimlich   : ...... : ...... : ...... : ...... : ...... : ...... : vertraut
14. weich   : ...... : ...... : ...... : ...... : ...... : ...... : hart
15. unbestimmt   : ...... : ...... : ...... : ...... : ...... : ...... : bestimmt
16. übernatürlich   : ...... : ...... : ...... : ...... : ...... : ...... : natürlich
17. pessimistisch   : ...... : ...... : ...... : ...... : ...... : ...... : optimistisch
18. unwirklich   : ...... : ...... : ...... : ...... : ...... : ...... : wirklich

(25)   B A U M / H O H E R   G E D A N K E

(1)   (2)   (3)   (4)   (5)   (6)   (7)

1. unvorstellbar   : ...... : ...... : ...... : ...... : ...... : ...... : vorstellbar
2. häufig   : ...... : ...... : ...... : ...... : ...... : ...... : selten
3. häßlich   : ...... : ...... : ...... : ...... : ...... : ...... : schön
4. schwach   : ...... : ...... : ...... : ...... : ...... : ...... : stark
5. starr   : ...... : ...... : ...... : ...... : ...... : ...... : bewegt
6. ungegenständlich   : ...... : ...... : ...... : ...... : ...... : ...... : gegenständlich
7. gewöhnlich   : ...... : ...... : ...... : ...... : ...... : ...... : ungewöhnlich
8. komplex   : ...... : ...... : ...... : ...... : ...... : ...... : einfach
9. dunkel   : ...... : ...... : ...... : ...... : ...... : ...... : hell
10. tot   : ...... : ...... : ...... : ...... : ...... : ...... : lebendig
11. fern   : ...... : ...... : ...... : ...... : ...... : ...... : nah
12. unwichtig   : ...... : ...... : ...... : ...... : ...... : ...... : wichtig
13. unheimlich   : ...... : ...... : ...... : ...... : ...... : ...... : vertraut
14. weich   : ...... : ...... : ...... : ...... : ...... : ...... : hart
15. unbestimmt   : ...... : ...... : ...... : ...... : ...... : ...... : bestimmt
16. übernatürlich   : ...... : ...... : ...... : ...... : ...... : ...... : natürlich
17. pessimistisch   : ...... : ...... : ...... : ...... : ...... : ...... : optimistisch
18. unwirklich   : ...... : ...... : ...... : ...... : ...... : ...... : wirklich
19. intuitiv   : ...... : ...... : ...... : ...... : ...... : ...... : rational
20. begrenzt   : ...... : ...... : ...... : ...... : ...... : ...... : unbegrenzt
21. übersteigert   : ...... : ...... : ...... : ...... : ...... : ...... : mäßig
22. destruktiv   : ...... : ...... : ...... : ...... : ...... : ...... : produktiv
23. defensiv   : ...... : ...... : ...... : ...... : ...... : ...... : aggressiv
24. bedrohend   : ...... : ...... : ...... : ...... : ...... : ...... : befreiend

(26) Blättern Sie bitte zurück auf S. 245 und lesen Sie das Gedicht noch
einmal ganz durch!
Geben Sie in wenigen Worten den Gesamteindruck wieder, den
das Gedicht auf Sie macht!

(27) Welcher Satz des Gedichtes erscheint Ihnen am wichtigsten?
Wo liegt, Ihrer Meinung nach, der Schwerpunkt?
1 ☐ »Fadensonnen über der grauschwarzen Ödnis.«

2 ☐ »Ein baum/hoher Gedanke greift sich den Lichtton.«

3 ☐ »Es sind noch Lieder zu singen jenseits der Menschen.«

(28) Beurteilen Sie bitte folgende Interpretationsansätze zu dem Gedicht »Fadensonnen«: (s. 29)

1. Man stellt sich beim Lesen dieses Gedichtes bildlich eine ausgedörrte Landschaft vor, die von Sonnenstrahlen durchströmt wird.

2. Das Wichtigste in diesem Gedicht ist die Trennung in einen unteren und einen oberen Bereich und die vermittelnde Bewegung zwischen beiden.

3. Dem Leser kommt bei diesem Gedicht der Gedanke an die Erschaffung der Welt: »Und die Erde war wüst und leer...« (Genesis)

4. Das Gedicht enthält die Gedanken eines Überlebenden in einer entmenschlichten Landschaft (z. B. Atomkrieg).

5. Das Gedicht spricht von einer unpersönlichen, technischen Welt, in der die »Lieder« keinen Platz mehr haben.

6. Das Gedicht beschreibt die Situation eines Menschen in tiefster Bedrängnis (vielleicht: in innerer Einsamkeit).

7. Trotz der Sinnlosigkeit des Lebens scheint es noch etwas Ewiges zu geben.

8. In diesem Gedicht spricht sich die Überwindung der Einsamkeit durch Hoffnung und Freude aus.

9. Aus der Öde des Daseins rettet ein Hoffnungsgedanke, eine jenseitige Aufgabe.

10. Thema des Gedichtes ist der Gedanke eines Genies, der eine ganz neue Erkenntnis bringt.

11. Das Gedicht beinhaltet Bewegung aus der begrenzenden »Ödnis« hin zu einem noch nicht gefundenen Wort der Transzendenz.

12. Thema ist hier die Reflexion über das Gedicht als solches und über die Aufgabe des Dichters.

13. Das Gedicht gibt die persönlichen Erfahrungen Celans wieder, die vorwiegend pessimistischer Art sind.

(29) Kreuzen Sie bitte bei den folgenden Fragen die entsprechenden Zahlen an!

29/1 Welche der Aussagen scheint Ihnen zutreffend?
(Mehrere Antworten sind möglich)
Nr. (1) (2) (3) (4) (5) (6) (7) (8) (9) (10) (11) (12) (13)

29/2 Welche Aussagen scheinen Ihnen unzutreffend?
Nr. (1) (2) (3) (4) (5) (6) (7) (8) (9) (10) (11) (12) (13)

29/3 Welcher Aussage würden Sie sich anschließen?
Nr. ☐☐   keiner ☐

(30) Ergänzen Sie bitte den gewählten Ansatz mit Ihren eigenen Worten oder notieren Sie den eigenen Ansatz, wenn Sie sich keiner der Aussagen anschließen:

(31) Halten Sie das Gedicht, nachdem Sie längere Zeit darüber nachgedacht haben, für verständlich?

    □ Ja   □ Nein

Der Hauptteil des Fragebogens ist also so angelegt, daß die theoretisch in ihm enthaltenen *Rezeptionsstufen* — die die Vpn in variierender Reihenfolge und beliebiger Vollständigkeit realisieren können — in der hier zusammengefaßten Reihenfolge sichtbar werden:

1   SPONTANSTUFE (Frage 12–17)

1.1 Stimulation (Banal-Fragen)
     12: Wertung
     13: 1. Eindruck ————————————————— Metatext_1

1.2 1. didaktische Steuerung
     14: Unverständlichkeit
     15: Grobstruktur / Schwerpunkt ⎱
     16: Feinstruktur / Wertung   ⎰ ————— Reflexionsstufe_1
     17: Unverständlichkeit
     (Feinstruktur)

2   ANALYTISCHE STUFE (Frage 18–25)
     (Mikrosemantik)

2.1 Semantische Komponentenanalyse
     (allgemein)
     19: ⎱
     18: ⎰   Freie Assoziationen ————————— Metatext_2
     21: ⎰   (ungesteuert)
     20:      Fernassoziationen
     22:      Assoziative Fortspinnung, ———————— Metatext_3
           (gesteuert)

2.2 2. didaktische Steuerung:
     Konnotationsanalyse
     (Sem. Komponentenanalyse
     — Fortsetzung)
     23: ⎱
     24: ⎰   Semantisches Differential ——————— Reflexionsstufe_2
     25: ⎰

3   SYNTHETISCHE STUFE (Frage 26–31)
     (Makrosemantik)

3.1 1. makrosemantische Realisierung
     (ohne Interpretationshilfe)

26: Gesamteindruck — — — — — — — — — — — — — — — Metatext$_4$
27: Grobstruktur / Wertung
3.2 3. didaktische Steuerung
28/29: Bewertung von
Interpretationsansätzen — — — — — — — — Reflexionsstufe$_3$
30: 2. makrosemantische Realisierung
(nach Interpretationshilfe) — — — — — — — — — Metatext$_5$
31: Unverständlichkeit / Kontrolle

Der letzte Teil des Fragebogens bildet eine Ergänzung der allgemeinen Informationsfragen zum *Erwartungshorizont* des Lesers. Aus psychologischen Erwägungen wurde ein Teil dieser Fragen zurückgestellt. Der Leser sollte vor Beginn des eigentlichen Rezeptionsvorganges nicht überlastet werden.[8] Darüber hinaus war zu vermeiden, daß die Reaktion des Lesers auf den vorgelegten Text durch Fragen nach dem Autor vorzeitig determiniert wird. Aus diesem Grund stehen die Fragen zur Person des Autors (Frage 32–40) vor allem im Schlußteil des Fragebogens. Sie sollten auch Aufschluß darüber geben, ob und inwieweit die zu Beginn gegebenen Antworten durch die *Kenntnis des Autors* eine Motivierung oder Determination erfahren haben.

Abschließend folgen Fragen nach detaillierteren Daten zur *Person des Lesers*. Mit ihrer Hilfe soll eine gruppenspezifische Differenzierung der Leser im Zusammenhang mit unterschiedlichen Rezeptionsverläufen ermöglicht werden.

Aus zeitlichen und versuchstechnischen Gründen konzentrierte sie sich auf die schriftliche Befragung von *Schülern* verschiedener Klassenstufen und *Studenten* verschiedener Fachrichtungen.

ASPEKTE DER AUSWERTUNG

Bei der Auswertung wurden die Schüler- und Studentengruppen nicht einzeln berücksichtigt; diese erfolgte vielmehr nach den *linguistischen, literarischen und didaktischen* Gesichtspunkten, die auch für die Gesamtanlage des Versuchs bestimmend gewesen waren. Im einzelnen standen folgende Aspekte im Mittelpunkt der Analyse:

SEMANTISCHE ASPEKTE

1. Ist die Struktur textgebundener Assoziationen feststellbar?

---

[8] In diesem Zusammenhang wurde von mehreren der für die Entwicklung des Fragebogens herangezogenen Fachberater aus Psychologie und Soziologie die Befürchtung geäußert, daß sich die jeweilige Versuchsperson durch Wissensfragen in bezug auf zeitgenössische Lyrik oder den Autor Celan in eine Prüfungssituation versetzt fühlen könne, was sich als Rezeptionsbarriere für den weiteren Verlauf der Befragung negativ auswirken müsse.

2. Läßt sich das Verhältnis von mikro- und makrosemantischer Analyse bei hermetischer Dichtung schematisch darstellen?
3. Kann die mikrosemantische Aufschlüsselung eines Textes Ausgangsbasis verschiedener Interpretationsrichtungen sein (Multivalenz)?
4. Welche Bedeutung kommt der Konnotation bei der Textverarbeitung zu?

LITERARISCHE ASPEKTE

1. Welche Rolle spielt der auf literarischer Erfahrung begründete Erwartungshorizont für die Textanalyse?
2. Welchen Einfluß hat die Interpretationsroutine auf Textverständnis und Art der Analyse?
3. Haben die Zugehörigkeit zu bestimmten Alters- und Bildungsgruppen Einfluß auf die Einstellung zur Lyrik und auf die Textrezeption?

DIDAKTISCHE ASPEKTE

1. Kann der Leser durch vorgegebene Analysestufen schrittweise ein Textverständnis erreichen?
2. Kann durch die Wirkungsanalyse bei literarischen Texten einer Interpretationsnorm entgegengewirkt werden (Multivalenz)?
3. Welche Methoden der Textinterpretation öffnen sich aufgrund dieser Untersuchung?
4. Ist daraus die Folgerung zu ziehen, daß an Stelle der Einzelinterpretation eine Gruppeninterpretation treten sollte?

III.

Zusammenfassung und Ausblick

Dieses abschließende Kapitel bringt keine systematische Zusammenfassung der Versuchsergebnisse. In bezug auf die Thesen am Ende des Kapitels »Bemerkungen zur Durchführung des Hauptversuchs und Aspekte der Analyse« sollen die wichtigsten Punkte genannt werden, die im linguistischen Bereich in Hinsicht auf den literarischen Erwartungshorizont und unter didaktischem Aspekt von Bedeutung sind.

Linguistische Aspekte:

Von besonderem Interesse im Bereich der Linguistik sind die im Verlauf dieser Untersuchung gewonnenen Erkenntnisse aus der Analyse der freien Assoziationen. Diese gab erstmalig Aufschluß über die allgemeine Assoziationsstruktur neologischer Textmetaphern und insbesondere über die Komplexität der *Konnotationen* solcher Konzepte.

Durch Zerlegung des Assoziationsvorganges in einzelne Schritte konnte Einblick in den Rezeptionsverlauf gewonnen werden. Zudem wurden Einzelelemente des Assoziationspotentials erkannt, das bestimmten Worten bzw. Kontexten zugeordnet ist. Entgegen der häufig vertretenen Annahme, daß die *freie Assoziation*[9] ein Phänomen darstelle, in dem nur individuelle Komponenten den Ausschlag geben, können durch die Analyse der möglichen Rezeptionsverläufe im semantischen Bereich überindividuelle Gesetzmäßigkeiten festgestellt werden.

Bei der Rezeption der einzelnen Konzepte lassen sich unterschiedliche Grade der semantischen Aufschlüsselung (Decodierung) feststellen. Zunächst tritt in der Mehrzahl der Assoziationstexte eine Art gemeinsamer Nenner des Konzepts, die sog. »Primärassoziation«[10] hervor, dessen Rezeptionskonstanten sich über sozial und bildungsmäßig stark differierende Gruppen hinweg nicht verändern. Diese Konstanten werden als *exteriore Komponenten* des Konzepts bezeichnet. Sie weisen die größte Nähe zum Text auf und können als allgemein verständlich angesehen werden, da sie von jedem Leser mit durchschnittlicher Sprachkompetenz (vgl. Theorie 4.1) realisiert werden können. Innerhalb der Rezeptionsstruktur bilden sie den *mikrosemantischen Primärbereich*. An ihn schließt sich ein *potentieller* mikrosemantischer Bereich an, der durch die Assoziationen aller Leser komplementär gefüllt wird. Jeder Leser aktiviert weitere semantische Komponenten, womit ein persönlicher Arbeitsprozeß einsetzt, in dem die Vermischung von deskriptiven und konnotativen Elementen möglich wird. Es wird damit ein *fakultativer Verarbeitungsbereich* an der Grenze der primären mikrosemantischen Analyse des Lesers angesetzt, innerhalb dessen der subjektive Erfahrungskontext wirksam ist.

Mit dem Einsetzen der affektiv-subjektiv gelenkten Verarbeitung der Wortstimuli im Bereich der Konnotationen wird die eigentliche Multivalenz (vgl. Theorie 6.1) des Wortes bzw. Textes erkennbar. Wäh-

---

[9] Die Untersuchung arbeitet mit *freien Assoziationen* insofern, als der Leser vor der Beantwortung der semantischen Differentiale der Metaphern dazu aufgefordert wird, niederzuschreiben, was ihm zu diesen Konzepten einfällt (vgl. Fragen 18—22 des Fragebogens).

[10] Der Begriff »Primärassoziation« wird hier also anders gebraucht als in der Sprachpsychologie, wo dieser Begriff die am häufigsten auftretende Response auf einen Wortstimulus benennt. (Vgl. Hans Hörmann, Psychologie der Sprache, Berlin, Heidelberg, New York 1967, S. 123: »Die häufigste Antwort auf ein Reizwort wird Primärantwort genannt!« nach Kent/Rosanoff).

rend dieses Vorganges, in dem der Leser den Konnotationsbereich aktiviert und schließlich einen bestimmten Konnotationskomplex als Schwerpunkt setzt, erfolgt die makrosemantische Entscheidung des Lesers. *Der Konnotationsbereich bildet also die Übergangszone zwischen mikrosemantischem und makrosemantischem Feld der Textrezeption.*

Bei der Analyse der Konnotationen zeigt sich anhand des Versuchsmaterials, daß die Konnotationen nur in Koppelung mehrerer affektiver Wirkungsbereiche auftreten. Dies steht entgegen der Annahme, daß bestimmte, positiv oder negativ wertende Komponenten als Einzelelemente aufträten, deren Dominanz in einem Assoziationstext eine bestimmte Rezeptionsrichtung vorzeichnet. Die affektiven Wirkungsbereiche sind als eine bestimmte Anzahl von Dimensionen zu sehen — in dieser Untersuchung die fünf Dimensionen: *Irrealität — Exzeptionalität — Bewertung — Potenz — Aktivität* — welche durch das semantische Potential vorgegeben sind.[11] Sie werden zu Beginn des Kommunikationsprozesses durch das Stimuluswort evoziert und im Verlauf der Rezeption vom Leser ausgewählt und kombiniert. Zudem lassen sich bei der Verarbeitung der Stimuli durch die einzelnen Versuchspersonen auch im Konnotationsbereich *rezeptionsspezifische Konstanten* beobachten. Aufgrund gegensätzlicher Kombinationen von Konnotationskomplexen, die auf den persönlichen Erfahrungskontext der Leser zurückgehen, lassen sich die Bedingungen divergierender Rezeptionsverläufe bzw. die Motivation für die dargelegten drei alternativen Interpretationsrichtungen (vgl. Theorie 1.4.2. Anmerkung): Bildvorstellung, Dynamik und Metaphysik finden.

Die Entscheidung für eine dieser Interpretationsrichtungen wird darüber hinaus durch eine Reihe von individuellen, meist unbewußten Vorentscheidungen während des Prozesses des Decodierens und Encodierens vorbereitet und bis zu einem gewissen Grad determiniert.

Dagegen tritt die *literarische Erfahrung* des Lesers als Motivation für die Entscheidung im makrosemantischen Bereich zurück. Daraus folgt, daß bei der Wirkungsanalyse zeitgenössischer Texte nicht primär vom literarhistorischen Kontext und vom allgemeinen ästhetischen Hintergrund des Lesers auszugehen ist, sondern von den textspezifischen Momenten im Rahmen des subjektiv konnotierten Erfahrungsbereichs.

Aspekte des literarischen Erwartungshorizontes:

Im Rahmen dieser Untersuchung hat sich herausgestellt, daß der *Erwartungshorizont* des Lesers, der für die historisch orientierte Re-

---

11 Als mögliche Kombination sei hier für das Konzept »Lichtton« angeführt: Aktivität — Bewertung.

zeptionsforschung im Mittelpunkt des Interesses steht, relativ unbedeutend ist.

Die Komponenten der *traditionellen Erwartung*, basierend auf einem an klassischer Lyrik geformten ästhetischen Code, an dem einzelne Leser die zeitgenössische Lyrik messen, erweisen sich als *sekundär* im Hinblick auf die Rezeption *multivalenter Texte.* Zu Beginn der Untersuchung wurde ein engerer Kausalzusammenhang zwischen der traditionellen Lesereinstellung und dem häufigen Gebrauch abstrakter Klischees im Dienste einer *allgemein-anthropologischen* Interpretationstendenz angenommen, die sich in den Metatexten zahlreicher Vpn abzeichnete. Die Ergebnisse der Analyse zeigten aber, daß diese Tendenz auch bei Vpn auftritt, die sich anhand der Einstellungsfragen (Frage 1 bis 10 des Fragebogens S. 245) als durchaus »fortschrittlich« im Hinblick auf zeitgenössische Lyrik ausgewiesen haben. Die Erfahrung mit literarischen Texten macht sich in dieser Gruppe insofern bemerkbar, als nach der Lektüre des Celan-Textes keine Verständnisschwierigkeiten auftreten und eine gewisse Routine in der Artikulation der Metatexte sichtbar wird.

Darüber hinaus war festzustellen, daß die Textrezeption derer, die das *Werk Celans kannten,* sich nur in wenigen Punkten von der Rezeption derer unterscheidet, die seinen Namen noch nie gehört hatten. Daraus kann gefolgert werden, daß ein literarischer Erwartungshorizont, der aus der Kenntnis von Autor und Gattung des zu analysierenden Textes resultiert, auf den eigentlichen Rezeptionsvorgang und auf das Textverständnis nicht wesentlich einwirkt. Vor allem aber hat er keinen Einfluß auf die inhaltliche *Qualität* der Textverarbeitung.

Die Analyse der Metatexte brachte folgendes Ergebnis: Innerhalb der Gesamtheit der Leser lassen sich drei Gruppen unterscheiden, welche jeweils divergierende Interpretationsstränge realisieren.

Diese sind nicht als graduelle Abweichungen von einer »gültigen« Interpretationsnorm zu betrachten, sondern stehen gleichberechtigt nebeneinander, da sie innerhalb des makrosemantischen Raumes vorgegeben sind.

Die in der Analyse durch die Stichworte: *Bildvorstellung, Dynamik, Metaphysik* charakterisierten drei Interpretationsrichtungen gehen auf unterschiedliche Schwerpunktsetzungen innerhalb des gegebenen Texts zurück. Eine dieser Richtungen konzentriert sich auf die zu Beginn des Textes evozierten visuellen Elemente, eine weitere geht von dem dynamischen Vermittlungssyntagma »greift sich« aus, während die Interpretation einer dritten Gruppe den letzten Satz des Gedichtes als Ausgangspunkt für eine anthropologisch-metaphysische Deutung nimmt. Die Realisierung aller möglichen Interpretationsstränge durch einen

Einzelinterpreten ist nicht zu leisten, da einzelne der innerhalb des gegebenen Rahmens möglichen Interpretationen untereinander unvereinbar sein können. Der Erwartungshorizont des Lesers (im Sinne der Theorie Punkt 3) läßt sich auf Grund der Nichtaustauschbarkeit individueller Erfahrungen auch nicht dadurch »objektivieren«, daß ein Leser versucht, einen Text unter verschiedenen Aspekten und Voraussetzungen zu betrachten. Wie sich aus der Gegenüberstellung der Leser mit ausgeprägter Lyrik-Kenntnis und der Leser mit geringem literarischen Vorwissen ergeben hat, können auch Lektüre und spezifisches Vorwissen die Assoziationsbreite des einzelnen gegenüber einem multivalenten Text nur unbedeutend verändern. Der Kontext der *persönlichen Erfahrungen* scheint die freien Assoziationen besonders stark zu steuern. Die schriftliche Fixierung der Assoziationen zeigt meist nur die Verarbeitung des persönlichen Kontextes. Dieser selbst wird nur in wenigen Fällen sprachlich manifest.

Die Methoden, die die Philologie bisher ausgebildet hat, können nicht dazu beitragen, das Assoziationsfeld multivalenter Texte systematisch zu erschließen. Das Interpretationstraining, das das Verständnis traditioneller Texte zu fördern vermag, bereitet auf die Auseinandersetzung mit multivalenten Texten nicht vor. Die Fiktion des »Superreader« (Riffaterre) wird durch die vorliegenden Ergebnisse ebenso in Frage gestellt, wie der Absolutheitsanspruch, mit dem traditionelle Textinterpretationen auftreten.

Das Lesen eines Textes ist Teilhabe am *Kommunikationsprozeß* zwischen Autor und Leser. Diese Kommunikation ist nicht als Dialog aufzufassen, sondern der Leser (Empfänger) erhält vom Autor (Sender) sprachliche Stimuli, die bei ihm eine Reaktion auslösen sollen, d. h. die sprachliche Botschaft soll decodiert und verstanden werden. Je *ungewöhnlicher* der Text ist, je weniger er der bisher bekannten Norm entspricht, desto mehr steht er im Gegensatz zum sprachlichen Erwartungshorizont des Lesers und erschwert er ein unmittelbares Verständnis. Erweist sich der bisher bekannte Code als unzutreffend oder unzureichend, muß der Leser versuchen, auf den Zeichenkomplex zu reagieren, wenn er über einzelne gegebene semantische Bereiche zu einem Verständnis des Textes gelangen will.

Aus den Interpretationstexten der Leser geht hervor, daß dieser Prozeß der semantischen Analyse *gestört* wird, wenn der Leser im Text eine bestimmte vom Autor verschlüsselte *Intention* sucht, oder wenn er bereits *bekannte Tendenzen des Autors* in den Text projiziert. Die Multivalenz des Textes wird dadurch von außen eingeschränkt und der Leser nimmt sich die Möglichkeit, den weiter gespannten Rahmen des Textes zu erkennen. Weiterhin konnte festgestellt werden, daß die Erfahrung mit literarischen Texten, insbesondere eine fachspezifische Interpretationsroutine in bestimmten Gruppen, häufig zu einer *verallgemeinernden Textdeutung* führt. Auffallend war hier das Verhalten der Schüler der Oberstufe und der Philologen der ersten Semester. In den Metatexten dieser Leser kommt es zu einer starken Häufung *klischeehafter Begriffe* (wie z. B. Hoffnung, Optimismus / Pessimismus), ohne daß vom Leser ein differenziertes semantisches Bewußtsein und ein eigenes Textverständnis erreicht wird.

Aufgrund der Tatsache, daß Erfahrungen des Lesers aus dem literarischen Bereich sowie ein *weitergefaßter Bildungskontext* bei der Rezeption nicht ausgeschaltet werden können, wurde durch gezielte Fragen versucht, die für diese Untersuchung relevanten Punkte der Analyse zugänglich zu machen; so z. B. durch die Frage nach der Häufigkeit der Beschäftigung mit lyrischen Texten oder die Frage nach Assoziationen aus den Bereichen der Literatur, Musik und bildenden Kunst.

Aus der Analyse der Frage 20 des Fragebogens geht hervor, daß bestimmte Gruppen zum Zeitpunkt der Rezeption durch ein unmittelbar vorhergegangenes gemeinsames »Bildungserlebnis« geprägt sind. So wirken sich bei den Antworten der Klasse 7 Erfahrungen aus, die durch die Bildbeschreibung der »Alexanderschlacht« von Altdorfer im Unterricht gewonnen wurden.

Bei vielen dieser Antworten kann außer einer rein persönlichen Erfahrung kein analysierbarer Bezug zu dem gegebenen Text erkannt werden, wogegen andere Antworten direkt in den semantischen Verstehensprozeß einbezogen sind.

Der *individuelle Erfahrungshintergrund* des Lesers behindert also nicht notwendigerweise den Verlauf der Textrezeption. Der Leser sollte sich dabei aber seiner persönlichen Erfahrungen so bewußt werden, daß er sich im Laufe der Assoziation nicht unreflektiert von ihnen leiten läßt und nicht von der semantischen Aufschlüsselung des Textes abgelenkt wird.

Abschließend kann gesagt werden, daß ein umfassender *Bildungshorizont*, besonders die literarische Erfahrung der Leser und die Beherrschung der an traditionellen Texten ausgebildeten Interpretationsmethoden, bei der Interpretation dieses Texttyps *nicht immer eine Hilfe* darstellen.

Die Tatsache, daß keine signifikanten Unterschiede in der Rezeption von Lesern mit ausgeprägtem literarischen Erwartungshorizont und Lesern mit geringerer literarischer Erfahrung vorliegen, stützt die in Punkt 4 der Theorie aufgestellte Hypothese, daß ein Leser mit durchschnittlicher Sprachkompetenz in der Lage ist, zu einem Verständnis eines multivalenten zeitgenössischen Textes zu gelangen.

Didaktische Aspekte:

Die Wirkungsanalyse ist primär als wissenschaftliche Methode zu verstehen, die die Beziehung zwischen Text und Leser untersucht.

Die vorliegende Arbeit stellt den Prozeß des »Einwirkens« (vgl. Theorie 1.1) des Textes auf den Leser in den Mittelpunkt. Die Untersuchung konzentriert sich auf die *Leser-Seite des Kommunikationsmodells* (vgl. Theorie 2.4.2.) und bringt Analysen der sprachlich manifesten Reaktionen der Leser auf den Text.

Der Fragebogen, der diesem Experiment zugrunde gelegt wurde, war vorrangig als Analyseinstrument angelegt. Als weiterer Aspekt der Wirkungsanalyse ist im Aufbau des zweiten Teils, d. h. in den Fragen zur eigentlichen Textrezeption bereits eine *didaktische Steuerung* realisiert, die das Ziel hat, nicht nur den literarisch erfahrenen, sondern auch den Leser mit durchschnittlicher *Sprachkompetenz* an ein Verständnis von Texten heranzuführen. Sie fordert nicht gleich sein Abstraktionsvermögen, sondern appelliert an seine sprachliche Fähigkeit, Wortbedeutungen bewußt aufzunehmen und die jeweiligen Reaktionen darauf schriftlich oder mündlich festzuhalten.

Um dem in der semantischen Analyse noch ungeübten Leser einen Weg zum Verständnis sog. »dunkler« Texte der Gegenwartsliteratur zu ermöglichen, wurde in dem hier entwickelten Fragebogen eine didaktische Steuerung angelegt, die das Interesse des Lesers auf die *semantische Struktur* des Textes lenkt. Wie aus den Versuchsergebnissen hervorgeht, wird ein Verständnis des Textes von den verschiedenen Lesern dadurch erreicht, daß sie eine Reihe fortschreitender Rezeptionsstufen durchlaufen. Der Fragebogen sieht eine sukzessive Realisierung einer *spontanen* Rezeptionsstufe, einer *analytischen* und einer *synthetischen* Stufe vor.

In der *ersten* Stufe wird der Leser z. B. erstmals auf die Grobstruktur des Textes verwiesen, indem er aufgefordert wird, nach seinem Ermessen die einzelnen Worte des Textes ihrer Wichtigkeit nach abzustufen.

In der *zweiten* Stufe wird der Leser durch freie Assoziationen und Beantwortung der semantischen Differentiale auf eine differenzierte Komponentenanalyse der Worte *Fadensonnen*, *Lichtton* und *baumhoher Gedanke* hingelenkt, die aufgrund ihres neologistischen und metaphorischen Charakters im wesentlichen die Unverständlichkeit des Textes bewirken. Durch die Analyse gelangt der Leser zu Erkenntnissen innerhalb des semantischen Rahmens des Textes; diese ermöglichen ihm, die in der Spontanstufe eventuell aufgetretenen *Verständnisschwierigkeiten* zu überwinden und bilden für ihn gleichzeitig die Grundlage einer späteren eigenen Deutung des Textes. Einfachen Wörtern kommt dabei im Assoziationstext der gleiche Wert für die Decodierung und Encodierung zu wie komplexen Satzgefügen. Auch durch Einzelwörter können verschiedene Bedeutungsbereiche des Textes realisiert werden; ebenso kann durch sie eine Interpretation vorbereitet werden.

In der *dritten* Stufe wird der Leser erneut auf die Struktur des Textes hingewiesen, indem er sich für eine Schwerpunktsetzung innerhalb des Textes (vgl. Frage 27 des Fragebogens) entscheidet.

Im Anschluß daran wird er mit einer Reihe von Interpretations*ansätzen* konfrontiert. Durch die Auseinandersetzung mit ihnen erhält der Leser eine weitere Anregung zur Reflexion über den Text und eine zusätzliche Hilfe, um in einer Synthese der bisher vollzogenen semantischen Analyseschritte die eigene »Interpretation« zu artikulieren.

Die Schnelligkeit bzw. Leichtigkeit, mit der der einzelne zu einem Textverständnis gelangt, hängt von der *subjektiven Realisierung der Rezeptionsstufen* ab. Diese unterliegt dem Einfluß unterschiedlicher Faktoren: der subjektiven Reaktionsweise des Lesers, seiner spezifischen Assoziations- und Perzeptionskapazität, dem Vorwissen, der allgemeinen Einstellung und anderem mehr. Zudem steht die Textrezeption unter dem Einfluß einer subjektiven Wertung, die sich während der ersten Lektüre einstellt und die die weiteren Rezeptionsschritte mitbestimmt. Korrekturen der ersten Wertung sind möglich, aber sie erfolgen gegen erheblichen Widerstand.

Das im Fragebogen angewandte Modell der drei Rezeptionsstufen ist daher flexibel im Hinblick auf Modifikationen von Einzelschritten durch den Leser bzw. im Hinblick auf Vollständigkeit in der Realisierung der vorgegebenen Stufen. Während bei einem Teil der Leser die Realisierung sämtlicher Stufen in der vorgegebenen Reihenfolge ohne weiteres nachverfolgt werden kann, erreichen andere Leser, bei denen die Textverarbeitung unter anderen Voraussetzungen geleistet wird, ein Textverständnis, obwohl sie eine oder mehrere Stufen überspringen. Hierbei bleibt allerdings offen, ob und inwieweit latente Verarbeitungsprozesse im Leser vorgehen, die durch den Fragebogen nicht erfaßt werden können und nachträglich nicht rekonstruierbar sind. Der gesamte Rezeptionsvorgang führt im Ergebnis zu spezifischen Konkretisationen des Textes durch einzelne Leser. Sie umschreiben in ihrer Gesamtheit zwar den möglichen Bedeutungsrahmen des Textes, lassen sich aber nicht zu einer gültigen Interpretation zusammenfassen, da sie voneinander divergieren können.

Wollte man auf Grund dieser Ergebnisse dennoch nach einer *Interpretationsnorm* suchen, so wäre diese in einer *Makro-Interpretation* zu sehen, die dem herkömmlichen Interpretationsideal, der synthetischen Interpretation (d. h. einer »wörtlichen Textübersetzung«) entgegensteht.

Eine *Makro-Interpretation* setzt das Bewußtsein des Lesers über die einem bestimmten Text zugehörigen kontrastierenden Interpretationsmöglichkeiten voraus. Der Leser, der sich für ein bestimmtes Textverständnis entscheidet, weiß zugleich, daß neben seiner Interpretation andere Deutungen stehen, die ebenso »richtig« sind. Die Stellung des Lesers zum Text wird dadurch entscheidend verändert.

Um auch dem Einzelleser am Beispiel multivalenter Texte, z. B. der zeitgenössischen »dunklen« Lyrik, eine »Gesamtsicht« des Bedeutungsrahmens zu bieten, wie sie durch die empirische Befragung sonst nur dem Analytiker zugänglich ist, erscheint uns die Interpretation im Rahmen eines *Gruppengesprächs* am geeignetsten. Im Gruppengespräch können die Assoziationen des einzelnen dadurch entfaltet und bewußt gemacht werden, daß gleichlaufende oder kontrastierende Assoziationen der einzelnen Teilnehmer erörtert werden.

Unsere Untersuchung beschränkt sich auf die Überprüfung des methodischen Modells der Wirkungsanalyse in Form einer *schriftlichen Befragung* (vgl. Theorie 1.3.1). Als zweite Anwendungsmöglichkeit der Wirkungsanalyse wird bereits in der Theorie (vgl. 1.3.2) das *Gruppengespräch* genannt. In diesem Fall ist eine didaktische Steuerung durch einen Diskussionsleiter notwendig, die dem erprobten Modell der drei Rezeptionsstufen folgt. Durch die aus dieser Analyse gewonnenen Erkenntnisse über den Rezeptionsprozeß konnte ein didaktischer Weg gefunden werden, der für den *einzelnen* Leser zur Überwindung der Verständnisschwierigkeiten gegenüber moderner Lyrik beiträgt.

Andererseits wird das gesamte Bedeutungspotential eines Textes erst durch die Wirkung der einzelnen Komponenten auf *verschiedene Leser* sichtbar.

Von daher gewinnt die Gruppenarbeit im Rahmen der Wirkungsanalyse eine ganz neue Bedeutung.

4.

PAVEL CÂMPEANU / STEFANA STERIADE

Die dramatische Handlung als Faktor der Aneignung des Schauspiels

In dem folgenden Exposé kommentieren wir die Ergebnisse eines Experiments mit einer Gruppe von 17jährigen Schülern einer Berufsschule in Bukarest. Dem Experiment lag der Besuch des Theaterstücks »Mann ist Mann« von Bertolt Brecht zugrunde. Mit der Wahl des Stückes war die Absicht verbunden, die Verständnisfähigkeit dieses Personenkreises zu prüfen. Die Daten wurden zu verschiedenen Zeitpunkten und durch unterschiedliche Beobachtungstechniken gewonnen. Der vorliegende Bericht bezieht sich ausschließlich auf Nacherzählungen, welche die Schüler drei Monate nach dem Theaterbesuch niedergeschrieben haben. Die Schüler konnten ihre Eindrücke nach eigenem Gutdünken schildern.

Die Nacherzählungen enthalten 117 Merkmale bei einer Häufigkeitsverteilung von 815 (einschließlich der Unklarheiten, Irrtümer und Erfindungen der Schüler). Ihre allgemeine Struktur wird von drei Grundelementen gebildet: 1. »Theatralische Zeichen« (im Sinne von Roman Ingarden), 2. Bedeutungen und 3. Werturteile. Vom statistischen Standpunkt aus bilden die »Zeichen« das wichtigste Element: Sie sind in insgesamt 87 Prozent der genannten Merkmale enthalten. Diese Kategorie umfaßt (in der Reihenfolge ihrer Häufigkeit) folgende Merkmalklassen: Personen, Episoden, Milieu, Gegenstände, Schauspieler und Text. Wir halten uns an die Klasse der Episoden, das heißt, an die dramatische Handlung. Diese Klasse interessiert uns aus folgenden Gründen: Die Episoden werden am häufigsten erwähnt (39), wenngleich sie nur von einer Minderheit richtig erinnert wurden; das läßt vermuten, daß die Episoden Bemühungen um Ergänzung durch Erinnerung, Selektion und Rangeinteilung hervorriefen. Unter den Episoden gibt es symbolische, z. B. eine simulierte Exekution, der Verkauf eines nachgemachten Elefanten, Episoden mithin, die den Verständnisgrad erhellen können.

Wenn wir neben der Häufigkeit der Episoden die spezifischen Schwierigkeiten der Perzeption, der Rangeinteilung und der schriftlichen Reproduktion in Rechnung stellen, dann dürfen wir schlußfolgern, daß *die Episoden, genauer: die dramatische Handlung die entscheidende Rolle im Prozeß der Assimilation des Theaterstücks spielt.*

Anhand der Interpretationen des Stücks können wir folgende drei

Episoden als Schlüssel-Szenen bezeichnen: 1. Anwerbung des Helden
zur Armee: Man bietet ihm die zeitweilige Simulierung einer fremden
Persönlichkeit an; 2. Exekution des Helden: Man annulliert seine Persönlichkeit; 3. Eroberung der Festung: Der Held nimmt eine fremde
Persönlichkeit an, wobei er die eigene völlig negiert. Der Kreis der
Verfremdung hat sich geschlossen. Diese drei Episoden erscheinen in
den Nacherzählungen der Schüler in einer Häufigkeit von insgesamt
28 Prozent. Anhand dieser Zahl können wir feststellen, daß *die Kno-
tenpunkte der dramatischen Handlung von einer erheblichen Zahl der
Schüler, die freilich eine Minderheit darstellen, richtig erfaßt worden
sind.*

Die am häufigsten erwähnten Episoden sind in der Mehrzahl nicht
jene Schlüssel-Szenen. Wenn man einmal das Kriterium der maxima-
len Häufigkeit gelten läßt, dann hätte der von den Schülern rekon-
struierte Aufbau des Brecht-Stückes folgenden Aspekt: 1. Galy Gay
geht zum Markt, um einen Fisch zu kaufen; 2. dort begegnet er einer
Gruppe von Soldaten, die ihn festhalten; 3. einer der Soldaten wird
beim Plündern eines Tempels festgenommen und eingesperrt; 4. Galy
Gay ersetzt diesen Soldaten und 5. Galy Gay verkauft einen nachgemachten Elefanten.

Im Vergleich mit dem richtigen, oben dargestellten Aufbau des
Stücks sind zwei dieser Episoden (die zweite und die vierte) wesentlich
— die drei anderen sind überflüssig. Die Reihenfolge hinsichtlich der
Wichtigkeit der Episoden scheint auf die von uns so genannten *be-
stimmenden Merkmale des Assimilierungsprozesses hinzuweisen — die
Episoden der dramatischen Handlung wurden von der Mehrheit der
Schüler in einer vorherrschend deformierenden Weise erinnert und ein-
geordnet.* Das Vordergründige verdeckt die dramatische Handlung.
Die Schüler maßen der »Zeichen«-Episode einen Wert an sich zu, einen
hinsichtlich des wirklichen, sich aus dem Kontext der dramatischen
Handlung ergebenden Wertes weitgehend unabhängigen Wert.

In dem von den Schülern konstruierten Aufbau des Stücks stellt die
Handlung der 1. Episode einen Kauf dar, die der 2. Episode einen
Verkauf und die der 3. Episode eine Plünderung. Diese drei Episoden
haben wir als überflüssig bezeichnet. Sie haben als gemeinsames Merkmal alle drei die gleiche Substanz: die Modalitäten des Kreislaufes ma-
terieller Güter, mithin die in der vorgängigen Erfahrung der Schüler
oder besser: in ihrem sozialen Informationsspeicher liegenden Tatsachen. *Die wirkliche Rangfolge der Episoden wird entsprechend der
Schwierigkeit modifiziert, welche die Schüler bei deren Integration in
den Umkreis vorgängiger Erfahrungen und Informationen haben.*

An diesem Punkt könnte es von Nutzen sein, einen Blick auf die Irrtümer und Erfindungen zu werfen. Im Stück macht sich Galy Gay auf

den Weg, um einen Fisch zu kaufen — in einigen Nacherzählungen ist von einer Forelle die Rede. Im Stück wartet seine Frau darauf, den Fisch kochen zu können — in einer Nacherzählung hat sie Mais zum Kochen auf den Herd gestellt. Im Stück plündern die Soldaten einen Tempel — in den Nacherzählungen handelt es sich um eine Kirche. Das Stück beginnt mit einem Gespräch zwischen Galy Gay und seiner Frau über die Möglichkeit des Fischkaufs — in einigen Nacherzählungen nimmt Galy Gay vor diesem Gespräch seinen Lohn in Empfang und geht dann nach Hause usw. *Die Irrtümer, die Unklarheiten und Erfindungen scheinen eine vorherrschende Tendenz auszudrücken: zur Verschiebung des Schauspiels in den Bereich der Erfahrung, den die Schüler am leichtesten beherrschen.*

Es handelt sich dabei um eine Erfahrung außerhalb des Theaters und überhaupt außerhalb des Künstlerischen; sie scheint aus dem Alltagsleben zu stammen. *Die auf künstlerische Weise in eine Theaterszene verwandelte »Zeichen«-Episode wird durch den Schüler in das retrospektive Bild zurückverwandelt. Die Einordnung einer Episode in die Rangfolge der dramatischen Handlung wird grundsätzlich nicht durch künstlerische Tatsachen, sondern durch die Tatsachen des Alltagslebens bestimmt.*

Angesichts des unvermeidlichen Unterschiedes zwischen dem Assimilierten und dem Erzählten sowie angesichts der Besonderheiten *dieses* Stücks und *dieser* Personenauswahl können wir unter Vorbehalt die obigen Beobachtungen und Überlegungen wie folgt zusammenfassen: Ein wenig zugängliches Theaterstück kann assimiliert werden; es handelt sich dabei um eine fragmentarische und teilweise deformierende Assimilation. Der Hauptfaktor bei die Deformierung liegt in der Distanz zwischen bestimmten Komponenten der theatralischen Botschaft und der vorgängigen Erfahrung der Zuschauer. Um das Schauspiel in die begrenzte Erfahrung integrieren zu können, verzerren die Schüler gewisse Merkmale. Man kann sagen, daß die Zuschauer in diesem Fall ihre eigene Erfahrung auf das Stück projizieren, und zwar mit größerem Nachdruck als jenem, mit dem das Schauspiel auf ihr Bewußtsein einwirkt. Hauptangriffspunkt der Deformierung ist die dramatische Handlung. Die Entästhetisierung gewisser Ausschnitte der theatralischen Botschaft macht das Wesen des Deformierungsmechanismus aus. Die künstlerische Tatsache wird in die Tatsache des Alltagslebens zurückverwandelt. Damit geht der Prozeß der Perzeption in eine dem kreativen Prozeß diametral entgegengesetzte Richtung. Es bliebe zu untersuchen, in welchem Maße die Deformationen das Produkt der Assimilierung oder der Perzeption sind. Die Tendenz zur Entästhetisierung führt allerdings nicht zur Aufhebung des künstlerischen Vergnügens. Beweis dafür ist die Stärke der emotionalen Erinnerung, mit der das Schauspiel ein Vierteljahr nach dem Theaterbesuch in prägnanter Weise wieder zusammengesetzt wird. Allem Anschein nach ist es mithin möglich, daß ästhetisches Vergnügen sich relativ unabhängig davon einstellt, in welchem Maße der Sinn des Schauspiels zugänglich ist. Die Leitlinie des Assimilierungsprozesses ist das theatralische »Zeichen«; es ist dem Gedächtnis am direktesten zugänglich. Von allen theatralischen »Zeichen« ist die dramatische Handlung im Prozeß der Assimilierung das wirksamste.

5.

HARTMUT EGGERT / HANS CHRISTOPH BERG / MICHAEL RUTSCHKY

Literaturrezeption von Schülern
als Problem der Literaturdidaktik

Die folgenden Darlegungen basieren auf Erfahrungen in einem Forschungsprojekt zum Literaturunterricht der gymnasialen Oberstufe, das wir als Literaturwissenschaftler, Psychologe und Soziologe entworfen haben und leiten. Gleichwohl ist der Vortrag nicht in einen literaturwissenschaftlichen, einen psychologischen und einen soziologischen Teil untergliedert; denn unser Forschungsprojekt wird konstituiert durch den Gegenstand, den es aufzuhellen gilt, und nicht durch sich überschneidende, aber sonst getrennt fachwissenschaftliche Interessen und Kompetenzen, nach denen dann jeder seinen Teil bearbeitet, wobei die Integrationsleistung dem Zuhörer oder dem Leser aufgebürdet wird. — Weiterhin müssen wir nach unseren Erfahrungen feststellen: in den einzelnen Fachwissenschaften sind Problemaufbereitung und Methodenentwicklung nicht soweit vorangetrieben, daß man sie nur noch anwenden müßte. Wir haben in eingehender Diskussion in unserer Projektgruppe, die aus Studenten, Referendaren und vollausgebildeten Lehrern besteht, vielfach erst Methoden der Unterrichtsaufzeichnung und -auswertung entwickeln müssen (trotz Winnefeld, Schulz, Tausch, Medley & Mietzel, Flanders u. a.), und dieser Prozeß ist noch keineswegs abgeschlossen — Methoden, die sowohl der Spezifik des Gegenstandes gerecht werden, als auch in der Schule anwendbar sind, ohne allzusehr die normale Unterrichtssituation zu verzerren und zu verkürzen. Dabei kam uns nicht zuletzt, wie wir glauben, zustatten, daß Herr Eggert und Herr Berg über eine Lehrerausbildung verfügen und Herr Rutschky uns vor déformations professionelles zu bewahren suchte. Damit unser Vortrag nicht den Charakter eines Forschungsberichtes gewinnt, verzichten wir weitgehend darauf, die Methoden selber darzustellen und zu diskutieren. Den bisherigen Ertrag verdanken wir nicht zuletzt der Arbeit unserer Projektgruppe[1], eine Arbeit, die in der zeitaufwendigen Vorbereitung, Rezensierung, Protokollierung und Auswertung von Unterricht besteht.

Wir werden unser Thema — Rezeption von Literatur durch Schüler — zuerst anhand von zwei Beispielen aus dem Unterricht zu Texten von

[1] Detlev Böhmer, Heinz Bonorden, Reinhold Brück, Clemens Emschermann, Barbara Höllfritsch, Ursula Molzahn, Bernd Neumann, Kurt Scheel, Dorothea Schuntermann, Erhard Schwandt, Thomas Seidel, Jürgen Zimmermann.

Eichendorff und Heinrich Mann entfalten. Wir werden dann in einem zweiten Teil einigen strukturellen Momenten und Besonderheiten des Rezeptionsprozesses, dem Ineinander von Textverständnis und psychosozialer Dynamik nachgehen, und zwar für Texte von Kafka, Brecht und Kleist, und in einem dritten Teil das Phänomen des Ästhetischen im Zusammenhang mit Bildungsprozessen diskutieren, und zwar am Beispiel von Texten Edgar Allen Poes und Brechts.

I

Wir beginnen mit einem Beispiel, an dem wir die Literaturrezeption von Schülern als einen Vorgang mit eigenem Gewicht deutlich erfahren haben und exponieren daran zuerst das Thema, daß diese Rezeption durchaus anderen Tendenzen folgen kann als die des Lehrers, der Literatur nicht verständlich machen wird, wenn er die Interpretationen seiner Schüler nicht versteht. Die Behandlung von Eichendorffs »Taugenichts« in einer 11. Klasse hatten wir unter dem Gesichtspunkt geplant, die Widerstände und Schwierigkeiten zu thematisieren, welche die Lektüre dieses Werkes heute bereiten muß. Lehrerkollegen hatten uns um Hilfestellung gebeten in einer allgemeinen Situation der Ratlosigkeit, nämlich, wie man sich gegenüber Werken der literarischen Tradition verhalten solle, für die Grünwaldts provokante Frage gilt »Sind Klassiker etwa nicht antiquiert?«[2]. Diese Anregung ging von der berechtigten Erwartung aus, daß wir, freigesetzt von unmittelbarem Handlungsdruck, unter dem Lehrer generell wegen ihrer Arbeitslast stehen, eher zu gründlichen und grundsätzlichen Vorüberlegungen in der Lage seien.

Eichendorffs »Taugenichts« wählten wir, weil dieses Werk für mehr als 80 Jahre der Schulklassiker par excellence war, wie ein Blick in Lehrpläne zwischen 1880 und 1960 zeigt. Unsere Wahl wurde durch die Erfahrung bekräftigt, daß eine große Mehrheit der Studenten eines von uns geleiteten fachdidaktischen Seminars, in dem wir die Eichendorff-Novelle zum exemplarischen Gegenstand machten, das Werk in der Schule gelesen und besprochen hatten, also vor weniger als zehn Jahren. Dies Seminar war für uns deshalb folgenreich, weil wir unsere Erwartungen über die konkreten Widerstände gegen das Werk bei heutigen Schülern wesentlich an den im Rahmen der Lehrveranstaltung aufgearbeiteten Lektüreerfahrungen und nachwirkenden Eindrücken der Studenten orientiert hatten.

So wurde die eigene Distanz zum Werk festgemacht am Märchencharakter, der in der Vielzahl handlungsverlaufbestimmender Zufälle

[2] In: Diskussion Deutsch, Jg. 1 (1970), H. 1, S. 16.

und in dem Schluß, bei dem sich alle Probleme und Verwicklungen in allgemeines Wohlgefallen auflösen — »und es war alles, alles gut« —, besonders prägnant hervortrete; an dem hohen Grad der Emotionalität und der Oberflächlichkeit des Taugenichts, die — wie das Seminarprotokoll verzeichnet — als »Schwanken zwischen optimistischem Gottesglauben und seinen Ohnmachtsgefühlen« diagnostiziert wurde. Gegenstand der Kritik waren ferner der Sprachstil, an dem der Gebrauch wenig aussagekräftiger, unspezifischer Adjektiva wie gut, schön, fröhlich, traurig hervorgehoben wurde, was bei den zahlreichen Naturbeschreibungen zu Klischeehaftigkeit und mangelnder Plastizität führe, — und schließlich die fehlende Gesellschaftskritik im Werke selber. Die Gedichte wurden als störend empfunden und bei der Lektüre zumeist übersprungen. Insgesamt stellte sich der »Taugenichts« als eine gefühlige, spannungslose, klischeehafte Geschichte dar, deren Lektüre häufig nur mit Mühe oder im Eiltempo zu Ende gebracht wurde.

Viele Züge dieses Gesamteindrucks findet man — aber ins Positive gewendet — wieder, wenn man wirkungsgeschichtliche Zeugnisse des »Taugenichts« durchgeht. Und man sollte sich dabei nicht nur immer an Beispiele aus der Tertiärliteratur halten, zu denen leider vielfach die Anweisungen für den Gebrauch in der Schule zu rechnen sind, in denen es wimmelt vom »grundguten Menschen ... mit einem goldenen Herzen und sonnenklaren Gemüt, der recht wohl etwas taugt« oder vom »Lobgesang des deutschen Herzens, das in der Heimatnatur und der in ihr verwirklichten Liebe die reiche Erfüllung seiner Sehnsucht findet«, von der »Unbeschwertheit, der unbekümmerten Frische und Heiterkeit, dem Gefühl des Geborgenseins, dem Leuchten über diesem Werk«, Eigenschaften, die Schüler, »verführt durch den nüchternen Verstand«, leicht übersehen.[3]

Deutlich sind Züge dieses Bildes auch noch in der wohl anspruchsvollsten und berühmtesten deutschen Taugenichts-Interpretation enthalten, derjenigen Thomas Manns in den »Betrachtungen eines Unpolitischen«. Darin heißt es u. a. »Der Taugenichts ist in geschlechtlichen Dingen unschuldig bis zur Tölpelhaftigkeit und geht aus recht heiklen Lebenslagen, in die er dank der Intrige gerät, unberührt und ahnungslos hervor. Daß seine Reinheit nicht albern wirkt, ist eine starke poetische Leistung. Es ist die Reinheit des Volksliedes und des Märchens und also gesund und nicht exzentrisch.« Und Thomas Mann fährt fort: »der Taugenichts ist humangemäßigt. Er ist Mensch, und er ist 'es so sehr,

---

[3] Werner Leichsering u. Paul Wetzel, Die Behandlung der Romantik in der Untersekunda der Deutschen Oberstufe. In: Zschr. f. Deutschkunde, 1930, S. 127. — Joachim Müller, Eichendorffs Erzählung »Aus dem Leben eines Taugenichts«. In: Zschr. f. Deutschkunde 1940, S. 70. — Robert Ulshöfer, Methodik des Deutschunterrichts, Bd. 2, Stuttgart 1960, S. 96. — u. a.

daß er überhaupt nichts außerdem sein will und kann: eben deshalb ist er der Taugenichts. Denn man ist selbstverständlich ein Taugenichts, wenn man nichts weiter prästiert, als eben ein Mensch zu sein. Auch ist sein Menschtum wenig differenziert, es hat etwas Abstraktes, es ist bestimmt eigentlich nur im nationalen Sinne, — dies allerdings sehr stark; es ist überzeugend und exemplarisch deutsch, und obgleich sein Format so bescheiden ist, möchte man ausrufen: wahrhaftig, der deutsche Mensch!«[4]

Wie doppelsinnig das auszulegen ist, stellt man fest, wenn man derartige Feststellungen auf den Text zurückwendet und die Richtigkeit und Legitimität derartiger Ausdeutungen überprüft. Denn in ihnen ist ja keine Rede von den permanenten Täuschungen, Selbsttäuschungen und Selbstüberredungen, denen der Taugenichts beständig unterliegt; von demjenigen, der fast durchgehend alles falsch versteht, weil er alles auf sich bezieht und nie auf andere, der sich einbildet, im Mittelpunkt des Geschehens zu stehen, während er in Wirklichkeit Komparse ist. Kein Wort — und wir akzentuieren die vernachlässigten Momente der Geschichte — kein Wort von den ständigen Stimmungsumschlägen des Taugenichts, vom Himmelhochjauchzend ins Zutodebetrübt, der morgens jubelt, daß er den eintönigen Zwängen des Alltags entkommen ist und der abends — nachdem er Ängste ausgestanden hat, weil ihm beim Herumtanzen seine paar Groschen verloren gegangen sind — erleichtert über das Angebot eines Gärtnerdienstes feststellt: »So war ich denn, Gott sei Dank, im Brote!«[5] Dem es nach Tagen der Hochstimmung in seiner Gärtnerexistenz ohne Veränderung der äußeren Situation »zum Sterben bange«[6] wird, als er sich ausgeschlossen sieht vom Treiben der anderen. Oder für den »kritische Zeitläufe«[7] ausbrechen, als die Blumensträuße, Bekundungen seiner Liebe und Liebessehnsucht, vor sich hinwelken, und er sowieso schon seiner einst wohlig genossenen Einnehmerexistenz überdrüssig ist, weil ihn »das fatale Rechnen«[8] stört bei seinen Phantasien und Träumereien über zukünftiges Glück und bevorstehendes »Außerordentliches«[9], und diese wiederum ihm die Zahlen verwirren.

Und so geht es fort die ganze Geschichte hindurch. Die vielen Zufälle in der Novelle sind meist nur Zufälle im Bewußtsein des Taugenichts, während sie sich in Wahrheit als Elemente einer Intrige er-

---

[4] Thomas Mann, Betrachtungen eines Unpolitischen. Frankfurt 1956, S. 372 f.
[5] Joseph Frhr. v. Eichendorff, Aus dem Leben eines Taugenichts. In: Neue Gesamtausgabe der Werke und Schriften in 4 Bdn. Hg. v. G. Baumann in Verb. m. S. Grosse. Bd. 2, Stuttgart 1960, S. 352.
[6] ebd., S. 353.
[7] ebd., S. 362.
[8] ebd., S. 261.
[9] ebd., S. 361.

weisen, in der er nur Komparse ist und was er nur wegen fehlenden Realitätskontaktes nicht erkennt, und die der Leser zunächst nicht durchschaut, weil er die Welt aus der Taugenichts-Perspektive kennenlernt, allerdings schon in einer leicht distanzierenden Gebrochenheit, als rückschauenden, aktualisierenden Bericht — »und auch, das alles ist schon lange her!«[10]

Bei genauer, den Text ernstzunehmender Analyse erweist sich die Taugenichts-Geschichte als die Geschichte einer unbestimmten Sehnsucht nach Freiheit und eines Glücksverlangens, das in jedem Moment nur dem zu entkommen sucht, aus dem es entstanden ist, und an das es dennoch immer gebunden bleibt. Die Ziellosigkeit des Verlangens, die bemerkenswerte Unentschiedenheit in den Neigungen und Abneigungen, die Vorbewußtheit, die als Naivität erscheint, gerinnt in der Artikulationsform zu Stimmungen, welche die Objekte sich anverwandeln, und zwar sowohl dem Glücksgefühl als auch dem Verdruß. Und es ist nicht so, wie man in manchen Taugenichts-Interpretationen lesen kann, daß diese auf bestimmte, unbürgerliche und antizivilisatorische Bereiche eingeschränkt wären; dafür taugen Schlafrock und Schlafmütze, Pantoffeln und Tabakspfeife, also die Insignien des Philisters, gleichermaßen.

In literaturgeschichtlichen Arbeiten der jüngeren Zeit — genannt seien vor allem Lämmerts wirkungsgeschichtliche Studie »Eichendorffs Wandel unter den Deutschen«[11] und Alexander von Bormanns Aufsatz »Philister und Taugenichts. Zur Tragweite des romantischen Antikapitalismus«[12] — darin ist auf die historische Zusammengehörigkeit von sich entfaltender und befestigender bürgerlicher Gesellschaft unter den Bedingungen der Industrialisierung und jenem diffusen Freiheits- und Glücksverlangen hingewiesen worden, das sich wegen seiner Unbestimmtheit und Hilflosigkeit gegenüber der eigenen bürgerlichen Lebenswelt als vagierende Sehnsucht, als Fernweh und Heimweh zugleich, artikuliert. In der poetischen Ausgestaltung derartiger Evasionsphantasien wird bereits selbst ein Medium angeboten, in dem sie sich ausagieren können, — und die Analyse der Wirkungsgeschichte romantischer Poesie im allgemeinen, der Eichendorffschen im besonderen fördert dafür überzeugende Hinweise und Belege zutage.

Starke Widerstände bei der Lektüre des »Taugenichts«, wie wir sie antizipierten, lassen mehrere Interpretationen zu. Es können derartige Phantasien fehlen, weil die ihnen zugrunde liegenden Bedürfnisse real

---

[10] ebd., S. 354.
[11] In: Die deutsche Romantik. Poetik, Formen und Motive. Hg. v. H. Steffen. Göttingen ²1972, S. 219—252.
[12] In: Aurora. Jahrbuch der Eichendorff-Gesellschaft, hg. v. P. Heiduk. Bd. 30/31 (1970/71), S. 94—112.

befriedigt oder befriedigbar sind, — oder es könnte ein Bewußtsein von den Ursachen der alltäglichen Zwänge vorhanden sein, so daß sich die Phantasien nicht als Sehnsüchte, als Stimmungen artikulieren, sondern als politische Einsichten. Im letzteren Fall würde man freilich weniger Widerstände im genauen Sinn erwarten als Indifferenz oder Äußerungen, die solche Phantasien als abgelebt charakterisieren.

Die Widerstände 'lassen sich aber auch deuten als mangelnde Bereitschaft, die Evasionsphantasien im Medium der Literatur auszubreiten, d. h. andere Lebensbereiche wären an deren Stelle getreten. Einen Hinweis auf solche möglichen Verlagerungen bietet Enzensberger in seiner Studie über Genesis und gesellschaftliche Bedeutung des modernen Tourismus. »Er ist nichts anderes«, heißt es darin u. a., »als der Versuch, den in die Ferne projizierten Wunschtraum der Romantik leibhaftig zu verwirklichen. Je mehr sich die bürgerliche Gesellschaft schloß, desto angestrengter versuchte der Bürger, ihr als Tourist zu entkommen.«[13] Zahlreiche der von Enzensberger beschriebenen und interpretierten Erscheinungsformen des Tourismus lesen sich in der Tat wie Ausführungen zum »Taugenichts«, allerdings zeigen sie die Struktur, die sich ergibt, wenn dessen Fiktionalität real genommen wird oder realisiert werden soll, die Metapher mit der Sache verwechselt wird, während sich der Text durch seine Als-ob-Struktur als Phantasie ausweist.

Aufgabe eines Unterrichts über den »Taugenichts« könnte es sein, Einsicht in den Status des Textes und dessen historische Gebundenheit zu vermitteln. Von solchen Überlegungen gingen wir bei der Umrißplanung des Unterrichts aus. In einer Vorbesprechung mit den Schülern wiesen wir darauf hin, daß wir nicht erwarteten, der Eichendorff-Text fände ihre ungeteilte Zustimmung (aus ihren diffusen Vorstellungen über Eichendorff und Romantik war dergleichen bereits zu erraten); gerade über die Schwierigkeiten, die Widerstände bei der Lektüre gelte es zu reden; sie seien Ansatzpunkt für weitere Einsichten.

In der ersten Stunde dieses Unterrichts wurde nun zu unserer Überraschung nachdrücklich von den meisten Schülern dementiert, daß die Lektüre Schwierigkeiten bereitet habe, befremdlich gewesen sei. Unseren anfänglichen Verdacht, daß es sich hierbei im wesentlichen um Abwehrreaktionen gegen unsere Einschätzung handele, sie also vorrangig als Moment der Sozialdynamik im Lehrer-Schüler-Verhältnis zu interpretieren seien, konnten wir zwar nicht gänzlich ausräumen — und wir wollen hier auch keine falsche Sicherheit über jedes unserer Analyseergebnisse vortäuschen —, aber die ersten Äußerungen und der Verlauf des weiteren Unterrichts machten deutlich, daß hier in der

[13] H. M. Enzensberger, Eine Theorie des Tourismus. In: H. M. E., Einzelheiten I. Frankfurt 1962, S. 156.

Tat eine andere Lektüreerfahrung vorlag, als wir vorweg angenommen hatten.

Zwar wurde fast durchgehend herausgestellt, daß von mitreißender Lektüre nicht die Rede sein könne — z. T. wurden die »vielen Beschreibungen« als langweilend empfunden —, aber man fand den Text insgesamt doch unterhaltsam, zuweilen vergnüglich — bis hin zur Feststellung im Berliner Idiom: »Mir hat et entjegen, wat ick jedacht hatte, janz jut jefallen, ick bin da flüssig durchjekommen, und det einzije, wat mich jestört, waren die französischen Ausdrücke, die der Müllerbursche da hatte; also — da könnt' ick mir vorstellen, det der Eichendorff sich nich janz in den Müllerburschen rein versetzt hat. Aber sonst hat mir det eijentlich janz jut jefallen.« Von der gleichen Schülerin wird in späterem Zusammenhang geäußert: »Also, wenn ick Taugenichts wäre, würde mir det schon jefallen, würde det schon meiner Erwartung entsprechen, der tut doch da einfach nüscht. Wenn ick so durch die Welt kommen würde, so mit Nichtstun, wäre ick schon längst weg.« Um auch hier keinen irreführenden Eindruck zu erwecken: dies war eine Extrem-, aber keine grundsätzliche Außenseiterposition in dieser 11. Klasse.

Bei unserem Versuch, im Gespräch über generelle Geschmacksurteile hinaus ein genaueres Bild vom Textverständnis der Schüler zu gewinnen und durch Konfrontation mit dem Text dessen Stichhaltigkeit gemeinsam zu überprüfen, stellte sich heraus, daß die meisten Textpassagen, die geeignet gewesen wären, den Gesamteindruck von »Friede, Freude, Eierkuchen«, wie eine Schülerin lax formulierte, zumindest mit einigen Fragezeichen zu versehen, überlesen, nicht präsent, ja z. T. gar nicht wahrgenommen worden waren. Der Versuch einer konzisen Textrekonstruktion, die uns erforderlich schien, wenn bei der weiteren Arbeit nicht von falschen Voraussetzungen ausgegangen werden sollte, erwies sich als äußerst mühsam, weil sie sich implizit mit einem dem Text z. T. widersprechenden Vorverständnis auseinandersetzen mußte, dessen Gestalt und Ursache wir nicht kannten.

Nun wirken solche Feststellungen vielleicht banal; sie verlieren u. E. aber den Charakter der Banalität, wenn man sich vergegenwärtigt, daß einerseits zunehmend Theorien diskutiert werden, die von einer prinzipiellen Pluralität der Leseerlebnisse ausgehen, und darin die eigentliche Realisation literarischer Werke sehen — wir nennen hier vor allem Mandelkows, aber auch Fügens und Silbermanns Überlegungen zur literarischen Rezeption[14] —, und daß aber andererseits bei unter-

---

14 Hans Norbert Fügen, Die Hauptrichtungen der Literatursoziologie. Bonn ²1966. — Alphons Silbermann, Artikel »Kunst«, in: René König (Hrsg.), Soziologie. Frankfurt 1958 (Fischer Lexikon 10). — Karl Robert Mandelkow,

richtspraktischen Programmen und Modellen häufig die Erarbeitung des »plain sense« eines Textes als erster, problemloser Schritt in einer Reihe von Arbeitsschritten hin auf umfassendere Lernziele erscheint, der kaum weiterer Reflexion bedarf.[15]

Wir hoffen verdeutlichen zu können, warum wir der Überzeugung sind, daß bereits in der Ausarbeitung des Textverständnisses eine der wichtigsten und schwierigsten Aufgaben liegt und sich wesentliche Bildungsprozesse dabei schon vollziehen können. Die Erfahrungen, die wir bei der Behandlung des »Taugenichts« zu Beginn unserer Arbeit sammelten — und wir werden auf diesen Unterricht noch zurückkommen — gaben den Anstoß, diesem Problem intensiver nachzugehen. Denn es ist leicht vorzustellen, welche zusätzlichen Schwierigkeiten entstanden wären, wenn wir das Textverständnis der Schüler weitgehend ignoriert und unsere eigene Textanalyse zur Grundlage einer dezidierten Unterrichtsplanung gemacht hätten —, ein Verfahren, das nicht nur in der Lehrerausbildung weitgehend praktiziert wird, sondern dem angesichts der Tendenz zu Lernprogrammen und Curricula erst seine große Zukunft bevorzustehen scheint.

An einem kurzen zweiten Beispiel wollen wir den Konflikt demonstrieren, der sich bei einem solchen Verfahren ergeben kann. Das Beispiel ist extrem, aber — wie wir aus Unterrichtsbeobachtungen, eigenen und mitgeteilten Lehrererfahrungen wissen — keineswegs außergewöhnlich. In der Anfangsphase unserer Zusammenarbeit mit Lehrern hatten wir ein detailliertes Unterrichtsmodell zu Heinrich Manns »Untertan« entworfen, das in einer Art Baukastensystem Problemaufrisse und Arbeitsmaterialien zur Romanstruktur, zum Stil, zur Textgeschichte, zum Sozialcharakter »Untertan«, zur allgemeinen historischen Situation des Kaiserreichs und zu dessen Sozialstruktur, sowie Alternativpläne für methodisches Vorgehen enthielt.

In den ersten beiden Unterrichtsstunden wurden von den Schülern einer 11. Klasse unter allgemeiner reger Beteiligung einige Hauptprobleme des Romans und Strukturelemente des Romanaufbaus herausgearbeitet, wobei sie nutzbringend Kenntnisse und Interpretationstechniken anwandten, die sie vorher im Deutschunterricht erworben hatten. Die Wahl des Gegenstandes und die methodische Konzeption schienen einen ertragreichen Unterrichtsverlauf zu versprechen, da äußerten die meisten Schüler bei einem Wandertag, also in einer informellen Situation außerhalb der Schule, gegenüber dem Lehrer heftig und spon-

Rezeptionsästhetik und marxistische Literaturtheorie, in: Walter Müller-Seidel (Hrsg.), Historizität in Sprach- und Literaturwissenschaft. München 1973.
[15] z. B.: Cordes, Ehlert, Hoffacker, Ide, Erziehung zum kritischen Lesen, in: Sprache und Politik. Schriftenreihe der BZfpB, Heft 91, Bonn 1971, S. 162–167.

tan ihr Mißfallen an der Lektüre. Der Roman sei nicht nur schwer zu lesen, man habe sich mühsam durchgekämpft; er sei vor allem widerlich, nur negativ, richtig fies, und so einseitig sei die Wirklichkeit nun doch nicht, und auch nie gewesen. Hätte nicht dieser Deutschlehrer — zu dem die Schüler ein gutes, vertrauensvolles Verhältnis hatten — diese Lektüre empfohlen, am Verstande eines anderen Deutschlehrers hätte man zweifeln müssen. Nur mit Rücksicht auf den Referendar, der in den beiden Stunden den Unterricht geleitet hatte, und auf anwesende Gäste in der zweiten Stunde hätten sie bisher ihr Urteil zurückgehalten.

Überraschend war für uns nicht, daß Schüler eine ausgeprägte Doppelsprachigkeit zeigten — wer nicht blind ist als Lehrer oder wer seine eigene Schulzeit noch nicht gänzlich vergessen hat, kennt das und es beunruhigt ihn hoffentlich —, bestürzend war vor allem, daß von der scharfen, emotional fundierten Kritik am Roman in den Unterrichtsstunden nichts zu spüren gewesen war, auch nicht für den langjährigen Deutschlehrer dieser Klasse, — so abgedichtet waren die offizielle und private Ebene der Lektüre gegeneinander.

Man macht es sich zu leicht, wenn man dieses Verhalten ausschließlich auf die Anwesenheit von Hospitanten und die — wohlwollend gemeinte — Rücksicht auf den Referendar zurückführt. In der Schule gibt es genügend Bedingungen, die eine Ausbildung von Doppelsprachigkeit fördern; Klassenaufsätze sind selten frei davon; manchmal möchte man meinen, es sei ihr wesentliches Kennzeichen. Fast jeder Satz sagt, »ich bin in der Schule geschrieben«.

II

Aufgrund solcher Beobachtungen und Erfahrungen sind wir dazu übergegangen, stärker eine explorative Haltung einzunehmen, in der wir das Textverständnis der Schüler und ihre Art des Umgangs mit literarischen Texten zu erkunden suchten. Um gleich Mißverständnissen vorzubeugen: Was wir in folgendem darstellen, ist nicht bereits als Vorschlag für ein neues Unterrichtsverfahren zu verstehen, wenn auch einige Elemente unserer Methode, vor allem aber die mitgeteilten Beobachtungen darin Berücksichtigung finden sollten. Und noch ein weiteres: Nach dem, was wir zum Phänomen der Doppelsprachigkeit, zum Auseinanderfallen in privates und veröffentlichtes Textverständnis ausführten, könnte der Eindruck entstehen, es handele sich bei den zu diskutierenden Beispielen um Dokumente schlechthin privaten Textverständnisses. Sie sind aber, wie die vorherigen Beispiele, geprägt von der sozialen Situation, der sie entstammen; das gilt für die Beispiele aus Unterrichtsstunden wie für die aus Einzelinterviews; die wir zusätzlich führten.

Für die Textauswahl war maßgebend — und es handelt sich ausschließlich um Prosatexte —, daß die Texte einem planen Verständnis Widerstand entgegensetzten — also etwas »zum Kauen boten« —, und daß im Gesamtspektrum Texte sehr verschiedener Art hinsichtlich der angesprochenen Probleme, der Entstehungszeit, der Textspezifik repräsentiert sein sollten. Ein Nebenaspekt war, daß einzelne Texte schon zu einer Art von neuen Schulklassikern gehören und in der didaktischen Literatur mehrfach behandelt worden sind. Gegenstand von Unterrichtsgesprächen und Einzelinterviews, über die wir berichten, waren: Benjamins Miniatur »Verstecktes Kind« aus der »Einbahnstraße«, entstanden 1926; Brechts Keuner-Geschichte »Wenn die Haifische Menschen wären«, geschrieben 1929; Eichendorffs »Taugenichts«, veröffentlicht 1826; Kafkas vermutlich 1917 entstandener und als »kleine Erzählung« bezeichneter Text »Auf der Galerie«; Kleists Paradoxe »Von der Überlegung«, publiziert 1810 in den Berliner Abendblättern sowie Edgar Allan Poes »Im Wirbel des Maelstrom«, verfaßt 1840.

Bei den Interviews wie im Unterricht haben wir die Aufgabe, welche die Schüler zu lösen hatten, nicht präzise formuliert, sondern so unspezifisch wie möglich gehalten. Das bedeutete eine gewisse Verfremdung der schulischen Situation: Die Texte waren nicht in einen mehr-minder plausiblen Legitimationszusammenhang eingebettet, etwa als Element einer Unterrichtsreihe, als Vollzug eines übergeordneten Lehrplans oder ähnlichem; sie traten vielmehr verhältnismäßig unvermittelt auf, wie wir ja auch selbst in der Klasse bzw. gegenüber den Interviews, natürlich nach vorheriger Absprache und nach Information über unsere Tätigkeit. Auch der Lehrer war gebeten, sich explorativ zu verhalten, also zurückhaltend; er sollte weniger belehren, argumentieren, korrigieren, dafür die von den Schülern gemachten Äußerungen auf die den Schülern erreichbare Kohärenz hin vorantreiben.

Wir hofften durch diese Prozedur die Spezifik der Kommunikation erkunden zu können, die eine Klasse oder auch ein Schüler zu dem vorgelegten Text eingehen würde. Dabei gingen wir natürlich nicht von einer Tabula-rasa-Situation aus, im Zweifelsfalle würde sich das eingeübte Schulverhalten dieser Jugendlichen reproduzieren und ihnen in gewissem Grade problematisch werden können. Die Aufgabe, welche die Schüler lösen wollten, mußten sie selbst erst für sich explizit oder implizit definieren, ebenso die Verfahrensweisen, die bei der Lösung angewendet werden sollten. Bei den Einzelinterviews bestand bei dem gleichen Verfahren unser Interesse darin, stärker als im Klassenverband möglich, die Ausarbeitung der Interpretationen einzelner genauer zu verfolgen, deren Konsistenz zu erfahren und — unabhängig von

Förderung und Hinderung durch die Diskutantengruppe — Auffassungen kennenzulernen, die wir im Unterricht nur bruchstückhaft, halb abgedrängt oder kaum artikuliert wahrgenommen hatten.

Unser Thema verbietet es, unseren Versuch einer theoretisch durchgearbeiteten Kasuistik im Feld der Bildungsforschung zu verorten und zu begründen. Nach unserem Urteil gehen viele Schwächen und Unsicherheiten, z. B. auch des Strukturplans, auf das auffällige Fehlen derartiger historisch konkreter Fallstudien zurück. Wir wollen uns hier vor allem auf die Ausarbeitung unseres Ansatzes konzentrieren. Wir gehen jetzt dazu über, strukturelle Momente und Besonderheiten des Rezeptionsprozesses bei den beobachteten Schülern zu diskutieren.

III

Zwei allgemeine Charakteristika der Kommunikation, die die Schüler mit den literarischen Texten eingingen, können wir schon angeben: Die sich ausbildenden konfliktuösen oder konformen Interpretationen des Textes sind außerordentlich stabil, und das gilt für die unterschiedlichsten Texte. Hat sich z. B. erst einmal die Überzeugung ausgebildet, Kleists Text »Von der Überlegung« plädiere für *Vor*überlegung (er tut das Gegenteil) oder in Benjamins Miniatur werde eine einzige abrollende Szene dargestellt (es ist nicht der Fall), so ist diese Überzeugung nur noch schwer durch die Konfrontation mit dem Text angreifbar.

Allgemeiner formuliert, unter Berücksichtigung der Spezifik des Gegenstandes: Wenn es möglicherweise gerade ein Charakteristikum des Ästhetischen ist — das es von anderen Bereichen unterscheidet —, das Unbestimmbare oder das Unbestimmte an den Dingen, das begrifflich nicht oder noch nicht Faßbare, das funktionell nicht Einzuordnende oder Erklärbare zur Darstellung zu bringen, so zielt die Rezeption darauf hin, möglichst wenig an den Texten unbestimmbar oder unbestimmt zu lassen. Das Doppel- und Mehrdeutige soll eindeutig gemacht, das Widersprüchliche bereinigt, das Dunkle aufgehellt werden. Wer den Text bzw. dessen unklare Stellen in dieser Situation noch vertritt, wird überhört oder abgewiesen.

In engem Zusammenhang mit diesem ersten allgemeinen Charakteristikum scheint uns das zweite zu stehen: Die Texte werden von den Schülern unwillkürlich aktualisiert. Die Frage nach Autor und Entstehungsdatum (beides hatten wir zumeist nicht angegeben), die Frage nach der historischen Situation also, die der Text widerspiegelt oder zu der er Stellung nimmt, wird zwar fast immer gestellt, aber die Antwort wird kaum als Information verwendet, die für die Textinterpretation relevant wäre; das gilt auch für Schüler, die durch den Unterricht an historische Betrachtungen und Analysen literarischer Texte gewöhnt sind. Eher verblüffte das Entstehungsjahr; häufig hatten Schüler offenbar angenommen, der jeweilige Text sei jünger. Ein besonders krasses Beispiel: In einer 10. Klasse blieb uns die Nachfrage, ob es sich denn dann bei der vorliegenden Fassung von Kleists Text um das Original handle, zunächst unverständlich — gemeint war anscheinend, Kleist habe eine Art Lutherdeutsch geschrieben. — Häufig waren direkt Ermattung, Nachlassen der Konzentration, geringe Bereitschaft, sich mit dem Text weiter zu beschäftigen, zu beobachten, wenn das Entstehungsdatum ihn als älter auswies als angenommen.

Die Tendenz zur Aktualisierung bedarf genauerer Beschreibung und Analyse, will man simplifizierende Erklärungsversuche vermeiden, in denen häufig die Symptome mit den Ursachen verwechselt werden, wie etwa »noch nicht ausgebildetes« oder gar »verlorengegangenes Geschichtsbewußtsein« oder die Pauschalerklärung »Identifikation«.

Darin, daß die Schüler die Texte aktualisieren, steckt noch ein anderes Problem. Im Unterricht und in den Einzelinterviews erwiesen sich Schüleräußerungen als direkte, aber auch als verdeckte Stellungnahmen zu den Texten, zu den in ihnen dargestellten (oder vermeintlich dargestellten) Sachverhalten, Problemen, Auffassungen usw. Den Deutschlehrer überrascht das kaum, so sehr ist er daran gewöhnt (den Mathematik- oder Biologielehrer würden solche Stellungnahmen eher überraschen); und in dem vorhin erwähnten Beispiel aus dem Unterricht über Heinrich Manns »Untertan« erwies es sich nachträglich als bedenkliches Krisensymptom, daß solche Stellungnahmen fehlten. Allgemeiner gefaßt — und wir wollen das gleich an Beispielen genauer aufzeigen —: Die Texte werden bezogen auf Probleme, die für die Schüler mehr-minder thematisch relevant sind. Die herausgelesenen Problemlösungen stabilisieren oder labilisieren die eigenen Lösungsversuche, und so können die Texte als Angriff, als Bestätigung, als Hilfe empfunden oder als belanglos abgewiesen werden. Nun ist dieser Sachverhalt keineswegs immer offensichtlich und direkt greifbar. Er muß vielmehr erschlossen werden aus den an den Text herangetragenen Begriffen, Schemata, aus der impliziten Definition der Aufgabe, welche die Schüler glauben lösen zu müssen, aus Textmißverständnissen und indirekten Textumarbeitungen.

Aktualisierungen, die den Charakter der persönlichen Auseinandersetzung erkennen lassen, werden immer dann schwer greifbar, wenn die in den Texten verwendeten Begriffe und angesprochenen Sachverhalte offen sind für Bedeutungen aus dem Gegenwartsbewußtsein der Schüler. Das trifft etwa für Kafkas Parabel »Auf der Galerie« zu, in der allenfalls das Thema Zirkus inzwischen den Status von etwas Antiquiertem, Unzeitgemäßem hat, die darüber hinaus aber wenig eindeutig Historisches enthält; und die Schülerinterpretationen belegten auch deutlich diese Einschätzung. Keiner nahm das Thema Zirkus sehr ernst, also etwa das Thema des bewußt produzierten schönen Scheins, der dahin tendiert, sich zu befreien von allen Momenten, die auf die Mühsalen, Qualen, Unmenschlichkeiten hindeuten könnten, deren es bedurfte, um ihn hervorzubringen; daß es sich möglicherweise um eine Parabel über eine bestimmte Form der Kunst handele, daß also der Text auch wörtlich zu nehmen sei, erschien offensichtlich unbefriedigend.

Die Grundlinie der Textauffassung, die wir in Einzelinterviews und Unterrichtsstunden fanden, läßt sich wie folgt nachzeichnen: Der zweite Abschnitt des Textes zeigt in etwas überpointierter Weise die Welt, in der wir leben. Aber eigentlich ist alles anders, hinter dem schönen Schein liegt die grausame Realität verborgen, und es wird auch alles getan, sie verborgen zu halten und vergessen zu machen. Läge sie offen zutage, dann wäre der helfende stoppende Eingriff möglich. So aber bleibt nur das unbewußte Gefühl der Unstimmigkeit. Wir als Zuschauer können bloß weinen, unserer Ohnmacht resignierend Ausdruck geben, nicht aber helfend eingreifen.

Bevor wir den Ausdifferenzierungen dieses Grundmusters nachgehen, wollen wir zunächst dessen Auffälligkeiten erörtern. Als erstes erstaunt die Bedenkenlosigkeit, mit der der Zirkus als Metapher für das Leben allgemein genommen wird, auch von Schülern (das sei ausdrücklich vermerkt), die noch nie zuvor einen Kafka-Text, geschweige denn Sekundärliteratur über ihn gelesen hatten. Sie könnten beinahe genauso allgemein von der Zirkusgesellschaft sprechen wie von der Marktwirtschaft und der konzertierten Aktion.

Dies ist ein weiteres Beispiel für die oben angesprochene Stabilität der sich ausbildenden Interpretationen: Die stillschweigenden Textverschiebungen, die sich dabei fast zwangsläufig einstellen, wurden kaum noch wahrgenommen. So blieb z. B. unbemerkt, daß sich bei dieser Übertragung die Position des Lesers verschiebt: vom Galeriebesucher im Zirkus zum Zirkuspersonal im Leben. Weiter: Die deutlich beschriebenen Unterschiede zwischen dem ersten und zweiten Teil der Parabel wurden als scheinbar eingeebnet, ohne daß ganz ausdrücklich die Identität der beiden Szenen behauptet wurde. Daß die schöne Dame auch im zweiten Abschnitt in Wahrheit lungensüchtig ist, daß die Küsse eigentlich Peitschenhiebe sind, wurde unterstellt, aber nicht direkt geäußert.

Hauptproblem war für die Schüler die Aufklärung des undurchdringlichen Scheins; aber sie selber identifizierten mühelos den ersten Satz als faktische Realität; sie selber hielten sich für aufgeklärt und wußten Bescheid. So wurde auch das »Vielleicht« im ersten Abschnitt

(»vielleicht eilte dann ein junger Galeriebesucher . . .«) überlesen oder unterschlagen. Denn selbst bei voller Durchsichtigkeit der vorgeblich im ersten Abschnitt dargestellten »eigentlichen« Verhältnisse ist es nach dem Text keineswegs ausgemacht, daß jener junge Galeriebesucher eingreift, wie ja auch die übrigen Zuschauer dies nicht tun. Entsprechend wurde auch die Unbewußtheit des Weinens in ein unbewußtes Protestgefühl umgedeutet. Insgesamt wurde nur das Problem der Erkenntnis hervorgehoben, nicht das von Mut, der für den Eingriff erforderlich wäre, und von Verführung, die davon abhält.

Welche Aktualisierungen der Übertragung von Zirkus auf Leben zugrunde liegen, läßt sich den von den Schülern in den Einzelinterviews ausgearbeiteten Interpretationen entnehmen. Als wichtige Anhaltspunkte erwiesen sich dabei die Beispiele, in denen sie ihr Textverständnis explizierten. Auf eigene Zirkuserfahrungen griffen sie, was zwar Kennern der Kafka-Sekundärliteratur ohnehin abwegig erscheinen müßte, für uns aber doch insoweit auffällig war, weil sonst die in Texten erwähnten Sachverhalte sehr häufig von den Schülern mit Eigenerfahrungen aus dem gleichen Sachbereich konfrontiert oder durch sie illustriert wurden, kaum zurück. Zwar kannten alle Schüler den Zirkus aus eigenem Erleben (wie Nachfragen ergaben), aber er hatte für sie den Status einer Kindheitserinnerung; für ihre Gegenwart war er ein unwesentliches Thema, um dessentwillen sich eine Beschäftigung mit dem Text kaum gelohnt hätte. Betrachten wir nun die Aktualisierungen in zwei Schülerinterpretationen: Der erste Schüler, der (wie er erzählte) Erfahrungen als Amateurzauberer hat, hielt sich zunächst verhältnismäßig eng an das Thema Zirkus. Für ihn stand die Parabel für alle Sparten des Showgeschäfts, inklusive Fußball, wobei die Perspektive des Insiders der des Zuschauers gegenübergestellt sei. Durch seinen Beifall verfestige der unwissende Zuschauer die Zwangssituation des Artisten, die aber — und das ist die Pointe — vom Artisten selbst gewollt wird. Der Artist, so seine Interpretation, durchschaut durchaus die Situation, will sie aber nicht ändern (kann es wohl auch nicht), der Zuschauer hingegen durchschaut sie nicht, obwohl er unbewußt die Unnatürlichkeit des Zustands erfaßt. Der Text ist von einem einzelnen Aufgeklärten an die unaufgeklärte brodelnde Masse gerichtet. Die Aktualisierung ist in diesem Fall deutlich. Daß dieser Schüler eine Verhaltensalternative für den Zuschauer entwirft, die im Text nicht angesprochen ist, zeigt an, daß in der Aktualisierung die Tendenz zur Stellungnahme enthalten ist: Nicht Eingriff und Stopp wären erforderlich, sondern Verweigerung des systemstabilisierenden Beifalls.

In einem anderen Interview schien auf den ersten Blick für den Schüler auch das Zirkusthema wichtig zu sein; er entwickelte sein Textverständnis in dessen Bildlichkeit. In seiner Leseart wurde aber sehr bald offenbar, daß hier die Beziehung des Textes auf die eigene Situation das Bemühen um Verständnis der Parabel verdrängte, ihre Bildlichkeit wurde zu einem Moment der Selbstauslegung des Schülers. Nach seiner Interpretation ist der Galeriebesucher auf der Suche nach den letzten Reservaten von Freiheit und Spontaneität im durchprogrammierten Leben in den Zirkus gekommen und muß nun auch hier die Herrschaft von Routine, Monotonie und Zwang wahrnehmen: Die Artisten sind in der gleichen Situation wie er, daher seine Trauer. Dies erscheint als der Kern seiner Deutung, auf den er sofort verfiel, und die er entschieden gegen den Interviewer durchhielt, als dieser ihn auf Textstellen hinwies, die sich in diese Interpretation nicht integrieren lassen. Es liegt nahe, in diesem Fall von einer ungehemmten Projektion zu reden: Der Galeriebesucher ging mit den Problemen dieses Schülers in den Zirkus.

Das zeigen nicht nur Argumentationen, die er an Beispielen aus anderen Lebensbereichen entwickelte und zur Stützung seiner Interpretation beizog — das Berufsleben mit Karrierezwängen, Vorprogrammiertheit der eigenen Biographie: Schule, Studium, Beruf, Familiengründung usw. in zwanghafter Abfolge — sondern es zeigt sich auch und vor allem in immer wieder neuen Ausarbeitungen und Umarbeitungen seines Grundschemas in der Zirkusmetaphorik. Die Deutung des Gesamttextes wurde verständlicherweise immer schwieriger, sie konzentrierte sich zunehmend auf die Möglichkeit des stoppenden Eingriffs, die wegen der offenkundigen Zwangssituation, wie sie im ersten Abschnitt dargestellt werde, gegeben schien. Aber der Schüler versperrte sich auch diese Möglichkeit, indem er behauptete, daß der Eingreifende sofort ins Programm eingebaut würde: Vielleicht wäre er für drei Abende Held des Publikums, vielleicht würde er sogar als Clown engagiert von der Direktion, die nicht weniger geistesgegenwärtig sein dürfte als das Orchester.

Daß ein derartiger Umgang mit dem Kafka-Text nicht als abstruser Extremfall abgetan werden darf, belegt die Neigung von Schülern dieser Altersstufe zu solchen Grübeleien und Phantasien, die in literarischen Texten ihren Kristallisationskern finden. In der Unterrichtssituation werden sie zumeist sehr schnell abgedrängt, dafür finden sie — soweit sie in der Schule überhaupt hervortreten — ihr geeignetes Medium in Aufsätzen und werden dann mit »Thema verfehlt« abgetan. Die Kohärenz und Härte dieser Interpretation, die das Original konsequent durch einen eigenen Text überformt, erlaubt es, in diesem Fall den Privattext zu rekonstruieren. Kafkas Erzählung lautet für diesen Schüler ungefähr so:

>»Auf der Galerie sitzt ein junger Besucher in der Hoffnung, er werde wenigstens hier noch Spontaneität und Freiheit sehen, die aus seinem eigenen

Leben längst vertrieben sind. Aber so ist es nicht. Programmgemäß fliegt eine schöne Dame, weiß und rot, zwischen den Vorhängen herein, welche die stolzen Livrierten ihr wie Marionettenpuppen öffnen; der Direktor hebt sie sorgfältig und gekonnt in den Sattel, gibt schließlich das Zeichen, das die Apfelschimmel schon im Schlafe kennen«, und so geht es dann weiter; — »da dies so ist, so perfekt und gekonnt, so eingeschliffen und austrainiert, legt der Galeriebesucher enttäuscht das Gesicht auf die Brüstung, versinkt in einen schweren Traum und weint. Er träumt, die schöne Dame sei eine hinfällige, lungensüchtige Kunstreiterin ...« usw. »Der junge Galeriebesucher stürzte in die Manege und riefe das: Halt! durch die Fanfaren des immer sich anpassenden Orchesters. Aber die Vorstellung läuft weiter, alle Leute klatschen Beifall; die von nahem noch kränker aussehende Reiterin wirft ihm eine Rose zu, und nach der Vorstellung bietet der Direktor ihm eine Rolle als Clown an. Untröstlich wacht er auf.«

Wir können anhand unseres Materials bisher nur begründete Vermutungen äußern, daß die Struktur der Aktualisierungen mitgeprägt ist von der Eigenart des jeweiligen Textes. Das sollte vor allzu schneller Typologisierung von Rezeptionsweisen, die dann die allgemeinen Verhaltenserwartungen des Lehrers bestimmen würden, warnen. Daß die Texte aktualisiert werden, erscheint uns eine durchgängige Erfahrung. Wir verfügen über eine Reihe von Indizien dafür, daß das für ganz unterschiedliche Texte zutrifft; und deshalb kommt der Interpret mit der Historie im Text nicht zurecht.

So war z. B. Kleists Paradoxe auch deshalb unverständlich, weil sich der Terminus »Krieg« darin auf den gegen Napoleon richtet, die Schüler ihn aber auf den Zweiten Weltkrieg bezogen. In diesem Fall war es wohl die Allgemeinheit des Terminus, die eine spontane Aktualisierung ermöglichte. Für die Keuner-Geschichte »Wenn die Haifische Menschen wären« gilt dasselbe, weil kein Wort darin (etwa ein Name) deutlich historisch Vergangenes bezeichnet, der Text offen ist für Bedeutungen aus dem Gegenwartsbewußtsein der Schüler. Und es gehört auch hierher, daß die Schüler offensichtlich Historisches zwar als irgendwie störend empfinden, aber leicht übergehen und abstreifen, insofern es für die im Text angesprochenen Probleme und Sachverhalte peripher erscheint. So, wenn eine Schülerin im Taugenichts-Unterricht äußert, »man hat sich schon daran jewöhnt, daß es einen stört, wenn die da ›schamhaft die Augen niederschlagen‹, und so'n Schund«. Andererseits können gerade derartige Elemente eines Textes zum Ausgangspunkt für die generelle Abwehr einer intensiveren Beschäftigung gemacht werden, weil doch gerade sie anzeigten, wie inaktuell das Ganze sei. Wichtiges Indiz für vorgängige und unvermerkte Aktualisierungen sind oft auffällige Verständnisschwierigkeiten und Mißverständnisse, die kaum durchsichtig sind. So wurde uns erst klar, weshalb eine 10. Klasse außerordentliche Schwierigkeiten hatte, zu begreifen, daß der Kleist-Text nicht für Vorüberlegung plädiert, als wir rekonstruierten, daß bei der im Text angesprochenen Vater-Sohn-Situation sofort das Klischee intervenierte: Wenn ein Vater seinem Sohn eine Rede über die Überlegung hält, dann tritt er selbstverständlich für Vorüberlegung ein; nach dem Schema, das Jugendlichen nur allzu vertraut ist: »Ich hab dir aber doch immer gesagt, du sollst vorher überlegen!« Bestärkt wurden wir in dieser Deutung durch Vermutungen einiger Schüler, dieser Text sei ironisch gemeint. Offensichtlich hatten sie den Text zwar richtig verstanden, glaubten aber, daß dieses Textverständnis wohl kaum richtig sein könne. Überhaupt erweist sich die Erklärung eines an sich unironischen Textes für ironisch nach unseren Erfahrungen häufig als Versuch, den Sinn des Textes in eigene, diesem widersprechende Konzepte und Vorstellungen zu integrieren. Es ist der Versuch, gegen die Autorität des Textes, gegen ein Anerkennung forderndes, überlegenes (zumindest aber ein anderes) Subjekt recht zu behalten und die eigenen Vorstellungen zu behaupten, ohne widersprechen zu müssen. In diesen Fällen hilft etwa eine präzise Stilanalyse, die zu erweisen sucht, daß der Text nicht ironisch gemeint ist, selten weiter.

In unserem Fall steigerten sich die Schwierigkeiten noch dadurch, daß einige Schüler das aktualisierende Vater-Sohn-Klischee mit der Vorstellung verbanden, mit »Krieg« sei der Zweite Weltkrieg gemeint (wie schon berichtet). Durch die Verbindung zweier Klischees stellte sich zumindest für eine Schülerin der Text als eine Art Vergangenheitsbewältigung des Vaters dar — im übrigen in der Unterrichtssituation selbst ein für uns völlig unverständlicher und rätselhafter Beitrag. Sie meinte, wie wir rekonstruierten, der Vater wolle mit der Rede an seinen Sohn sein eigenes Verhalten — nämlich sich zu Beginn des Krieges spontan ohne lange Überlegung zum Soldaten entschlossen zu haben — »entschuldigen«, wie sie sagte, und seinen Sohn davon abbringen, Soldat zu werden. Wir konnten im Unterricht nicht versuchen, z. B. dieses Klischee — Richards spricht in solchen Fällen von stock responses[16] — durch eine Klärung des Textsinnes aufzulösen, weil uns die vom Klischee bestimmte Interpretation nicht erkennbar wurde und wir somit selbst gewissermaßen noch nicht gesprächsfertig waren.

Eine von all diesen strukturell unterschiedene Form der Aktualisierung zeigte sich in der Beschäftigung mit Brechts Parabel. Als die eigentliche Aufgabe der Textinterpretation hat dieselbe Klasse die Entschlüsselung der im Text metaphorisierten Sachverhalte definiert. Sie hat das Konditionalgefüge aufgehoben, und das, was der Text über die Haifische sagt, wieder auf die Menschen bezogen. Die Schüler haben

---

[16] I. A. Richards, Practical Criticism. London 1964, S. 15 f u. passim.

einen Klartext der Geschichte zu erarbeiten versucht (wogegen wir keinen Widerspruch anzumelden hätten): Die Geschichte handelt von Klassenherrschaft; oder jedenfalls von Herrschaft. Auf dieser Folie erhielten die Details einen Sinn: Die »gewaltigen Kästen« sind Wohnsilos oder die Großstädte oder der Sozialstaat allgemein; die »großen Wasserfeste« Maßnahmen zur Verbesserung des Betriebsklimas oder Kulturindustrie allgemein. Hierbei standen die einzelnen Beiträge der Schüler nicht gegeneinander, sondern ergänzten sich. Welche Sachverhalte jeweils für die metaphorisierten eingesetzt wurden, hing anscheinend davon ab, welche Kenntnisse und Begriffe den Rednern jeweils verfügbar waren. So gab es etwa — wie schon erwähnt — Schwierigkeiten bei den »Kriegen«, als herauskam, daß Herr K. nicht den Zweiten Weltkrieg meint, der aber ihren Begriff von Krieg ausmacht.

In der Verblüffung über die Historizität des Textes kam aber noch ein anderes Problem zum Vorschein: Die Schüler rekonstruierten den Text als Meinung des Autors. Daß er nicht den Zweiten Weltkrieg gemeint hat, führte sie nicht zu der Annahme, dieser ähnele strukturell denen, die er meint, sondern ließ sie an der Interpretierbarkeit des Textes zweifeln, da er offensichtlich mehreres meinen kann. Hierbei schlug die Tendenz zur Vereindeutigung auf den Text, der sich dagegen sperrt, zurück. Daß die Assoziationen zu den »gewaltigen Kästen« oder »den großen Wasserfesten« einander nur ergänzt hatten, trug wohl zum Gefühl des Mißerfolgs bei.

Das Verfahren, die Geschichte zu entmetaphorisieren, behielten die Schüler auch bei, wo es über den Klartext kontroverse Standpunkte gab: ob etwa das Ausbildungssystem das von totalitären Staaten meint oder auch das unsere. Dieselbe Kontroverse entstand über Kunst. — Dabei wurde der Text nicht mehr nur entschlüsselt, sondern es wurde geprüft, ob die Meinung des Autors richtig ist; die Schüler diskutierten die Interpretationen, die *sie* den für die Entschlüsselung des Textes herangezogenen Sachverhalten gaben. Das geschah sicherlich noch im Sinne des Textes, der gewiß nicht bloß einfache Bestätigung oder wortlose Billigung verlangt — um das mindeste zu sagen.

Fassen wir diesen Teil zusammen: Die an den Text herangetragenen Begriffe, Vergleiche, Operationen sind keineswegs neutral gegenüber den Selbstdefinitionen der Leser; häufig wird Textinterpretation und Selbstinterpretation nach den gleichen Kategorien vorgenommen, was dazu führen kann, daß Privattexte entstehen, die sich die Schüler aus der Kombination von angebotenem literarischen Text und mitgebrachten Eigenvorstellungen herstellen. Der Grad der Ich-Beteiligung — in der Diskussion um hermeneutisches Verstehen als Beziehung des Textes auf die eigene Situation, als Applikation gefaßt — ist aber zugleich ein wichtiges Indiz für die Relevanz, die der Auseinandersetzung mit dem

Text beigemessen wird. Nach dem, was wir zum Phänomen der Doppelsprachigkeit andeuteten, möchte man gerade darauf vielleicht am wenigsten verzichten.

Die Tendenz zur Aktualisierung und Stellungnahme müßte von einer Didaktik, die generell zur Distanz gegenüber dem Text erziehen will — sei es in der Absicht ihn unmittelbar auf die historische Situation seiner Entstehung zu beziehen, sei es in der anderen, ihn als Exempel für Kunst, oder auch für Kommunikation, zu analysieren — die Tendenz zur Applikation müßte generell erst einmal abgewehrt werden, was sicher nicht ohne Folgen für die Unterrichtsdynamik und das Lektüreverhalten bliebe: Die aktualisierenden Spontaninterpretationen würden einfach in den Untergrund gedrängt. Und statt zur kritischen Distanz käme man — wie viele Schulklassen zeigen — zur desinteressierten Distanz. Aber wir können wiederum die Kritik hier nur andeuten. Wir gehen nun im letzten Teil dazu über, das Problem des Ästhetischen im Zusammenhang mit Bildungsprozessen zu erörtern.

IV

Wir hoffen gezeigt zu haben, daß die Schüler sich die Texte applizieren. Dabei verlassen sie den Text und können, wie oben dargestellt, bis zur Formulierung eines neuen gelangen, der für sie den vorliegenden ersetzt und weit besser als dieser ihr Bewußtsein, ihre Probleme und Interessen mehr-minder deutlich zum Ausdruck bringt.

Diese Situation ist verführerisch. Sie lädt dazu ein, sich direkt mit den Manifestationen des Alltagsbewußtseins zu beschäftigen und sie zum Gegenstand des Unterrichts zu machen. Der literarische Text hätte wie ein projektiver Test (Rorschach, TAT u. a.) fungiert, der dem Probanden eine Vorformulierung seiner Probleme erlaubt, die nun in der Psychotherapie direkt als die seinen angegangen werden müssen. Man kann sich leicht vorstellen, zu welchen unerträglichen Spannungen ein solcher Unterricht führen müßte.

Man kann sich aber auch leicht vorstellen, zu welchen unerträglichen Spannungen ein Unterricht führen müßte, der auf die Applikation des Textes keine Rücksicht nimmt, sie als Verfälschungen seines »eigentlichen« Sinnes auffaßt und unnachsichtig zu beseitigen versucht, was in der Klasse als Sieg einer Fraktion über die andere erscheinen würde, z. B.: Brechts Parabel meint alle Kunst und nicht bloß die affirmative.

Das Problem wird noch dadurch verschärft, daß sich den manifesten Äußerungen der Schüler keineswegs entnehmen läßt, ob sie sich den Text wirklich applizieren oder ob sie die Applikation nur vorspiegeln; und zwischen wirklicher Applikation und Vorspiegelung läßt sich ein

Kontinuum aufstellen, das die Entscheidung nicht erleichtert. Das ist
insofern unvermeidlich, als Applikation ein Vorgang innerhalb des
Subjektes ist, den es nicht notwendig ganz und gar zu veröffentlichen
braucht. Ob der Text für das Subjekt einen Sinn hat und welchen, kann
nur es selbst entscheiden.[17]

In dieser Situation scheint es uns unvermeidlich, den Anspruch des
Textes auf Verständnis zu vertreten; wobei die Vertretung nicht darin
bestehen kann, einen »eigentlichen« Sinn durchzusetzen, sondern nur
darin, die Interpretationen der Schüler mit dem Text zu konfrontieren. Der vollständig ausgearbeitete Privattext, der das Original ersetzen kann, ist falsches Bewußtsein, das vom Original her als solches
durchsichtig wird; deshalb stößt eine als Kritik der Bildungsgeschichte
betriebene historische Rezeptionsforschung bald auf Ideologie, wie wir
am Beispiel des »Taugenichts« angedeutet haben und wie es die Wirkungsforschung zeigen kann.

Weil der Anspruch des Textes auf Verständnis nicht als sein eigent-
licher Sinn formuliert und durchgesetzt werden kann, sondern beim
Interpretieren erst erzeugt werden muß — ein Vorgang, den Peter
Szondi als philologische Erkenntnis beschrieben hat[18] —, deshalb sind
die Interpretationen, die die Schüler dem Text geben, nicht nur ein Ein-
stieg und als solcher durch andere ersetzbar, sondern substantiell. — Sie,
als empirische Personen, sollen den Text verstehen. Dessen Sinn bleibt
der rote Faden, der alle Beteiligten durch das Labyrinth der Interpretationen führt. Wie dies Prinzip »taktvoll«, der gegebenen Situation
angemessen, vertreten werden kann, ist eine pragmatische Frage, die
wir noch nicht zureichend beantworten können.

Das Prinzip gilt für alle Texte. Wenn Schüler meinen, Kleists Text
wolle die Überlegung *vor* der Tat den Deutschen empfehlen, so ist das
einfach falsch. Wenn die Schüler die Frage, ob man vor oder nach der
Tat überlegen soll, in Auseinandersetzung mit Kleists Text diskutieren
wollen, dann muß durchsichtig sein, daß Kleist die Überlegung vor der
Tat kritisiert. Die Diskussion wird nun, jenseits des Textes, zu klären
versuchen, ob die Regel anwendbar ist oder nicht; wobei sie auch historische Informationen über die Situation, in der und für die Kleist
die Regel aufstellte (Uneinigkeit und Zögern der Deutschen beim
Kampf gegen Napoleon), verarbeiten kann.

Anders verhält es sich mit literarischen Texten im engeren Sinne. Wir
diskutieren als Beispiel Poes Geschichte »Im Wirbel des Maelstrom«.
Diesen Text haben Schüler einer 10. Klasse aus eher proletarischem

---

[17] Jürgen Habermas hat das am Beispiel der psychoanalytischen Deutung herausgearbeitet; s. Erkenntnis und Interesse. Frankfurt 1968, S. 362 ff.
[18] Peter Szondi, Über philologische Erkenntnis. In: P. Sz., Hölderlin-Studien.
Frankfurt 1970, S. 9—34.

Milieu als ganzen gleichsam zu entliterarisieren und auf seinen Wirklichkeitsgehalt hin zu überprüfen versucht, nach dem Schema: Poe war auf den Lofoten und hat sich von einem alten Fischer erzählen lassen, wie dieser einmal vom Maelstrom verschlungen wurde und durch Kaltblütigkeit und Überlegung sich befreien konnte.

In dieser Situation wirkten alle Informationen darüber, daß Poe nicht auf den Lofoten war, die Geschichte keinen historischen Vorfall an einem bestimmten geographischen Ort korrekt reproduziert, der Maßstab der Wahrhaftigkeit nicht in dieser Weise angelegt werden kann, als Desillusionierungen; die Informationen blieben für die Interpretationen der Schüler folgenlos; genauer: für die Mehrheit der Schüler; eine Minderheit plädierte für biographische Analayse dieser — wie sie sagte — »kaputten Geschichte«; diese Minderheit war sozusagen schon desillusioniert.

In gewisser Weise haben die meisten Schüler die Geschichte dabei durchaus richtig verstanden. Die Frage »War es wirklich so?«, oder die andere Frage, die schon als deren Abschwächung erscheint: »Hätte es so sein können?« kann sich allerdings nicht auf die von der Fiktion reproduzierte Realität beziehen, sondern nur auf die Realität der Fiktion. Geographische Karten der Lofoten, Informationen darüber, ob man bei einem schrecklichen Erlebnis weiße Haare bekommen kann (wie der Fischer in der Geschichte), physikalische Informationen, ob sphärische Körper in einem Strudel rascher untergehen (wie die Geschichte behauptet) — all diese Materialien, die zum Teil wir, zum Teil die Schüler beibrachten, dienen zur Ausarbeitung der Fiktion, nicht zu ihrer Aufhebung.

Wenn ein Schüler sagt: »Das ist nicht wahr!«, so muß man das übersetzen in: »Das kann ich mir nicht vorstellen«; und diese Vorstellung zu präzisieren wird die Aufgabe. Wenn die Schüler in dieser Klasse den Text gleichwohl verfehlen, so deshalb, weil sie kein Bewußtsein davon hatten, was sie machten: nämlich daß sie mittels dieser Geschichte für sich einen »gemeinsamen Tagtraum«[19] ausarbeiteten, dessen Überzeugungskraft sich an seiner immanenten Lückenlosigkeit bemißt und nicht daran, ob der Maelstrom wirklich so aussieht, ein Fischer in ihm wirklich erlebt hat, was Poe berichtet. Die von den Schülern herangezogenen Begriffe und Kenntnisse werden hier also aus ihren üblichen Verwendungszusammenhängen herausgenommen und der Fiktion einverleibt — aber eben dies hatten sie nicht begriffen. Hätten sie es begriffen, so wäre ihnen in dieser Schicht der Sinn des Textes evident und er würde sich auf einer anderen Ebene neu als Problem stellen.

Wir wollen noch festhalten, daß die falsche Desillusionierung in die-

[19] Hanns Sachs, Gemeinsame Tagträume. Leipzig, Wien, Zürich: Internationaler Psychoanalytischer Verlag 1924.

ser Klasse außer der biographistischen noch eine andere Tendenz hatte: der Text diene als Fiktion bloß der Unterhaltung, hieß es. Man kann dies Urteil als nachträgliche Ablehnung des gemeinsam ausgesponnenen Tagtraums interpretieren. In dieser Ablehnung wird eine unseres Erachtens fatale Tendenz erkennbar: nämlich sich von den Produkten der Unterhaltungsindustrie, in deren Vorgeschichte Poe gewiß auch gehört, faszinieren zu lassen und öffentlich die Faszination einfach abzuwehren; eine Tendenz, an der im übrigen eine auf rhetorische Analyse von Manipulation gerichtete Didaktik nur zu leicht teilnimmt.

Die Aufgabe, den Text zu verstehen, ihm einen Sinn zu geben, der ihn nicht deformiert, stellt sich also für literarische Texte in spezifischer Weise. Und wir halten bei unserer Untersuchung der Literaturrezeption durch Schüler am Begriff der Literatur im Sinne von »schöner Literatur«, »Dichtung«, »Poesie« — und wie die Bezeichnungen lauten — fest.

Das muß Widerspruch erregen, wo sich in der Literaturdidaktik und Literaturwissenschaft die Überzeugung durchzusetzen beginnt, daß die Unterscheidung von Literatur und Poesie sachlich ungerechtfertigt und politisch reaktionär ist, vielleicht sogar, wie man einer Untersuchung Pierre Bourdieus entnehmen könnte, eine Art Kunstbarriere zwischen sozialen Klassen begründet.[20]

Nun ließe sich diese Problematik in der Auseinandersetzung mit verschiedenen Programmen der Literaturdidaktik, aber auch mit ästhetischen Theorien, z. B. denen der russischen Formalisten, der Prager und der französischen Strukturalisten, aber auch der Theorie Adornos und anderer entfalten. Das würde den Rahmen dieses Vortrags sprengen. Wir wollen statt dessen an dem Verfahren festhalten, unsere Vorstellungen darüber, was es bedeutet, wenn Literatur als Literatur behandelt wird, und worin ihr Sinn liegt, vorrangig in der Diskussion von Beispielen aus dem Unterricht darzustellen.

Die einfache Anerkennung eines eigenen abgehobenen Symbolsystems Kunst ist unbefriedigend. Die Kunst selbst hat immer wieder dagegen rebelliert, neuestens im Dokumentarismus. Die Auskunft, auch diese Rebellion gehöre dazu, täuscht über die Problematik. Auch würde man Fälle wie den für die Wirkungsforschung interessanten Prozeß um Mme. Bovary dann nur noch als gröbste Mißverständnisse interpretieren können, denn hier ist das Werk offensichtlich nicht als ästhetisches gelesen worden; die impassibilité des Erzählers galt dem Ankläger und offensichtlich auch vielen Lesern nicht als ästhetische Innovation, als Erneuerung im ästhetischen Code, sondern als moralische

20 Pierre Bourdieu, Elemente einer soziologischen Theorie der Kunstwahrnehmung. In: P. B., Zur Soziologie der symbolischen Formen. Frankfurt 1970, S. 159—201.

Haltung, die sanktioniert werden sollte. Gegen eine solche Trennung der moralischen und der ästhetischen Dimension wendet sich auch Jauss' Analyse des Falls.[21] Isers Transfer-Modell für die Lektüre von Fielding, Thackeray und Joyce u. a.[22] setzt ebenfalls voraus, daß es Übersetzungsmodi aus der ästhetischen Symbolwelt in die des Alltagsbewußtseins gibt. Freilich sind diese Übersetzungsmodi nicht gesichert und fest etabliert, so daß man die Aufstellung eines abgehobenen Symbolsystems Kunst glatt abweisen könnte. Gerade die Unsicherheit der Übersetzung, sogar der Übersetzbarkeit kann die Rezeptionsforschung ins Bewußtsein heben.

Wir meinen, daß die durchaus textspezifische, nicht ein für allemal fixierbare Differenz von literarischer und Alltagssprache, zwischen literarischem Symbolsystem und anderen — oder wie die Bezeichnungen lauten — einen Konflikt begründet zwischen dieser und jener, und daß dieser Konflikt auch im schulischen Umgang mit Literatur aufgegriffen, entwickelt und durchgearbeitet werden muß. Dieser Konflikt ist im Fall des Poe-Unterrichts leicht auszumachen: Die Schüler arbeiteten einerseits die Fiktion mit ihrer Alltagssprache aus und entfremdeten diese damit den ihnen gewohnten Verwendungszusammenhängen. Diese Entfremdung war ihnen solange erträglich, wie der Weg zurück noch offen, wie Poes Geschichte als Produkt ihres alltäglichen Bewußtseins, als Reise- oder Sensationsbericht noch identifizierbar schien. Sobald aber die Fiktion als Fiktion erkennbar wurde, entstand Ratlosigkeit oder Ablehnung; die Schüler konnten die Fiktion als Fiktion, ihre Differenz zum Alltagsbewußtsein nicht festhalten und anerkennen, sich von der Realität und Legitimität ihrer eigenen Imagination nicht überzeugen.

An Poes Geschichte ist deren ästhetischer Charakter leicht festzustellen: Sie ist eine fingierte Reportage. Insofern sie Materialien der Realität, geographische, physikalische oder historische verarbeitet, macht sie diese Materialien zu Objekten der Phantasie. Sie kann durch eine Rückübersetzung z. B. der geographischen Begriffe in das Symbolsystem der Geographie nicht widerlegt werden; wenn sie ihm nicht entspricht, so scheint das eher gegen dies Symbolsystem zu sprechen, oder anders: Es wird von der Fiktion soweit ausgebeutet, wie es deren Präzisierung dient; was sie nicht präzisiert, wird gleichgültig.

Nun ist u. E. der ästhetische Charakter der Werke, wie gesagt, nicht ein für allemal auszumachen. Wenn wir an ihm festhalten, so legt das

---

[21] Hans Robert Jauss, Literaturgeschichte als Provokation der Literaturwissenschaft. In: H. R. J., Literaturgeschichte als Provokation. Frankfurt 1970, S. 181 ff.
[22] Wolfgang Iser, Die Appellstruktur der Texte. Konstanz 1970; ders., Der implizite Leser. München 1972.

kein Verständnis fest, das einfach in einer Klasse nur durchgesetzt zu werden brauchte. Poes Text gewinnt seine Kraft durchaus erst aus seiner Konfrontation mit den Materialien der Realität; die Kommentierung des Textes durch solche Materialien macht ihn aber eben insofern verständlich, als sie die Imagination präzisiert. Der ästhetische Charakter wird sich an anderen Werken durchaus anders erweisen müssen.

Nun wäre auch für uns die Konsequenz unbefriedigend, das müsse an allen erreichbaren Werken mit allen erreichbaren Klassen erst einmal durchprobiert werden, bevor man etwas Allgemeines darüber sagen kann, welche Erfahrung die »Verfremdung« der Alltagssprache[23] durch das Kunstwerk ermöglicht.

Wir wollen daher die Richtung angeben, in der wir das Problem weiterverfolgen werden. Es scheint uns möglich, den ästhetischen Charakter der Werke mit dem psychoanalytischen Begriff der Phantasie[24] zu vermitteln, der wiederum unter gewissen Aspekten mit dem Begriff der Ideologie vermittelt werden kann.

Phantasie ist nach der Lehre Freuds der Modus, in dem real frustrierte Wünsche lebensgeschichtlich betrachtet zuerst halluzinatorisch, und dann durch die Imagination ihrer Befriedigung befriedigt werden, ohne daß die Erfahrung des Mangels freilich beseitigt wäre. So findet z. B. das Kind, das seine Mutter unter einem bestimmten Aspekt als hassenswert und böse erlebt und sie beseitigen möchte, im Märchen Gelegenheit, die böse Stiefmutter zu vernichten, die ihm partiell für die eigene steht: Es darf sich die Vernichtung vorstellen.

Was dabei geschieht, ist nur unzulänglich als Abreaktion, eher als Artikulation zu verstehen. Für das Kind ist im Märchen gegenüber dem ursprünglichen Zustand der Vernichtungsphantasie eine neue Stufe erreicht: Sie findet im Märchen eine Sprache und wird damit der Veröffentlichung und Vergesellschaftung leichter zugänglich. Dabei spielt der Charakter der Fiktion eine entscheidende Rolle: Das Kind weiß, daß sich sein Interesse nicht an einem realen Vorgang entzündet, auf den das Alltagsbewußtsein zu reagieren hätte, zu dem es Stellung nehmen, d. h. den es unter gegebenen Normen beurteilen müßte — sondern daß sich das Interesse an einem fiktiven Vorgang entzündet. Im Medium der Fiktion können Bedürfnisse formuliert werden, die unmittelbar nicht zugänglich sind, nicht öffentlich formuliert, anerkannt und befriedigt werden können. In dieser Formulierung werden sie aufbewahrt und entgehen der Verdrängung und Verleugnung: Im Ideal-

---

[23] Viktor Sklovsky, Theorie der Prosa. Frankfurt 1966, S. 14 ff u. passim.
[24] Einen Überblick über die Verwendung des Begriffs gibt: Jean-Laplanche und J.-B. Pontalis, Das Vokabular der Psychoanalyse. Frankfurt 1970, Artikel: »Phantasie«.

fall wird das Kind später, wenn es erwachsen geworden ist, in der Hexe einen bestimmten Aspekt seiner eigenen Mutter wiedererkennen.

Als Kritik an der Phantasiebefriedigung, so scheint uns, wird in der Regel die Kritik der Literatur als Ideologie vorgetragen.[25] Wir wollen das Schema dieser Kritik beibehalten. Aber wir können nicht davon ausgehen, daß aus den literarischen Werken die Bedürfnisse, die sie im Medium der Fiktion befriedigen, aber auch formulieren und aufbewahren, ohne weiteres herausgelöst, als solche anerkannt und befriedigt werden können. Wir müssen sozusagen den Augenblick fixieren, in dem das Kind in der bösen Stiefmutter seine eigene Mutter und den Haß gegen sie gleichzeitig erkennt und nicht erkennt. In diesem Augenblick sagt es, wenn man es fragt, ob es die böse Stiefmutter kenne: »Ja«, auch wenn es keine kennt. Es hat das Märchen verstanden, d. h. ihm ist seine eigene Vorstellung der bösen Stiefmutter evident, und darauf kommt es an.

Diese Evidenz ist nun derjenigen durchaus vergleichbar, welche Poes Geschichte für die Schüler und für uns gewinnen mag. Nur können wir nicht ausmachen, welche Wünsche diese Geschichte befriedigt; wir befinden uns eher in der Lage des Kindes, nicht in der des Erwachsenen, der erkennt, wer die böse Stiefmutter war, der also den literarischen Text und den Text seiner eigenen Biographie wieder unterscheiden kann.

Daraus ließe sich nun, denken wir, ein didaktisches Prinzip für den Umgang mit Literatur als Literatur gewinnen. Allgemein wäre das Prinzip: Insofern es ihnen als ästhetisches evident wird, haben die Rezipienten im Werk eine Phantasie formuliert, was sie auf dem Niveau der Gegenwart vergesellschaftet. In diesem Sinn verstehen wir Szondis Satz von »der unverminderten Gegenwärtigkeit auch noch der ältesten Texte«[26] als methodisches Prinzip.

Dabei läßt sich zugleich ein Einblick in die Historizität der Texte gewinnen und damit in das Fortleben der Werke als Kunst, wie wir am Beispiel des Unterrichts über den Taugenichts zeigen wollen. Wenn dieser Text, wie oben berichtet, den Schülern ohne Mühe in Grundzügen evident wurde — wobei sie ihn freilich glätteten —; und wenn eine Schülerin formulierte »Wenn ick so durch die Welt kommen würde, so mit Nichtstun, wäre ick schon längst weg«, so brachte sie damit zum Ausdruck, daß der Phantasiegehalt aus dem Text herausgelöst werden, sie ihn als ihre Phantasie identifizieren und zu ihr Stellung nehmen konnte. Wenn dieselbe Schülerin später über ihre Ferienerfahrungen

[25] Als Prototyp dieser Kritik kann gelten: Herbert Marcuse, Über den affirmativen Charakter der Kultur. In: H. M., Kultur und Gesellschaft 1. Frankfurt 1965, S. 56—101.
[26] Szondi, a. a. O., S. 11.

berichtete: »Wenn man da so eine ganze Woche vor sich hingegammelt hat, dann ist man aufgestanden und in die nächste Ecke gegangen ...«, so reproduzierte sie damit, wie man sagen könnte, das Grundmuster des Taugenichts, aber sie schien eben Einsicht in die Ziellosigkeit der Bewegung zu haben, ohne sie aber zu unterbrechen. Sie fuhr fort: »Danach bist du doch irgendwie erholt, dann hat man wieder mehr Lust, was anderes zu machen.«

Sie repräsentierte nicht den Consensus der Klasse, aber doch den einer Gruppe. Eigentümlich ist, daß sich die Einsicht in den fiktiven Charakter der touristischen Befriedigung nicht begrifflich fixieren ließ bzw. die begriffliche Fixierung folgenlos blieb, was vermutlich objektive Gründe hat.[27] Die Ferien-Industrie behauptet, reale Befriedigung zu gewähren — das unterscheidet sie im übrigen von der Literatur —, und viele wissen, daß diese Befriedigung fiktiv ist. Enzensbergers Analyse wiederholt das nur noch einmal. Aber Eichendorffs Novelle ist als das Medium von Evasionsphantasien durchsichtig und damit — jedenfalls in einer Dimension — als Poesie abgestorben; und sie gehört zur Geschichte der literarisch gefaßten Phantasien mit ihren psychischen und sozialen Wurzeln.

Was wir bisher als den ästhetischen Charakter der Werke und dessen Rezeption erläutert haben, erinnert gewiß an jene Prozesse, die als Einfühlung, Identifikation usw. von der neueren Literaturdidaktik an der älteren kritisiert worden sind; schärfer formuliert: Die »ästhetische Funktion«[28] der Literatur könnte, wie wir den Begriff bisher entwickelt haben, für bürgerliche Literatur und bürgerliche Literaturdidaktik spezifisch sein, die es aber zu kritisieren gelte.

Was die ältere Literaturdidaktik angeht, so läßt sie sich allerdings kaum dadurch charakterisieren, daß sie den Schülern die Texte durch Einfühlung und Identifikation verständlich gemacht hat. In der Regel hat sie die Schüler dazu angehalten, sich in den Privattext und nicht selten in die Phantasie des Lehrers einzufühlen, sich mit ihm zu identifizieren, ohne viel Rücksicht auf die Texte.[29]

Was die bürgerliche Literatur betrifft, so scheint uns das Programm von deren Kritik als generelles literaturdidaktisches Konzept proble-

[27] S. dazu Roland Barthes, Der Mythos heute. In: R. B., Mythen des Alltags. Frankfurt 1964, S. 85—151.
[28] Jan Mukařovský, Ästhetische Funktion, Norm und ästhetischer Wert. In: J. M., Kapitel aus der Ästhetik. Frankfurt 1970, S. 7—112.
[29] Ein instruktives Beispiel dafür bietet in der didaktischen Literatur die im allgemeinen eher des Formalismus verdächtigte Erika Essen: in einem Unterrichtsbeispiel zu Günter Eichs Geschichte »Der Stelzengänger« verkehrt sie in eine Apotheose der Kunst, was im Text als Kritik in Form einer Groteske entwickelt ist; s. Methodik des Deutschunterrichts. Heidelberg ⁵1965, S. 210—212.

matisch, weil Schüler, die kaum Erfahrung mit Literatur haben, sie kritisieren lernen sollen. Manchmal gewinnt man den Eindruck, als sollte einem Abstinenzler eine Entziehungskur verordnet werden. Es hat große Ähnlichkeit mit der Struktur, die die Sozialisationsforschung als »double bind« analysiert hat: Das Objekt soll zugleich distanziert betrachtet und mit Interesse besetzt werden. Das Programm bezeugt in gewisser Weise eher eine Ambivalenz der Lehrerrolle: Der Lehrer will nicht nur seine Schüler, sondern auch seine eigenen Lehrer erziehen; es richtet sich an Literaturwissenschaftler der Tradition, nicht an Jugendliche.

Inwiefern wir das Programm einer Kritik der Literatur teilen, haben wir bereits demonstriert: Die Kritik richtet sich gegen ihren kompensatorischen Charakter, Ersatzbefriedigung, wo er eingesehen werden kann. Aber bei vielen Werken ist dieser Charakter eben keineswegs einsichtig; oder anders: Es ist gerade die Aufgabe der Literaturinterpretation, die Werke daraufhin zu prüfen; interessant werden sie da, wo sie nicht erkennbar »kompensieren«.

Der Phantasiegehalt der Werke, den wir — insofern er sich nicht aus ihnen herauslösen läßt — als ihren ästhetischen Charakter begreifen, und dessen Realisierung mit »Einfühlung« und »Identifikation« u. E. nur sehr ungenau beschrieben wird, läßt sich nicht durch ein objektivistisches, scheinbar rationales Verfahren vertreiben. Psychologisch gesprochen: Bei der Lektüre und der Interpretation lassen sich kognitive nicht ohne weiteres von motivationalen und emotionalen Vorgängen abkoppeln. Daß die Leser einen Phantasiegehalt realisieren müssen, insofern die Werke ästhetische sind, ist auch nicht durch Literaturauswahl zu vermeiden; etwa durch eine Kanonisierung aller scheinbar nur die Reflexion ansprechenden und die Indizierung aller scheinbar nur die Affekte ansprechenden Werke. Eine Literaturdidaktik, die das übersieht, verfehlt ihren Gegenstand und damit zugleich die Schüler. Wir wollen dies an einem Text, dem sein ästhetischer Charakter scheinbar mühelos abgestreift werden kann, erläutern: an Brechts Parabel, und dabei zugleich eine Zusammenfassung unserer Überlegungen geben.

V

Bei der Herstellung des Klartextes, die wir oben als Applikation beschrieben haben, wird die Metapher selbst überflüssig; das legt die Geschichte nahe: Nicht die Ähnlichkeiten zwischen Menschen und Haifischen werden untersucht, das Thema des Textes ist, von dem kleinen Mädchen eingeführt, die vorgebliche Nettigkeit der Menschen. Tatsächlich scheint die Metapher kein eigenes Gewicht zu haben. Zwar konstituiert sie den ästhetischen Charakter des Textes, aber die Fiktion der buchstäblich von Haien beherrschten Gesellschaft ist klar als solche gekennzeichnet und scheint auflösbar.

Nun stößt man aber gerade bei dieser Auflösung bald auf Schwierigkeiten. Was es bedeutet, daß die Großen die Kleinen fressen, ist schwer zu sagen; weder politische Herrschaft noch ökonomische Ausbeutung (die traditionell eher durch »aussaugen« metaphorisch bezeichnet wird) sind durch die Vorstellung gedeckt. Die Vorstellung selbst ist zu prägnant und wird vom Text zu hartnäckig immer wieder ins Spiel gebracht, als daß man sich mit der Erklärung, sie sei vage und für viele Konkretisationen unterschiedlichen begrifflichen Niveaus offen, zufrieden geben könnte.

Kurz: Die zentrale Metapher verweigert eine Übersetzung in den Klartext, und d. h. auch: in die Alltagssprache, die die Schüler bei der Herstellung des Klartexts gebrauchen. Der ästhetische Charakter des Textes ist nicht so leicht auflösbar, wie er vorgibt. Unter diesem Aspekt wird auch der Klartext in seinem Status problematisch. Wir wollen diesen Punkt an den Übersetzungsversuchen der Zentralmetapher, die die von uns beobachteten Klassen unternommen haben, demonstrieren.

Zunächst ist auffällig, daß in der einen Klasse aus eher bürgerlichem Milieu die Metapher[30] selbst kaum thematisch wurde. Diese Klasse einigte sich sehr rasch darauf, daß die Haifische eine Klasse von Menschen bedeuten, die die anderen beherrschen. Die Haifische könnten aber auch den Staat bedeuten. Es ist von Ausbeutung die Rede. Eine Schülerin qualifizierte die Haifische durch ihr »Machtstreben«. Am Ende der Stunde hörte man, die Haifische als Klasse seien »von Natur aus groß, dick und gefräßig« — (was eine Ausführung innerhalb der Metapher ist) — und kann den Eindruck gewinnen, für die Schüler seien die Herrschaftsverhältnisse innerhalb der Parabel eher quantitativ bestimmt gewesen: Haifische versus kleine Fische. Im übrigen war die Klasse mit der Herstellung des Klartextes beschäftigt. Daß die Zentralmetapher dabei gleichsam nur verdrängt war, wurde beim Thema Religion deutlich. Im Text heißt es: »Sie würde lehren, daß die Fischlein erst im Bauch der Haifische richtig zu leben begännen.« Die

---

[30] Strikt literaturwissenschaftlich betrachtet würde man hier wohl von einer Allegorie sprechen müssen; wir verwenden den Begriff Metapher, weil u. E. in der Rezeption zwischen dem Allegorisierenden (Die Haifische fressen die kleinen Fische) und dem Allegorisierten (Herrschaft und Ausbeutung) Beziehungen gestiftet werden, für die gilt, was Szondi gegen Hugo Friedrich eingewandt hat: Die Metapher erfindet nicht Ähnlichkeiten, die an sich existieren (wie Friedrich behauptet), sondern sie findet welche; s. Peter Szondi, Nachwort zu Walter Benjamin, Städtebilder. Frankfurt 1963, S. 95. — Im übrigen interessieren uns diese »Ähnlichkeiten« hier nicht unter literaturwissenschaftlichem, sondern unter sozialisationstheoretischem Aspekt.

Schüler stellten mühsam einen Consensus darüber her, daß »Bauch der Haifische« das Paradies meint. Die zentrale Schwierigkeit war, daß Religion als eine Technik verstanden werden sollte, mittels derer die Haifische die kleinen Fische dazu bringen — wie mehrere Schüler wörtlich sagten —, »ihnen zu folgen«. Das ist aber mit der gerade an dieser Stelle vom Text noch einmal prägnant vorgeführten Metapher »Die Haifische fressen die kleinen Fische« kaum zu vereinbaren. Eine Schülerin versuchte die Erklärung: die Religion sei selbst ein Haifisch, die die Menschen »einsaugt«; das soll wohl heißen: Wer sich ihr unterwirft, den absorbiert sie. Der Schülerin wurde nicht widersprochen; ihr Beitrag reihte sich auf die oben beschriebene assoziative Weise an die anderen, die nun stärker auf die Kooperation von Kirche und Staat eingingen.

Freilich ist die Erklärung falsch. In Brechts Text heißt es, daß die Religion es den kleinen Fischen als überaus wünschenswert vorspiegelt, von den Haifischen gefressen zu werden. Die Religion ist kein Haifisch, sondern dient den Haifischen. Die Schülerin macht deutlich, wie ungenau die Haifische als Menschen und ihr Verhältnis zu den kleinen Fischen als das Verhältnis von Klassen zueinander präsent ist: Von der Religion kann man sich vorstellen, daß sie die Menschen »einsaugt«, d. h. absorbiert, und die Schülerin griff zu dieser Vorstellung, weil ihr die konstitutive der ganzen Parabel dunkel war, wobei sie gleichzeitig »auffressen« zu »einsaugen« gemildert hat. Gerade an dieser Stelle ist der Text aber auch besonders resistent gegen eine Entmetaphorisierung.

Halten wir fest: Die Zentralmetapher des Textes, die für seinen ästhetischen Charakter konstitutiv ist, blieb in dieser Klasse nahezu unentschlüsselt. Was eigentlich das Verhältnis der Haifische zu den kleinen Fischen konstituiert, blieb ihnen dunkel. Der Text sagt: Jene fressen diese auf. Was das im Klartext heißt, deuten Begriffe wie Ausbeutung, Machtstreben nur an. Der Klartext selbst ist deshalb unbefriedigend. Ihn würde vermutlich ein Unterricht verbessern, der den Schülern Herrschaft und Ausbeutung zu erklären versucht und damit zugleich die Begriffe und Kenntnisse, welche sie für die Herstellung des Klartextes verwendet haben.

In einer anderen Klasse, aus eher proletarischem Milieu (derselben, in der wir auch den »Taugenichts« behandelt hatten), war gerade die Metapher problematisch. Hier wurde nicht der Klartext Punkt für Punkt erarbeitet, sondern nur ein ungefährer Consens bzw. Dissens darüber hergestellt; für die einen repräsentierte das Verhältnis Haifische — Kleine Fische klar das Verhältnis Kapital — Lohnarbeit; während es für die anderen ein eher anthropologisches Verhältnis ausdrückte: das der Aggression zwischen Artgenossen.

Die beiden Gruppen lassen sich klar nach ihrer Einschätzung der

Metapher unterscheiden: Für die eine war sie nicht einfach bloß überflüssig, sondern sie verhüllte die wirklichen Verhältnisse. Der Autor, sagte ein Schüler, hat sich um eine »glasharte politische Stellungnahme« gedrückt. Ein anderer bemängelte aus demselben Grund die Vermischung tierischer, d. h. »natürlicher« Verhaltensweisen mit menschlichen. Der anderen Fraktion war gerade dieser Aspekt wichtig: Durch die Haifischmetapher bringe der Text den »natürlichen«, d. h. triebhaften Charakter von Aggression zum Ausdruck; unter diesem Aspekt verhielten sich die Menschen gegeneinander wie die Haifische gegen die kleinen Fische. Hier wird die Metapher sozusagen substantialisiert — ein Verfahren, das sich auch in der anderen Klasse andeutete.

Die beiden Positionen wurden im übrigen kaum ausgearbeitet. Der Dissens schien entweder eingeschliffen oder nicht so wichtig. Auf der sachlichen Seite hätte hier der Unterricht wohl die beiden Positionen erst einmal materialreicher darzustellen und zu diskutieren.

Aber vielleicht wird das Verständnis der Parabel gar nicht über einen konsistenten Klartext erreicht, für dessen Ausarbeitung in beiden Klassen unbedingt soziologische und psychologische Theoreme und Forschungen herangezogen werden müßten. Allgemeiner formuliert: Es scheint uns fraglich, ob eine Erweiterung ihrer Alltagssprache durch jene Informationen es den Schülern ermöglichen würde, den ästhetischen Charakter des Textes aufzulösen.

Außer der thematisch geforderten, aber wie uns scheint nicht ausreichenden Kommentierung der Metapher durch Psychologie und Soziologie — die Deutschlehrern auch nicht ohne weiteres möglich sein dürfte —, bietet sich noch als dritte die literaturwissenschaftliche Kommentierung an. Sie könnte die Metapher als Element einer Literatursprache »erklären«, und zwar in einer historischen und einer rhetorischen Dimension.

Die historische Erklärung könnte z. B., wie es Helmut Lethen im Ansatz getan hat, anhand einer Collage von John Heartfield, die Kapitalisten als Haifische veranschaulicht[31], erläutern, wie bestimmte Metaphern zu einem Kanon gehören, und diesen Kanon für die zwanziger Jahre und im Zusammenhang der Fabeltradition demonstrieren. Die rhetorische Erklärung hätte den Schülern z. B. zu demonstrieren, was eine Metapher ist, daß sie verschiedene Konnotationen haben kann, die sich nicht in einer Denotation zusammenfassen lassen.

Beide Verfahren würden aber, wie man sich leicht vorstellen kann, den Schülern der zuletzt diskutierten Klasse kaum einleuchten. Sie klären die vorgenommenen Applikationen nicht. Denjenigen, welchen die

---

31 Helmut Lethen, Zur Funktion der Literatur im Deutschunterricht an Oberschulen. In: Girnus, Lethen, Rothe, Von der kritischen zur materialistischen Literaturwissenschaft. Berlin 1971, S. 131.

Metapher als Verhüllung einer politischen Stellungnahme erschien, wäre die Verhüllung als konventionell vorgeführt worden; was sie nicht erklärt, sondern eher noch verdächtiger macht. Diese Fraktion könnte Lethens Argument überzeugen, daß sich gesellschaftliche Verhältnisse nicht in Naturbildern darstellen lassen.[32] Hier würde sich die Aufgabe stellen, den Text zu verbessern. – Die andere Fraktion, die die Metapher anthropologisierte, hätte überhaupt keine Antwort bekommen und würde ihren Privattext beibehalten.

Verschärft wird das Problem dadurch, daß in dieser Klasse ein eigentümliches Klima der Unlust herrschte, das es zweifelhaft macht, ob überhaupt irgendeine Kommentierung nützlich wäre. Man weiß nicht, ob die diskutierenden Schüler ihre Beiträge nicht im wesentlichen als Teil eines Unterrichtsspiels auffaßten, das nun einmal absolviert werden mußte. Das könnte auch für die eher bürgerliche Klasse gelten; deren eifrige Diskussion läßt es nur unklar, ob die von den Diskutanten herangezogenen Kenntnisse und Begriffe wirklich zu ihrer Alltagssprache oder, wenn man so sagen will, nur zu ihrer Schulsprache gehörten.

Allgemein kann man sagen, daß der Text in der Diskussion für die Schüler nicht wirklich einen Sinn erhielt; das gilt für beide Klassen. Zwar suchten sie einen Consensus darüber zu bilden, was der Text bedeute, oder schieden sich darüber in Fraktionen; dabei wurde der Text auch partiell durchsichtiger. Aber der eroberte Sinn konnte jederzeit von der zentralen Metapher wieder verdunkelt werden: Am Ende der Stunde lag kein haltbares Ergebnis vor, und niemand schien zufrieden; in der zweiten Klasse schien sogar der Eindruck zu herrschen, man habe noch gar nicht richtig mit dem Interpretieren angefangen. Hier mag der fehlende Sinn des Textes ihre Einschätzung vom fehlenden Sinn der Schule bestärkt haben. Dies ist ein Punkt, der vermutlich nicht mehr innerhalb des Unterrichts geklärt werden kann. Für den Unterricht gilt aber, daß die Metapher, soll der Text verstanden werden, einen Sinn bekommen muß. Nur scheint hier das Verfahren, das die Schüler beim Poe-Unterricht verwendet haben (ohne es zu begreifen), nicht anwendbar: Kenntnisse und Vorstellungen, in diesem Fall über Herrschaftsverhältnisse, zur Ausarbeitung der Fiktion, d. h. hier der Metapher, heranzuziehen.

Immerhin behauptete ein Mädchen, gerade die Metaphorik werde einem Arbeiter seine Lage durchsichtiger machen, ein Argument, das andere Schüler einfach zurückweisen können. Es würde erst in dem Augenblick brauchbar, wenn sie sagen könnte, *ihr* selbst sei die Vorstellung, daß die Großen die Kleinen buchstäblich fressen, plausibel.

[32] Ebd.

Deuten wir die Richtung an, in die eine Ausarbeitung der Metapher von hier aus gehen könnte, wobei freilich der institutionelle Rahmen der Schule überschritten würde. Sie führte in *diesem* Fall tatsächlich zu den Märchen, in denen vielfach ausgedrückt ist, daß die Großen die Kleinen fressen (der Wolf und die sieben Geißlein); und von hier aus zu den kindlichen Vorstellungen und Phantasien über ihr Verhältnis zu den Großen, den Eltern, von denen Kinder tatsächlich manchmal wünschen und auch fürchten, daß sie sie buchstäblich fressen. Die Ausarbeitung führt also in den Bereich, in dem die Protosymbole gebildet werden, aus denen später die Symbole und Begriffe von Herrschaft und Ausbeutung werden müssen (und in denen auch fixiert ist, ob man sich für einen Hai oder einen kleinen Fisch hält). Eine solche Ausarbeitung könnte jene Phantasien ins Bewußtsein heben, ohne sie als solche kenntlich zu machen und einer Norm zu unterwerfen. Und darin sehen wir den Sinn, welchen die Beschäftigung mit Literatur haben kann.

Quellennachweis

I. Anthropologie ästhetischer Erfahrung

1. *Helmuth Plessner, Trieb und Leidenschaft.*
   Aus: Merkur 25, 1971, Heft 4, S. 307—315.
2. *Karel Kosík, Kunst und gesellschaftliches Äquivalent.*
   Aus: K. K., Die Dialektik des Konkreten. Eine Studie zur Problematik
   des Menschen und der Welt, Frankfurt am Main: Suhrkamp Verlag 1967
   (Prag 1963), S. 114—132.
3. *Josef König, Die Natur der ästhetischen Wirkung.*
   Aus: Wesen und Wirklichkeit des Menschen. Festschrift für Helmuth Pless-
   ner, hg. von Klaus Ziegler, Göttingen: Verlag Vandenhoeck und Ruprecht
   1957, S. 283—300 (Kap. 1 und 2).
4. *Lew Semjonowitsch Wygotski, Kunst als Katharsis.*
   L. S. W., Psichologija Isskustva (Psychologie der Kunst), Moskau 1965,
   Kap. 9, S. 249—275 (Ausz.). Übersetzt von Willi Köhler.
5. *Horst Turk, Versuch über eine Theorie der literarischen Wirkung.*
   Aus: H. T., Literatur und Praxis (= Teil II), in: Fragen der Germanistik.
   Zur Begründung und Organisation des Faches, München: Wilhelm Fink
   Verlag 1971, S. 110—129.

II. Geschichtenerzählen als Praxis

1. *George Herbert Mead, Die Identität und das Subjektive.*
   Aus: G. H. M., Geist, Identität und Gesellschaft, hg. von Charles W. Mor-
   ris, Frankfurt/Main: Suhrkamp Verlag 1968 (Chicago 1934), S. 214—221.
2. *Maurice Halbwachs, Die individuelle Erinnerung als Grenze der kollektiven Interferenzen.*
   Aus: M. H., Das kollektive Gedächtnis, Stuttgart: Ferdinand Enke Verlag
   1967 (Paris 1950), S. 26—33.
3. *Max Frisch, Geschichten.*
   Aus: M. F., Ausgewählte Prosa, Frankfurt am Main: Suhrkamp Verlag
   1961 (suhrkamp texte 6), S. 5—8 (jetzt edition suhrkamp 36, S. 9—11);
   zuerst in: Das kleine Buch der hundert Bücher. Kritische Stimmen zu
   neuen Büchern, hg. von Dieter Lattmann, Jg. 8, 1960, S. 4 f.
4. *Peter Bichsel, Amerika gibt es nicht.*
   Aus: P. B., Kindergeschichten, Neuwied: Hermann Luchterhand Verlag
   1969, S. 33—50.
5. *Peter Stromberger, Warum wir uns Geschichten erzählen.*
   Aus dem gleichnamigen Kapitel des Bandes: Diagnose sozialen Verhaltens.
   Ein Kurs im Medienverbund, hg. von Caesar Hagener u. a., Hamburg:
   Hoffmann und Campe 1972, S. 220—222.

6. *Wilhelm Dehn, Erzählen und Zuhören.*
   Parallelfassung eines gleichnamigen Vortrags in der Sendereihe ›Aus Forschung und Lehre‹ des NDR III, 1974.

III. Theorie der Rezeptionsanalyse

1. *Lew Semjonowitsch Wygotski, Das psychologische Problem der Kunst.*
   L. S. W., Psychologie der Kunst, Moskau 1965, Kap. 1, aus: Sowjetwissenschaft. Reihe: Kunst und Literatur 14, 1966, Heft 9, S. 884—897 (Ausz.).
2. *Roman Ingarden, Prinzipien einer erkenntniskritischen Betrachtung der ästhetischen Erfahrung.*
   Vortrag auf dem IV. Internationalen Kongreß für Ästhetik 1960 in Athen, in: R. J., Erlebnis, Kunstwerk und Wert. Vorträge zur Ästhetik 1937—1967, Tübingen: Max Niemeyer Verlag 1969, S. 19—27.
3. *Wolfgang Iser, Die Appellstruktur der Texte.*
   Aus: W. I., Die Appellstruktur der Texte. Unbestimmtheit als Wirkungsbedingung literarischer Prosa, Konstanz: Universitätsverlag 1970 (Konstanzer Universitätsreden 28), S. 10—23 (Kap. 1 und 2).
4. *Ingrid Girschner-Woldt, Aussagestruktur und Rezeptionsweise.*
   Originalbeitrag in Anlehnung an I. G.-W., Theorie der modernen politischen Lyrik, Berlin: Verlag Volker Spiess 1971.

IV. Ansätze empirischer Wirkungsforschung

1. *Alan C. Purves/Victoria Rippere, Elemente der Antwort auf Literatur.*
   Aus: A. C. P., Elements of Writing about a Literary Work. A Study of Response to Literature, Champaign/Illinois: National Council of Teachers of English 1968 (NCTE Research Report No. 9), S. 1—8 (Kap. I), S. 59—75 (Kap. IV), S. 83—87 (Anh.). Übersetzt von Willi Köhler.
2. *Heinz Hillmann, Rezeption — empirisch.*
   Vortrag auf der Tagung der Vereinigung der deutschen Hochschulgermanisten April 1972 in Stuttgart, jetzt in: Historizität in Sprach- und Literaturwissenschaft, hg. von Walter Müller-Seidel, München: Wilhelm Fink Verlag.
3. *Werner Bauer, Renate Braunschweig-Ullmann, Helmtrud Brodmann, Monika Bühr, Brigitte Keisers, Wolfram Mauser, Text und Rezeption.*
   Nach dem gleichnamigen Buch von Wolfram Mauser u. a., Frankfurt am Main: Athenäum Verlag 1972. Redaktion durch die Autoren.
4. *Pavel Câmpeanu/Stefana Steriade*, Die dramatische Handlung als Faktor der Aneignung des Schauspiels.
   Beitrag zum VII. Internationalen Kongreß für Ästhetik 1972 in Bukarest (L'action dramatique et l'assimilation du message théatral). Übersetzt von Willi Köhler.
5. *Hartmut Eggert/Hans Christoph Berg/Michael Rutschky, Literaturrezeption von Schülern als Problem der Literaturdidaktik.*
   Vortrag auf dem Germanistentag in Trier Februar 1973.